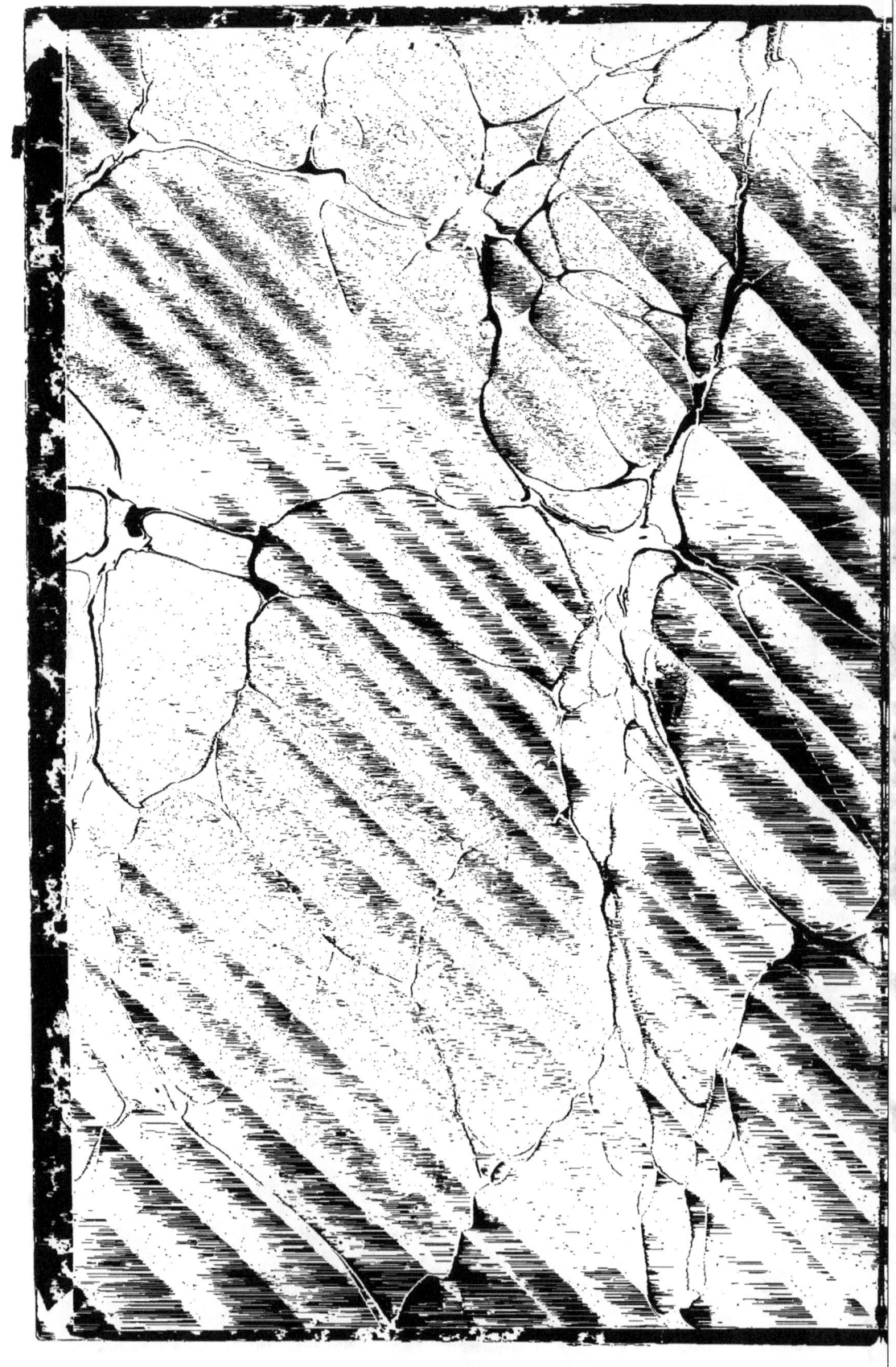

STRASBOURG

Vendu au profit des Alsaciens émigrants nécessiteux

PARIS. — IMPRIMERIE DE E. MARTINET, RUE MIGNON, 2

FACE GAUCHE DE LA BRÈCHE DU BASTION 12 ET PORTE DE PIERRES

STRASBOURG

JOURNAL
DES MOIS D'AOUT ET SEPTEMBRE 1870
SIÉGE ET BOMBARDEMENT
AVEC CORRESPONDANCES, PIÈCES OFFICIELLES, DOCUMENTS
FRANÇAIS ET ÉTRANGERS
RÉPONSE AU CONSEIL D'ENQUÊTE
PAR
UNE RÉUNION D'HABITANTS ET D'ANCIENS OFFICIERS

« Le droit primera la force. »

OUVRAGE ORNÉ DE 4 VUES PHOTOGRAPHIQUES
REPRODUITES D'APRÈS LES ÉPREUVES DE M. C. WINTER, DE STRASBOURG
et suivi
D'UN PLAN DES OPÉRATIONS DU SIÉGE

PARIS
SANDOZ ET FISCHBACHER, ÉDITEURS
33, RUE DE SEINE, ET RUE DES SAINTS-PÈRES, 33
1874

A

LA MÉMOIRE DES ENFANTS DE STRASBOURG

MORTS POUR SA DÉFENSE

(Août et Septembre 1870)

AVERTISSEMENT

Il y a un an aujourd'hui, ces documents allaient paraître, lorsque nous avons cru devoir en arrêter la publication.

Nous n'avions qu'un seul but en entreprenant ce travail : prouver que Strasbourg n'a jamais cessé de mériter le respect et l'amour de la France, et nous racontions les événements du siége tels qu'ils s'étaient passés; mais les envahisseurs ne feraient-ils pas un crime de notre inébranlable attachement à la France occupée?

Nous n'avons pas voulu troubler le silence général, nous avons attendu que le pays fût délivré du dernier soldat allemand, et aujourd'hui nous venons dire la vérité.

PRÉFACE

« Le droit primera la force. »

La grande famille strasbourgeoise venait d'être dispersée par la cession de l'Alsace à l'Allemagne, lorsque parut au *Journal officiel* le procès-verbal du conseil d'enquête sur la capitulation de Strasbourg; alors s'élevèrent de toutes parts des protestations indignées, et la ville elle-même, bien que sous la domination allemande, infligea, par l'organe de ses magistrats municipaux, un démenti aux calomnies dont elle était la victime.

L'émotion de l'Alsace trouva un écho dans la Chambre, et nous pouvions croire à notre prochaine réhabilitation en lisant le rapport de la commission

Bamberger distribué le 11 juin 1872 aux représentants.

Le rapport s'exprime ainsi :

« Strasbourg était la clef de l'Alsace. C'est la plus grande place de guerre qui soit tombée aux mains de l'ennemi. Elle est l'exemple le plus saisissant de l'état d'abandon où l'on avait laissé, jusqu'à la veille de la lutte, la défense de nos frontières.

» Nous vous proposons d'ordonner également la publication du rapport détaillé qui résume les travaux du conseil d'enquête sur cette place.

» Ce document mettra certainement fin aux interprétations fâcheuses auxquelles l'avis motivé pourrait donner lieu dans son laconisme, et, si le texte de cet avis nous avait été communiqué avant sa publication, nous aurions demandé que le rapport y fût immédiatement joint. En effet nous tenons à ce que les habitants de Strasbourg sachent bien que rien ne saurait porter atteinte aux sentiments de sympathie et d'admiration auxquels ils ont droit.

» Il est impossible d'oublier l'héroïque résignation et le ferme courage avec lequel ils ont supporté une série de périls et de souffrances que les lois de la guerre n'avaient jamais infligés à la population d'une place assiégée.

» Il ne faut pas oublier que les recherches du conseil d'enquête étaient uniquement destinées à éclairer le ministre de la guerre sur la responsabilité personnelle des commandants de place qui ont capitulé, et que par suite elles ont forcément un caractère spécial et limité. »

Le silence a continué de se faire.

Tant que nous avons pu croire qu'une contre-enquête officielle viendrait nous apporter la réparation qui nous était due, nous avons attendu; aujourd'hui qu'on nous refuse des débats publics, nous élevons la voix.

On a condamné, sans vouloir l'entendre, une ville

française hier, tombée en combattant pour le pays et cédée pour le rachat de la France.

Contraints par la force, vous avez dû abandonner l'Alsace à l'empire allemand, et c'est le jour de l'option, alors que l'Allemagne, après nous avoir arraché le sol, cherche à nous enlever les habitants, c'est ce jour que vous choisissez pour lancer à Strasbourg un brevet de lâcheté!

Devant ce parti pris, un certain nombre d'habitants et d'officiers de l'armée auxiliaire présents au siége se sont réunis et ont fait appel à tous ceux qui pouvaient fournir des renseignements sur cette époque.

Ils ont groupé tous les documents et tous les faits appuyés de preuves, et c'est à l'aide de ces matériaux qu'ils ont reconstruit, jour par jour, l'histoire du siége.

Chaque journée a son bulletin militaire et sa chronique locale; des actes officiels et des renseignements recueillis avec soin permettent de retracer les événements militaires, et ce sont les journaux de la ville assiégée qui racontent ce que l'on pensait, ce que l'on écrivait au milieu de ces calamités.

On pourait suspecter le témoignage d'un seul, mais ne doit-on pas s'incliner devant des faits incontestables, tous contrôlés, tous appuyés sur des preuves?

PRÉFACE.

Ceci n'est pas un ouvrage de longue haleine (1), c'est simplement une collection de faits, une réunion de chiffres; nous nous sommes servis encore plus des ciseaux que de la plume.

---

(1) Nous empruntons à l'ouvrage du général Uhrich, *Documents relatifs au siège de Strasbourg*, les lettres les plus intéressantes échangées entre le gouverneur de Strasbourg et le lieutenant général de Werder.

Nous publions littéralement les lettres telles qu'elles ont été traduites par l'état-major de la 6º division militaire.

Lire *La guerre en Alsace*, 1ʳᵉ partie, Strasbourg, par A. Schnéegans, député du Bas-Rhin. — Peinture fidèle de cette époque, ouvrage d'un grand intérêt, écrit avec un sentiment de patriotisme entraînant.

Le siège et le bombardement de Strasbourg, par G. Fischbach, avocat. — Consciencieux travail.

Le siège de Strasbourg, par B. du Petit-Thouars. — Attachant et trop court récit, dans lequel cet officier retrace la part qu'une poignée de marins a prise à la défense de la place.

Nous regrettons de ne pas pouvoir en dire autant de la brochure *Le siège de Strasbourg*, par le comte de Malartic, ancien secrétaire général de la préfecture du Bas-Rhin. Cet opuscule n'a même pas le mérite de l'exactitude dans le récit des faits.

PREMIÈRE PARTIE

DU 4 AU 23 AOUT

Investissement. — État de la forteresse. — Tout manque. — L'assiégé et l'assiégeant. — Patriotisme et initiative de la population. — Sorties. — Mise en état de défense sous le feu de l'ennemi. — Correspondances. — Le lieutenant général de Werder refuse la sortie des femmes et des enfants. — Premiers bombardements systématiques de la ville.

JEUDI 4 AOUT

WISSEMBOURG !

SAMEDI 6 AOUT

FRŒSCHWILLER !

Toute la journée du 6 on entend gronder le canon de Frœschwiller.

On espère à Strasbourg, il semble que le bruit s'éloigne, et l'on dit que Mac-Mahon jette les Allemands dans le Rhin...

Le soir, de grands chariots découverts sur lesquels sont couchés des blessés entrent dans la ville. Alors on apprend que Mac-Mahon est vaincu, que son armée n'existe plus et que les Prussiens poursuivent...

La nuit arrive, on bat la générale.

La ville est dans la consternation. On va être attaqué, que fera-t-on? Rien n'est prêt! Les remparts ne sont même pas armés.

DIMANCHE 7 AOUT

Les ponts-levis ont été levés; devant la porte Nationale, devant les portes de Saverne et de Pierre s'accumule la foule des fuyards de Frœschwiller.

Ils sont là plusieurs milliers, soldats, officiers, paysans, criant, implorant; les blessés qui ont pu se traîner sur un cheval ramassé sur le champ de bataille, ou sur un caisson, demandent en grâce des secours.

Il en arrive sans cesse, et les nouveaux venus passent sur les premiers et les écrasent.

Il n'y a plus d'autorité reconnue, il n'y a plus ni officiers ni soldats : il n'y a qu'une foule de fuyards qui grouille et hurle devant les fossés :

« Ouvrez! ouvrez! Les Prussiens! les Prussiens! »
Et leurs clameurs emplissent les faubourgs.

Le matin, par ordre du commandant de place, les portes s'ouvrent, puis se referment par intervalles.

Alors nous assistons au plus triste, au plus douloureux des spectacles : au défilé des échappés de Frœschwiller.

L'armée de Mac-Mahon, que nous avions contemplée, il y a quatre jours, au polygone, nous envoie ses débris. Chaque régiment est représenté par quelques-uns des siens. Voici des hussards, des lanciers, des chasseurs; ils n'ont pas de chevaux, ils n'ont plus d'armes; après une journée de combat, leurs uniformes sont souillés comme après une campagne de plusieurs mois. Voici des zouaves sur des chevaux; des artilleurs sur des caissons, leurs pièces, hélas! sont restées sur le champ de bataille.

Les chasseurs à pied ont lutté jusqu'au dernier moment, ils sont couverts de boue, leurs chassepots sont noircis de poudre; il arrive des turcos montés sur des chevaux de chasseurs et de hussards, d'autres sur des chevaux sans selle et sans bride qu'ils ont trouvés dans la débandade; ils ont conservé leurs armes, et un certain nombre d'entre eux portent plusieurs chassepots.

Voici, à pied, sans cuirasse, sans sabre, un pistolet à la main, tête nue, un grand cuirassier.

Les officiers marchent la tête basse au milieu des hommes; tous sont accablés, ils semblent ne pas pouvoir regarder autour d'eux, et lorsque mille voix leur demandent :

« Qu'est devenu Mac-Mahon ? — Où est votre régiment ?

— Tout est-il perdu ? » — Ils ne trouvent rien à répondre.

On s'empresse autour des blessés; les brancardiers arrivent et portent ces malheureux dans les ambulances de la ville. Nous voyons passer un sous-officier de zouaves; il a l'articulation du genou traversée par une balle; son genou a la grosseur de la tête; il souffre terriblement; des artilleurs l'ont ramassé, il a été cahoté toute la nuit sur un caisson.

Les braves gens des faubourgs arrêtent au passage ces hommes qui se traînent à peine, ils n'ont pas mangé depuis le 5 au soir. On les attire dans les maisons, et l'on tend à ceux qui ne veulent pas s'arrêter un verre de vin, un morceau de pain, puis le soldat se remet en marche et se dirige vers la place.

« En avez-vous tué des Prussiens? demande-t-on à un turco.

— J'ai chargé, répond-il, puis j'ai tiré; et les Prussiens tombaient; mais il en venait encore, alors j'ai chargé et j'ai tiré toujours; mais plus je tirais plus il arrivait de Prussiens, et à la fin j'étais seul, autour de moi mes camarades étaient morts. »

Ils se sont aussi noblement conduits ces deux turcos qui arrivent tout fiers au milieu de cet immense désastre, rapportant à Strasbourg le drapeau du 2ᵉ tirailleurs qu'ils ont sauvé sur le champ de bataille.

Chaque fois que la porte se referme afin de laisser aux arrivants le temps d'entrer, ce sont, de l'autre côté, des plaintes, des clameurs. C'est une cohue indescriptible, augmentée sans cesse par de nouveaux fuyards qui veulent passer sur les autres.

Au milieu des cavaliers et des caissons les paysans poussent leurs troupeaux. Avec les soldats pénètrent en ville de longues voitures d'Alsace où sont entassées les familles des villages voisins venant chercher un refuge dans la forteresse.

La dernière figure que nous apercevons est la tête bronzée d'un turco; cet homme marche grave et solennel, son chassepot tout noirci est en bandoulière, et il porte sur ses bras tendus, comme sur un coussin de parade, une épée d'officier, celle de son lieutenant tombé à côté de lui.

Les yeux de l'Africain sont voilés, son esprit est encore sur le champ de bataille où est tombé son officier, où trente mille Français ont été massacrés par cent vingt mille Allemands.

Et poursuivant les fuyards, la cavalerie allemande pénétrait à Haguenau; elle n'était plus qu'à trois lieues, à Brumath; un peu d'audace, et elle entrait au galop à Strasbourg avec les vaincus de Frœschwiller.

Le même jour la ville était mise en état de siège.

LUNDI 8 AOUT

« Pendant sa marche sur Haguenau et Brumath, la division badoise eut l'assurance que la défaite de Wœrth avait provoqué du côté français une profonde démoralisation, dont les signes devinrent plus nombreux et plus certains à mesure qu'on avançait vers Strasbourg. On affirmait que dans la forteresse régnaient l'effroi et le désordre, et que les portes en étaient ouvertes. Dans ces conditions, un coup de main sur cette place importante parut avoir des chances de succès, et il fut décidé le 8, dans l'après-midi, qu'on le tenterait.

» A quatre heures, la brigade de cavalerie de la Roche, ainsi que toute l'artillerie, se mit en route; en même temps partaient six compagnies d'infanterie, montées sur des chariots du train qu'on avait déchargés rapidement à cet effet; quatre bataillons suivaient comme réserve.

» A six heures et demie du soir, ces troupes arrivaient à Suffelweiersheim, à une demi-lieue de la porte de Pierre; le général de Beyer, commandant la division badoise, se trouvait là avec tout son état-major. Des reconnaissances de cavalerie poussèrent aussitôt jusqu'aux glacis de la forteresse, mais les ponts-levis étaient dressés et les cavaliers furent accueillis par des coups de feu.

» On n'apercevait cependant que très-peu de pièces en position; le major de Amerongen, de l'état-major de la division, fut envoyé en parlementaire afin de demander la reddition de la ville (1). »

Le major de Amerongen mit pied à terre et, un drapeau blanc à la main, s'avança vers la porte de Pierre, il appela et demanda à parler au général gouverneur. Le commandant de place, colonel Ducasse, se trouvait là; il se chargea de répondre :

« Que voulez-vous?

— Je suis chargé de sommer Strasbourg de se rendre, sinon la ville sera bombardée.

— Votre proposition n'est pas sérieuse, lui répondit le commandant de place; Strasbourg ne se rend pas : venez la prendre.

— Au moins, protégez-moi contre le feu de vos hommes, répondit l'officier allemand déçu dans ses espérances.

— Vous pouvez vous retirer sans crainte. »

---

(1) *Geschichte der Belagerung von Strassburg im Jahre* 1870, von Reinhold Wagner, Hauptmann im ingenieur-Corps.

Le commandant de la division badoise, voyant qu'une attaque de vive force n'avait pas de chance de réussir, ne crut pas pouvoir pousser plus loin sans autorisation supérieure; il se contenta d'envoyer un détachement détruire, près de Geispolsheim, la voie ferrée et le télégraphe, et rétrograda sur Brumath, où la division devait rester provisoirement, d'après un ordre arrivé dans la nuit du 8 au 9.

Le soir même, le reporter de la *Carlsruher Zeitung*, qui s'était joint aux dragons badois afin d'entrer un des premiers dans la ville, télégraphiait à cette feuille :

« Je pensais pouvoir passer cette soirée à Strasbourg; cette fois j'ai été trompé dans mon espoir, mais ce pourra bien être dans les premiers jours, *avec l'aide de Dieu.* »

La veille seulement, le 7 août, les officiers de la garde nationale sédentaire ont été nommés par le général, sur la présentation du maire et la proposition du préfet; dans la journée du 8, les gardes nationaux touchent à l'arsenal 2000 fusils à piston sans cartouches, ce qui montre très-clairement que la population était l'objet de la méfiance de l'administration de l'empire. Et cependant, le soir même, le bruit s'étant répandu rapidement que les Allemands sont devant Strasbourg et que la ville a été sommée de se rendre, on voit ces gardes nationaux se réunir d'eux-mêmes à la mairie et demander à être employés.

Pendant ce temps, le préfet du Bas-Rhin, baron Pron, adressait secrètement cette dépêche à l'impératrice régente :

« La situation de l'Alsace empire à chaque heure. *Les protestants donnent la main aux Prussiens.* La défense de Strasbourg est impossible avec quelques centaines d'hommes.

» *J'ai fait le sacrifice de ma vie.* Je supplie Votre Majesté de nous envoyer des renforts qui rétabliraient la confiance *et détruiraient les menées prussiennes.* »

Le baron Pron ne connaissait pas les Strasbourgeois, et il est

ÉTAT DE LA FORTERESSE.

triste de voir un préfet qui certes ne manquait pas des qualités qui font le bon administrateur et qui pendant le siége donna des preuves de courage et d'énergie, lancer aussi légèrement un jugement complétement erroné.

« L'accusation contre les protestants a aussi été formulée par M. de Malartic, son secrétaire général, dans un petit livre malsain. Nous ne chercherons pas à réfuter cette infamie, et la population protestante y répond suffisamment par son mépris (1). »

Nous empruntons le passage suivant au journal du capitaine de vaisseau du Petit-Thouars : le récit de cet officier qui prit une part si active à la défense de Strasbourg montre bien dans quel état de défense se trouvait cette place le lendemain de Frœschwiller.

« Les portes étaient fermées depuis la veille. En dehors, parmi ces magnifiques avenues toutes bordées de jardins, de maisons de campagne, entourées de hautes palissades et d'un fouillis inextricable de plantes grimpantes, dans lesquelles les fortifications de Strasbourg se noyaient depuis longtemps, régnait le plus grand silence, et l'on arrivait ainsi jusqu'au Rhin, que les Prussiens n'avaient pas franchi la veille, ainsi que le bruit en avait couru. Le seul changement qui se fût opéré sur la rive badoise consistait en ce que la surveillance y était certainement plus active; mais, je le répète, les terrains qui séparaient le fleuve de Strasbourg étaient si couverts, que les Allemands eussent pu opérer leur passage avant qu'on s'en fût aperçu. A la porte, où je rencontrai une longue file de voitures chargées d'effets de déménagement qu'on laissait pénétrer dans la ville d'heure en heure, j'eus quelque peine à me faire ouvrir, quoique je fusse muni d'un laisser-passer régulier, et je revins avec la conviction qu'à partir de ce moment tout était possible...

» Dans la nuit du 8, notre petit détachement de 43 hommes fut conduit au bastion 11, dans lequel une brèche fut plus tard pratiquée, et ils y armèrent les pièces avec l'adjonction de

---

(1) Gustave Fischbach, *Journal les affiches de Strasbourg*, n° 44.

servants empruntés à la garde mobile. Nous nous y rendîmes par une de ces nuits noires et pluvieuses qui eût donné la tentation de faire un coup de main aux moins hardis, et nous les trouvâmes tout organisés, l'œil au guet, sondant l'horizon sur lequel on voyait mille lumières se mouvoir dans les villages environnants : ils nous montrèrent d'un air dépité qu'il n'y avait que *trois coups* par pièce. Mais, durant ces premiers temps, on passait sans cesse d'un excès de confiance à un excès de crainte, sentiment dont on ne saurait trop s'étonner, si l'on veut considérer les événements qui s'étaient accomplis dans l'espace de quelques heures (1). »

MARDI 9 AOUT

Strasbourg va être assiégé. Examinons dans quel état de défense se trouve la place et quels sont les préparatifs.

Nous laissons la parole au capitaine du génie autrichien Maurice Brunner.

LA FORTERESSE DE STRASBOURG AU MOMENT DU SIÉGE

« Quand éclata cette guerre qui fut le couronnement de la frivolité du gouvernement français, la forteresse de Strasbourg présentait l'image de la paix la plus profonde.

» Le 6 août, jour de la bataille de Wœrth, Strasbourg n'était pas armée, les arbres des glacis étaient debout et seulement on commençait à remplir d'eau les fossés.

» Le correspondant de la *Wehr-Zeitung* (gazette de l'armée prussienne), qui se trouvait ce jour-là à Strasbourg, dit :

« Je n'ai pas vu de canons sur les remparts et la garnison flânait dans les
» rues comme chez nous les hommes qui sont en vacances après les exercices. »

» Les Français étaient bien loin de se douter que des armées

---

(1) *Le Siége de Strasbourg*, par B. du Petit-Thouars, tome XLIX du *Correspondant*.

étrangères mettraient le pied sur le territoire, et c'est pour cela que l'on n'avait rien fait pour préparer Strasbourg à se défendre.

» Puisqu'il est admis qu'il faut au moins quatre semaines pour mettre une forteresse en état de défense, il eût fallu employer le mieux possible le temps qu'on avait, et l'on aurait dû s'occuper d'autant plus de préparer la défense de Strasbourg que cette ville, qui a une immense importance stratégique et politique, ne remplissait plus depuis longtemps ce que l'on devait attendre d'elle.

» Les fortifications de Strasbourg, ville de 80 000 habitants, furent construites d'après le système bastionné du célèbre ingénieur Daniel Speckle (1), et furent complétées par Vauban (2), qui l'augmenta de la citadelle.

» Alors Strasbourg avait une tête de pont sur la rive droite du Rhin, et avait par là une porte ouverte sur l'Allemagne; mais cette tête de pont fut assiégée en 1796 par les Autrichiens; elle fut prise et rasée.

» Les fortifications de Strasbourg sont restées jusqu'à ce jour ce qu'elles étaient autrefois, et il n'y a été ajouté qu'un ouvrage, la lunette 44. Depuis l'adoption de l'artillerie rayée, rien, absolument rien n'a été fait pour augmenter la force défensive de la place.

» Lorsqu'une forteresse est en même temps une ville industrielle et populeuse, il est indispensable de l'entourer de forts placés au loin, qui la mettent à l'abri d'un bombardement.

» Les murs d'escarpe sont exposés au tir de brèche indirect, et ce tir peut s'exécuter à une grande distance.

» Lorsque l'on construisit les remparts tels qu'ils sont encore aujourd'hui, on ne connaissait ni les shrapnels, ni l'emploi exclusif

---

(1) Daniel Speckle écrivit le premier bon livre allemand sur la fortification permanente, *Architectura von Festungen*, cet ouvrage fut publié en 1589.
(2) Vauban construisit la citadelle et les ouvrages extérieurs de 1682 à 1684.

(*Notes du traducteur.*)

des projectiles creux. Vauban était alors à la mode, ce qui explique le manque de casemates.

» Il n'y avait à Strasbourg ni casemates ni abris blindés.

» Comme dans toutes les fortifications de cette époque, l'ingénieur dépensa toute sa science en accumulant une série d'ouvrages défensifs. On est frappé par la masse d'ouvrages placés les uns derrière les autres, ainsi que par l'emploi aussi étendu que possible de l'eau comme moyen d'empêcher les approches.

» Employée avec beaucoup d'habileté, l'eau réduisait à néant la science du sapeur-mineur et rendait impossible un siége en règle sur trois fronts de la place : d'un côté le Rhin avec son bras, des côtés nord et sud, des inondations artificielles s'étendaient au loin au moyen de l'Ill et de nombreux canaux de navigation. Sur la quatrième face, l'assiégeant était arrêté par plusieurs fossés placés les uns derrière les autres; et un système de mine et plusieurs rangées d'ouvrages étaient chargées de remplacer de ce côté la force défensive des inondations.

» D'après l'ancien système, on pouvait à bon droit dire que la forteresse était imprenable, et malgré des attaques répétées cette ville n'avait jamais été prise. Mais depuis, bien des choses ont changé.

» Les pièces rayées portent au delà des inondations, et bien des endroits, qui autrefois n'avaient pas à craindre un feu croisé, sont maintenant atteints. Les hauteurs du côté nord-est, qui autrefois avaient été regardées comme non dangereuses, sont devenues maintenant des points dominants gênants pour les ouvrages, et les constructions et cultures dont on avait laissé entourer la ville cachaient aux yeux et au canon de l'assiégé une grande partie du terrain occupé par l'ennemi.

» Qu'a-t-on fait afin d'obvier à l'état de faiblesse de ces anciennes fortifications, lorsque est apparu le nouveau système d'artillerie ?

» Une chose était à prévoir, un siége, y a-t-on pensé ?

» Non, rien n'a été fait.

» A Strasbourg il n'y avait ni traverses, ni poudrières à main, ni abris blindés, ni plates-formes, ni mines : *tout manquait*. La place manquait de certains articles de munition, de soldats d'infanterie exercés, d'artilleurs, d'ingénieurs et de soldats du génie. Il fallut ménager les projectiles.

» Quel sujet de réflexion pour un gouvernement, pour un ministère, et combien, s'il a quelque peu le sentiment de l'honneur et de la patrie, il doit se dire qu'il a été coupable d'avoir ainsi fermé les yeux à l'évidence (1). »

MERCREDI 10 AOUT

Télégramme du roi de Prusse au général de Beyer.

« Arrivé à Brumath le 10 août.

» Ordre du roi d'empêcher tout arrivage des troupes et de matériel ennemis sur Strasbourg; surveiller principalement le sud; hâter l'investissement; les renforts nécessaires sont en route. »

La proclamation suivante fut affichée le 10 août au matin :

« AUX HABITANTS DE STRASBOURG,

» Des bruits inquiétants, des paniques ont été répandus ces jours derniers, involontairement ou à dessein, dans notre brave cité. Quelques individus ont osé manifester la pensée que la place se rendrait sans coup férir.

» Nous protestons énergiquement, au nom de la population courageuse et française, contre ces défaillances lâches et criminelles.

» Les remparts sont armés de 400 canons. La garnison est composée de 11 000 hommes, sans compter la garde nationale sédentaire.

---

(1) *Die Vertheidigung von Strassburg im Jahre*, von Moriz Brunner, Hauptmann im K. K. Genie-Stabe (la défense de Strasbourg en 1870, par Maurice Brunner, capitaine au corps impérial et royal du génie autrichien), p. 2.

» Si Strasbourg est attaqué, Strasbourg se défendra tant qu'il restera un soldat, un biscuit, une cartouche.

» Les bons peuvent se rassurer ; quant aux autres, ils n'ont qu'à s'éloigner.

» Strasbourg, le 10 août 1870.

» *Le général de division, commandant supérieur,*

» UHRICH. »

Cette proclamation fut lue avec un certain étonnement : elle respirait une grande vigueur, mais elle dénotait, en même temps, de la méfiance contre une partie de la population.

Le général ne faisait qu'arriver et ne connaissait ni la ville ni les habitants. Qui avait pu le conseiller ainsi ? Plus tard, lorsqu'on connut la teneur des dépêches du baron Pron à l'impératrice régente, on sut que l'accusation partait de la préfecture.

LE GÉNÉRAL UHRICH

Le général Uhrich est né à Phalsbourg le 15 février 1802.

Il a pris part aux guerres d'Espagne en 1823, 1824, 1825, 1826 ; il était en Afrique en 1839, 1840 et 1841 ; en Crimée en 1855 ; en Italie en 1859 et 1860.

A la déclaration de la guerre, le général était dans sa 69° année, et faisait partie, depuis trois ans, du cadre de réserve ; sur sa demande il fut rappelé à l'activité et remplaça le général Ducrot dans le commandement de la 6° division militaire.

Le 21 juillet, jour de l'arrivée du général dans son commandement, la garde nationale mobile n'avait pas encore été convoquée dans toute la division.

Le général rassemble immédiatement les mobiles et fait aussitôt la répartition des bataillons et batteries entre les différentes places de la division, en faisant diriger sur ces places armement, habillement et équipement nécessaires, suivant l'effectif de chacune d'elles.

Lors de la déclaration de la guerre, les départements de l'Est avaient été mis en état de siége; un décret impérial, qui parut le 25 juillet, maintint cet état de siége dans les campagnes et villes ouvertes, et le convertit en état de guerre seulement dans les places fortes; mesure inexplicable !

Le lendemain de Frœschwiller, le gouverneur de Strasbourg s'empressa de rétablir l'état de siége pour les places fortes de la division.

Aussitôt arrivé, le général Uhrich exprima au ministre de la guerre son intention de procéder immédiatement à la mise en défense de la place, et le prévint qu'il allait procéder aux démolitions des constructions et aux abatis des arbres dans tout le rayon de la zone de servitude militaire.

Le ministre répondit :

« Suspendez tous travaux de cette sorte jusqu'à la dernière extrémité, et en-
» core ne faites rien sans vous être entendu au préalable avec l'autorité civile. »

Jusqu'à la dernière extrémité. — Que pouvait entendre par ces mots le ministre de la guerre? une défaite, c'est-à-dire Frœschwiller.

Le ministre de la guerre aurait pu tout aussi bien télégraphier :

« Général, les travaux de mise en défense de Strasbourg ne doivent commencer
» que lorsque l'ennemi sera sous vos murs; alors et seulement, après le consen-
» tement de l'autorité civile, vous pourrez démolir et raser, sous le feu de l'en-
» nemi, toutes les constructions et tous les massifs que nous avons laissés s'éle-
» ver, depuis soixante ans, autour de la forteresse; nous vous interdisons de
» mettre la place en état de défense. »

Cette décision ministérielle retarda le commencement de ces grands travaux qui auraient demandé plusieurs mois pour être exécutés.

Pendant le siége de Strasbourg, et après la capitulation de cette ville, le général Uhrich fut l'idole des Parisiens et de la France entière; le conseil d'enquête, présidé par le maréchal Baraguey d'Hilliers, l'a traité de général incapable et imprévoyant.

En face de ces appréciations si contradictoires, que devons-nous penser?

Jusqu'à ce jour, en France, sans régler notre imagination, nous passons subitement de l'admiration et de l'enthousiasme au blâme et à l'oubli. Sans réflexion, nous aimons à créer des héros afin de pouvoir les renverser le lendemain.

Nous pensons que celui qui n'a pas pris part au siége de Strasbourg, que celui qui n'a pas vu et l'attaque de l'assiégeant et la défense de l'assiégé, doit attendre avant de se faire une opinion, et que lorsqu'il s'agit de juger un homme et une chose, ce sont les faits qu'il faut interroger.

Le *Journal du siége de Strasbourg* va dérouler devant nous, jour par jour, tous les événements de ce fait de guerre.

On verra quels moyens de défense ont été livrés au général Uhrich; on comptera le nombre de soldats qui lui ont été laissés, on examinera ce qu'étaient les fortifications de Strasbourg, et l'on apprendra à connaître l'artillerie allemande, enfin on se fera une idée exacte des forces de l'assaillant et de la résistance opposée par la défense; et, après avoir assisté à cette lutte, alors seulement on pourra, en toute connaissance de cause, juger et Strasbourg et son ancien commandant.

Le CONSEIL DE DÉFENSE était ainsi organisé :

Général UHRICH, président, commandant supérieur.

Général MORÉNO, commandant de la subdivision du Bas-Rhin.

Général BARRAL, commandant l'artillerie dans la 6ᵉ division militaire.

Contre-amiral EXCELMANS, commandant la flottille du Rhin.

Colonel SABATIER, directeur des fortifications.

Colonel DUCASSE, commandant de place.

Lieutenant-colonel MENGIN, commandant l'artillerie.

Lieutenant-colonel MARITZ, chef du génie.

Colonel FIÉVET, commandant le 16ᵉ d'artillerie-pontonniers, blessé le 16 août et remplacé par le colonel d'artillerie PETITPIED.

Colonel BLOT, commandant le 87°.

DE LAVALETTE, intendant militaire.

Pour la défense, la place fut divisée en 4 arrondissements.

1ᵉʳ *Arrondissement.* Citadelle. — Général de brigade MORÉNO, blessé le 25 août et remplacé par le lieutenant-colonel ROLLET, blessé le 7 septembre.

2ᵉ *Arrondissement.* Depuis le mur de jonction de droite jusqu'à la porte Nationale. — Colonel d'artillerie PETITPIED.

3ᵉ *Arrondissement.* Depuis la porte Nationale jusqu'au bastion 12, front d'attaque. — Colonel du 87ᵉ de ligne, BLOT, blessé le 13 septembre.

4ᵉ *Arrondissement.* Du bastion 12 au mur de jonction de gauche. — Contre-amiral EXCELMANS.

LA GARNISON DE STRASBOURG

Le jour de la bataille de Frœschwiller, la garnison de Strasbourg se composait *d'un seul régiment*, le 87ᵉ de ligne, et de quelques dépôts.

Le lendemain de la défaite, la garnison fut renforcée par quelques détachements qui, coupés par l'ennemi, furent retenus forcément dans la place; elle s'accrut des fuyards de Frœschwiller; mais malheureusement ces derniers ne donnèrent qu'un petit nombre de bons soldats et entravèrent plutôt qu'ils n'aidèrent la défense.

Voici la composition de la garnison de Strasbourg le 8 août :

Le 87ᵉ de ligne (3 petits bataillons), commandé par le colonel Blot;

Les dépôts du 18ᵉ et du 96ᵉ de ligne, les dépôts du 10ᵉ et du 13ᵉ bataillons de chasseurs;

Les 43 marins qui devaient monter la flottille du Rhin, commandée par le contre-amiral Excelmans;

Un bataillon du 21ᵉ de ligne, qui avait été laissé à Haguenau pour garder la gare, et qui fut séparé de l'armée par la bataille de Frœschwiller; il fut obligé de se replier sur Strasbourg, où il arriva le 7 août.

Un détachement du 74ᵉ et un détachement du 78ᵉ de ligne, venant du Haut-Rhin, et destinés à rejoindre leurs régiments respectifs, qui faisaient partie du 1ᵉʳ corps d'armée, arrivèrent à Strasbourg le 7 août et y furent aussi retenus forcément.

L'artillerie de la place se composait des batteries de dépôt dd 5ᵉ et du 20ᵉ, sans effectif appréciable, et d'une portion du 16ᵉ d'artillerie-pontonniers, qui avait reçu son ordre de départ et fut retenue par l'investissement.

La garde nationale mobile était composée de 4 bataillons d'infanterie et de 3 batteries.

La garde nationale sédentaire fit le service de la ville.

Elle fournit en outre : 1 batterie d'artillerie, qui fut placée aux bastions 11 et 12, porte de Pierre, et 2 compagnies franches, les chasseurs volontaires et les tirailleurs de la garde nationale; ces 2 compagnies furent employées à la défense des ouvrages avancés et prirent part aux sorties.

Enfin les douaniers firent aussi un service actif.

Création d'un régiment de marche, infanterie, et d'un escadron de marche.

Aussitôt les fuyards arrivés, le général fit interner l'infanterie dans la citadelle et la cavalerie sur l'esplanade.

Le lieutenant-colonel Rollet, du 47ᵉ, rentré blessé à Strasbourg, fut chargé de composer avec ces hommes provenant de régiments de ligne, zouaves, chasseurs, turcos, un régiment de marche de 3 bataillons.

Le chef d'escadron de Serlay, du 2ᵉ lancier, fut chargé d'organiser un escadron de marche.

Quelques jours après, afin de concentrer le commandement et de donner plus de solidité à ces éléments si divers, le bataillon du 21ᵉ fut adjoint au régiment de marche; il en fut de même du bataillon qui avait été formé avec les détachements du 74ᵉ et du 78ᵉ; de sorte que le régiment de marche comptait, à la fin, 5 bataillons.

Pour l'infanterie, comme pour la cavalerie, le général nomma les officiers nécessaires pour compléter les cadres.

On voit, d'après tout cela, que le 87ᵉ fut la seule troupe compacte et solidement organisée possédée par Strasbourg.

Aussi un officier faisant partie de l'armée assiégeante écrit-il :

« Non-seulement la garnison était de beaucoup insuffisante, mais il est presque incroyable qu'une ville de cette importance ait été laissée dans un tel état d'abandon; il ressort aussi de l'examen de ce siège que cette garnison faite de pièces et de morceaux a encore rendu un très-grand service à la patrie, en distrayant de l'armée d'opération allemande 50 000 à 60 000 excellents soldats.

» La garnison de Strasbourg était composée du 87ᵉ de ligne qui se trouva retenu par hasard dans la place; c'était la seule troupe intacte d'environ 2700 hommes, sous le commandement du colonel Blot, homme capable et brave.

» Les marins et les pontonniers étaient braves et adroits, mais les remparts ne sont pas leur élément.

» Les dépôts étaient composés, en grande partie, de recrues.

» Parmi les réfugiés de Wœrth, on trouva un certain nombre de bons soldats, mais la grande majorité des fuyards, comme on le conçoit facilement, ne valait absolument rien.

» La mobile était animée du meilleur esprit et se comporta très-bien. Jusqu'au 30 juillet, elle ne figura que sur le papier; aucun de ces hommes n'avait fait l'exercice du tir à la cible; l'artillerie de la mobile n'avait jamais touché un canon; elle se forma pendant le siège, le courage et le dévouement de ces jeunes gens suppléèrent à leur inexpérience. La garde mobile eut les postes les plus exposés.

» La garde nationale sédentaire était loin d'être composée d'éléments militaires; elle fut, comme presque toute la population strasbourgeoise, pleine de zèle et de courage pendant le siége.

» De bons éléments furent les francs-tireurs, mais leur nombre était restreint; c'étaient des citoyens de la ville ayant tous l'habitude du tir. A côté d'eux il faut citer une compagnie franche et les douaniers.

» 16 soldats du génie devaient faire le service technique sur les remparts; pour faire la guerre souterraine la ville assiégée n'avait que 4 *mineurs*, les galeries de mine étaient à faire, sans compter les fougasses et les mines de démolition, et encore ces hommes étaient entrés dans la place par hasard, en fuyant Frœschwiller.

» Le nombre des officiers du génie (d'abord 6, à la fin 5) était celui du pied de paix; pour le siége il en aurait fallu au moins trente. Il y avait un élève de l'École polytechnique qui fut bientôt blessé, et cinq gardes du génie. Le véritable chef du génie dirigeant la défense était le lieutenant-colonel Maritz; à la citadelle se trouvait le chef de bataillon Ducrot, chargé à lui tout seul du service du génie; on ne parle de lui qu'avec respect; malheureusement pour la défense, il eut la tête emportée par un obus, le 20 septembre, pendant qu'il dirigeait les travaux.

» D'après nos informations, il est prouvé que le colonel Maritz et les autres officiers du génie ont fait leur devoir dans toute l'acception du mot, et si beaucoup de choses ont laissé à désirer, il ne faut s'en prendre qu'au petit nombre des soldats du génie et au manque d'objets les plus indispensables.

» Il est hors de doute qu'on leur avait laissé une tâche qui dépassait de beaucoup leurs forces physiques et qu'ils avaient à lutter contre des difficultés insurmontables.

» D'après les règlements, la garnison de guerre comportait *cent mineurs* et *quatre cents sapeurs du génie*, le matin du 6 août *il n'y en avait pas un seul*.

» Le manque d'officiers du génie était d'autant plus sensible

INVESTISSEMENT. 19

qu'il n'y avait comme sous-officiers de cette arme que 5 gardes, et qu'ainsi les officiers étaient forcés de faire le service de surveillance pour la pose des palissades, pour l'établissement des meurtrières, etc., etc., service que des sous-officiers auraient pu parfaitement faire.

» L'artillerie ne fut pas partagée mieux que le génie. Le général commandant l'artillerie était le général Barral, qui ne pénétra dans la place qu'après l'investissement, sous un déguisement de paysan; il passe pour un officier fort capable. Le corps d'officiers était dérisoire comme nombre, il y avait peu de sous-officiers et très-peu d'artilleurs formés.

» Il faut autre chose que de la bonne volonté pour la guerre, surtout pour la tâche difficile de défendre *une forteresse surannée* contre *l'artillerie moderne*.

» La garnison n'avait en tout que 6000 *hommes* pouvant se battre, ajoutez à cela le manque d'officiers, d'artilleurs et de soldats du génie. Si le hasard n'avait renforcé la garnison le jour de l'investissement, la force de la défense se serait composée de 3000 recrues.

» Peut-on admettre que le ministre de la guerre n'avait pas connaissance de cet état de choses? Strasbourg, dans ces conditions aurait pu être prise de vive force (1). »

JEUDI 11 AOUT

(*Dépêche allemande*). — On mande de *Carlsruhe*, 10 août :

« Les troupes allemandes ont cerné Strasbourg et occupent toutes les lignes
» de chemin de fer qui y aboutissent.
» Le général qui commande à Strasbourg, sommé de se rendre, a répondu par
» un refus catégorique. »

(1) Moriz Brunner, *loc. cit.*, p. 6.

Le baron Pron avait reçu une réponse à sa dépêche du 8 août. L'impératrice régente répondait au préfet du Bas-Rhin :

« J'ai communiqué votre dépêche au conseil des ministres, mais je crains
» qu'il n'y ait rien à faire. »

VENDREDI 12 AOUT

(*Bulletin officiel communiqué par le ministre de l'intérieur*).

« 12 août, midi.

« Une dépêche annonce que les communications avec Strasbourg sont inter-
» rompues.
» Aux dernières nouvelles, les Prussiens se massaient autour de la ville.
» Henri Chevreau. »

Les Allemands occupent les villages de l'Alsace et organisent un vaste système de pillage administratif; ils prennent les chevaux, les bestiaux, vident les caves et les greniers, ils imposent des réquisitions en nature; en six jours ils exigent deux millions; et toutes ces exactions sont commises régulièrement au nom de l'autorité militaire supérieure, qui rend personnellement responsables les maires ne fournissant pas les choses requises.

En quelques jours le pays est complétement épuisé.

Les Allemands ne veulent pas admettre que les habitants des villes et des villages d'Alsace aient le droit de se défendre. Ils fusillent quiconque est trouvé porteur d'armes.

Voilà les avis affichés en Alsace par les troupes allemandes :

AVIS

» On fait savoir par les présentes aux habitants que la loi martiale est procla-
» mée. Par conséquent, chaque habitant qui sera rencontré porteur d'armes
» devra être fusillé. »

AVIS

Commandement de l'avant-garde de la division grand'ducale.

« Tous les bourgeois doivent rester chez eux, et ceux qui sortent seront pris
» et transportés à Rastatt. »

Le général de Beyer, ministre de la guerre du grand-duché de Bade, adresse aux habitants de l'Alsace la proclamation suivante, qui fut arrachée sur une guérite près de Kœnigshoffen et apportée à Strasbourg.

Ce document montre bien sous son vrai jour le caractère allemand; tout est faux chez ces gens-là, même la conscience : ils annoncent avec candeur qu'ils sont forcés de mettre à mort le Français qui défendra son foyer; ils proclament l'assassinat, et cela *au nom du souverain juge qui veille sur tous les hommes.*

UN AVIS ET UNE RECOMMANDATION AUX HABITANTS DE L'ALSACE

« Il faut que je vous adresse une parole sérieuse :
» Nous sommes voisins, nous avons eu pendant la paix des relations cordiales,
» nous parlons la même langue, je vous adjure : laissez passer en vous la voix
» du cœur, la voix de l'humanité ! L'Allemagne est en guerre avec la France, en
» guerre sans l'avoir voulu.
» Nous avons été forcés de pénétrer dans votre pays.
» Mais chaque vie humaine, chaque propriété qui pourront être épargnées
» nous les regardons comme un gain que bénissent la religion et l'humanité.
» Nous sommes en guerre, des hommes armés combattent en bataille rangée
» et loyale des hommes armés.
» Nous voulons épargner les citoyens désarmés, l'habitant des villes et des
» villages.
» Nous maintenons une discipline sévère, mais en revanche nous devons atten-
» dre — et par les présentes je l'exige avec la plus grande sévérité — que les
» habitants de ce pays s'abstiennent de tout acte d'hostilité ouvert ou secret.
» A notre grande douleur, des excitations, des cruautés, des brutalités nous
» ont forcé de sévir sévèrement.
» J'attends donc que les chefs des communes, les ecclésiastiques, les institu-
» teurs recommandent à leurs communes et que les chefs de famille recomman-
» dent à leurs proches et à leurs domestiques, de ne commettre aucun acte d'hos-
» tilité contre mes soldats.

» Toute misère qui peut être évitée est un bien devant l'œil du souverain juge,
» qui veille sur tous les hommes.
» Je vous fais ces recommandations! Je vous préviens!
» Ne l'oubliez pas!

» *Le commandant de la division grand'ducale badoise,*
» Lieutenant général DE BEYER.

» *Post-scriptum.* — J'ordonne que cet avis soit affiché aux mairies des villes
» et villages, et il sera bon de l'envoyer aussi dans les districts voisins. »

Ainsi, le Français qui, fidèle à la voix du devoir, prend un fusil et combat pour son pays n'est qu'un criminel, et à sa bien grande douleur, *devant l'œil du souverain juge qui veille* sur tous les hommes, le général de Beyer, par religion et humanité, est forcé de sévir.

Pour le paysan armé, la fusillade! Pour le franc-tireur, la corde! Le sentiment du juste et de l'injuste n'existe plus pour vous, généraux allemands : c'est au nom de la religion, de l'humanité que vous assassinez le Français qui combat l'invasion. Vous avez l'hypocrisie du tartufe et la cruauté du barbare, soit; mais vous ne pouvez pas ignorer cependant que le décret royal sur le landsturm commence ainsi :

Décret royal sur le landsturm.

« ART. 1ᵉʳ. Chaque citoyen est tenu de repousser l'ennemi avec les armes dont il peut disposer, quelles qu'elles soient ; de s'opposer à ses ordres et à leur exécution, de quelque nature qu'ils soient ; de braver ses défenses et de nuire à ses projets par tous les moyens possibles.

» ART. 8. Le landsturm a donc pour destination spéciale de couper à l'ennemi ses chemins et sa retraite ; de le tenir sans cesse en éveil ; d'intercepter ses munitions, ses approvisionnements, ses courriers, ses recrues ; d'enlever ses ambulances ; d'exécuter des coups de main pendant la nuit, et en un mot, de l'inquiéter, le fatiguer, le harceler sans relâche, de l'anéantir par troupes, ou en détail, de quelque façon que ce soit. »

Du reste, pendant que le lieutenant général de Beyer et ses collègues faisaient mettre à mort les habitants de l'Alsace pris les armes à la main, le général Vogel de Falkenstein disait aux habitants des côtes de la Baltique : « C'est pour vous un devoir

» sacré de combattre les Français dont on annonce le débarque-
» ment.
» Habitants du littoral, chaque Français qui débarquera sera
» pour vous votre proie. »

ARMÉE ASSIÉGEANTE

Il n'y eut d'abord devant Strasbourg que la division badoise, c'est-à-dire 25 000 hommes commandés par le ministre de la guerre badois, général de Beyer. A peu de distance de cette division se trouvaient massées des forces considérables qui occupaient l'Alsace.

Le 14 août, l'armée de siége eut un effectif de 65 000 hommes.

Commandant en chef l'armée de siége, le lieutenant général prussien de Werder.
Commandant en chef le génie, le général-major de Mertens.
Commandant en chef l'artillerie, le lieutenant général de Decker.

Troupes.

La division badoise commandée par le général de Beyer, qui fut remplacé par le général de la Roche.
La division de landwehr de la garde prussienne. (Loën.)
La 1re division d'infanterie de réserve prussienne. (Treskow.)

Génie.

15 compagnies prussiennes de pionniers de forteresse.
2 compagnies badoises de pionniers de campagne.

Artillerie.

29 compagnies d'artillerie prussienne de forteresse.
2 compagnies d'artillerie bavaroise de forteresse.
2 compagnies d'artillerie wurtembergeoise de forteresse.
4 compagnies d'artillerie badoise de forteresse.

241 pièces de siége, dont 44 badoises, furent mises en batterie; elles se décomposaient ainsi :

46 pièces de 24 rayées (parmi lesquelles 16 badoises).
12 pièces de 24 courtes rayées (destinées au tir indirect).
80 pièces de 12 rayées (dont 16 badoises).
20 pièces de 6 rayées.
2 mortiers rayés de 21 centimètres.
8 mortiers lisses de 60, badois.
19 mortiers lisses de 50.
24 mortiers lisses de 25 (dont 4 badois).
30 mortiers de 7.

Il faut ajouter les pièces de campagne, ce qui donne un total de 320 pièces d'artillerie.

SAMEDI 13 AOUT

Devant l'abandon dans lequel a été laissée notre ville, en regardant nos remparts désarmés, en voyant qu'on ne nous a même pas donné une garnison de temps de paix, une immense tristesse règne d'abord, mais bientôt l'amour de la patrie domine dans le cœur de chacun tout autre sentiment, et il n'y a plus qu'une seule volonté : résister.

Nous trouvons dans le journal *le Courrier du Bas-Rhin* paru le 13 août les nobles paroles qu'on va lire :

« Le sol sacré de la patrie a été envahi.

» *Sursum corda!* Haut les cœurs! Derrière nos armées la nation est debout.

» Une campagne nouvelle s'ouvre, campagne défensive au » premier chef. Comme en 1792, la levée en masse est décrétée.
» Il faut sauver la patrie en danger.

» Cette situation impose à tous les citoyens des devoirs extra-» ordinaires.

» Tous ils sauront les remplir.

» De grandes fautes ont été commises par le gouvernement, » il faut que la nation les répare! »

La société de secours aux blessés déploie une grande activité.

Il y a 300 blessés à Strasbourg. Dix ambulances sont parties pour le champ de bataille de Frœschwiller. Chacune se compose de 1 professeur de l'École de médecine, de 4 aides et élèves chirurgiens, de 8 infirmiers, de volontaires, de 5 religieuses sœurs diaconesses et d'aumôniers.

Chaque matin des reconnaissances sortent de la place et en fouillent les abords : de tous côtés on s'occupe d'abattre les arbres qui entourent la ville.

Le 13 au matin, 2 compagnies du 87e, accompagnées de travailleurs, sortent par la porte Nationale et commencent les abatis. Des dragons ennemis se montrent le long du chemin de fer vers Kœnigshoffen, nos soldats se forment en tirailleurs, la fusillade s'engage, quelques cavaliers sont démontés, les autres tournent bride.

Une reconnaissance française dirigée sur Illkirch ramène deux cents têtes de bétail qui avaient été réquisitionnées par les Badois, elle a aperçu quelques cavaliers ennemis, mais n'a pas pu les atteindre.

Le canon commence à tonner sur les remparts de Strasbourg, quelques projectiles sont lancés sur Kœnigshoffen, d'où les Allemands ont tiré sur nos travailleurs.

Vers le soir, le 2e régiment d'infanterie badoise occupe le cimetière Sainte-Hélène (1), mais il en est délogé par une vive fusillade de nos tirailleurs et par l'artillerie de la place.

A la nuit, une grande lueur éclaire les Rotondes, hors la porte de Saverne, les Allemands incendient les wagons qu'on n'a pas pu faire rentrer dans la ville. Les pièces de la porte Nationale et de la porte de Saverne grondent, elles envoient des projectiles dans la direction du feu.

Ce soir-là un homme déguisé en marchand de bestiaux péné-

---

(1) Pendant le blocus de 1814, le cimetière de Sainte-Hélène fut transformé en redoute par le général Broussier, on en voit encore les traces. Une batterie de la garde nationale y était installée.

tre dans la citadelle, il est arrêté et tout d'abord pris pour un espion.

Il se nomme : c'est le général Barral, qui vient prendre le commandement de l'artillerie. Dans une forteresse comme Strasbourg, il n'y avait pas même un général d'artillerie.

C'est ce même jour *samedi 13 août que tomba dans Strasbourg, faubourg de Saverne, le premier obus allemand*, et cela sans que l'assaillant eût fait un seul ouvrage, sans qu'il eût remué une seule pelletée de terre.

DIMANCHE 14 AOUT

On savait donc, dès le début, à quoi s'en tenir sur la puissance de cette forteresse au milieu de laquelle l'assiégeant venait, pour son coup d'essai, d'envoyer son premier projectile, et cependant, plus le danger croît, plus l'esprit de résistance augmente dans la population strasbourgeoise, et au premier moment de stupeur causé par les désastres de Wissembourg et Frœschwiller succèdent le calme et l'énergie.

L'avenir est là qui se dresse devant nous plein de menaces.

Que va-t-il advenir de Strasbourg abandonné dès les premiers jours sans moyens de défense.

Chacun se prépare à la lutte, et le *Courrier du Bas-Rhin* publie, dans son numéro du 14 août, la lettre suivante, qui fut le point de départ de la création des compagnies franches de la garde nationale (chasseurs volontaires et tirailleurs ou francs-tireurs) qui rendirent de grands services à la défense.

A M. le rédacteur en chef du Courrier du Bas-Rhin.

« Monsieur le rédacteur,

» La France est envahie, l'Alsace est occupée par les Allemands, les Prussiens entourent Strasbourg.

» De l'autre côté du Rhin, chaque homme en état de porter les armes l'a fait sans hésiter; nous autres dont le pays est en danger, nous ne pouvons rester inactifs.

» Une garde nationale vient d'être organisée à Strasbourg, et l'on a même déployé pour sa création une grande activité. Cette garde nationale sédentaire rendra de bons services, j'en suis sûr, en maintenant l'ordre dans la ville et en défendant les remparts, si cela est nécessaire. Mais elle n'est pas organisée, elle n'est pas instruite et elle n'est pas équipée pour rendre de vrais services militaires, il faut bien en convenir. Beaucoup de nos gardes nationaux n'ont jamais tiré un coup de fusil, de plus, on leur a donné l'ancien fusil à piston. L'armement seul de la garde nationale, à défaut de toute autre chose, ne lui permettrait pas de lutter contre des troupes armées de fusils se chargeant par la culasse.

» On vient de créer la garde nationale, c'est bien, mais ce n'est pas tout.

» La situation du pays est critique, les Prussiens sont aux portes de Strasbourg.

» Il y a dans notre ville des hommes habitués au maniement du fusil et exercés au tir, qui pourraient être fort utiles à la défense s'ils étaient groupés, réunis.

» Je demande donc à l'autorité militaire d'organiser la formation d'un *corps de tireurs strasbourgeois*.

» Ces volontaires se nommeraient les *francs-tireurs* ou les *défenseurs de Strasbourg*; ils défendraient une portion des ouvrages avancés, feraient des sorties, iraient en reconnaissance, enfin *leur mission serait : Tout ce qui concerne la défense de Strasbourg*.

» Ces tireurs seraient munis de chassepots. Les chefs choisis par l'autorité militaire seraient des officiers expérimentés.

» Les événements se succèdent avec une rapidité effrayante, le temps des paroles est passé, il nous faut des actes virils.

» Que le général commandant supérieur décrète la formation d'un corps de tireurs strasbourgeois, et en huit jours, si on le veut, cette compagnie peut être formée et occuper de suite des postes de combat.

» Tous ces volontaires seront des chasseurs, des hommes ayant une grande habitude de tir; il n'y aura donc qu'à donner un peu d'ensemble à leurs mouvements et à leur improviser un costume commode.

» Que l'autorité militaire autorise la formation des défenseurs de Strasbourg, et je m'inscris le premier.

» *Signé :* RENÉ SERRAND. »

» Strasbourg, ce 12 août 1870. »

Aussitôt que cette lettre eut paru dans le *Courrier du Bas-Rhin*, un certain nombre de bons tireurs donnèrent leur adhésion à ce projet, et le signataire fut chargé d'adresser une demande afin d'obtenir l'autorisation de former une compagnie de tireurs strasbourgeois (1).

(1) Voyez *l'organisation et la formation de cette compagnie*, pièces à l'appui, n° 7 et 8.

Les artilleurs de la porte de Pierre et de la porte de Saverne envoient quelques bordées à des détachements ennemis et brûlent les maisons qui gênent leur ligne de tir.

Le lieutenant-colonel du génie Maritz reçoit l'ordre du général Uhrich de faire sauter le pont en fil de fer sur le canal de l'Ill au Rhin, de fouiller le village de la Robertsau, de faire rentrer tous les bestiaux en ville, et de détruire le pont qui fait communiquer la Wantznau avec la Robertsau.

Le colonel Maritz sort de la place par la porte des Pêcheurs, à la tête de 800 hommes d'infanterie et de 50 cavaliers, avec 4 pièces d'artillerie. Le pont en fil de fer du canal est détruit, toute la Robertsau est explorée sans grande résistance, et la destruction du second pont est arrêtée par la nuit. Quelques têtes de bestiaux sont ramenées.

Sept prisonniers sont pris et conduits au quartier général, ils se disent médecins et ambulanciers : le général Uhrich, après s'être assuré de la vérité de leurs déclarations, les fait reconduire, le lendemain matin, à la porte de Pierre, d'où ils regagnent leurs ambulances.

On lit dans la *Badische Landeszeitung* du 17 août : *Correspondance, aux avant-postes devant Strasbourg le 14 au matin :* « Ce matin a eu lieu un combat assez vif entre des troupes de la garnison et le 2ᵉ régiment de grenadiers qui a eu 22 hommes et 1 officier hors de combat. »

Les habitants de la Robertsau quittent leur village; ils rentrent à Strasbourg par l'Ill; ils arrivent dans des bateaux où ils ont entassé leur literie et quelques provisions, on les voit errer dans les rues en quête d'un logis.

Le soir, plus de gaz; par ordre de la municipalité, à chaque maison est pendue une lanterne.

Les cadres de la garde nationale sédentaire ont été régulièrement constitués le 13 août, et le 14 il est procédé à l'organisation de la légion par bataillons et compagnies : les officiers, sous-officiers et caporaux sont reconnus devant la troupe. Les emplacements sont désignés pour les lieux de rassemblement des bataillons et les exercices partiels des compagnies. La garde nationale fournit un poste à la mairie, un autre à la prison.

Dans la journée l'arrêté suivant est affiché :

SIXIÈME DIVISION MILITAIRE

ARRÊTÉ

« Dans le délai de quarante-huit heures, tous les étrangers non naturalisés ou autorisés à demeurer en France, se présenteront devant le commissaire de police de leur quartier et recevront, s'il y a lieu, un permis de séjour.

» Ceux des étrangers qui n'obtempéreraient pas au présent ordre seront exposés à être incarcérés ou expulsés de la ville.

» Fait à Strasbourg, le 14 août 1870.

» *Le général de division commandant supérieur,*
» UHRICH. »

LUNDI 15 AOUT

A trois heures du matin, une formidable explosion se fait entendre du côté de la Robertsau : les Allemands viennent de faire sauter le pont à colonnes du canal de la Marne au Rhin, sans doute pour se prémunir contre une nouvelle attaque de ce côté.

Un avis déclarant que toute manifestation hostile à l'anniversaire du 15 août serait réprimée sévèrement avait été affiché la veille. On voit que la population était toujours l'objet de la méfiance du représentant du gouvernement impérial.

M. Schnéegans a bien traduit ce que l'on pensait à Strasbourg en lisant ce manifeste (1).

---

(1) *La guerre en Alsace*, 1re partie, Strasbourg, par A. Schnéegans, député du Bas-Rhin, p. 88.

« Injurieuse défiance! au moment où toutes les mains à Strasbourg se serraient plus étroitement dans la résolution commune de ne vivre qu'avec la France, la préfecture impériale nous jetait à la face une de ces proclamations qui sont une insulte et qui sont une faute!

» A la veille du 15 août, alors que, sans doute, nul ne songeait à célébrer cette date néfaste, alors que nul ne se sentait plus attaché à la fortune de cette famille de faiseurs de coups d'État et de mitrailleurs du peuple, mais alors que dans l'âme de chacun revivait plus ardent l'amour de la patrie et l'inébranlable attachement à la France, à ce moment M. le baron Pron prévenait la cité que les « *manifestations hostiles* » seraient sévèrement réprimées et qu'il n'y avait « *que deux positions possibles : Ami de la France ou son ennemi !* » Eh! qui donc l'ignorait? mais qui donc créait dans le sein de la nation des démarcations artificielles? mais qui donc refusait de donner des armes aux citoyens qui les réclamaient? mais qui donc se séparait de la population et, voulant sauver la France sans le concours de la France, préparait les horribles désastres de Metz et de Sedan?

» Quand les généraux ennemis lurent cette proclamation insensée, ils durent se dire sans doute que Strasbourg préparait un soulèvement qui leur profiterait; ils durent nous faire l'injure de penser qu'ils avaient des alliés dans notre ville; les professeurs d'histoire du moyen âge, qui, revêtus de l'uniforme de la landwehr, travaillaient aux fortifications de Schiltigheim et de Hausbergen, durent se frotter les mains et se réjouir de voir combien les faits donnaient raison à leurs théories.

» Le 15 août se leva. Les drapeaux furent accrochés aux quatre tourelles de la cathédrale. Le cortége officiel alla chanter son *Te Deum, de profundis* de l'empire, « fête funèbre », comme le dit le brave général Uhrich, dégoûté en ce moment déjà, comme nous l'étions tous, de ce régime de mensonges et de fantasmagories, dont le chef allait finir, après avoir couru d'heureuses aventures, comme un héros de Franconi. On regarda défiler, avec un serrement de cœur, les détachements de troupes en tenue de guerre; les marins, si vaillants à la défense; les jeunes mobiles, si intrépides bientôt; les douaniers, troupe d'élite trop souvent sacrifiée; l'artillerie, l'infanterie, la cavalerie, débris à peine organisés de la défaite de Frœschwiller. Pas une voix ne s'éleva pour acclamer l'empereur, mais toutes les têtes se découvrirent quand passa sur la foule notre drapeau national, l'oriflamme tricolore de la France, notre patrie à jamais bien-aimée.

» Or ce soir-là allait commencer le bombardement de Strasbourg. »

Le 14 août, le lieutenant général prussien de Werder remplaça le général de Beyer dans le commandement de l'armée de siége. Il arriva devant Strasbourg avec l'intention bien arrêtée de bombarder la ville.

Laissons la parole au capitaine du génie Brunner, qui était attaché à l'armée allemande :

« Le quartier général fut transporté le 14 août à Mundolsheim; il y fut décidé qu'au moyen d'un bombardement on forcerait la ville à capituler. La construction ancienne des maisons de cette riche et populeuse cité, qui, sauf les caves, n'offraient aucun abri, maisons dont les murs renferment beaucoup de bois et dont les escaliers sont tous en bois, le pavé des rues, le manque total d'abris à l'épreuve de la bombe, pour la garnison, tout cela faisait compter sur le succès de ce moyen.

» Pendant que les préparatifs de ce bombardement se faisaient, on inquiéta la ville au moyen de pièces de campagne qui, placées derrière des bâtiments ou dans des plis de terrain et changées fréquemment de place, tirèrent sur la ville à de grandes distances sans qu'il fût possible de répondre. Les Strasbourgeois nommèrent ces pièces des batteries volantes.

» Par ce bombardement préliminaire la population eut un avant-goût de ce qui devait suivre. Dès les premiers obus il y eut des victimes chez les habitants, et grand fut l'effroi quand on vit que les coups étaient dirigés non sur les remparts, mais sur les habitations.

» Le premier bombardement dura de onze heures et demie à minuit, beaucoup de maisons furent atteintes (1). »

Les Allemands avaient annoncé qu'ils offriraient à la ville de Strasbourg un feu d'artifice de leur façon; ils réalisèrent, dans la nuit du 15 août, leur sinistre promesse.

Des hauteurs de Hausbergen les messagers de mort s'envolaient et s'abattaient jusque dans le cœur de la cité; ils frappaient les murs, crevaient les fenêtres, fouillaient le sol des rues et des places, allumaient des incendies qu'on éteignait aussitôt. Ils endommagèrent les bâtiments du lycée, atteignirent le grand séminaire, où gisaient les victimes des derniers combats; au sifflement des obus, on transporta les blessés dans les caves.

« La canonnade dura une demi-heure; puis tout rentra dans le silence. Les Allemands avaient tiré vingt et un coups, pour célébrer à leur manière la fête de l'empereur. C'était une plaisanterie du général prussien. Il la trouvait spirituelle, sans doute; mais les hommes du Nord ont un esprit lugubre qui rappelle la sombre gaieté d'Holbein dans la *Danse des morts*.

» Le lendemain matin les rues étaient jonchées de débris, et l'on pouvait voir stationner devant les hôpitaux et les ambulances des brancards ensanglantés (2). »

MARDI 16 AOUT

Le 16 à midi, les assiégés tentèrent une sortie du côté du Neudorf.

Le but de cette sortie était une reconnaissance sur toute la partie sud, depuis le canal, y compris le village de Neudorf, jus-

---

(1) Moriz Brunner, *loc. cit.*, p. 13.
(2) *Quarante jours de bombardement à Strasbourg*. Neuchâtel en Suisse, librairie générale de Sandoz.

qu'au petit Rhin (direction de Neudorf et Illkirch); en même temps on devait diriger sur la ville tous les troupeaux que l'on trouverait; deux agents de l'administration étaient placés aux portes d'Austerlitz et de l'Hôpital, pour payer comptant les bestiaux qui seraient amenés par leurs propriétaires.

La sortie se composait de 2 bataillons du régiment de marche, environ 800 hommes, de 2 escadrons de marche, environ 400 cavaliers, et de 4 pièces d'artillerie; elle était dirigée par le colonel Fiévet, du 16e d'artillerie-pontonniers.

Le général Uhrich était à la porte d'Austerlitz; il fit défiler les troupes devant lui. A chaque section le général disait :

« Mes garçons, je vous confie quatre pièces de canon, comportez-vous en braves soldats.

— Oui, mon général, répondaient les hommes; nous vous en ramènerons dix. »

Le corps se mit en marche, il rencontra l'ennemi, fortement embusqué dans des massifs et des maisons.

Le colonel Fiévet donna alors à la cavalerie l'ordre malencontreux de charger. Les Badois dirigèrent sur nos troupes une vive fusillade; le colonel Fiévet était le point de mire des tireurs ennemis : une balle lui traversa le genou, une autre coupa son sabre, et son cheval fut tué. La panique s'empara des cavaliers, qui se voyant accueillis par une grêle de balles, tournèrent bride et entraînèrent avec eux les avant-trains des 3 pièces que le colonel venait de faire mettre en batterie, l'infanterie suivit en grand désordre, et 3 pièces de canon restèrent sur le champ de bataille.

Le général Barral, arrivé deux jours auparavant dans la place, assistait à cette sortie, sans uniforme; il voulut rallier les fuyards, les contenir, les ramener sur le terrain, mais ses exhortations et ses ordres énergiques ne furent pas écoutés, et les soldats épouvantés ne s'arrêtèrent que lorsqu'ils furent arrivés devant les fossés de la porte d'Austerlitz.

Le gouverneur avait envoyé immédiatement un bataillon du

87ᵉ pour soutenir au besoin, mais lorsqu'il arriva les fuyards rentraient déjà dans la place.

Cette sortie malheureuse montra qu'on ne pouvait pas compter sur les soldats de Frœschwiller, qui étaient encore sous le coup de la profonde démoralisation de ce désastre; un exemple semblable prouvait qu'il était dorénavant impossible à la place de prendre l'offensive, et qu'il fallait tout d'abord réorganiser ces troupes trop impressionnables et leur rendre peu à peu la confiance en elles-mêmes qu'elles avaient totalement perdue. Ne doit-on pas aussi attribuer cet insuccès à une mauvaise direction? En effet, nos officiers de corps spéciaux, tout entiers à leur arme, n'ont pas les connaissances voulues comme officiers de troupes, et se trouvent gênés lorsqu'ils ont un commandement à exercer.

On lit dans la *Badische Landeszeitung* du 16 août :

Correspondance de Vendenheim. — « Le bruit de la reddition de Strasbourg ne s'est pas confirmé; j'étais ce matin aux avant-postes devant la ville, j'ai dû retourner. Nous avons eu le 14 août 6 hommes tués et 16 blessés, parmi eux un lieutenant du 2ᵉ régiment. »

Le 16 août l'avis suivant fut affiché sur les murs de Strasbourg :

MAIRIE DE LA VILLE DE STRASBOURG

AVIS

« Répondant à un vœu généralement exprimé pour la formation d'une compagnie de francs-tireurs volontaires, le maire prévient les habitants que le registre d'inscription est, à dater de demain mercredi, ouvert à la mairie, bureau de l'état civil, de 8 heures à 5 heures du soir.

» Tous les citoyens faisant partie d'une société de tir ou habitués à l'exercice du tir sont invités à se faire inscrire dans les quarante-huit heures.

» Strasbourg, le 16 août 1870.

» *Pour le maire :*

» *L'adjoint délégué*, MALLARMÉ. »

MERCREDI 17 AOUT

MAIRIE DE LA VILLE DE STRASBOURG

« Nous, maire de la ville de Strasbourg,
» Considérant que la ville est exposée à être bombardée par l'ennemi, et qu'en vue de cette éventualité il convient de prendre des mesures de précaution extraordinaires,

» Arrêtons :

» 1° Les propriétaires ou principaux locataires des maisons sises dans l'intérieur de la ville placeront aux rez-de-chaussée, aux différents étages et surtout sur les greniers, des cuves remplies d'eau, des linges ou des éponges imprégnées d'eau, ainsi que de la terre et du sable non mouillés, afin de pouvoir immédiatement éteindre les commencements d'incendie qui pourraient se produire.

» La quantité de cuves, de linges, etc., sera en proportion de l'importance des propriétés ou des dépôts inflammables qui s'y trouvent.

» 2° Pour assurer une surveillance toujours active, il sera organisé dans chaque maison, à tour de rôle, entre les propriétaires et locataires, ou de toute autre manière, une garde permanente de nuit, qui agira aussitôt sur les points menacés et donnera l'éveil aux autres habitants de la maison.

» 3° Aussitôt qu'un incendie se sera déclaré dans une maison, les habitants ou les voisins en préviendront les pompiers de service au dépôt le plus rapproché. L'emplacement des dépôts à incendie sera publié à la suite du présent arrêté.

» Strasbourg, le 12 août 1870.
       » *Le maire,* HUMANN.

» Approuvé :
» *Le général commandant supérieur de la 6ᵉ division militaire,*
       » UHRICH. »

Emplacements des dépôts à incendie.

1ᵉʳ dépôt rue Kageneck.
2ᵉ — rue de la Fontaine.
3ᵉ — impasse du Jeu-des-Enfants.
4ᵉ — quai Saint-Thomas.
5ᵉ — mairie.
6ᵉ — place du Château.
7ᵉ — rue des Bateliers.
8ᵉ — rue des Planches.

La nuit du 15 août a fait pressentir aux Strasbourgeois ce que pouvait être un bombardement. Aussi l'émotion est-elle grande.

On sent que les grandes épreuves vont commencer; cependant la population est encore plus préoccupée de l'insuccès de la sortie d'Illkirch que du bombardement annoncé. Le calme préside aux préparatifs des habitants, qui exécutent les différentes mesures ordonnées pour combattre les incendies.

Grâce à l'initiative des citoyens, un service de surveillance et de premiers secours s'organise immédiatement. Les habitants du faubourg de Pierre sont les premiers qui forment un corps de pompiers volontaires de 140 hommes avec 14 pompes et des voitures toujours chargées de tonneaux d'eau. Ces pompiers volontaires font des patrouilles toutes les nuits, signalent les feux, apportent les premiers secours, et à l'arrivée des pompiers de la ville agissent sous la direction du chef de ce corps. Ils ont pris pour devise ces mots : *Aide-toi, le ciel t'aidera.*

On verra, par la suite, les immenses services rendus par ces citoyens dévoués (1). Les habitants du faubourg de Saverne et du quartier d'Austerlitz forment des corps analogues.

A trois heures du matin, 2 compagnies du 18ᵉ, soutenues par deux compagnies du 21ᵉ, marchent sur le Bon-Pasteur; le couvent est occupé et les massifs sont fouillés par nos soldats; une vive fusillade s'engage avec l'ennemi, mais nos troupes le contiennent pendant tout le temps nécessaire pour faire évacuer le couvent et les propriétés voisines. Nos pertes sont légères, on ne peut pas apprécier celles de l'ennemi, qui seraient assez fortes, d'après le dire des habitants de la Robertsau. Les bestiaux de l'établissement sont ramenés en ville en même temps qu'un fort troupeau enlevé aux maraudeurs ennemis.

Dans l'après-midi, les canons de la citadelle détruisent le couvent du Bon-Pasteur et quelques projectiles y mettent le feu à la nuit.

---

(1) Voyez l'*Organisation des pompiers auxiliaires et des veilleurs sauveteurs*, pièces à l'appui, nº 9, nºˢ 14 à 19.

Une reconnaissance dirigée sur Kœnigshoffen ne rencontre pas l'ennemi.

La place continue à abattre de tous côtés les bâtiments qui peuvent gêner son tir. Les arbres sont coupés sous la protection de nos tirailleurs.

A la nuit, canonnade à la porte Nationale.

JEUDI 18 AOUT

Le cimetière Sainte-Hélène était couvert d'arbres très-élevés et formant un massif compact qui empêchait nos vues sur une partie importante du terrain occupé par l'ennemi. On se décida à raser ces arbres.

Le 18 août, avant le jour, 1 bataillon du 87e, sous les ordres du colonel Blot, sortit par la porte de Pierre, s'empara facilement du cimetière, poussa jusque dans l'intérieur de Schiltigheim, et incendia les maisons et les grands bâtiments les plus rapprochés de la ville, qui nuisaient à la défense. Un détachement de 200 hommes du 21e de ligne, portant le fusil en bandoulière et armés de haches, partit peu de temps après le 87e, arriva sans encombre au cimetière et commença l'abatis de ce grand massif.

Le colonel Blot voulut pénétrer dans Schiltigheim par deux côtés différents; une colonne sous les ordres du commandant Rousseau se heurta contre une série de puissantes barricades formant des ouvrages de défense inabordables. Un feu excessivement vif s'engagea, et notre détachement eut bientôt 1 officier et 27 hommes hors de combat.

De son côté, le colonel Blot ne rencontrait pas de résistance; mais entendant le violent engagement de sa deuxième colonne, il se porta rapidement vers elle et la trouva aux prises avec l'ennemi; voyant que malgré de grands efforts on ne pourrait pas s'emparer des positions ennemies, il ordonna la retraite, qui se fit dans l'ordre le plus parfait, avec lenteur et précision.

Les Allemands n'osèrent pas poursuivre.

Pendant ce temps les arbres du cimetière étaient attaqués avec énergie par nos travailleurs; à chaque instant on voyait les grands sapins s'ébranler sous la hache, fléchir et tomber. La besogne fut faite avec une rapidité étonnante. A sept heures et demie le cimetière était complétement rasé et les travailleurs revenaient en ville; le 87ᵉ rentra peu de temps après.

La sortie du 18 août prouva que le 87ᵉ était un excellent régiment, dont les soldats étaient braves et bien disciplinés, dont les officiers, hommes intelligents, avaient bien leur troupe en main.

Quelle différence entre cette sortie et celle faite, il y a deux jours, de l'autre côté de la porte d'Austerlitz, avec les débris de troupes provenant de Frœschwiller.

Aujourd'hui la conduite de nos soldats a été parfaite, ils ont marché avec entrain, se sont battus résolûment, et lorsqu'a sonné la retraite, ils l'ont exécutée, échelon par échelon, faisant feu, le cessant pour se porter en arrière, puis reprenant position, le tout avec ordre et grand calme.

Un souvenir de cette sortie : Un de nos soldats tomba grièvement blessé dans un enclos de Schiltigheim et y resta.

Lorsqu'il se vit seul et qu'il comprit, en entendant s'éloigner le bruit de la fusillade, que ses camarades ne l'avaient pas vu tomber et qu'il était abandonné, il se traîna en rampant jusqu'à son chassepot, plaça ses cartouches à côté de lui, et là, étendu, à l'agonie, commença le feu contre un groupe d'Allemands. Il tira ainsi jusqu'au moment où une décharge vint l'achever.

Ceci nous fut raconté, après le siége, par un habitant de Schiltigheim qui pleurait en nous faisant ce récit.

Dans cette journée du 18 août disparurent les arbres du cimetière Sainte-Hélène et tous les grands bâtiments, brasseries, malteries et villas qui bordaient la route de Vendenheim et celle de Schiltigheim. Dans la soirée, un détachement du 18ᵉ incendie les bâtiments de la Douane et les maisons voisines de la tête du pont de Kehl, qui auraient pu servir à l'ennemi.

A neuf heures du soir, les Allemands recommencent à bombarder Strasbourg. Ce bombardement, dirigé exclusivement contre la population civile, causa d'immenses malheurs. Nous extrayons les lignes suivantes de la chronique locale du *Courrier du Bas-Rhin* paru le 19 août 1870 :

« Depuis la bataille de Frœschwiller, depuis l'heure où la générale qui résonnait dans nos rues y jeta l'alarme, il règne dans notre ville une fièvre indescriptible, une inquiétude que le plus vaillant patriotisme est impuissant à calmer; mais, disons-le aussi, Strasbourg, à part cette inquiétude toute naturelle, traverse ces moments d'anxiété avec un esprit qui est plus que de la résignation, qui est du vrai courage.

» Bien triste nuit que la nuit dernière, plus pénible cent fois que celle du 15 août.

» A neuf heures, hier soir, une détonation terrible retentit dans la ville; c'était un obus que les Badois envoyaient des alentours. Puis les projectiles se succédèrent pendant la nuit entière, les sifflements stridents se croisaient dans les airs et les obus éclataient dans les rues, sur les maisons, avec un bruit qui se répétait sourdement dans le silence de la nuit. A minuit, une vive lueur couvrit tout à coup le quartier du faubourg National, le feu fit des progrès rapides, et en quelques instants une dizaine de bâtiments composant six ou sept propriétés ne formèrent qu'un seul brasier.

» L'organisation du service des incendies permit d'amener promptement des secours, et on se mit courageusement à attaquer les flammes. La garde mobile, des détachements de troupes, la garde nationale et la population ont prêté un énergique concours aux pompiers, qui n'ont pu maîtriser les flammes que ce matin vers cinq heures. Un grand nombre de maisons ont été détruites de fond en comble, et une vaste étendue comprise entre la rue Sainte-Aurélie et le faubourg National ne forme plus qu'un monceau de ruines. Ce faubourg est encombré de meubles, de décombres; les obus continuent à tomber en ville, et à chaque instant on nous apporte la nouvelle de quelque dégât ou de quelque terrible malheur.

» Aux environs de la cathédrale, graves atteintes et graves malheurs, la cathédrale elle-même n'a pas été épargnée, et une des galeries de la façade principale a été atteinte par les projectiles.

» Dans la rue de l'Arc-en-Ciel, terrible malheur. Un obus tombe dans un pensionnat de jeunes filles; quatre jeunes filles ont été tuées, une autre est mourante, et quatre autres ont été amputées de la jambe et de la cuisse, par le docteur Hergott, chef de l'ambulance du petit séminaire. »

M. Fischbach énumère ensuite les victimes du bombardement, il passe en revue les maisons éventrées et brûlées pendant cette nuit; la liste en est longue, car l'œuvre entreprise par les Allemands a apporté la ruine et la mort dans les différents quartiers de Strasbourg.

Le rédacteur du *Courrier du Bas-Rhin* termine ainsi :

« Il est midi et le bruit a cessé en ce moment.

» Peut-on espérer que c'est la fin, ou n'est-ce qu'une trêve ?

» Qu'est-ce qui nous attend encore ? En tout cas, courage ! »

Voici comment le capitaine de vaisseau du Petit Thouars raconte cette nuit du 18 août :

« Le 18, on sut qu'il se passerait quelque chose de sérieux le soir. Je m'étais rendu, comme de coutume, au Contades, où nous étions fort en l'air; la nuit se faisait sombre, et nous attendions, l'œil ouvert sur ces immenses masses de verdure qui nous entouraient, pensant plutôt à une attaque de vive force qu'à un bombardement, quand tout à coup l'horizon s'illumina et une grêle de projectiles, passant par-dessus nos têtes, alla s'abattre sur la ville. Il en pleuvait de tous les côtés, et la distance des batteries était telle qu'on ne voyait que la lueur du coup et qu'il fallait prendre une montre à secondes pour se rendre compte qu'elles étaient à environ 3000 mètres.

» Au silence qui régnait succéda une immense rumeur venant de la ville plongée encore dans l'obscurité; puis des lueurs parurent, puis des flammes s'élevèrent de tous côtés, puis la flèche de la cathédrale, reflétant ces teintes fantastiques, commença à flamboyer, et au-dessus du fracas de l'artillerie, du crépitement de l'incendie, des voix qui s'appelaient, on entendit la note aiguë des cris d'enfants qui dominaient tout le reste.

» Ce fut un spectacle horrible : nous étions là ne pouvant rien, car nous sentions que tirer au jugé, à la lueur des coups, à une distance incertaine, c'était brûler des munitions inutilement. D'un autre côté, il fallait être prêt à tout, puisque ce pouvait n'être qu'une feinte destinée à attirer l'attention sur la ville, tandis que les Allemands auraient tenté quelque part un coup de main sérieux. Mais, quand de tous les côtés les incendies furent allumés, le tir s'abaissant, nous couvrit d'une grêle de projectiles, comme pour nous montrer qu'on pensait aussi à nous. Je dois le dire, ce fut un soulagement!

» Telle a été la première nuit du bombardement, et bien d'autres lui ont ressemblé jusqu'au jour où, comprenant que l'intimidation ne pouvait suffire, le général Werder se décida à commencer les travaux du siège (1). »

Voici ce que nous lisons à la page 14 de la *Défense de Strasbourg* par le capitaine du génie Brunner :

« Le 18 à neuf heures du soir, le feu de l'assiégeant reprit avec beaucoup d'intensité et dura toute la nuit, tua beaucoup d'habitants et incendia beaucoup de maisons. »

Le correspondant badois de la *Landeszeitung* écrit ce qui suit :
« Dans la nuit du jeudi 18, il y eut une attaque sur Strasbourg. Notre artillerie eut ordre de n'envoyer que des bombes incen-

---

(1) Du Petit-Thouars, *loc. cit.*, p. 996.

diaires. Une batterie postée à côté de la route de Lingolsheim à Strasbourg tira avec une telle précision que dès les premiers coups le tocsin sonna en ville. Un Kehlois, qui habite Strasbourg depuis 30 ans et qui a été expulsé ce matin, raconte qu'un obus étant entré dans une maison a tué le mari et coupé les jambes à sa femme, mère de sept enfants. Quarante maisons sont en cendres.

» Les réquisitions marchent *joyeusement*, et on se décide *enfin* à exiger de l'argent des villages ennemis : ainsi Erstein a dû donner 180 000 francs; Molsheim 300 000 francs.

VENDREDI 19 AOUT

Le bombardement continue pendant la matinée du 19, les batteries de Kehl font pleuvoir sur la citadelle une grêle d'obus.

La citadelle riposte en dirigeant un feu très-vigoureux sur Kehl. Vers minuit, de nombreux détachements ennemis, protégés par la batterie du cimetière Saint-Gall, tentent une surprise sur l'ouvrage dit *le Paté*, en avant de la porte Nationale; mais, malgré leurs efforts, leur tentative échoue, ils sont énergiquement repoussés. La fusillade a été excessivement vive et les grosses pièces de l'ouvrage *blanc* ont fait taire la batterie allemande.

Des corps de pompiers auxiliaires et de veilleurs volontaires s'organisent dans tous les quartiers de la ville, sur le modèle de ceux du faubourg de Pierre, et chaque nuit leurs patrouilles parcourent les rues de Strasbourg.

La garde mobile prend une part active à la défense de la place, le général Uhrich la félicite par l'ordre du jour suivant :

GARDE NATIONALE MOBILE
Ordre de la division.

« OFFICIERS, SOUS-OFFICIERS, CAPORAUX ET BRIGADIERS DE LA GARDE NATIONALE MOBILE,

» Les opérations relatives à la formation des bataillons ou batteries de la garde nationale mobile étant terminées, mon intention était de vous laisser acquérir, sous la direction de vos chefs, un certain degré d'instruction, et ensuite de vous convoquer pour vous passer en revue et apprécier vos efforts à devenir rapidement des soldats initiés au métier des armes.

» Les circonstances ne me permettent pas de réaliser ce projet. L'ennemi a fait son apparition autour des murs de la place. Votre présence sur les remparts et dans les ouvrages détachés est une nécessité de tous les instants, j'ajourne donc le moment de vous voir sous les armes. Il m'est rendu compte de votre attitude devant l'ennemi. Chaque jour vous vous montrez plus familiers avec les exigences du service et plus solides en présence des dangers qui se produisent.

» Vous serez bientôt complétement aguerris, vous et vos chefs; je vous remercie de vos efforts pour atteindre ce but... Persévérez !!

» Fait au quartier général, à Strasbourg, le 19 août 1870.

» *Le général de division commandant supérieur,*

» UHRICH. »

Au début de la guerre 1870-1871, la garde mobile du Bas-Rhin n'avait jamais été réunie. Les lieutenants, sous-lieutenants, sergents et caporaux n'étaient même pas nommés. Aussitôt installé dans son commandement, le général Uhrich donna l'ordre de mobiliser ce corps qui n'existait que sur le papier.

Huit jours avant Frœschwiller, les compagnies se trouvaient réunies pour la première fois; il fallut alors recevoir le casernement et la literie, le petit équipement, etc., installer l'ordinaire. Les fusils à tabatière et quelques munitions ne furent touchés que le jour de la bataille de Frœschwiller; et le soir même de cette défaite, à la nuit, on apprit rapidement aux hommes comment il fallait charger, comment ils devaient tirer. Le lendemain 7 août commencèrent les exercices ainsi que le service. Il fallut habiller les hommes et nommer quelques sergents et caporaux. (Les lieutenants et sous-lieutenants étaient nommés depuis quelques jours.)

Aussitôt armée, à peine équipée, la garde mobile fut envoyée dans les ouvrages avancés, et c'est contre l'ennemi que ces jeunes gens firent leur école de tir : Le 4ᵉ bataillon (commandant de Pourtalès) fut joint au 87ᵉ de ligne, et on lui confia la défense des ouvrages 40-42, 47-49, et 53, ainsi que des palissades établies à cheval sur le chemin de fer, en avant du pont qu'on avait dû faire sauter. Les mobiles durent d'abord mettre en état ces divers ouvrages, toutes les parties intérieures telles que crêtes, talus, banquettes, se trouvaient dans un état déplorable, les hommes étaient découverts jusqu'à la ceinture; ils firent une grande quantité de sacs à terre et les placèrent sur les crêtes, afin de les exhausser. L'intérieur de chaque ouvrage était planté d'une grande quantité d'arbres qu'il fallut abattre, ébrancher; les quelques abris qui se trouvaient dans les lunettes regorgeaient d'immondices, il les fallut nettoyer, et ensuite on dut y allumer de grands feux avant de pouvoir y loger les hommes.

Le 1ᵉʳ bataillon occupait la citadelle.

Le bataillon de la garde mobile de Wissembourg, composé de 800 hommes, était placé sous les ordres de l'amiral Excelmans.

La mobile n'avait jamais été rassemblée; l'infanterie ignorait le maniement de l'arme et n'avait pas même tiré une cartouche en cible lorsqu'on lui donna la mission de défendre les ouvrages avancés; les artilleurs de la mobile ne savaient pas ce que c'est qu'un canon, et cependant, comme les artilleurs manquaient dans la place, il fallut bien les envoyer servir les pièces des ouvrages. Ces jeunes gens étaient obéissants et pleins de bonne volonté; au bout de quelques jours de combat, ils avaient la tenue de vrais soldats, et ils prouvèrent, pendant ces deux mois de siége, qu'ils en avaient la solidité.

Pour se divertir et fêter, comme ils l'avaient dit, *la Saint-Napoléon*, les Allemands avaient bombardé Strasbourg pendant la nuit du 15 août. Pour obtenir une capitulation immédiate, en effrayant la population, ils avaient commencé « *la danse sanglante* » (1) pendant la nuit du 18, en bombardant et brûlant exclusivement la ville.

Pendant toute la matinée du 19, Kehl avait couvert les bâtiments de la citadelle de projectiles; dans l'après-midi, le général Uhrich fit diriger le canon de la citadelle sur Kehl qui s'illumina

---

(1) Moriz Brunner, *loc. cit.*, p. 12.

à son tour; dans la soirée un parlementaire apporta au gouverneur de Strasbourg la lettre suivante :

« Mundolsheim, 19 août 1870.

» Monsieur,

» Contre toute espèce de droit des gens, et sans avertissement préalable, vous avez mis en feu avec vos canons la ville de Kehl, qui est ouverte et qui n'est pas fortifiée.

» Une pareille manière de faire la guerre, qui est inouïe chez une nation civilisée, me force de vous rendre personnellement responsable des suites de cet acte. En outre, je fais estimer les dégâts causés et en chercher une indemnité par des contributions frappées en Alsace.

» Par la même occasion, je vous invite, monsieur, à faire évacuer l'hôpital militaire situé au nord de la citadelle, cet hôpital se trouvant sur nos lignes de tir et ne pouvant suffisamment être vu.

» Si cet hôpital est établi dans les environs de l'hôpital civil, et surmonté d'un grand drapeau, j'espère ne pas y faire de dégâts.

» *Le général commandant le corps de siège,*
» *Lieutenant général* v. Werder. »

Le général Uhrich répondit au général de Werder :

« Monsieur le lieutenant général,

» Je ne m'attendais pas, je l'avoue, à être accusé d'avoir contrevenu aux lois de la guerre et aux usages des peuples civilisés.

» Sans aucun but militaire et sans aucun avertissement préalable, des batteries assiégeantes ont lancé, le 15 août d'abord, et le 18 ensuite, des boulets incendiaires sur les habitants de Strasbourg.

» Des bourgeois inoffensifs, des femmes et des enfants ont été tués ou blessés. Notamment onze jeunes orphelines, qui occupaient une même chambre dans un couvent de sœurs, ont été frappées d'une manière bien cruelle :

» Six sont mortes et les cinq autres laissent peu d'espoir de guérison.

» Un incendie considérable, allumé par vos projectiles, a réduit à la misère un certain nombre de familles, et cela, je le répète, sans autre but possible que la destruction, et de frapper, dans leurs intérêts ou dans leurs personnes, de simples et bien inoffensifs bourgeois.

» Je n'accepte donc pas, et je vous retourne, au contraire, l'accusation que vous essayez de faire peser sur moi.

» Si Kehl n'est pas une place forte, il est, tout au moins, un poste militaire, entouré de deux forts et soumis conséquemment à tous les dangers de la guerre. C'est de là, d'ailleurs, qu'est parti un grand nombre des coups qui ont été dirigés sur la citadelle.

» Dans les événements qui se sont succédé depuis quelques jours, je n'ai qu'un seul regret : c'est de vous avoir fourni un prétexte pour frapper d'une nouvelle contribution la malheureuse Alsace si imposée déjà.

» Dans le but de bien préciser la position de l'hôpital militaire, je vais faire placer sur la partie de la fortification à laquelle il est adossé, le drapeau national et celui de la Société de Genève.

» *Le général commandant supérieur,*
» Uhrich. »

SAMEDI 20 AOUT

Le 20 août, le général Uhrich reçut du général de Werder la lettre qu'on va lire :

« Mundolsheim, 20 août 1870.

» Monsieur,

» J'ai l'honneur de répondre à votre honorée lettre du 20 août, que le 8 août au soir une capitulation a déjà été offerte par le major de Amerongen et un bombardement mis en perspective.

» Je suis donc obligé de vous faire observer que de notre côté aucune omission des usages de la guerre et du droit des gens n'a été faite.

» En outre, vous voudrez bien considérer que Strasbourg est une place forte, et que, par contre, Kehl est une ville ouverte qui n'a aucun rapport avec les batteries du pont du Rhin.

» En outre, j'ai l'honneur de vous annoncer que l'armée impériale française, après deux combats précédents, a été attaquée et totalement battue le 18 août par S. M. le roi de Prusse à l'ouest de Metz.

» L'armée impériale a été refoulée de sa ligne de retraite et rejetée vers la frontière belge.

» A cause de cela, je vous laisse libre, monsieur, de vous faire convaincre, en lieu et place des faits avancés, par un officier auquel je promets un accompagnement sûr (sauf-conduit), et je vous invite, en conséquence, au nom de l'humanité, à éviter une effusion de sang inutile, et à sauver de la perte qui l'attend la belle ville de Strasbourg, pour laquelle nous avons toujours encore des sentiments de voisinage amical.

» Il vous est même permis de vous assurer par vous-même que, le 20 de ce mois, je suis posté devant la forteresse avec 65 000 hommes et 320 pièces.

» Je n'exigerai rien qui soit contraire à la réputation honorable d'officiers bons serviteurs; mais je dois faire observer qu'avec le commencement du siège les conditions de capitulation et le ménagement de la place ne seront plus possibles.

» *Le général commandant le corps de siège,*
» *Lieutenant général* v. Werder. »

Le capitaine de place, M. Rœderer, avait été chargé de porter la lettre du général Uhrich concernant Kehl au lieutenant général de Werder. Après avoir accompli sa mission, il revenait de Schiltigheim avec le drapeau blanc de parlementaire et accompagné d'un trompette lorsqu'il fut atteint par deux balles au cou et à la jambe; son trompette tomba à côté de lui, frappé d'une balle à la tête et d'une autre dans la poitrine.

Le général Uhrich écrivit la lettre suivante au lieutenant général de Werder.

« Monsieur le lieutenant général,

» Vous avez appris, sans doute, que le parlementaire qui a remis à vos avant-postes la lettre que je vous avais écrite, et le trompette qui l'accompagnait, ont été blessés l'un et l'autre, à leur retour dans la place, par des coups de fusil partis de la maison peinte en vert clair et à toit jaune située sur la partie du village à droite de la route. Loin de moi la pensée d'accuser l'armée prussienne d'avoir méconnu le caractère sacré d'un parlementaire ; mais il y a dans ce fait une bien regrettable erreur que je dois vous signaler.

» J'ai été en effet informé que le 8 au soir un officier ennemi s'était présenté aux avant-postes, y avait rencontré un officier de la garnison, lui avait fait une sommation verbale de se rendre à discrétion, et était reparti immédiatement.

» J'avoue que j'ai regardé ce fait comme une plaisanterie d'un goût assez douteux, et que je ne m'en suis pas occupé autrement.

» Maintenant, monsieur le lieutenant général, venons aux affaires sérieuses.

» La proposition que vous me faites l'honneur de m'adresser a un but humanitaire, je me plais à le reconnaître; mais l'accepter, ce serait prendre implicitement l'engagement de rendre la place de Strasbourg, si les faits avancés par vous étaient reconnus vrais par l'officier que j'enverrais sur les lieux.

» Je ferai de grands sacrifices pour sauver Strasbourg des effets d'un bombardement et d'un siége; mais je ne puis lui sacrifier mon honneur et mon devoir : votre cœur de soldat le comprendra, et je suis certain que dès ce moment, quoique je n'aie pas l'honneur d'être connu de vous, vous aurez quelque estime pour moi et pour les braves officiers qui m'assistent.

» En terminant j'ai à vous demander :

» D'autoriser les femmes, les enfants et les vieillards à sortir de la ville. La sympathie que vous professez pour Strasbourg me fait espérer que vous accueillerez cette prière.

» *Le général commandant supérieur,*
» Uhrich. »

Le gouverneur n'avait pas encore envoyé cette lettre qu'il

recevait une dépêche du chef d'état-major de l'armée assiégeante.

Au très-illustre général Uhrich, gouverneur de la forteresse impériale française.

« Monsieur,

» A mon grand regret j'ai à vous annoncer que, d'après un avis qui vient de m'être envoyé de Schiltigheim, on a tiré sur un parlementaire impérial par un malentendu qui n'est pas encore tout à fait éclairci.

» Une patrouille entrant dans les lignes des postes vit sur la route deux cavaliers galopant vers la forteresse et ne remarqua pas le drapeau. Les coupables seront traduits devant un conseil de guerre et punis avec l'entière rigueur des lois.

» Vous voudrez bien, monsieur, recevoir mes regrets les plus grands et les plus francs, et être persuadé que, dans toute l'armée, cette méprise préméditée et triste sera ressentie profondément.

» Permettez-moi, en terminant, de vous prier de donner des instructions aux parlementaires pour qu'ils retournent au pas et qu'ils fassent sonner en allant et venant.

» *Le chef d'état-major de l'armée de siége.* »

Après cette lecture le général Uhrich ajouta un *post-scriptum* à la lettre qu'il venait d'écrire au lieutenant général de Werder.

Le général Uhrich demandait la grâce des soldats coupables d'avoir tiré sur son parlementaire.

On lit dans la *Badische Landeszeitung* du 20 août :

On écrit d'Offenbourg le 19 : « Le bombardement de Strasbourg est en pleine activité, on l'entend fort bien d'ici. »

On mande de Kehl le 18 : « Bien que Strasbourg soit cernée, on aperçoit de temps en temps des patrouilles de *vauriens* qui ont le courage de tirer de ce côté sur des personnes inoffensives. »

On télégraphie de Kork le 20 *:* « Le bombardement de Strasbourg continue. A Kehl, 14 maisons ont brûlé hier. »

Correspondance de Kehl, 20 août : « La journée d'hier a été une journée de terreur pour notre jolie ville. Pendant les nuits précédentes *nous avions pu jouir de la vue des maisons brûlant à Strasbourg,* car de jour la fumée était tellement intense que nous ne pouvions rien voir.

» Le 19 à sept heures du matin, on commença à tirer de notre côté sur la citadelle; après le 3ᵉ coup, la réponse de Strasbourg arriva (1). On tira de part et d'autre sans relâche jusqu'à midi, et après un moment de repos jusqu'au soir. L'ennemi a bombardé Kehl, les maisons vers le Rhin ne sont qu'un amas de ruines, le bel hôtel du Saumon est entièrement brûlé, etc., etc. Des obus sont tombés sur la place derrière l'église transformée en ambulance; vous voyez comme on respecte le drapeau de Genève!

» *Les gardiens de la civilisation* se sont contentés d'envoyer des obus sur nos maisons!

» On croit que Strasbourg ne tiendra plus que peu de jours. Cela sera d'autant plus beau qu'il s'y trouve de grandes masses de canons et de munitions. »

DIMANCHE 21 AOUT

Voici la réponse du lieutenant général de Werder au général Uhrich :

« Mundolsheim, 21 août 1870.

» Monsieur,

» J'approuve entièrement et je comprends bien la pensée de votre honorée lettre du 21 de ce mois.

» Je conçois parfaitement les sentiments pénibles dans lesquels se réunissent les devoirs du soldat et l'inquiétude pour 80 000 citoyens sans abris.

» Les fortifications des grandes villes ont leur faiblesse dans les souffrances de la population qui est exposée, sans abri, aux boulets ennemis, surtout si, comme à Strasbourg, elles sont sans casemates.

» La sortie que vous souhaitez d'une partie de la population augmenterait donc la force de la fortification; c'est pourquoi je ne suis pas en état, quelque douloureux que ce soit pour moi, de donner à votre désir la suite que, dans l'intérêt de l'humanité, je voudrais lui donner.

» En terminant, je me réserve de vous fixer le moment où tout le plein poids de l'attaque commencera pour Strasbourg.

» Agréez ma considération particulière avec l'assurance que j'ai le désir le plus vif de faire concorder autant que possible ma mission avec vos sentiments.

» *Le général commandant le corps de siége,*
» *Lieutenant général* v. Werder. »

---

(1) Enregistrons cet aveu du journal badois et opposons-le à la lettre, datée de Mundeolsheim, 19 août, du lieutenant général de Werder; voyez, p. 45.

Le 21 août le Jardin botanique, situé dans l'intérieur de la ville, est désigné comme cimetière provisoire (1) : les convois ne pouvaient plus franchir les portes de la place.

L'arrêté suivant est affiché :

ÉVACUATION ET DÉMOLITION

« Par ordre de M. le général commandant supérieur,
» Tous les propriétaires des maisons et jardins situés au sud de la ville, entre les glacis et la ligne du chemin de fer, sont invités à évacuer leurs propriétés.
» Il leur est accordé, à cet effet, un délai de 48 heures.
» Ils devront, après ce laps de temps, démolir eux-mêmes les maisons et clôtures, sinon la démolition sera faite d'office et à leurs frais, conformément à la loi.

» Strasbourg, le 21 août 1870.

» *Le lieutenant-colonel commandant le génie,*

» MARITZ. »

Au début du siége, les remparts de Strasbourg étaient complétement enfouis sous la verdure; des villas, des brasseries, des malteries, s'élevaient de tous côtés; des parcs, des jardins, de belles avenues plantées de grands arbres l'entouraient de toutes parts.

« On avait négligé d'exécuter les règlements militaires, et partout on était couvert d'épais ombrages, partout on était entouré de maisons de campagne, de haies de jardin, de palissades, de sorte qu'on pouvait arriver sur les glacis et jusqu'à la gorge de la porte des Pêcheurs complétement à couvert (2). »

Pourquoi des tolérances coupables ont-elles laissé construire sous les canons de la place ces villas, ces bâtiments? pourquoi avoir autorisé la plantation de ces jardins, de ces parcs qui viennent aboutir aux fossés de la ville?

Pourquoi le ministre de la guerre a-t-il défendu au général

---

(1) Voyez l'*arrêté*, pièces à l'appui, n° 10.
(2) *Le Siége de Strasbourg*, par B. du Petit-Thouars, tome XLIX du *Correspondant*

Uhrich de dégager les abords lorsque ce dernier le prévint qu'il allait le faire?

Pour démolir tout cela, pour brûler tous ces bâtiments, pour couper tous ces arbres, il faudrait plusieurs mois et de nombreux travailleurs. Nous n'avons que quelques heures et nous sommes entourés par l'assiégeant, et c'est sous le feu de l'ennemi que nous exécutons ce travail. Depuis l'investissement, bien des bâtiments se sont écroulés, bien des maisons ont été brûlées, bien des arbres sont tombés sous la hache, chaque jour nos travailleurs, protégés par des tirailleurs, ont nettoyé les abords de l'enceinte, mais ce n'est pas assez, et à partir de ce jour 21 août, les abatis et les démolitions recommencent.

Le canon de la place incendie les bâtiments situés sur la route de Lingolsheim et de la montagne Verte, de tous côtés des ouvriers civils et militaires coupent, hachent, et il ne se passe pas de jour qu'on ne rapporte sur une civière un de ces enfants de Strasbourg frappé par une balle ennemie : cet ouvrier, combattant modeste, a versé lui aussi son sang pour son pays.

Devant la porte Nationale, nos postes avancés échangent une fusillade assez vive avec quelques détachements allemands.

C'est le 21 août qu'arrive devant Strasbourg la tête du parc de siége; immédiatement les Allemands s'occupent de mettre de grosses pièces en batterie.

Le correspondant de la *Badische Landeszeitung* lui écrit le 21 :

« *Devant Strasbourg :*

» J'ai la certitude qu'un bombardement en règle va avoir lieu sous peu. Nos officiers travaillent, et si les Français les voyaient étudier les grandes cartes de la ville, ils seraient bien étonnés : nous connaissons jusque dans ses plus petits recoins cette forteresse. »

On écrit d'Eckbolsheim au même journal :

« Pendant que nos compagnons avancent vers Paris, nous nous occupons du siége de Strasbourg.

» Nous avons établi des tranchées et des fossés pour tireurs qui permettent à l'infanterie d'approcher assez des remparts pour pouvoir se servir du fusil.

» Nous sommes accablés d'obus, et on voit partout des éclats ou des traces de leur passage. Ces obus sont principalement des projectiles du calibre de 18-24. La pointe ogivale éclate ordinairement en 4 morceaux.

» Le feu a été très-vif les nuits du 18 et du 19; depuis trois jours il y a un calme relatif; je crois pouvoir le comparer à ce qui a lieu avant l'orage, puisque l'artillerie de siége prussienne vient d'arriver avec ses nombreuses pièces de 24 et a relevé l'artillerie de campagne badoise.

» Une de nos batteries a envoyé le jour de la fête de Napoléon, vers minuit, 40 obus incendiaires dont quelques-uns ont mis le feu. Le soir du 18, les artilleurs de cette batterie se sont glissés, à l'abri de plis de terrains, jusqu'à 400 mètres des fortifications. »

LUNDI 22 AOUT

Les démolitions sont activement poussées et les maisons situées devant les portes d'Austerlitz et de l'Hôpital tombent sous la pioche des travailleurs.

L'avis suivant est affiché :

SOCIÉTÉ DE SECOURS AUX BLESSÉS

« Le Comité central de la Société de secours aux blessés a l'honneur d'informer le public qu'en vue de donner les premiers soins aux personnes qui seraient atteintes par des projectiles, sa section médicale a établi six postes de secours, situés :

» 1° A l'hôpital civil.
» 2° A l'hôpital militaire.
» 3° A l'hôtel de la Ville-de-Paris.
» 4° A l'École de santé militaire.
» 5° Au petit séminaire.
» 6° A l'ambulance du séminaire protestant.

» Les six postes précédemment établis aux portes de la ville continueront à fonctionner simultanément ; ils sont situés :
» 1° A la porte de Pierre.
» 2° A la porte de Saverne.
» 3° A la porte Nationale.
» 4° A la porte des Pêcheurs.
» 5° A la porte d'Austerlitz.
» 6° A la porte des Juifs.

» ...ourg, le 22 août 1870.

» *Le Comité central.* »

Le *Courrier du Bas-Rhin* publie, le 22 août, un article qui montre comment l'initiative de tous vint en aide à la défense de la place.

« Nous apprenons chaque jour de nouveaux faits, lesquels témoignent de l'excellent esprit qui règne dans la population de Strasbourg. Les citoyens se pénètrent de plus en plus de la conviction que, dans les moments critiques surtout, il ne faut pas se laisser aller au découragement ou à l'indolence, mais se réunir, se prêter une mutuelle assistance, fondre toutes les forces individuelles, impuissantes dans l'isolement, en une grande force collective, qu'anime le même esprit.

» Ainsi la garde nationale sédentaire, malgré l'insuffisance de son armement, se livre chaque jour à l'apprentissage du fusil et des exercices militaires, avec le même zèle que si elle devait être appelée demain à prendre part à quelque opération active.

» Ceux des gardes nationaux qui ont servi dans un des régiments d'artillerie de l'armée ont été réunis en une batterie, sous les ordres d'un ancien capitaine, M. Hering, et ils font le service du rempart.

» La garde nationale sédentaire remplit aussi très-utilement une de ses missions, celle d'assurer le maintien de l'ordre et d'être une garantie de sécurité intérieure pour la cité, en même temps qu'elle se prépare à l'autre mission à laquelle elle peut être appelée, celle d'être un auxiliaire de l'armée active.

» Une autre organisation, émanant de l'initiative des citoyens, gagne de proche en proche, et elle aura bientôt embrassé toute la ville : c'est celle des pompiers et des sauveteurs volontaires.

» On sait que c'est au faubourg de Pierre qu'a surgi d'abord l'idée de former une sorte d'association entre les habitants d'un même quartier pour veiller à tour de rôle pendant la nuit, se tenir prêts au premier signal d'un incendie, et porter secours immédiatement en attendant l'arrivée des pompiers. Depuis, cette idée a fait son chemin comme toutes les idées simples, utiles et pratiques. Elle s'est propagée d'un quartier à l'autre, et chaque jour on nous indique quelque quartier où elle a été accueillie et réalisée. Aujourd'hui encore on nous transmet de nouvelles notes qui montrent qu'elle continue à prendre de l'extension. Les voici :

» *Première note*. — Les habitants du quartier Saint-Thomas viennent de se constituer en corps de volontaires pour le service des incendies.

» *Deuxième note*. — Les habitants de la rue des Arcades jusqu'à la rue de l'Outre, du Vieux-Marché-aux-Grains, des rues de la Lanterne, de la Demi-Lune, des Fribourgeois, Sainte-Barbe, des Chandelles, du Vieux-Seigle, du Saumon, des Pelletiers, des Sept-Hommes, des Incendiaires et de la place Kléber jusqu'à la ruelle du Pilot, se sont entendus pour former un corps de pompiers auxiliaires.

» *Troisième note*. — Environ 150 habitants du faubourg de Saverne ont organisé un service nocturne de sûreté pareil à celui qui commence à fonctionner dans tous les quartiers de la ville.

» *Quatrième note*. — Dans la Grand'rue, depuis la rue des Tanneurs jusqu'à la place de Gutenberg, les citoyens ont organisé entre eux un service de ronde, pour donner l'alarme et porter les premiers secours en cas d'incendie.

» On ne peut que féliciter la population de toutes ces mesures de prévoyance, de tous ces actes de véritable solidarité civique, qui ont d'abord un premier effet matériel, celui de contribuer à la sécurité publique, et qui ont en outre un résultat moral dont il faut tenir grand compte, celui de rapprocher les citoyens, d'établir entre eux des relations personnelles, de leur apprendre à se connaître et à s'estimer, à se tenir plus solides par ce contact et cette communauté d'efforts dans un intérêt général. »

Nous sommes forcé de le répéter à chaque ligne : tout manquait à Strasbourg. Chose incroyable, il n'y avait pas, dans cette ville, de médicaments pour nos malades. Un pasteur protestant se dévoua et alla chercher les choses nécessaires pour nos blessés et malades; il franchit les lignes allemandes et accomplit sa mission. Il revenait et allait rentrer heureusement dans la place lorsqu'il tomba entre les mains des Allemands.

Le général de Werder écrivit au général Uhrich que le pasteur et ses médicaments étaient en son pouvoir, mais qu'il laisserait rentrer le tout si le canon de la place respectait les voitures qu'il enverrait chercher de la glace pour ses blessés dans les caves des brasseurs de Schiltigheim. Ce qui eut lieu.

On lit dans la *Carlsruher Zeitung* du 22 août le curieux article que voici :

« Lorsqu'il y a quelques jours nous parlions du bombardement de Strasbourg et que nous racontions les dégâts causés par le tir de la forteresse à la ville de Kehl, nous pensions que ce n'était là qu'un de ces accidents inévitables en temps de guerre. Tous les rapports aujourd'hui sont unanimes et déclarent que les Français ont renouvelé contre Kehl cette façon de faire la guerre qu'on leur avait déjà reprochée à Saarbruck.

» Les batteries allemandes de ce côté du Rhin sont établies de façon à ce que Kehl se trouve tout à fait hors de la ligne du tir. Cette ville non fortifiée a donc été bombardée et incendiée contre tous les usages de la guerre.

» Cela résulte des faits suivants :

» Le 8 août, le lieutenant général de Beyer fit sommer le commandant de Strasbourg de rendre la ville. Le major de Amerongen insista surce que l'armée française ayant été battue, Strasbourg ne pouvait pas compter sur un renfort et n'avait plus d'espoir d'être débloquée, la défense serait donc sans utilité comme sans but. Le gouverneur refusa de rendre la forteresse, le major répliqua que Strasbourg pouvait s'attendre à être bombardée. Pour distraire l'attention de l'ennemi, notre artillerie lança des obus sur la ville pendant les journées du 16 et du 19.

Depuis ce moment, *contre toute espèce de droit des gens*, la citadelle ne cesse pas de brûler Kehl. »

DEUXIÈME PARTIE

DU 23 AOUT AU 10 SEPTEMBRE

Grand bombardement systématique de la ville. — Destruction de tous les monuments. — Nombreuses victimes. — Travaux de siége. — Séances de la Commission municipale. — Le 87e régiment de ligne. — Sortie de nuit. — Ruines. — Désastres. — Les pontonniers. — Les élèves de l'école de santé militaire. — Les ouvriers civils. — La garde nationale sédentaire.

MARDI 23 AOUT

Dans la nuit du 22 au 23, le gouverneur de Strasbourg reçut du général de Werder la signification que le bombardement était imminent.

Le 23, le général Uhrich répondit au commandant de l'armée assiégeante :

« Strasbourg, le 23 août 1870.

» Monsieur le lieutenant général, j'ai reçu cette nuit le billet que vous avez confié à mon parlementaire, et j'y réponds :

»· L'avis que vous m'avez fait l'honneur de me donner hier relativement à un bombardement imminent a été considéré par moi comme définitif et n'ayant pas besoin d'être renouvelé.

» *Le général commandant supérieur,*

» UHRICH. »

La proclamation suivante du gouverneur aux habitants de Strasbourg fut affichée le 23 août.

SIXIÈME DIVISION MILITAIRE

« Aux habitants de Strasbourg.

» Le moment solennel est arrivé.
» La ville va être assiégée et soumise aux dangers de la guerre.
» Nous faisons appel à votre patriotisme, à votre virile énergie, afin de défendre la capitale de l'Alsace, la sentinelle avancée de la France. Des armes seront délivrées aux citoyens désignés par le maire à l'effet de concourir à la protection de nos remparts.
» Amis, courage ! la patrie a les yeux sur vous.

» Fait au quartier général à Strasbourg, le 22 août 1870.

» *Le général de division commandant supérieur,*
» Uhrich. »

On ne peut plus en douter, le bombardement va recommencer. Le lieutenant général de Werder va de nouveau brûler Strasbourg, il va massacrer ses habitants.

Devant l'ennemi se dressent nos remparts et nos ouvrages avancés avec leur artillerie et leur garnison, mais ce n'est pas sur eux qu'il dirige ses coups. Le général de Werder, celui que les Strasbourgeois ont surnommé le général möerder (général assassin), ne connaît pas le duel loyal, c'est aux femmes et aux enfants de Strasbourg que ses artilleurs font la guerre. Le général allemand sait que la garnison est insuffisante, il sait qu'elle est formée d'éléments divers, il sait aussi que la majeure partie se compose d'enfants d'Alsace, de mobiles rassemblés à la hâte, et que beaucoup d'entre eux ont leur famille dans la place. Il n'ignore pas qu'à Strasbourg il n'y a ni abris blindés, ni casemates où l'on puisse se soustraire à ses coups. Le 24 août, le lieutenant général de Werder a écrit au général Uhrich :

« *Les fortifications des grandes villes ont leur faiblesse dans les souffrances de la population, qui est exposée, sans abri, aux boulets ennemis, surtout si, comme à Strasbourg, elles sont sans casemates. La sortie, que vous souhaitez, d'une partie de la population augmenterait donc la force de la fortification; c'est pourquoi je ne suis pas en état, quelque douloureux que ce soit*

BOMBARDEMENT SYSTÉMATIQUE. 59

pour moi, de donner à votre désir la suite que dans l'intérêt de l'humanité je voudrais lui donner. »

C'est pourquoi M. de Werder va faire diriger le feu uniquement sur la ville; il lui faut des victimes, il lui en faut beaucoup.

Par de semblables désastres, par tant de ruines, par la mort qu'il va distribuer en maître implacable, il croit lasser le patriotisme de ces bourgeois, de ces ouvriers. Lorsqu'ils verront détruire leurs propriétés, tomber à côté d'eux leur famille, ces hommes seront affolés, et dans un moment de suprême terreur ils élèveront la voix pour dire qu'il y a une limite au devoir. Ils s'écrieront : Nous avons été abandonnés dès le premier jour; devant nous, derrière nous il n'y a plus que des soldats allemands; notre ville est brûlée sans que nous puissions la défendre, rendons-nous ! forçons le général à capituler ! Eh bien ! M. de Werder, montrez à l'Europe comment la sainte et savante Allemagne fait la guerre ! Dites à vos artilleurs de commencer le feu ! Et vous verrez comment Strasbourg la française sait faire son devoir.

A neuf heures du soir les Allemands recommencent leur œuvre de destruction. La ville est couverte d'obus; il n'est pas de quartier qui soit épargné. De tous côtés éclatent les incendies, et chaque brasier devient un point de repère que les artilleurs allemands couvrent de projectiles. Les temples, les églises, la cathédrale sont atteints; les hôpitaux, les ambulances ne sont pas respectés, et nos blessés tombent frappés à mort sur leur lit de douleur.

Secondés par les veilleurs et sauveteurs volontaires, les pompiers se multiplient, et grâce aux corps nombreux d'auxiliaires formés dans chaque quartier, on parvient à éteindre les incendies allumés par l'ennemi. La mission de ces braves gens est bien périlleuse, car les assiégeants font pleuvoir sur chaque foyer des masses de projectiles. Bravant tout danger, on voit les habitants courir aux pompes, et sous les obus, au milieu des ruines qui s'écroulent de tous côtés, combattre les flammes avec l'eau et la hache.

Voici comment le capitaine du génie Brunner, attaché à l'armée du siége allemande, raconte le bombardement de Strasbourg :

« C'est dans la nuit du 23 que commença le véritable bombardement, par 40 pièces de siége prussiennes et 32 badoises, ainsi que beaucoup de pièces de campagne.

» Ce bombardement dura presque sans interruption les 24, 25, 26 et 29, il donna lieu à des incendies continuels et détruisit plusieurs centaines de maisons. Le bombardement commençait généralement le soir et diminuait d'intensité vers le matin. Les batteries prussiennes étaient à 3500 pas de la cathédrale, qui est au centre de la ville, les batteries badoises en étaient à 4500 pas et n'étaient qu'à 1500 pas des fortifications.

» Quelle nuit terrible! commençaient chaque matin les journaux de Strasbourg, qui n'avaient ni le temps ni la place pour relater toutes les victimes et toutes les ruines.

» Quel but peut avoir l'assiégeant, écrivait l'*Impartial*, en tirant sur nos propriétés et sur la population inoffensive? Se figure-t-il que la ville se rendra lorsqu'ils auront brûlé nos maisons, assassiné les femmes et les enfants? C'est là une grosse erreur; car, ainsi que l'a très-bien dit le général Uhrich, Strasbourg ne se rendra pas!

» De ce jour l'incendie succède à l'incendie, les flammes sont en permanence dans cette ville, et bien des jours après la capitulation le feu et la fumée montèrent en longues colonnes au-dessus de ces ruines.

» Le service des pompes était cependant parfaitement organisé.

» Il y avait des postes de pompiers volontaires dans tous les quartiers de la ville, et avec une abnégation héroïque ils firent de leur mieux pour maîtriser les flammes. Vains efforts, dès que les flammes apparaissaient en quelque endroit, les projectiles de l'assiégeant se concentraient sur le foyer d'incendie, aussi beaucoup de ces braves gens qui risquaient leur vie pour sauver la vie et la fortune de leurs concitoyens tombèrent victimes de leur dévouement, soit par le feu, soit par les projectiles (1). »

On écrit d'Achern, 23 août : « Strasbourg ne peut plus tenir longtemps; il y a dans la ville beaucoup de mulets et de magnifiques chevaux arabes : *quel beau butin pour notre armée!* »

MERCREDI 24 AOUT

Au point du jour, le colonel Blot, du 87e, à la tête d'un détachement de douaniers, surprend des tirailleurs ennemis embusqués entre les rotondes et la barrière établie sur le chemin de fer, devant l'ouvrage 44. A la voix du colonel du 87e, les douaniers se portent en avant et attaquent les Allemands à la baïonnette, ceux-ci prennent la fuite et laissent 9 prisonniers appartenant au 34e régiment de Poméranie.

Les nuits terribles que l'on vient de passer ont montré la grande utilité des associations des pompiers auxiliaires, veilleurs et sauveteurs volontaires, de nouveaux corps se forment de tous côtés. Les habitants du quartier du quai des Pêcheurs forment une compagnie du même genre. Les habitants du quartier des Arcades, de la place Kléber et des rues voisines forment un autre corps de pompiers auxiliaires; enfin on annonce que cet exemple est imité par les habitants du quai Saint-Thomas et du quartier de la douane.

Pendant la journée du 24, le bombardement continue, la citadelle est couverte de projectiles, l'arsenal brûlé et les fusées percutantes qui y étaient renfermées sont détruites.

Nous ne pouvons mieux peindre la nuit du 24 au 25 août qu'en reproduisant la chronique locale parue le 25 au matin dans le *Courrier du Bas-Rhin*.

« Quelle nuit terrible! Quelles ruines et quel deuil!!

» A huit heures, l'ennemi a recommencé son feu contre la

---

(1) Moriz Brunner, *loc. cit.*, p. 14.

ville, feu épouvantable, qui a détruit des fortunes, des trésors, des chefs-d'œuvre. Où tourner d'abord ses regards dans ces monceaux de décombres fumants et quelle perte faut-il citer la première?

» La bibliothèque de la ville, l'église du Temple-Neuf, le musée de peinture, les plus belles maisons du plus beau quartier ne sont plus qu'un amas de pierres noircies.

» La bibliothèque de Strasbourg, célèbre dans l'Europe! des manuscrits et des livres uniques dans le monde, des siècles de travail, de patience, d'études; des millions et des millions! plus rien, pas une feuille de papier, pas un parchemin, pas un document! le sol encombré de débris, et dans un coin une ou deux reliures carbonisées, voilà ce qui reste!

» L'église du Temple-Neuf, la plus vaste des églises protestantes de Strasbourg, avec son orgue splendide, ses peintures murales si renommées! quatre murs en subsistent.

» Le musée d'art installé à l'Aubette, détruit complétement avec le bâtiment qui le renfermait.

» La cathédrale à son tour n'échappe pour ainsi dire que par miracle à quelque grand désastre dont elle est menacée chaque nuit. Ce matin encore des fragments de sculpture et des éclats de pierres de taille, épars sur le sol, indiquaient que quelque boulet avait touché notre magnifique monument, une des gloires de l'Europe.

» La maison de l'œuvre Notre-Dame, une des plus vieilles et monumentales constructions du moyen âge, a reçu plusieurs projectiles les nuits précédentes déjà et cette nuit encore. L'hôtel de ville, nouvellement restauré, est criblé sur la face qui regarde le théâtre surtout, et la salle des séances du conseil municipal, située au rez-de-chaussée, a été dévastée. Diverses constructions particulières, le Broglie, la rue du Temple-Neuf, les plus belles maisons de la rue du Dôme, sont devenues la proie des flammes. Les obus tombaient par centaines dans une seule rue, et dès qu'un incendie était allumé, les projectiles étaient lancés par masses sur le brasier pour empêcher les travailleurs d'éteindre le feu.

» Toute la ville est jonchée de débris. »

Dans la nuit du 24 au 25 août, la caserne de Finchmatt fut en partie détruite par l'ennemi. A dater de ce moment, le 4ᵉ bataillon de la garde mobile fut laissé en permanence dans les ouvrages avancés. Ce bataillon fut distribué de la manière suivante :

La 1ʳᵉ compagnie fut placée dans la lunette 53. Les 2ᵉ, 6ᵉ, 7ᵉ et 8ᵉ, sous les ordres directs du chef de bataillon, dans l'ouvrage à cornes 47-49 et la lunette 48 ; ce détachement eut à fournir, en outre, un service journalier d'une compagnie aux palissades établies sur le chemin de fer. Ces divers ouvrages étaient battus par toutes les batteries que les Allemands avaient établies depuis le Wacken jusqu'à Kœnigshoffen, en passant par Schiltigheim et Mittelhausbergen.

Sur la hauteur de Mundolsheim, quartier général prussien, l'ennemi avait élevé un observatoire en charpente d'où il découvrait tout ce qui se passait chez nous, et communiquait aux batteries assiégeantes, par un fil électrique, l'ordre de tirer sur tel ou tel endroit ; aussi dès que nous relevions un poste, ou qu'une corvée entrait ou sortait, le feu de l'ennemi se concentrait sur les endroits désignés ; il en était de même pour notre artillerie : dès qu'une de nos pièces essayait de répondre, vingt ou trente obusiers étaient pointés sur elle et en quelques minutes l'affût était brisé, la pièce égueulée et démontée.

Le correspondant de la *Badische Landeszeitung* lui écrit de Kehl le 25 août au matin :

« Toute la nuit nous avons entendu le bombardement, les coups étaient tellement précipités que bien certainement on peut compter 10 détonations par minute en moyenne. L'éclair qui précède chaque coup indiquait parfaitement l'emplacement des pièces ; c'était un spectacle terrible et grandiose à la fois, et d'autant plus désolant que la ville brûlait depuis le soir ainsi que Kehl.

» Du clocher de Kock nous pûmes nous assurer que du moins le dôme était épargné.

» L'état de la ville assiégée doit être affreux : Dieu fasse que cela finisse soit par capitulation, soit par assaut.

» Maudits soient ceux qui en déclarant la guerre ont attiré tant de malheurs sur les villes et les campagnes ! »

On lit dans la *Carlsruher Zeitung* du 25 août :

« Toute la journée du 24 il y a eu un grand combat d'artillerie devant Strasbourg, le feu augmenta encore vers le soir et fut très-intense jusqu'à cinq heures du matin. Le côté droit de la citadelle ainsi que l'arsenal sont entièrement brûlés; vingt maisons nouvelles viennent d'être la proie des flammes à Kehl. »

Nous citons un passage de l'ouvrage du colonel Rustow et quelques lignes du livre du capitaine Julius von Wickede : on verra comment ces deux auteurs ont jugé le bombardement de Strasbourg.

« Le bombardement de Strasbourg était inopportun pour les motifs suivants : les Strasbourgeois avaient des sentiments plus français que les habitants du centre de la France, et l'on pouvait prévoir que le bombardement n'aurait pour résultat que de les irriter davantage contre les Allemands; il était reconnu généralement, depuis l'attaque des ouvrages de Duppel en 1864, que l'artillerie de siége prussienne obtenait des résultats extraordinaires et inconnus jusqu'alors, par la justesse de son tir et l'effet de ses projectiles; sa puissance de destruction était à l'abri d'un doute. On pouvait donc s'abstenir de bombarder la ville dont la garnison était fort insuffisante en force numérique et en qualité, on le devait surtout parce que, nous le répétons, c'était un singulier moyen de prouver aux Strasbourgeois son amour fraternel.

» Le général de Werder se décida au bombardement parce qu'il savait que la ville ne renfermait pas d'espaces à l'abri de la bombe, et qu'il supposait que les habitants forceraient aussitôt le commandant à rendre la place. Ce calcul était faux.

» Le bombardement fit des ravages épouvantables : la magnifique cathédrale fut honteusement endommagée; la précieuse bibliothèque fut anéantie; beaucoup de maisons particulières furent détruites; des vieillards, des femmes, des enfants furent tués ou estropiés. La population sans défense se réfugia dans les caves, les hommes valides cherchèrent avec courage à arrêter l'incendie pour sauver ce qu'ils pourraient de la ville de leurs pères.

» Devant le bombardement, commandant, garnison, habitants, restèrent inébranlables (1). »

« Lancer volontairement des obus et des bombes dans l'intérieur d'une ville, au lieu de les diriger sur les remparts, est une des nombreuses cruautés, des inutiles destructions que nous avons, hélas! commises dans cette guerre. Nous n'avons pas fait ainsi des conquêtes morales, nous n'avons pas accru la sympathie de l'Alsace pour l'Allemagne; bien au contraire. Puisque nous voulions recouvrer à jamais cette province, nous n'aurions pas dû commencer par exaspérer contre nous la population. Mais il y a des militaires qui, dans leur zèle aveugle et sans scrupules, n'arrêtent jamais leur esprit sur ces considérations (2). »

JEUDI 25 AOUT

Le 25 août au point du jour, le gouverneur de Strasbourg reçoit du général de Werder la lettre suivante, datée de Mundolsheim :

« Monsieur,

» Vous avez vu pendant deux jours quels dégâts j'ai faits avec une faible partie de mon artillerie, à la ville, aux moyens de défense et à la citadelle.

» Avec le commencement du jour je fais arrêter le feu, pour vous donner le temps de réfléchir, si vous voulez maintenant accorder la reddition de la place.

» Si ceci devait être le cas, je vous prie de m'envoyer une réponse d'ici à midi : les conditions de reddition ou une réponse.

» *Le général commandant le corps de siége,*

» V. Werder. »

---

(1) *Der Krieg um die Rheingrenze*, par W. Rüstow, p. 149.
(2) *Geschichte des Krieges von Deutschland gegen Frankreich*, par Julius von Wicked p. 296.

Le général Uhrich répondit aussitôt :

« Monsieur le lieutenant général,

» Mes murs sont encore debout et je ne puis songer à rendre une place que l'honneur comme l'intérêt de la France m'ordonne de défendre jusqu'à la dernière extrémité.

» Le général commandant supérieur,

» Uhrich. »

Au matin, de nouveaux incendies éclatent de tous côtés, le moulin des Huit-Tournants, situé près de la porte Nationale et qui sert spécialement à la garnison, est totalement détruit ainsi que les constructions voisines. Sous le feu de l'ennemi, au milieu des flammes et des murs calcinés qui s'écroulent, on fait jouer la pompe sur ces poutres carbonisées, sur ces ruines fumantes qu'on ne peut pas approcher ; on déblaye à coups de pic et de pioche les ouvertures des caves, et dans ces décombres, à travers la poussière noire de l'incendie, l'âcre senteur de la fumée, on cherche les malheureux qui ont disparu ; les habitants consternés, l'œil sec devant leurs demeures ruinées, se demandent avec angoisse où ils pourront cacher leurs femmes et leurs enfants et les soustraire aux coups des artilleurs allemands.

Une partie de la population se réunit devant l'hôtel de ville, on crie : Vengeance ! des armes ! On réclame une sortie en masse.

Le maire, M. Humann, entend trois délégués de la foule et se dirige avec eux et une partie du conseil municipal vers l'hôtel de la division.

Le général Uhrich reçut la députation. Après avoir tout d'abord déclaré qu'il ne venait pas parler de capitulation, le maire demanda l'autorisation d'exposer au général de Werder combien il était inutile et cruel de bombarder systématiquement les demeures d'habitants inoffensifs.

Le général repoussa cette proposition et s'opposa à cette démarche qui pourrait faire supposer à l'ennemi un manque d'énergie dans la défense. Alors les délégués demandèrent que l'on donnât pour abri les casemates aux femmes et aux enfants.

« Mais nous n'avons pas de casemates à Strasbourg, » répondit le général Uhrich, qui fit alors la lecture de la lettre du 21 août du général de Werder :

« Les fortifications des grandes villes ont leur faiblesse dans les souffrances de la population qui est exposée sans abri aux boulets ennemis, la sortie que vous souhaitez d'une partie de la population augmenterait donc la force de la fortification, c'est pourquoi je refuse. »

L'indignation fut extrême lorsqu'on connut cet infâme calcul ; le général assiégeant s'était bien trompé lorsqu'il avait cru exercer une pression par de semblables moyens et obtenir la reddition de Strasbourg. Le patriotisme de tous s'exalte, et il n'y a qu'une volonté : résister. On demande au général d'armer toute la population, il faut faire sortir la garnison et les habitants, briser le cercle de feu qui entoure la ville et s'emparer de ces pièces d'acier qui vomissent la mort jour et nuit. Le général Uhrich répond qu'il peut défendre la ville longtemps, que ses troupes sont suffisantes pour résister, mais qu'il ne veut pas compromettre la situation en exposant sa garnison et en lui faisant attaquer un ennemi très-nombreux, bien armé et retranché dans de fortes positions, il ne veut pas non plus exiger des sacrifices inutiles de la population ; elle a assez à faire à lutter contre les incendies, ce serait beaucoup de sang versé pour n'obtenir aucun résultat.

A ce moment se présenta chez le général, l'évêque de Strasbourg : Monseigneur Rœss venait demander l'autorisation d'aller au quartier général allemand, il voulait réveiller des sentiments d'humanité chez le général ennemi, et au nom de la religion prier le grand-duc de Bade de faire cesser ce massacre systématique et cette destruction régulière de toute une ville.

« Monseigneur, répondit le général Uhrich, c'est d'un bon pasteur de demander que toute une population soit épargnée ; allez, et dites au général ennemi que devant ses batteries se dressent nos remparts, c'est sur eux et non sur la ville qu'il doit frapper; qu'il ménage la ville, qu'il attaque mes soldats! »

Monseigneur Rœss partit avec un parlementaire. Les vœux de tous accompagnaient le prélat, on espérait que sa voix serait écoutée et que le grand-duc, qui connaissait l'évêque de Strasbourg et passait pour un prince fort religieux, se laisserait toucher. Mais monseigneur ne put arriver jusqu'au quartier général, il ne put pas voir le duc de Bade, M. de Werder refusa de le recevoir et lui fit dire par son chef d'état-major qu'il n'accorderait rien.

L'évêque rentra bien triste dans la malheureuse cité qui allait subir pendant la nuit du 25 un bombardement encore plus furieux que les précédents.

Lorsque la nuit tomba, du fond de leurs tranchées les artilleurs allemands résolurent de répondre à la visite de monseigneur de Strasbourg; ils braquèrent leurs pièces sur la cathédrale et attendirent le signal du bombardement. Laissons le journal *l'Impartial du Rhin* nous raconter cette nuit du 25 dans sa chronique locale parue le 26 au matin, on verra que le calcul perfide de M. de Werder a échoué devant le patriotisme de Strasbourg; il a exaspéré les cœurs et ne récolte que des haines terribles :

« L'incendie et l'assassinat, telles sont les armes dont nos ennemis continuent à user contre la population de Strasbourg; — incendiaire! assassin! telles seront les deux épithètes que l'histoire infligera comme un stigmate éternellement ineffaçable au chef ennemi qui a donné l'ordre de commencer et de poursuivre cette œuvre infâme de destruction.

» Il ne semblait pas possible que les horreurs de la nuit précédente fussent surpassées; elles l'ont été cependant, et durant la nuit dernière, les hordes de sauvages qui nous assiègent ont continué à massacrer indistinctement les femmes, les enfants, les vieillards; il n'est pas aujourd'hui un seul quartier qui ne soit jonché de ruines, pas un où quelque famille n'ait à déplorer la mort de quelqu'un des siens. Les blessés eux-mêmes ne sont pas à l'abri de leurs coups; elles frappent aveuglément, avec une rage stupide, avec une fureur bestiale; il n'y a plus la moindre place dans leur cœur pour un sentiment d'humanité.

» Le bombardement a recommencé hier soir plus tôt que les jours précédents, vers sept heures et demie, et n'a cessé que ce matin, vers quatre heures.

» Hier soir à dix heures et demie, au milieu du fracas des explosions, des sifflements des bombes, des pleurs et des cris de désespoir, une clameur plus sinistre encore a dominé tous ces bruits : — « La cathédrale brûle! »...

» Et c'était vrai!

» A ce moment tout l'édifice était enveloppé d'un impénétrable nuage de fumée. Le feu dévorait intérieurement la forêt de charpente qui recouvrait la nef. Vers minuit moins un quart, les flammes se sont frayées un chemin à travers la toiture et ont jailli de tous côtés à la fois, jetant de toutes parts une lueur sinistre, léchant avec furie la base de la flèche, que pourtant elles n'ont pu entamer. L'œuvre immense — dégradée, mais non anéantie — subsiste pour attester les horreurs de ce siège, horreurs auxquelles l'Europe ne voudra pas croire lorsqu'il sera possible d'en donner les détails.

» En même temps d'autres incendies éclataient sur tant d'autres points qu'il n'est pas possible de les énumérer. Le plus grand nombre a pu être maîtrisé dès le début, grâce au dévouement, à l'abnégation au-dessus de tout éloge de nos veilleurs-sauveteurs; d'autres ont malheureusement échappé à leur surveillance ou résisté à leurs efforts, ont grandi et ont abattu plusieurs édifices publics et quantité de propriétés particulières; il n'est pour ainsi dire pas une rue qui ne soit jonchée ce matin de ruines et de débris. Les maisons qui ont pu éviter l'incendie ont été éventrées ou en partie démolies par les projectiles de toute espèce qui, sans relâche, sans répit, pendant neuf heures consécutives, ont été lancés sur tous les points de la ville.

» Et cependant nous ne désespérons pas; tant de hideux efforts ne parviennent pas à réduire notre courage, à nous faire capituler; ces sauvages attaques exaspèrent au contraire la population de Strasbourg et font hâtivement germer en elle un ardent désir de vengeance et de haine contre ses agresseurs.

» Comme au premier jour : Vivre libres ou mourir, telle doit être, telle est notre suprême résolution. »

La garnison, elle aussi, a fait des pertes nombreuses, plusieurs officiers ont été atteints par les projectiles des assiégeants dans la journée et la nuit; le général Moréno, commandant de la citadelle, le commandant Gaillard, du régiment de marche, et deux capitaines sont blessés, trois lieutenants tués.

Un officier prussien décrit ainsi l'aspect que la ville offrait du dehors :

« Ce fut dans la nuit du 25 au 26 que le bombardement fut le plus terrible. De longues rues flamboyaient d'un bout à l'autre : leur rouge clarté illuminait tout le ciel. Je me trouvais dans une batterie, près du village d'Hausbergen, et fus, par suite, témoin oculaire de ce spectacle affreusement beau. Les obus, avec leurs mèches, traversaient l'air comme des comètes; les bombes, répandant autour d'elles une lueur assez vive, décrivaient de grands arcs de cercle, puis tombaient lourdement sur le pavé ou sur les toitures : une détonation particulière nous annonçait que les instruments de mort venaient d'éclater. Toutes les batteries prussiennes et badoises dressées autour de la ville tonnaient à la fois, et le fracas était si horrible, que la terre tremblait positivement sous nos pieds.

» De tous les remparts on répondait énergiquement à notre feu; une couronne d'éclairs environnait Strasbourg, nous les voyions sortir de l'orifice des canons, et bientôt le ronflement des boulets et le sifflement des obus nous annonçaient le passage des projectiles qui nous étaient destinés.

» Au point de vue purement militaire, c'était une nuit extrêment intéressante; seulement, il fallait oublier que nos pièces attaquaient la vie et les demeures de paisibles citoyens dont nous voulions gagner l'affection à l'Allemagne; que nos décharges ne causaient pas le moindre préjudice aux remparts, mais anéantissaient par millions les biens et les ressources de nos futurs compatriotes. Quant au but spécial du siége, ce bombardement ne nous servit en aucune manière à l'atteindre, comme la suite des événements le démontra (1). »

VENDREDI 26 AOUT

Le 26 août au matin, pendant qu'il présidait le conseil de défense, le général Uhrich reçoit une nouvelle sommation du général de Werder qui demande la reddition de la place. Voici la réponse que fit le général Uhrich, d'accord avec tous les membres du conseil :

« Strasbourg se défendra à outrance! »

LA CATHÉDRALE CIBLE

Dès le 9 août, le gouverneur de Strasbourg avait établi un observatoire militaire sur la plate-forme de la cathédrale; un fil électrique le reliait avec le quartier général qui communiquait au moyen d'un autre fil avec la citadelle. De cet observatoire on découvrait au loin les plaines qui entourent Strasbourg, et la vue s'étendait bien au delà du Rhin. Des guetteurs signalaient au général tous les mouvements de l'ennemi, le passage des convois et les travaux en exécution.

Le lieutenant général de Werder voulut expliquer l'incendie de la cathédrale par la présence de cet observatoire; pour éviter tout prétexte de ce genre, le général Uhrich le supprima, mais les artilleurs allemands continuèrent à prendre pour cible le mo-

---

(1) *Geschichte des Krieges von Deutschland gegen Frankreich*, par Julius von Wickede, capitaine de cavalerie en retraite, p. 297.

nument d'Ervin de Steinbach; le 20 août, dix-neuf obus frappaient la flèche, et à chaque coup de ces maîtres-pointeurs tombait un clocheton. Le 4 septembre, les colonnes de la couronne volaient en éclats. Le 11, la grande cloche fut atteinte. Le 25, à la suite d'un pari, la croix, au bout de trois coups, était courbée et brisée. Enfin, le 27, sur la seule façade on comptait les traces de 52 coups.

LES FAUSSES NOUVELLES

Le 26 août, vers les six heures du soir, la ville de Strasbourg présenta le spectacle d'une ville entière prise de folie : Tout d'un coup, malgré le bombardement, les rues se remplissent et les habitants, les larmes aux yeux, courent, s'appellent, s'interrogent. On se serre la main, on s'embrasse : « Eh bien! nous l'avions bien dit, la France ne pouvait pas nous abandonner ainsi. Ah! les voilà, il est temps! il paraît qu'ils sont soixante mille! Mais pourquoi n'ouvre-t-on pas les portes? Il faut aller à leur rencontre! « D'autres disent » : Vous n'avez pas entendu le combat! ils sont encore aux prises avec l'armée de Werder! Nous ne pouvons pas les laisser ainsi sans les aider! » Quelques habitants cherchent des armes. Ils veulent courir au-devant de cette armée de secours.

On délire, et les plus calmes se laissent aller à croire devant cette foule qui affirme. « Les voilà! crie-t-on. Du haut de la cathédrale, le guetteur les signale. C'est le général Dumont avec son armée! »

On vient de voir des soldats portant sur leur képi le numéro d'un régiment qui n'est pas à Strasbourg. Et sans réfléchir que dans la place il y a les débris de bien des régiments de Frœschwiller, on affirme que l'avant-garde du général Dumont entre dans la ville. Quelques personnes se précipitent vers la division et la mairie; on demande des nouvelles.

Tout cela n'était que mensonge.

Il fut bien coupable celui qui crut soutenir une population en la faisant passer par de semblables alternatives (1)! Quelle déception! quel accablement! comme elle était terrible la réalité!

La foule s'écoula tristement, alors recommença le bombardement.

Le 26 au soir, le général Uhrich confia à deux préposés de la douane des dépêches pour le ministre de la guerre et pour le général Félix Douay. Voici la dépêche adressée au ministre :

« Bombardement constant depuis six jours. — Très-nombreux incendies et démolitions. — Nombreuse population sans abri et sans vivres dans Strasbourg. — Cathédrale très-endommagée. — Citadelle entièrement brûlée. — Travaux d'approche commencés. — Situation très-grave, devient inquiétante. »

On lit dans la *Badische Landeszeitung* du 30 août :
« *Devant Strasbourg*, 26 août : — Le siége en règle a commencé; dans la nuit du 24 au 25 et du 25 au 26 nos batteries n'ont pas cessé de tirer sur la forteresse et sur la ville; la canonnade ne doit plus s'arrêter maintenant. Le feu de la forteresse est bien nourri. »

« *Mittelhausbergen*, 25 août : — Le 2ᵉ bataillon du 34ᵉ régiment a été éprouvé par les obus le 24 au matin; la 7ᵉ compagnie, quoique tapie dans les fossés, était la plus exposée; c'est là que se trouvait le commandant du bataillon, d'Osten Sacken. Dès l'aube cette compagnie eut 4 morts et 16 blessés.

Le bombardement fut ordonné pour le 23 à huit heures du soir. Le feu commença tout autour de la forteresse. Le sol tremblait, les détonations s'entendaient à plusieurs lieues à la ronde, et au bout de peu de temps la ville entière était en flammes. C'était un spectacle terriblement beau. Éclairé comme en plein jour, le superbe dôme s'élevait majestueusement; les bombes se croisaient

---

(1) Dans sa séance du 10 septembre, la commission municipale fit appeler devant elle le commissaire central. Ce fonctionnaire reçut un blâme pour avoir mis en circulation des nouvelles fausses, il fut destitué, et il lui fut interdit d'exercer aucune fonction publique à l'avenir à Strasbourg.

sans cesse en décrivant des courbes dans l'air, et en laissant derrière elles une traînée de feu. Elles tombaient en ville avec un bruit affreux.

» La forteresse ne répondit d'abord que faiblement à notre feu, par contre on entendait distinctement le tocsin et les cris d'alarme. Pendant que j'écris ces lignes (neuf heures du matin), la canonnade continue sans interruption. Aujourd'hui la forteresse répond plus vivement. »

Le correspondant de la *Badische Landeszeitung* lui envoie de *Mundolsheim* le récit de la démarche tentée par monseigneur Rœss :

« L'évêque de Strasbourg est arrivé hier à Schiltigheim; sur son désir de parler au général en chef, son délégué, le chef d'état-major, lieutenant-colonel de Leszcynski, se rendit à Schiltigheim où l'évêque attendait.

» Celui-ci exprima sa pensée en disant que le bombardement de la ville n'était pas conforme à la manière de faire la guerre actuelle, et pria que l'on y mît fin.

» Il lui fut répondu que si la France avait voulu avoir en même temps et une forteresse solide et une ville dont les maisons auraient offert de la sécurité aux habitants, elle n'aurait eu qu'à imiter l'Allemagne, qui depuis longtemps a de grandes forteresses qui sont en même temps de grandes villes; pourquoi la France n'a-t-elle pas fait établir des forts et des ouvrages avancés qui auraient supporté le poids de la guerre? Maintenant que la France, mue par un orgueil démesuré ou par une négligence impardonnable, a négligé de le faire, c'est trop demander à l'armée allemande.

» La ville ne peut pas être épargnée, car ses antiques fortifications présentent des difficultés qui ne peuvent disparaître que par le bombardement des habitations. Du reste, le bombardement de Saarbruck, exécuté pour l'amusement du prince impérial, et tout récemment encore le bombardement de Kehl, qui se poursuit de la manière la plus raffinée, ne sont pas de nature à nous donner l'exemple de la générosité.

» En second lieu, l'évêque demandait que l'on permît au moins la sortie de la population. Tout naturellement, ceci ne pouvait pas être accordé.

» Enfin, il demanda une suspension d'armes. Le lieutenant-colonel de Leszcynski répondit qu'il l'accorderait si dans une heure il avait la certitude que le gouverneur consentait à négocier, et qu'il ne s'opposerait pas à ce que des officiers sortissent de la ville pour s'assurer par leurs propres yeux de la position désespérée de la ville; que le gouverneur pourrait conserver Strasbourg pendant le temps nécessaire pour faire les parallèles et les préparatifs d'assaut, mais que la chute de la forteresse était mathématiquement certaine, et que *s'il y avait prise de vive force, la ville périrait.*

» Là-dessus ces messieurs prirent congé de la manière la plus affable. »

« *Correspondance d'Eutzheim*, 26 août. — Aujourd'hui nous tirons sur Strasbourg avec 300 pièces; hier, pendant la nuit, il y a eu des incendies terribles, la cathédrale elle-même brûlait, nous entendions les cris et les gémissements de la population pendant notre tir. »

SAMEDI 27 AOUT

Le général Uhrich adresse le 27 août la proclamation suivante :

SIXIÈME DIVISION MILITAIRE

« Habitants de Strasbourg,

» Depuis trois jours la ville est bombardée à outrance.
» Votre héroïsme, à cette heure, est la patience. C'est pour la France que vous souffrez. La France entière vous dédommagera de vos pertes.

» Nous en prenons l'engagement au nom du gouvernement que nous représentons.

» Fait au quartier général, le 26 août 1870, 1 heure après-midi.

» *Le général de division, commandant supérieur,*
» Uhrich.

» *Le préfet du Bas-Rhin,* baron Pron.

» *Le maire,* Humann. »

Strasbourg n'est plus qu'un immense brasier sur lequel tombent sans cesse les obus et les bombes. Le faubourg National et le faubourg de Pierre sont en feu. Des centaines de familles sont ruinées, sans asile.

Oui, ils étaient patients, ils étaient résignés, ces habitants qui servaient de cible vivante aux artilleurs de M. de Werder.

Pendant toute cette journée du 27 août, le bombardement continue son œuvre de destruction, le palais de justice est brûlé et avec lui nombre d'autres constructions : partout ruines sur ruines! Le chiffre des victimes augmente et quantité d'habitants errent dans cette ville qui n'a ni casemates, ni abris, à la recherche d'un gîte.

L'arrêté suivant est affiché :

SIXIÈME DIVISION MILITAIRE

« Préoccupé de la position qui est faite à la population de Strasbourg par le feu de l'ennemi, le général de division commandant supérieur fait connaître :

» 1° Que des postes de secours pour les blessés sont établis :
» A l'hôpital militaire,
» Au palais impérial, place de la Cathédrale,
» Au lycée,
» Au grand séminaire,
» Au petit séminaire,
» Au séminaire protestant, quai Saint-Thomas,
» Sur le Broglie, à l'ancienne fonderie.
» Après avoir reçu sur ces points les premiers secours, les blessés seront transportés dans les établissements où ils doivent être soignés.
» 2° Que des abris destinés aux incendiés vont être construits le long des remparts, de la porte Nationale à la porte de Saverne, de la porte de Saverne à la porte de Pierre et près la porte des Pêcheurs, pour le quartier Saint-Nicolas.

» Les habitants sont engagés à prendre part à ces travaux qui sont entièrement exécutés dans leur intérêt.

» Strasbourg, le 27 août 1870.

» *Le général de division, commandant supérieur,*
» UHRICH. »

Le passage suivant est extrait du livre du capitaine du génie Brunner :

« Le chiffre des personnes sans abri et de celles ruinées par le bombardement augmente de jour en jour; on en comptait déjà 800 lorsque parut une affiche annonçant qu'on construisait des abris sous les remparts et réclamant, pour en construire d'autres, l'aide de la population. C'est donc sous le feu de l'ennemi qu'il fallut faire à Strasbourg ce qu'il eût été si facile de faire auparavant.

« Bientôt on vit, le long des remparts, ces blindages faits de poutres et d'arbres placés obliquement et recouverts de terre; là-dessous on creusa le sol, et les gens sans abri s'installaient dans ces gîtes qui ressemblaient plutôt à des tombeaux qu'à des logements. D'autres se logèrent dans des bateaux et sous les ponts.

« Lorsqu'au quartier général du corps assiégeant on eut la certitude que le bombardement n'intimidait ni le commandant ni la population, et que le but proposé ne pouvait être atteint, il fut décidé le 27 qu'on commencerait le siége en règle. Dès lors le tir fut dirigé principalement sur les remparts et les casernes, ce qui n'empêcha pas les projectiles d'incendier encore beaucoup de maisons, toutefois le nombre des victimes civiles diminua. »

DIMANCHE 28 AOUT

Le bombardement continue. — Nouvel arrêté de la place :

PLACE DE STRASBOURG

« La population privée de logement par suite des incendies est invitée à se construire des abris sur le chemin de halage du canal des Faux-Remparts, en appuyant des bois contre les murs du quai.

» Strasbourg, le 28 août 1870.

» *Le colonel commandant de la place*
» Ducasse. »

A la nuit, l'ennemi s'approche de la porte de Saverne et de la porte de l'Hôpital et engage une violente fusillade, les balles tombent jusque dans l'intérieur de la ville. Les canons de la place se font entendre ; la fusillade cesse.

Chaque nuit le colonel Blot dresse des embuscades en avant du chemin couvert de son arrondissement de défense ; ces postes sont occupés par des tireurs choisis.

Le régiment de marche, cavalerie, reçoit des chassepots et fait le service de l'infanterie ; les ouvriers du dépôt du 10e bataillon de chasseurs renforcent les défenseurs du 2e arrondissement.

Le nombre des artilleurs, nous l'avons vu, était fort insuffisant, depuis quelques jours ils subissent des pertes nombreuses ; il fallut donc penser à leur adjoindre des auxiliaires pour le service des pièces. Par ordre du général, un appel est fait dans les différents corps, et le 87e de ligne et le régiment de marche fournissent des volontaires pour l'artillerie. Le service des pièces était fait en grande partie par la mobile ; dans certaines lunettes l'artillerie était même commandée par des officiers de mobile.

Le correspondant de la *Badische Landeszeitung* lui écrit d'*Ittenheim*, 28 août :

« A mesure que nous approchions de Strasbourg, les nuages de fumée qui sont suspendus au-dessus de la malheureuse ville devenaient plus opaques, et arrivés à Vendenheim, après avoir dépassé le dernier pli de terrain, nous avions devant nous une grande plaine et au milieu la ville en feu.

» J'avais souvent entendu le vieux dicton : « La ville brûle aux quatre coins »; ici, devant mes yeux terrifiés, il est devenu une vérité.

» D'immenses colonnes de feu et de fumée partent de quatre à cinq foyers d'incendie, elles montent vers le ciel, se réunissent et forment une lourde et sombre masse au-dessus de la ville. Le dôme n'est visible que de moment en moment, selon l'influence du vent. Nous eûmes le spectacle de ce désastre immense de huit heures du matin jusqu'à la nuit. Le soir, ce nuage de fumée se teint en rouge par le reflet de la fournaise; tout autour de la ville il fait clair comme pendant le jour, et les figures des spectateurs, soldats et bourgeois, dénotent clairement les sentiments pénibles qui nous agitent tous; alors malgré nous la détonation de nos grosses pièces nous fait sauter le cœur dans la poitrine.

» Nous espérons encore que la forteresse se rendra avant l'assaut, car il n'y a ni casemates, ni caves voûtées, de sorte que non-seulement les habitants, mais aussi les officiers et le gouverneur, n'ont aucun endroit pour s'abriter. »

LUNDI 29 AOUT

Le 29 août, le conseil municipal est remplacé par une commission municipale (1).

Les projectiles ennemis détruisent les abris des incendiés, ces malheureux sont réduits à se creuser des terriers dans les remparts.

L'avis suivant est encore affiché :

(1) Voyez l'arrêté, pièces à l'appui, n° 22.

DÉPARTEMENT DU BAS-RHIN

MAIRIE DE LA VILLE DE STRASBOURG

AVIS

« Le maire de la ville de Strasbourg a fait informer hier soir à son de cloche ses concitoyens que les familles sans asile seront recueillies au théâtre, dans les écoles communales, au château impérial, à la halle couverte, à l'ancienne et à la nouvelle douane, à l'hospice des Orphelins.

» Les familles ruinées par le bombardement recevront, à partir du mardi 30 août, des secours en pain, au bureau de bienfaisance, rue Saint-Marc.

» Une commission est formée pour établir des fours économiques, afin de distribuer des soupes aux indigents.

» Un nouvel avis indiquera le jour où cette commission commencera à fonctionner.

» Strasbourg, le 29 août 1870.

» *Le maire*, HUMANN. »

LA PREMIÈRE PARALLÈLE

L'ennemi, voyant que ses attaques ne peuvent pas lasser le patriotisme des Strasbourgeois, se décide à entreprendre le siége régulier de la place.

Dans la nuit du 29 au 30, sous la protection d'une terrible canonnade, l'assiégeant établit la 1re parallèle sur une longueur de 4500 pas; cette parallèle appuyait sa gauche au coude de l'Ill, au-dessus du Wacken et au-dessous de Schiltigheim; elle passait au-dessus du cimetière Sainte-Hélène, appuyait sa droite à Kœnigshoffen et se trouvait à 1 3 000 pas du corps de rempart. Ce front d'attaque offrait de grands avantages pour l'assiégeant; tous les autres côtés de la place étaient entourés d'eau, l'inondation empêchait d'y établir des batteries et de creuser des parallèles; de ce côté le terrain dominait la forteresse, et les villages de Kœnigshoffen et de Schiltigheim étaient d'excellents points d'appui flanquant l'attaque; à l'aide de quelques retranchements on pouvait repousser avec succès toute sortie. Les parcs d'artillerie et la réserve étaient parfaitement abrités en arrière, les communications étaient aisées; enfin le terrain étant facile à travailler, souvent même la pioche suffisait, la parallèle fut aussitôt garnie de batteries; le feu de l'attaque fut ainsi augmenté de 42 pièces de siège.

Chaque nuit les défenseurs des ouvrages avancés échangent des coups de feu avec des détachements ennemis qui tâtent les abords de la place, l'assaillant cherche ainsi à détourner l'attention; pendant ce temps, les pionniers poussent leurs travaux avec une activité incroyable, le canon de la forteresse tonne continuellement et bat les travaux de l'assiégeant.

MARDI 30 AOUT

Pendant la nuit, la citadelle a été bombardée sans relâche par les batteries de Kehl, les dégâts sont considérables.

Le 30 août au matin, l'artillerie des ouvrages et bastions de la porte de Pierre subit le feu des nouvelles batteries de l'assiégeant, et en quelques heures nos pièces sont réduites au silence. Il faut réparer et remettre en état nos batteries, sous le feu continuel des obusiers, et armer ce front afin de pouvoir répondre à une artillerie supérieure en nombre et en calibre.

Le bombardement de la ville ne discontinue pas; mais le feu de l'ennemi se concentre surtout sur les fortifications, les casernes, les portes de la ville, et sur le barrage construit en avant de la porte des Pêcheurs pour retenir l'eau dans les fossés. Les toits, clochetons et tourelles qui surmontent les portes dépassent de beaucoup la ligne de nos remparts et fournissent un but tout naturel à l'ennemi, celui-ci y dirige un feu très-violent; les portes sont détruites en grande partie, et le passage dans ces endroits est encore plus dangereux qu'ailleurs. Les pièces de nos remparts, sur leurs affûts élevés, sont trop en vue et leurs larges embrasures guident le pointage de l'assaillant; elles deviennent, les unes après les autres, le but des pointeurs ennemis qui les éguculent, les démontent; nos artilleurs subissent de nombreuses pertes. L'assiégeant confectionne une grande quantité de fascines et de gabions.

Dans sa première séance, tenue le mardi 30 août, la commission municipale nomme des commissions chargées de l'organisation immédiate de plusieurs services d'assistance pour la population ruinée et sans asile.

M. le maire Humann, s'adressant aux membres de la commission, termine ainsi :

« Nul de nous ne reculera devant aucun sacrifice pour sauvegarder notre population, dont une partie est ruinée par des actes de brutale sauvagerie et des cruautés inutiles, de même qu'en dignes et courageux enfants de Strasbourg nous soutiendrons tous et jusqu'au bout l'honneur de la cité. »

On lit dans la *Carlsruher Zeitung* :

« On devait espérer, vu le manque absolu d'abris à l'épreuve de la bombe, que la population, ne pouvant se garantir, exercerait une pression sur le général gouverneur et qu'on obtiendrait ainsi la capitulation de la forteresse sans de trop grandes pertes pour l'armée assiégeante.

» La population de Strasbourg, *qui malheureusement a oublié entièrement son origine allemande et qui se vante d'être plus française que les Français, ne fait rien pour la reddition.*

» Seul l'évêque de Strasbourg essaya d'obtenir le 25 la cessation du bombardement, et cependant l'entretien fit voir que c'était plutôt sa position qu'un désir intérieur qui l'avait poussé à cette démarche. »

MERCREDI 31 AOUT

Tous les jours, les douaniers, les chasseurs volontaires et les tirailleurs de la garde nationale sortent de grand matin pour faire des reconnaissances. Le bataillon des douaniers est réduit,

BRÈCHE ET PASSAGE DU FOSSÉ.
DE LA LUNETTE 53.

Impression Photographique de GOUPIL & Cie

en ce moment, à moins de 400 combattants. Cette poignée d'hommes se distingue par son courage et son zèle.

Les pionniers allemands élargissent leur parallèle à laquelle ils donnent 10 pieds de largeur, et dans la nuit du 31 ils s'avancent par des approches partant de la gauche et du centre. Cette parallèle est creusée par le corps du génie aidé par le 1er régiment des grenadiers de la landwehr de la garde et le 2e régiment de la landwehr de la garde. Le commandant des opérations du génie est le lieutenant-colonel de Gayl, le chef de l'infanterie est le lieutenant-colonel de Rauchhaupt.

Dans la journée du 31 août, le gouverneur de Strasbourg parvint à faire passer au ministre de la guerre la dépêche suivante :

« L'ennemi me dit que l'armée impériale a été battue le 18, et m'offre de faire vérifier le fait par un officier qui recevrait un sauf-conduit. » J'ai refusé, bien résolu à m'ensevelir sous les ruines de la ville dont le commandement m'a été confié. J'ai beaucoup d'officiers énergiques ; ce que des hommes de cœur peuvent faire, nous le ferons. »

On écrit d'Offembourg à la *Badische Landeszeitung* :

« La canonnade est si violente devant Strasbourg, que les vitres en tremblent ici. On travaille à des contre-mines ; le gouverneur ne veut pas entendre parler de reddition. »

JEUDI 1er SEPTEMBRE

SINGULIÈRE DÉPÊCHE DU MINISTRE DE LA GUERRE

Le 1er septembre, le sous-préfet de Schelestadt fit parvenir au gouverneur de Strasbourg cette dépêche qu'il avait reçue de Pairs :

« Le ministre de la guerre vous charge de faire passer au général Uhrich ce qui suit :

» Tenez le plus longtemps possible. Bataille vers Metz est imminente et l'on a tout lieu d'espérer un bon résultat. Comme dernière ressource que la garnison doit exécuter, peut-être la nuit, franchir le Rhin, se jeter dans le pays de Bade où il ne se trouve que fort peu d'ennemis, et repasser le Rhin plus haut. Faites le possible et promptement. »

A coup sûr il n'y a pas dans toute l'histoire de cette triste guerre un document plus singulier que l'étonnante lettre que nous venons de citer. Si l'on n'en connaissait l'origine, on serait tenté de l'attribuer à l'imagination mal réglée de quelque romancier. Mais non, c'est bien une pièce officielle, elle émane d'un ministère de la guerre régulier, et c'est *M. le général comte de Palikao qui invite le gouverneur de Strasbourg à abandonner cette forteresse.*

Ceci est déjà bien fort, mais ce n'est pas tout, Strasbourg abandonnée on traversera le Rhin et l'on se jettera dans le pays de Bade, pour repasser le Rhin un peu plus haut.

« Il sera peut-être bon de choisir la nuit », dit le ministre, sans cela on serait remarqué par les 65 000 Allemands dont les retranchements entourent Strasbourg de tous les côtés.

Faire franchir le Rhin à 10 000 hommes à peine organisés, devant une armée nombreuse occupant de fortes positions stratégiques ; exécuter ce passage, sans ponts ni bateaux, sous les canons de Kehl, est-ce sérieux ? Mais oui ! du moins cela semblait sérieux au ministre de la guerre.

Toujours le bombardement ! Les faubourgs et les établissements militaires sont accablés de projectiles.

Grâce à la charité des citoyens, des fourneaux économiques se fondent, et là, gratuitement ou moyennant un prix très-minime, les familles peuvent se procurer ce qui leur est nécessaire.

Voici ce que nous lisons dans l'ouvrage du capitaine du génie Brunner :

« Pendant ces temps de calamité publique, diverses créations montrèrent le beau côté de la nature humaine. Avec les sommes fournies par la commune, et surtout par des quêtes et dons volontaires, on établit sept cuisines populaires où des milliers d'habitants se nourrirent gratuitement. Chacun se rassasia sans avoir besoin de faire constater son indigence. Les citoyens de Strasbourg purent se dire avec fierté : « Au moment de la plus affreuse misère, aucun n'a souffert de la faim. »

» Les Allemands occupaient depuis longtemps la ville que ces cuisines populaires étaient l'unique ressource de bien des personnes sans travail (1). »

Le 1ᵉʳ septembre dans l'après-midi, le général Uhrich reçut du général de Werder la lettre suivante :

« 1ᵉʳ septembre 1870.

» Monsieur,

» Je ne vous dissimulerai pas que le maréchal Mac-Mahon a été battu le 29 août, à Beaumont, et qu'il a été rejeté de l'autre côté de la Meuse avec des pertes considérables à Mouzon.

» L'armée du prince royal de Prusse continue sa marche en avant. Le maréchal Bazaine est enfermé à Metz. Si, dans cette situation, que vous pouvez examiner chaque jour, la cessation de la défense de Strasbourg, non seulement est commandée au point de vue de l'humanité, c'est ce que je laisse à votre examen.

» *Le général commandant le corps de siége,*

» *Lieutenant général* v. Werder. »

VENDREDI 2 SEPTEMBRE

SORTIE DE NUIT SUR KRONENBOURG

Pendant la nuit du 2 au 3 septembre eut lieu une sortie dirigée sur Kronenbourg.

L'objectif était : détruire les batteries et enclouer les canons.

Le général Uhrich et le général Barral s'étaient portés au bastion 10 afin d'assister à l'action. A trois heures du matin, le colonel Blot sort par la porte de Saverne, avec deux bataillons du 87ᵉ; il laisse un bataillon, comme réserve, dans le chemin couvert, et divise l'autre en quatre colonnes. Une colonne marche sur les Rotondes, tandis que les trois autres marchent sur Kronenbourg par la droite, par la gauche et directement.

L'ennemi avait-il été prévenu? En tout cas il s'attendait à l'attaque.

Dès que nos troupes furent à portée elles furent couvertes de

(1) Moriz Brunner, *loc. cit.*, p .8.

mitraille et de feux de mousqueterie; elles n'en continuèrent pas moins à avancer, et le combat s'engagea avec une grande violence.

A un moment, un groupe assez considérable d'ennemis (1ᵉʳ bataillon du 2ᵉ régiment de grenadiers, roi de Prusse), assailli par nos soldats, met la crosse en l'air. On crie : Ne tirez pas; nos hommes arrêtent le feu et s'avancent vers ces Allemands pour les désarmer, mais aussitôt les fusils s'abaissent et ils sont reçus par une décharge générale.

Il y eut alors un combat corps à corps, plusieurs fois le colonel Blot à la tête de ses hommes, repoussa l'ennemi à la baïonnette. Dans la mêlée, le colonel du 87ᵉ allait être frappé d'un coup de sabre par un officier prussien lorsqu'un soldat se jeta sur l'assaillant et le renversa.

Cinq marins, commandés par un deuxième maître, avaient été demandés par le colonel Blot afin d'enclouer les pièces et de briser les culasses mobiles. Nos troupes arrivèrent jusqu'à une batterie et les marins se lancèrent en avant; après s'être fait place à grands coups de sabre d'abordage, ils commençaient leur besogne lorsque dans l'obscurité et la confusion de la lutte nos soldats les prirent pour des Allemands, deux marins furent blessés, un autre fut tué d'un coup de baïonnette par un soldat du 87ᵉ.

Après une lutte prolongée, le colonel Blot fit sonner la retraite, et nos 2 bataillons furent forcés de rétrograder sans avoir accompli leur mission.

Afin de faire une diversion et de cacher le but réel à l'ennemi, le 2ᵉ et le 4ᵉ arrondissement de défense firent sortir chacun des troupes qui poussèrent en avant du Contades et du côté de Kœnigshoffen et de la montagne Verte.

Les commandants de ces corps de sortie avaient reçu l'ordre de ne pas s'engager à fond et d'éviter une lutte trop sérieuse, mais d'occuper l'ennemi à droite et à gauche du point d'attaque véritable. Une vive fusillade s'engagea des deux côtés.

Une compagnie du 87ᵉ se porta au pont coupé de l'avenue de Schiltigheim, le capitaine de vaisseau du Petit-Thouars sortit par la droite de la pointe du Contades. Les compagnies franches de la garde nationale prirent part à l'action, en avant du Contades. La compagnie des tirailleurs sortit par la porte des Pêcheurs et poussa jusqu'au pont tournant où elle fut arrêtée par l'ennemi (30° de ligne); le combat fut très-violent, et l'ennemi, qui présentait de grandes masses, subit des pertes sérieuses. Devant le Contades, nos soldats font prisonniers un officier du 30° régiment de ligne prussien, des hommes du même régiment et du 2° régiment de grenadiers badois.

Pendant toute la durée de ces opérations le canon gronde du haut des remparts.

Cette sortie glorieuse pour nos soldats, qui se montrèrent braves et résistants, n'eut aucun résultat et elle nous coûta 2 officiers et 149 hommes. La garnison de Strasbourg était insuffisante pour la défense, il n'était donc pas possible de continuer à sacrifier nos meilleures troupes.

Le chiffre officiel des pertes allemandes est 7 officiers et 115 hommes.

La fusillade obligea les pionniers à discontinuer leur travail et à se réfugier en arrière; il fallut toute l'énergie des officiers allemands pour les forcer à se remettre ensuite à l'œuvre. Les ouvrages de l'assiégeant furent tracés et exécutés à la hâte, et par suite d'une erreur, la seconde approche regardait par son prolongement la forteresse; aussi lorsqu'un matin 2 officiers du génie prussien, le lieutenant-colonel de Gayl et le capitaine comte Herzberg, s'avancèrent à la tête de colonnes de pionniers, pour faire rectifier cette partie défectueuse, un seul coup de canon les tua tous deux ainsi que plusieurs soldats.

Le même jour le génie prussien détourne à Erstein une partie des eaux de l'Ill.

Le 2 septembre ont lieu les obsèques du colonel Fiévet, mort à la suite de la blessure qu'il a reçue le 16 août, dans la sortie opérée sur Illkirch.

COMMISSION MUNICIPALE DE STRASBOURG

Séance du 2 septembre 1870

PRÉSIDENCE DE M. HUMANN, MAIRE

« Un membre de la commission expose que plusieurs artilleurs de la batterie de la garde nationale sédentaire ont été blessés pendant le service.

» Il désire que la commission exprime à ces honorables citoyens des éloges pour leur courage, et qu'après la guerre les représentants de la ville s'intéressent à eux pour leur faire obtenir des pensions. »

Ces propositions sont adoptées à l'unanimité.

MAIRIE DE LA VILLE DE STRASBOURG

AVIS

« Les personnes ruinées par le bombardement trouvent, dès à présent, des abris à la grande boucherie, à l'école Saint-Guillaume, au magasin des tabacs, rue du Finchwiller, Herrenstall et au théâtre.

» Elles pourront prendre leur repas à l'établissement Saint-Joseph, impasse de l'Ancre, à l'estaminet Piton, rue du Vieux Marché-aux-Grains, à la halle couverte, les diaconesses, rue Saint-Marc, et à l'établissement de Sainte-Marie, rue de l'Écrevisse.

» Strasbourg le 2 septembre 1870.

» *Le maire*, HUMANN. »

Après la sortie de Kronenbourg, le gouverneur de Strasbourg répondit à la dépêche qu'il avait reçue la veille par Schelestadt du ministre de la guerre :

« Strasbourg, 2 septembre.

» MONSIEUR LE MINISTRE,

» Situation empirée. — Bombardement sans trêve. — Artillerie foudroyante. — Je tiens et tiendrai jusqu'au bout. — Comment pourrais-je passer le Rhin, sans pont, sans bateaux? Abandonnez cette idée impraticable. — Colonel Fiévet mort de ses blessures. — Sortie honorable ce matin, mais chère et sans résultat que le respect imposé à l'ennemi.

» UHRICH. »

Le gouverneur de Strasbourg écrivit ensuite au lieutenant général de Werder :

« Strasbourg, le 2 septembre 1870,

» Monsieur le lieutenant général,

» Après l'engagement de ce matin, j'ai fait sortir des voitures portant le drapeau de neutralité, pour recueillir les morts et les blessés restés sur le terrain ; mais le feu a continué de votre côté, par inadvertance sans doute, et la mission n'a pu être accomplie. Trois quarts d'heure après, une nouvelle tentative a eu lieu sans succès également. J'espère, en conséquence, que vous avez fait ensevelir nos morts et recueillir nos blessés, et que ces derniers trouveront dans vos ambulances des soins égaux à ceux que vos blessés trouveront chez nous. S'il en était autrement, je vous demanderais une suspension d'armes qui me permît d'envoyer chercher nos soldats tombés sur le champ de bataille.

» *Le général commandant supérieur,*
» Uhrich. »

SAMEDI 3 SEPTEMBRE

De bonne heure, fusillade très-nourrie en avant de la porte de Pierre, entre les défenseurs des ouvrages et des tirailleurs ennemis.

Les artilleurs allemands lancent sur la ville des projectiles de toute espèce ; obus, bombes, fragments de rails et pierres tombent sur les maisons et tuent ou blessent les habitants. L'hôpital civil, malgré le drapeau noir et le drapeau de l'Internationale qui le surmontent, reçoit tous les jours des projectiles. La chapelle a été incendiée, une partie de l'hôpital fort maltraitée et un obus traverse de part en part une salle remplie de malades.

Les pontonniers perdent d'excellents officiers, l'artillerie de la mobile est aussi fort éprouvée.

La citadelle est toujours bombardée à outrance, les bâtiments de la porte de France sont en feu.

Dans la nuit du 3 septembre, on entend des remparts de Strasbourg le son des musiques allemandes et les chants des soldats.

Chaque morceau est suivi de hourras.

Puis des salves de canons retentissent simultanément sur différents points.

Qu'est-ce encore? qu'est-il arrivé? se demandait-on à Strasbourg.

Les Allemands célébraient Sedan.

Dans la soirée, le gouverneur de Strasbourg reçut du lieutenant général de Werder la lettre ci-dessous :

« Mundolsheim, 3 septembre 1870.
» MONSIEUR,

» J'ai l'honneur de vous communiquer les télégrammes ci-après de S. M. le roi, mon gracieux maître, à S. M. la reine :

« Sur le champ de bataille devant Sedan, 1er septembre.

» Le premier septembre, à trois heures un quart de l'après-midi, depuis sept heures et demie, bataille toujours victorieuse tout autour de Sedan. Garde 1er, 11e, 12e corps et Bavière. Ennemi rejeté presque entier dans la ville. »

« Malencourt, 2 septembre à 11 heures 20 du matin.

» Depuis le matin du 31 août jusqu'au 1er septembre à midi, le maréchal Bazaine a essayé presque continuellement de sortir avec quelques corps de Metz et de forcer le passage vers le nord. Sous le commandement en chef du prince Frédéric-Charles, le général de Manteuffel a repoussé tous ces essais dont l'ensemble porte le nom de bataille de Noiseville. L'ennemi rejeté de nouveau dans la forteresse. Prirent part au combat les 1er et 9e corps d'armée, la division Kummer (ligne et landwehr) et la 28e brigade d'infanterie. Les principaux combats eurent lieu près de Sevigny et de Retonfait. Des attaques nocturnes furent repoussées avec des crosses et des baïonnettes de la Prusse orientale.

» On ne peut encore évaluer nos pertes qui, proportions gardées, ne sont pas très-grandes; celles de l'ennemi sont très-considérables. »

« Devant Sedan, 2 septembre, à 11 heures et demie de l'après-midi.

» La capitulation par laquelle toute l'armée de Sedan est prisonnière de guerre vient d'être conclue avec le général de Wimpffen, qui a le commandement, à la place de Mac-Mahon blessé. L'empereur ne s'est rendu que de sa personne à moi, parce qu'il n'a pas le commandement et qu'il abandonne tout à la régence à Paris. Je fixerai son lieu de séjour quand j'aurai causé avec lui dans un rendez-vous qui va avoir lieu. »

« Je vous prie, monsieur, de vouloir bien me faire savoir si vous voulez consentir à un échange de l'officier et des hommes blessés au combat d'hier et faits prisonniers par vous, contre un officier non blessé et pareil nombre d'hommes non blessés qui sont entre mes mains.

» Cependant cet échange de prisonniers ne pourrait avoir lieu que s'il était constaté par un médecin que le transport de l'officier lieutenant Versen et des autres soldats blessés peut se faire sans préjudice pour leur santé.

» *Le général commandant le corps de siège,*
» *Lieutenant général* v. WERDER. »

Au milieu de la nuit du 3 au 4 septembre, l'ennemi s'avance en grandes masses sur la porte de Saverne, mais il est reçu par une fusillade très nourrie qui part de nos embuscades et des ouvrages de la place; les Allemands sont forcés de se retirer.

DIMANCHE 4 SEPTEMBRE

L'acharnement de l'assiégeant redouble et sa rage de destruction semble s'augmenter encore. La flèche de la cathédrale sert de cible aux artilleurs allemands, et le dessous de la lanterne est atteint par plusieurs projectiles.

Canonnade très-violente du côté de Kœnigshoffen et du côté de Kehl, nos pièces ripostent à coups pressés à celles de l'ennemi.

L'assiégeant travaille à sa seconde parallèle, qui rencontre dans son parcours le cimetière Sainte-Hélène. Mais par suite d'un tracé défectueux, la portion de gauche, qui doit se réunir dans ce cimetière avec la portion de droite, ne la rencontre pas, les deux parties ont un écartement de près de cent pieds. Le génie allemand s'occupe des travaux de rectification et établit des communications entre la 1re et la 2e parallèle, en même temps qu'il fortifie les bâtiments du Grimmling qui servent d'appui flanquant l'attaque.

La compagnie des tirailleurs de la garde nationale fait une sortie de grand matin, du côté de la Robertsau; elle enlève une dépêche prussienne. Cette dépêche fut déposée à la préfecture par le capitaine de la compagnie, et le silence fut gardé sur son contenu. En voici le texte :

TÉLÉGRAMME DE LA REINE A LA GRANDE-DUCHESSE

Télégramme de Sa Majesté daté de Varennes.

« Le 29 août, nous avons livré une victorieuse bataille avec le 4e et le 12e corps (saxons) et un corps bavarois. Mac-Mahon est battu et a été repoussé de Beaumont au delà de la Meuse, près de Mouzon.

» Douze pièces de canon, quelques milliers de prisonniers et une grande quantité de matériel sont entre nos mains. Nos pertes sont modérées.

» Je retourne à l'instant sur le champ de bataille pour poursuivre les fruits de la victoire. Dieu veuille nous aider à l'avenir comme jusqu'à présent! »

LUNDI 5 SEPTEMBRE

Cent habitants ont été tués par les projectiles ennemis et trois cents sont blessés, mutilés; de tout côté on signale de nouveaux malheurs; ils sont trop nombreux, nous renonçons à les citer.

La garnison fait, elle aussi, des pertes nombreuses. Deux exemples : Ce matin une bombe éclate près de la porte de Pierre, et frappe mortellement trois soldats de garde, deux élèves de l'École de santé militaire, et achève le blessé auquel ces jeunes gens donnaient leurs soins; un seul obus blesse grièvement six pontonniers et en tue trois.

La citadelle est le but constant de l'artillerie de Kehl, les obus pleuvent sur ce point.

L'ennemi se sert de fusils de rempart, leurs longues balles en acier à forme d'olive sont dirigées principalement sur le front d'attaque, l'ouvrage 56 et le Contades. Depuis quelques jours, les assiégeants lancent sur la ville des fusées incendiaires; grâce à la surveillance des compagnies de pompiers et veilleurs, un grand nombre d'incendies sont arrêtés à leur début.

Les compagnies du 4e bataillon de la garde mobile qui se trouvent en permanence au 47-49 fournissent une compagnie chargée de défendre une palissade placée à cheval sur la voie ferrée. Un petit ouvrage en terre avait été élevé à la hâte et on avait créé des abris couverts de poteaux télégraphiques sur lesquels étaient empilés des sacs à terre. Ce poste avancé est en butte au tir continuel de l'artillerie ennemie, les abris construits par les mobiles ne peuvent pas résister aux bombes et aux obus dirigés sans relâche sur ce point, et les défenseurs perdent jusqu'à dix hommes par jour. En avant de ce petit ouvrage de défense se trouve un long convoi de wagons qui, arrivé au moment où l'on venait de faire sauter les ponts donnant entrée au chemin de fer dans le corps de rempart, n'a pas pu pénétrer dans la place. Les locomotives, tournées vers la ville, reçoivent la nuit un poste du 4ᵉ bataillon de la garde mobile, tandis que les derniers wagons de ce train, qui se trouvent du côté des Rotondes, sont occupés par un poste prussien.

Dans la nuit du 5 au 6 septembre, la 2ᵉ parallèle fut terminée; elle avait une longueur de 2300 pas, une largeur de 12 pieds et une profondeur de 5 pieds; les communications entre la 1ʳᵉ et la 2ᵉ parallèle avaient une longueur de 3000 pas.

Dans la soirée du 5 septembre, le général Uhrich reçoit du général de Werder la lettre suivante :

« Mundolsheim, 5 septembre 1870.

» Monsieur,

» A la suite d'un ordre venu d'en haut, au sujet des nouvelles que je vous ai communiquées hier, j'ai l'honneur de vous demander encore une fois de vouloir bien poser une capitulation, et de me communiquer vos propositions éventuelles.
» J'ajoute à cela que S. M. l'empereur Napoléon va être prisonnier de guerre à Cassel.
» Vous voudrez bien être persuadé qu'avec tout mon corps d'officiers je sais apprécier la brave défense que vous avez faite avec vos faibles moyens.
» Déjà, à la date du 27 août, vous dites à ce sujet, dans une dépêche adressée au ministre de la guerre et au général Douay, que vous regardiez Strasbourg comme perdue si vous ne receviez pas *sans délai* du secours.
» Dans les circonstances actuelles, ce secours ne peut vous venir de votre armée, cela doit vous paraître indubitable.

» Avec l'assurance d'une haute considération particulière, j'ai l'honneur d'être votre tout dévoué.

» *Le général commandant le corps de siège,*
» *Lieutenant général,* v. WERDER. »

On lit dans la *Badische Landeszeitung* :

« Le drame de Strasbourg touche à sa fin. La 3ᵉ parallèle est terminée; il ne s'agit plus que d'achever les travaux pour le couronnement et de placer les pièces de brèche. »

MARDI 6 SEPTEMBRE

Le gouverneur de Strasbourg répond, le 6 au matin, au lieutenant général de Werder :

« Mardi 6 septembre 1870.

» MONSIEUR LE LIEUTENANT GÉNÉRAL,

» Quel que soit mon désir d'épargner aux habitants de Strasbourg les malheurs résultant du bombardement auquel ils sont soumis, je ne puis songer à rendre la ville dont la défense m'a été confiée. Mon gouvernement seul pourrait, dans la situation où je me trouve, m'autoriser à entrer en composition, et je doute que vous consentiez à me permettre de le consulter.

» *Le général commandant supérieur,*
» UHRICH. »

La compagnie des chasseurs volontaires fait une reconnaissance afin de s'assurer si l'ennemi construit une batterie à la Schiffmatt. Cette compagnie sort par la porte des Juifs et longe le canal de l'Ill en se faisant éclairer par des tirailleurs qui fouillent les massifs et les villas incendiées, et qui signalent l'ennemi occupant fortement la scierie de Barth et Krafft au Wacken.

Par exception, les Allemands étaient mal gardés et ne s'attendaient pas à être attaqués : ils furent surpris et subirent une fusillade à courte distance avant de pouvoir riposter; l'engagement fut fort vif, et l'ennemi fut refoulé de tous les côtés et forcé de se réfugier dans les bâtiments de la scierie et dans de grands bateaux en construction; ainsi retranché, il soutient la lutte, mais il est bientôt forcé d'abandonner cette position et recule jusqu'au moment où il reçoit des forces nouvelles. Le lieutenant commandant la sortie voyant que des renforts arrivent aux Allemands qui menacent de le couper sur sa gauche, donne le signal de la retraite, qui s'effectue lentement, face à l'ennemi, et dans un ordre parfait, sur le Contades. La compagnie des chasseurs volontaires n'eut que quelques hommes hors de combat, tandis que les pertes de l'ennemi furent nombreuses.

Le bombardement de la ville ne discontinue pas, les faubourgs brûlent jour et nuit, la caserne de la Finckmatt est en flammes, la moitié de ce grand bâtiment est déjà détruite, impossible d'arrêter le feu. Un exemple des effets meurtriers du bombardement : mardi 6 septembre, une bombe tombe dans le poste de la porte de Pierre, un soldat est tué; le lieutenant chef de poste, un adjudant de place de service et cinq soldats sont blessés.

Nous extrayons les lignes suivantes de la chronique publiée dans l'*Impartial du Rhin* le 6 septembre; on verra ce que l'on pensait, ce que l'on écrivait au milieu de ces grands désastres :

« Le nombre des morts et des blessés augmente à tout instant, aussi bien parmi la population civile que parmi la garnison.

» N'importe! l'énergie morale de la population de Strasbourg ne faiblit point; loin de s'attiédir, le sentiment de solidarité qui nous anime et qui nous ordonne de ne point céder s'exalte et s'exaspère; cet acharnement incessant de nos adversaires surexcite et fortifie notre inébranlable résolution de tenir bon jusqu'à la dernière heure, avec une invincible persévérance. »

COMMISSION MUNICIPALE DE STRASBOURG

Séance du 6 septembre 1870

PRÉSIDENCE DE M. HUMANN, MAIRE

« M. Schnéegans demande à poser une question.
» Je sais, dit-il, que quelqu'un est arrivé hier de Colmar, porteur de plusieurs

lettres adressées à des particuliers; il n'est pas admissible que l'administration n'ait point reçu de dépêches; la Commission s'occupe sans doute de déclarations importantes, mais il en est une qui prime toutes les autres : quelle est la situation de notre armée? quelle est la situation politique? Des bruits de diverse nature circulent à cet égard. Il est matériellement impossible que le préfet n'ait pas de dépêches. Nous demandons à M. le maire d'agir auprès de ce magistrat afin d'obtenir communication des nouvelles qu'il a reçues. Nous avons le sentiment de la responsabilité qui pèse sur nous; mais, pour que nous soyons en mesure de la porter tout entière, il faut absolument que l'on nous renseigne.

» Je vous ai donné communication, dit M. le maire, de la lettre par laquelle M. le préfet nous promet de nous faire part de toutes les nouvelles, favorables ou non, qui lui parviendraient; or je sors de chez lui pour lui en demander, et il m'a déclaré n'avoir jusqu'à ce moment rien à nous communiquer.

» Verriez-vous un inconvénient, demande M. Imlin, à ce que la Commission se transportât en corps auprès de M. le préfet?

» Je n'en vois pas, répond M. le maire; mais à quel résultat aboutirait cette démarche, en présence des déclarations explicites que M. le préfet nous a adressées et de ce qu'il vient de me dire?

» M. Bœrsch est convaincu que la demande qui vient d'être faite à M. le maire n'est qu'un écho fidèle de l'opinion publique. La situation de Strasbourg est des plus pénibles; voilà trois semaines que la ville subit l'épreuve d'un bombardement cruel; la population est courageuse et résignée; mais il faut que l'administration supérieure se décide à sortir du mutisme absolu dans lequel elle s'est renfermée jusqu'à ce jour. Aussi M. Bœrsch voudrait-il que la Commission donnât, par un vote formel, à M. le maire la mission de se rendre, comme organe de la Commission et de la population, chez M. le préfet, afin d'obtenir de ce dernier la communication des dépêches sur la situation, desquelles il serait donné connaissance à la Commission, à l'ouverture de chaque séance.

» M. le maire répond qu'il a déjà été chargé de cette mission; qu'il s'en est acquitté à plusieurs reprises, mais sans résultat; qu'il ne refuse pas de renouveler ses démarches, mais à condition cette fois d'être accompagné de quelques membres de la Commission municipale.

» Après une discussion à laquelle prennent part MM. Schnéegans et Saglio, la Commission décide qu'une députation sera nommée pour accompagner M. le maire chez M. le préfet. Elle désigne à cet effet MM. Bœrsch, Küss, Clog, Lauth et Saglio. »

Le correspondant de la *Badische Landeszeitung* lui écrit de *Mundolsheim* le 6 septembre :

« Le feu de l'artillerie est terrible; ce matin il était tel qu'on se serait cru sur un champ de bataille; et la majeure partie de ce feu provient de nos pièces, puisque l'artillerie française ne peut répondre que faiblement.

» Depuis hier nos batteries crachent d'une distance de 1000

à 1200 pas la destruction contre les remparts ennemis. Demain on établira deux nouveaux mortiers de dimension colossale dont on veut faire l'expérience pour la première fois.

» Les travaux de siége sont grandioses et il a fallu une énergie de fer pour les avancer aussi rapidement; le bataillon Gemmingen du régiment de grenadiers badois est resté six jours et six nuits dans les tranchées. »

MERCREDI 7 SEPTEMBRE

Les Allemands poursuivent leur œuvre de dévastation, mais la fermeté de la ville assiégée n'est pas ébranlée et la haine contre l'ennemi ne fait qu'augmenter. L'article publié le 7 septembre à Strasbourg, dans l'*Impartial du Rhin*, montre bien quel souffle animait les esprits.

« Durant ces quinze jours, on a constaté 155 décès, sans compter les combattants. Sur ces 155 décès *soixante-et-un* ont été causés par les obus et autres projectiles ennemis. N'est-ce pas affreux? *Soixante-et-un* bourgeois, ouvriers, vieillards, femmes, enfants tués dans leurs demeures ou pendant qu'ils vaquaient à leurs affaires, en cherchant à pourvoir aux besoins les plus pressants de leurs familles, n'est-ce pas abominable? Et le nombre des blessés qui n'ont pas succombé, il est bien plus considérable encore.

» Le général ennemi qui commande nos assiégeants, l'homme sans cœur qui lui a donné des ordres impitoyables ne comprennent-ils donc pas qu'en sévissant avec une telle cruauté, une telle barbarie contre la population civile, ils déposent dans nos âmes les germes d'une haine implacable qu'un siècle ne suffira pas pour effacer?

» Strasbourg était comme un pont jeté entre la France et l'Allemagne; notre ville était le principal lien unissant les deux peuples. Dorénavant nous ne pourrons plus avoir une étincelle de sympathie pour nos voisins d'outre-Rhin.

» Aux Allemands qui vanteront la douceur de leurs mœurs, leur respect du foyer domestique, leurs progrès, leur civilisation, nous montrerons nos maisons saccagées, brûlées ou criblées et démolies par les boulets, et les tombes des nombreuses victimes que nous avons déjà et que sans doute nous aurons encore à déplorer; — à ceux qui invoqueront leur amour des sciences et des lettres, nous rappellerons notre belle bibliothèque anéantie; — à ceux qui auront l'audace de nous dire que la nation allemande cultive plus que toute autre les beaux-arts, nous indiquerons du doigt notre magnifique cathédrale, chef-d'œuvre d'un Allemand, d'Erwin de Steinbach, dégradée et ruinée par les nouveaux iconoclastes. »

Le 7 septembre à quatre heures du matin, la compagnie des tirailleurs de la garde nationale sort par la porte Nationale, longe la route de la montagne Verte et, après avoir traversé l'Ill, rencontre l'ennemi.

L'engagement est sérieux, et la compagnie, qui a affaire à des troupes nombreuses, est fort compromise, plusieurs gardes nationaux sont déjà tombés lorsque la compagnie des chasseurs volontaires, qui était sortie par la porte de l'Hôpital et qui devait opérer sa jonction avec les tirailleurs, accourt au bruit de la mousqueterie. Les Allemands sont surpris par cette attaque et abandonnent le terrain en se repliant sur Lingolsheim.

Les 2 compagnies franches rentrent par la porte d'Austerlitz en ramenant en ville plusieurs têtes de bétail.

L'*Impartial du Rhin* publie la lettre suivante du capitaine de la compagnie des chasseurs volontaires de la garde nationale :

« Strasbourg, le 7 septembre 1870.

» MONSIEUR LE RÉDACTEUR,

» Un article publié le 6 de ce mois dans votre estimable journal et relatif au corps des chasseurs volontaires de la garde nationale fait la part beaucoup trop large à mon individualité. Je tiens par-dessus tout, en protestant contre ce qu'il a d'élogieux pour moi, à le reporter sur mes braves chasseurs volontaires.

» Les enfants de Strasbourg sont tombés trop nombreux, ces jours derniers, sous les balles prussiennes pour que le dévouement et le patriotisme soient attribués uniquement, ainsi qu'il semblerait résulter de votre article, aux courageux citoyens étrangers à la ville qui se sont joints à nos compatriotes.

» Un de mes lieutenants, M. Cavelier-Joly, est celui des nôtres qui dès le premier jour de sortie a payé de sa personne. La croix de la Légion d'honneur lui a été promise. Tous mes chasseurs ont applaudi à cette promesse du général, car tous ils aiment autant qu'ils estiment notre brave lieutenant.

» Depuis lors, presque chaque jour il est tombé un des nôtres, et parmi nos blessés nous pouvons citer avec orgueil bien des enfants de Strasbourg; voici le nom des derniers :

MM. Frey, négociant, Grand'rue, 151; Piot, orfèvre, rue des Tripiers, 1 (très-grièvement atteint); Graff, marchand de vin, quai Finckwiller, 12; Holderbach, ouvrier, rue des Lentilles, 6; Hoh, commis négociant, faubourg National.

» Ma compagnie est composée de 120 hommes : tous ont fait leur devoir. Je suis fier d'être leur commandant.

» Nous avons fait, depuis le jour de notre formation, tout ce qu'il nous a été possible de faire : mais ce n'est là qu'un début. L'avenir prouvera ce dont sont capables des cœurs français.

» Veuillez agréer, monsieur le rédacteur, l'expression de mes meilleurs sentiments.

» *Le capitaine commandant des chasseurs volontaires de la garde nationale.* »

Cette lettre motiva la note suivante communiquée par le général commandant supérieur :

« La loi me donne le pouvoir de nommer à certains grades militaires; mais je n'ai pas celui d'accorder ni la croix de la Légion d'honneur ni la médaille militaire, et je le regrette profondément dans la circonstance à laquelle vous faites allusion. J'aurais été heureux d'apporter l'insigne des braves sur le lit de douleur de M. Cavelier-Joly, lieutenant des chasseurs volontaires de la garde nationale.

» *Le général de division commandant supérieur,*

» UHRICH »

COMMISSION MUNICIPALE DE STRASBOURG

Séance du 7 septembre 1870.

PRÉSIDENCE DE M. HUMANN, MAIRE

Délégation d'une commission pour demander communication de dépêches à M. le préfet.

« M. le maire prie M. Bœrsch de vouloir bien se faire l'organe de la députation qui s'est rendue auprès de M. le préfet pour lui demander, au nom de la commission, communication des nouvelles de l'intérieur.

» Le résultat de notre entrevue avec M. le préfet, dit M. Bœrsch, peut se résumer en deux mots: M. le préfet a déclaré sur l'honneur n'avoir rien appris depuis le 29 août et n'avoir dès lors rien à nous communiquer touchant les événements qui ont pu se passer depuis cette époque.

» M. le préfet a ajouté, observe M. le maire, que, pour répondre au vœu émis par la commission municipale, il m'écrirait journellement pour faire savoir s'il a ou non reçu des nouvelles de nature à intéresser la population.

» On a le droit de se demander, dit M. Schnéegans, comment le gouvernement peut laisser Strasbourg sans secours et sans nouvelles; la population de notre ville a déployé et continue à déployer une grande énergie, mais il faut que le gouvernement la soutienne, et le gouvernement l'a abandonnée dès le commencement. Si Strasbourg venait à tomber aux mains de l'ennemi, ce n'est pas Strasbourg, mais l'empereur et les membres du gouvernement qui devraient en être rendus responsables.

» M. Bœrsch tient à faire savoir à la commission que le langage de la députation à M. le préfet a été inspiré par ces mêmes réflexions. Il n'est pas admissible, avons-nous dit, qu'un gouvernement qui connaît la situation critique dans laquelle se trouve par son fait la capitale de l'Alsace, n'ait pas tenté l'impossible pour faire parvenir à la population au moins quelques informations et une parole d'encouragement et de réconfort.

Question.

» M. Hœrter demande que le corps des sapeurs-pompiers soit doublé : il est devenu tout à fait insuffisant en présence du grand nombre d'incendies qui éclatent sur tous les points de la ville; ne serait-il point urgent d'autoriser le commandant à enrôler 100 ou 200 volontaires?

» M. Gœrner rend hommage aux efforts déployés par les hommes placés sous son commandement; ils luttent de leur mieux contre des sinistres sans cesse renaissants; mais leur énergie et leur bonne volonté ont nécessairement des limites.

» M. Lichtenfelder dit qu'antérieurement à l'état de siége la garnison concourait avec le corps des pompiers à l'extinction des incendies; le général devrait encore actuellement affecter une partie de ses troupes à ce service, d'autant plus que les sinistres ont lieu par le fait de l'ennemi.

» M. le maire répond qu'en temps de paix les secours prêtés par la garnison sont chose naturelle; mais comment demander aujourd'hui une telle assistance à l'autorité militaire, qui emploie à la défense de la place toutes les forces dont elle peut disposer?

» S'adressant à M. Gœrner, M. le maire lui demande combien d'hommes il croit utile d'annexer à son bataillon.

» M. Gœrner pense qu'un renfort d'une centaine d'hommes suffirait pour faire face aux exigences du moment.

» M. le maire propose d'abandonner la question, quant au choix du personnel et quant au nombre, à M. le commandant, qui en référera à l'administration.

» Cette proposition est adoptée. »

JEUDI 8 SEPTEMBRE

Ce jour-là, comme les autres, apporte son contingent de victimes et de ruines. Les faubourgs brûlent continuellement, et lorsque le feu est arrêté dans un endroit on le voit surgir sur un autre point. Le faubourg de Pierre et le faubourg de Saverne brûleront jusqu'à la fin du siège, et bien longtemps encore après on verra la flamme et la fumée sortir des décombres.

Les Allemands dirigent leurs projectiles sur le centre de la ville. Le Broglie et la mairie, ainsi que la manufacture de tabacs, sont criblés d'obus; ils ont aussi pour objectif les casernes. Le quartier d'Austerlitz est atteint, et deux obus qui éclatent dans l'infirmerie du quartier Saint-Nicolas y achèvent plusieurs blessés; un obus pénètre dans l'hôpital militaire, dans la salle où un chirurgien pratique une amputation. La citadelle est couverte de projectiles et la garnison est fort éprouvée. Un exemple : Le 8 septembre à neuf heures du soir, une bombe tombe sur le bastion n° 9, et le capitaine des pontonniers Epp, un maréchal des logis et sept hommes sont frappés à mort. Neuf victimes d'un coup! Les pontonniers, ces soldats d'élite recrutés principalement en Alsace parmi les maîtres bateliers et qui tiennent garnison à Strasbourg depuis de longues années, voient chaque jour leurs rangs s'éclaircir; ces pertes sont d'autant plus douloureuses que ces soldats disciplinés et intelligents constituent la partie la plus instruite de l'artillerie de la place. Le service des pièces se fait avec difficulté, et l'on se voit forcé de faire remplir les fonctions de sous-officiers d'artillerie par les musiciens classés et les maîtres tailleurs, bottiers et selliers du 16° pontonniers.

Le gouverneur prend l'arrêté suivant :

SERVICE DE SANTÉ MILITAIRE

« Le général de division, commandant supérieur,
» Considérant que les élèves des 1re et 2e années de l'École de santé militaire

sont appelés, à raison des circonstances spéciales dans lesquelles se trouve la place de Strasbourg, à rendre des services comme officiers de santé aux postes de secours des portes de la ville et dans les ambulances;

» Considérant que l'un d'entre eux est mort des suites de blessures reçues à la porte de Pierre dans un service commandé;

» Considérant qu'il y a lieu de donner les plus grandes garanties possibles à leur avenir pour le cas où ils viendraient à être rendus impropres au service par suite de blessures,

» Arrête :

» Art. 1er. Les élèves de l'École de santé militaire de 1re et 2e années sont commissionnés sous-aides, afin qu'ils soient traités, le cas échéant, sous le rapport de la pension, comme sous-lieutenants.

» Art. 2. Ces élèves, à moins d'ordres spéciaux, continueront à être nourris et logés à l'École, et ne toucheront, par suite, ni solde ni gratification d'entrée en campagne.

» Fait au quartier général, Strasbourg, le 7 septembre 1870.

» *Le général de division commandant supérieur,*

» UHRICH. »

Quoique Strasbourg possédât une faculté de médecine, le nombre des chirurgiens était fort restreint pendant le siège; les chirurgiens militaires avaient rejoint l'armée au moment de la déclaration de la guerre, et les médecins de la ville étaient partis le lendemain de Wissembourg et de Frœschwiller pour soigner les blessés sur les champs de bataille. Lorsqu'ils voulurent rentrer, les Allemands les retinrent prisonniers. Les élèves de l'École de santé militaire offrirent leurs services. Ils furent envoyés dans les ambulances et aux postes médicaux des portes de la ville, et ces jeunes gens firent les premiers pansements aux ouvrages avancés. Les élèves de l'École de santé s'acquittèrent de la tâche difficile qui leur était confiée avec beaucoup de dévouement et rendirent de grands services. Plusieurs d'entre eux furent frappés en remplissant leur noble mission.

Le journal *le Courrier du Bas-Rhin* reproduit la note suivante :

« La population ouvrière a répondu avec le plus louable empressement à l'appel que le génie lui avait fait de concourir aux travaux de la mise en défense de la place.

» Malgré les dangers qui souvent menaçaient les travailleurs, il a été constaté qu'ils ont en toute circonstance fait preuve du plus grand dévouement.

» Malheureusement un certain nombre d'entre eux ont été déjà atteints par les projectiles de l'ennemi.

» Il est pris soin des familles des victimes, en attendant que l'administration puisse décider de leur sort. »

Au premier appel, l'ouvrier avait saisi la pioche et la hache, et était venu offrir son travail de chaque jour pour la grande œuvre commune. Nous les avons vus démolissant, coupant, abattant, sous le feu de l'ennemi; la poitrine et les bras nus, ils travaillaient avec entrain, pendant qu'au-devant d'eux le rideau de nos tirailleurs cherchait à les protéger.

Le général avait fait construire un barrage sur l'Ill, en avant de la porte des Pêcheurs, afin d'empêcher l'écoulement des eaux. Les batteries ennemies prirent ce point comme objectif et dirigèrent sur cette digue un feu constant.

Alors, entre les artilleurs allemands et nos ouvriers s'engage un combat singulier.

Le barrage est battu par les obus et les bombes. Ses flancs sont labourés dans tous les sens; par chaque ouverture les eaux de l'Ill s'échappent. A chaque instant la digue semble détruite, mais aussitôt qu'un projectile l'a entamée, nos ouvriers se précipitent à l'endroit menacé, ils jettent des paniers de terre, des corbeilles de fumier, et là, debout, à découvert sur cette digue qui sert de cible aux pointeurs ennemis, comblent les vides et arrêtent les eaux.

Beaucoup d'entre eux sont déjà tombés, d'autres vont les rejoindre chaque jour. Ils voient leurs camarades frappés à côté d'eux sans arrêter leur besogne, une noble idée les soutient : celle du devoir.

VENDREDI 9 SEPTEMBRE

C'est aujourd'hui l'anniversaire de la naissance du grand-duc de Bade, les Allemands le célèbrent à coups de canon.

Voici ce que nous lisons dans le *Courrier du Bas-Rhin* du 9 septembre :

« Le feu, comme tous les jours, a fait ses dévastations, et dans la nuit quatre maisons qui restaient encore debout dans le malheureux quartier compris entre les faubourgs National et de Saverne sont devenues la proie des flammes. L'œuvre de destruction sera bientôt achevée de ce côté, et de toutes ces rues populeuses il ne reste plus guère que des ruines. L'ennemi a bombardé la ville avec un acharnement qui ne s'est point ralenti un instant. Pendant toute la journée et toute la nuit les projectiles ont continué leur infernal tapage et leurs ravages aveugles. Peu de quartiers, peu de rues ont été ménagés, et, comme tous les jours, des femmes, des enfants, des hommes, des militaires sont tombés mortellement frappés.

» Ce matin à neuf heures ont eu lieu les obsèques de deux chasseurs volontaires de la garde nationale, MM. Eug. Piot et Flach, tués il y deux jours dans une sortie contre l'ennemi. La compagnie des chasseurs volontaires, des soldats de la marine, de l'artillerie, de l'infanterie, de la garde mobile, des élèves de l'École de santé militaire, des gardes nationaux, formaient un nombreux cortége aux dépouilles des deux citoyens tombés au champ de l'honneur. »

L'*Impartial du Rhin* paru le même jour publie la note suivante :

« Plusieurs sorties ont été encore faites depuis trois ou quatre jours par la garnison, par nos francs-tireurs, chasseurs volontaires et tirailleurs de la garde nationale.

» Nous avons appris, de source sûre, que ce matin la compagnie des francs-tireurs a ramené en ville un espion prussien.

» On nous annonce une bien triste nouvelle : un des cinq membres de la compagnie des chasseurs volontaires que M. le capitaine de ce corps signalait parmi les blessés dans la lettre qu'il nous a fait l'honneur de nous adresser avant-hier, M. Frey, négociant, est mort ce matin. M. Frey est tombé pour la défense de la cité. Oui, certes, Strasbourg inscrira les noms de ces vaillants citoyens qui, chaque jour, exposent leur vie aux postes les plus dangereux parmi ceux de ses enfants les plus méritants, et ces noms resteront à jamais gravés dans notre souvenir, dans notre estime; on se les rappellera, on se les redira toujours avec respect. »

Les chasseurs volontaires, connus aussi sous le nom de francs-tireurs de la garde nationale, étaient formés de l'élite des meilleurs tireurs de carabine et chasseurs de Strasbourg; les tirailleurs de la garde nationale avaient presque tous fait partie de l'armée; ces 2 compagnies franches envoyaient des détachements dans les ouvrages avancés et fournissaient des tireurs pour les embuscades; elles faisaient chaque jour des sorties.

La compagnie des chasseurs volontaires occupait l'ouvrage 56 avec les marins, commandés par le commandant de vaisseau du Petit-Thouars, et les tirailleurs de la garde nationale faisaient alternativement avec les fusiliers marins le service de nuit entre le Contades et la Robertsau, dans la tranchée de l'île Sainte-Hélène.

Ces 2 compagnies sortaient à des heures différentes, tantôt par une porte, tantôt par une autre, et variaient leurs expéditions; le plus souvent elles exécutaient des reconnaissances devant le Contades, du côté du Bon-Pasteur, et poussaient jusqu'à la Robertsau, donnant ainsi la main aux reconnaissances sorties de la citadelle.

Les ordres de la division réglaient leurs mouvements, et un

système d'espionnage bien organisé mettait les officiers de ces compagnies au courant des habitudes et des dispositions de l'ennemi; habitants de Strasbourg, ces chasseurs et tirailleurs connaissaient de longue date, et jusque dans leurs moindres détails, tous les abords de la place : ces villas, jardins, parcs et promenades qu'ils ont parcourus.dès leur enfance sont le théâtre de leurs expéditions : aussi peuvent-ils lutter avec avantage contre des forces bien supérieures.

Pendant ce temps, la batterie d'artillerie de la garde nationale sédentaire payait, elle aussi, son tribut de sang à la défense. Cette batterie avait été formée au lendemain de Frœschwiller par un ancien officier d'artillerie, le capitaine Hering; elle prit le service le 24 août à midi, au bastion 12, front d'attaque : son effectif, qui était d'abord de 100 hommes, fut porté ensuite à 130 hommes. Parmi ces artilleurs il y en avait de novices; ils furent promptement mis au courant, grâce à la direction intelligente et énergique de leur capitaine commandant. Aussitôt installée, la batterie de la garde nationale commença un feu très-vigoureux sur les batteries et les travaux ennemis.

Le 27 août l'ordre fut transmis de restreindre la consommation des projectiles de 24, les fusées percutantes ayant été brûlées à la citadelle, dans la nuit du 24 au 25 août. Malheureusement, le 24 seul pouvait avoir un effet réel sur les batteries ennemies qui étaient presque toutes solidement établies.

On dut donc ralentir le tir, et le bastion 12, qui était l'objectif des batteries de siége de l'attaque, où une seule pièce de 24 était sous un abri et où les pièces à barbette étaient à chaque instant renversées avec leurs affûts, devint forcément moins actif : les artilleurs attendaient un instant de répit pour abattre un arbre et établir des abris, réparer le parapet, changer les affûts brisés, relever les pièces, en mettre de nouvelles en batterie, manœuvres de force nécessitant l'action rapide de canonniers bien instruits.

Par ordre du général commandant supérieur, la batterie de la garde nationale sédentaire fut, le 9 septembre, chargée de la défense du bastion 4, qu'elle occupa jusqu'à la fin du siége; cette batterie empêcha les travaux de l'assiégeant et éloigna du front sud de la place les batteries mobiles de l'ennemi.

Les artilleurs de la garde nationale sédentaire subirent des pertes au bastion 4, mais ils furent surtout éprouvés au bastion 12.

Le correspondant militaire de la *Badische Landeszeitung* lui écrit le 9 septembre.

« *Devant Strasbourg*. Vers minuit un fort incendie en ville illumina les environs et à plusieurs lieues on apercevait parfaitement la cathédrale. Nos batteries tiraient environ 4 coups par minute sur la forteresse. On expérimentait aujourd'hui les 2 mortiers monstres de 170 quintaux qui lancent des bombes de 2 quintaux, lesquelles avec leur mèche enflammée ressemblaient à des boules de feu; elles traversaient l'air en sifflant bruyamment, pour s'élever de 900 à 1000 pieds en décrivant une immense courbe, et éclataient 15 secondes après le tir; on les entendait parfaitement tomber et éclater à 2 lieues de distance.

» Dans la matinée la canonnade devint terrible, on comptait 21 coups à la minute. Environ 400 pièces tiraient sur la ville et la citadelle. Tous les jours notre tir obtient de meilleurs résultats, et il est remarquable par sa précision et sa force.

» Qu'on y songe, nous envoyons en moyenne 7000 projectiles chaque jour sur un emplacement relativement restreint qui brûle régulièrement toutes les nuits. »

TROISIÈME PARTIE

DU 10 AU 20 SEPTEMBRE

Les fausses nouvelles. — La délégation suisse. — Menaces du lieutenant général de Werder contre les compagnies franches de la garde nationale. — Constance de la population. — La république proclamée. — Changements dans l'administration civile. — Le maire Küs. — Nouveaux désastres. — Les sapeurs-pompiers. — Les marins de la flottille du Rhin. — La citadelle. — Batteries de brèche. — Abandon des lunettes 53 et 44.

SAMEDI 10 SEPTEMBRE

Dans la nuit du 9 au 10, les Allemands creusent les approches de la 2ᵉ à la 3ᵉ parallèle, la canonnade est très-violente. Le tir de l'ennemi ne cesse pas un instant. Le 10 septembre au matin part de la forteresse d'Ulm l'état-major de l'artillerie de siége avec 2 batteries. Il se rend devant Strasbourg. Le train emporte une grande quantité de projectiles pour pièces de 12 et de 24.

On signale plusieurs incendies qui sont heureusement arrêtés par les pompiers et par les veilleurs-sauveteurs dont le service est admirablement organisé. Une moitié de la gare est détruite, l'autre est percée à jour, toutes les maisons de ce quartier sont ou défoncées ou brûlées. Le Broglie, l'hôtel de la division, la préfecture et l'hôtel de ville sont accablés de projectiles, le feu est à l'hôtel de ville, on est maître des flammes à la préfecture, le théâtre brûle depuis ce matin, il ne reste plus que les gros murs et des décombres fumants.

Le colonel de Bélu est blessé à la tête.

La municipalité n'a reçu aucune nouvelle de l'extérieur; la préfecture ne lui a rien communiqué. Déjà, sur l'affirmation que des dépêches étaient arrivées à la préfecture, la commission municipale avait demandé au baron Pron d'être mise au courant de la situation du pays; celui-ci affirma n'avoir rien reçu. Tout dernièrement, on avait signalé l'arrivée d'un habitant de Colmar qui avait réussi à pénétrer dans la place avec plusieurs lettres, la commission envoya une députation à la préfecture, afin de demander la communication des dépêches, mais encore une fois M. Pron déclara sur l'honneur n'avoir rien reçu.

D'un autre côté, les bruits les plus extraordinaires ne cessaient de circuler en ville. Dès le début de l'investissement, tous les jours des nouvelles absolument fausses étaient mises en circulation.

Le 15 août, on répandit le bruit que les Prussiens avaient été anéantis devant Phalsbourg.

Le 19 août, on fait circuler une dépêche annonçant que Bazaine avait culbuté l'armée prussienne à Longeville-lez-Metz.

Le 20 août, on distribue la dépêche suivante :

« Le maréchal Bazaine a livré, les 16 et 17 août, deux combats entre Metz et Vionville. — Bataille gagnée. — Ennemi repoussé. »

Le 21 août, on annonce que notre flotte vient de remporter d'immenses succès dans la Baltique.

Le 23 août, l'armée française aurait remporté une splendide victoire sous Metz, et le journal *le Gaulois* a l'impudence de nous envoyer la dépêche suivante :

« De la splendide armée du prince Frédéric-Charles il ne reste que des débris. Le prince Frédéric-Albert, frère du roi de Prusse, est tué. Son fils est blessé grièvement. Le prince Frédéric-Charles est blessé. Le roi Guillaume demande en toute hâte 200 000 hommes. Le maréchal Bazaine est victorieux à Doncourt. Près de Châlons nous avons remporté une grande victoire. »

Le 26 août, le but est dépassé : on a parlé de secours, et au bout de quelques instants Strasbourg tout entier croit que 60 000 Français sont sous ses murs.

Le 30 août, on annonce que nos troupes ont battu les Allemands; une dépêche vient d'être introduite en ville, elle est ainsi conçue :

> L'armée du prince royal est séparée du corps du prince Frédéric-Charles et du général Steinmetz, elle est fort entamée. Les troupes allemandes sont en pleine déroute. »

Un numéro de *Paris-Journal*, que l'on fait circuler, prête au général comte Palikao, ministre de la guerre, ces paroles : « Si Paris pouvait lire les dépêches que je viens de recevoir, il illuminerait. »

Le 2 et le 3 septembre, on raconte que des dépêches viennent d'arriver, annonçant que nous sommes victorieux dans les Vosges, dans la Meuse et la Moselle. L'armée prussienne du général Steinmetz vient d'être anéantie près de Toul, les Allemands ont eu 45 000 tués et 35 000 blessés, ils ont perdu 100 canons, toute l'armée allemande est en pleine déroute et est coupée en avant de Châlons par Mac-Mahon. Les cadavres prussiens formeraient au-devant de leurs positions d'infranchissables remparts.

Le 7 septembre, on annonce l'arrivée de l'armée de Mac-Mahon devant Belfort.

Enfin, le 9 septembre, on affirme qu'une dépêche vient d'arriver de Colmar, annonçant que le général Dumont marche au secours de Strasbourg. Colmar a été illuminé le 5 après la victoire remportée ce même jour. Le général Dumont est dans ce moment sous Schelestadt, il livre bataille à l'ennemi.

Les esprits les plus solides et les plus calmes étaient à chaque instant ébranlés par ces nouvelles joyeuses que le lendemain venait toujours démentir. Si l'on pensait soutenir ainsi les esprits, on se trompait fort et l'on travaillait plutôt à les accabler et à les décourager : une grande dépression morale suit toujours les fausses joies, et plus grand a été l'enthousiasme, plus profond est l'abattement en face de la triste réalité.

A la fin, la population strasbourgeoise se révolta contre ces manœuvres; elle chercha d'où pouvait provenir ses bruits mensongers de victoires qu'on s'obstinait à lui servir chaque jour, et les esprits accusèrent la préfecture d'organiser ces cruelles mystifications. L'opinion publique était vivement surexcitée lorsque le 10 septembre eut lieu la séance de la commission municipale.

COMMISSION MUNICIPALE DE STRASBOURG

Séance du 10 septembre 1870.

PRÉSIDENCE DE M. HUMANN, MAIRE

Situation.

« M. le maire rend compte qu'il sort de la préfecture, où M. le préfet lui a dit n'avoir rien à lui communiquer.

» Il circule pourtant depuis ce matin, dit M. Schnéegans, une dépêche que l'on dit avoir été transmise à M. le préfet.

» M. le maire répond : J'en ai parlé à M. le préfet, qui m'a dit que le fait est inexact.

» On nous a promis journellement, dit M. Klabé, une communication de M. le préfet : il serait à désirer qu'elle nous fût faite par écrit.

» Cette observation est appuyée par plusieurs membres; M. le maire en prend note.

» M. Schnéegans dit que le commissaire central communique la même nouvelle à M. Morin, lieutenant des pompiers.

» Il est vivement à désirer, continue M. Schnéegans, que l'on sache à quoi s'en tenir au sujet de ces nouvelles qui éclosent on ne sait où et qui ont pour effet, alors que le lendemain vient les démentir, de déconcerter et de décourager la population. Je propose que l'on invite M. le commissaire central à se rendre au sein de la Commission.

» Cet avis est partagé. En conséquence, M. le commissaire central est appelé à se présenter.

» M. le maire lui fait connaître le motif pour lequel il a été prié de se présenter devant la commission. On prétend, dit M. le maire, que vous auriez communiqué ce matin à M. Morin certaine nouvelle arrivée de Colmar et annonçant une grande victoire de notre armée et l'approche de nos murs d'un corps de 25 000 hommes.

» M. le commissaire central répond :

» Je ne me souviens pas d'en avoir informé M. Morin ; j'en ai parlé à quelques personnes comme d'un bruit qui courait en ville, mais sans donner à penser à n'importe qui que cette nouvelle avait un caractère officiel.

» Il est profondément regrettable, dit M. Bœrsch, que M. le commissaire central se fasse l'organe de semblables bruits quand il sait qu'ils n'ont rien de fondé. Revêtu d'un caractère officiel, il a une responsabilité qui lui impose de la réserve et de la discrétion ; et en propageant, même de bonne foi, des nouvelles inexactes, il engage et il compromet l'autorité supérieure dont il est l'agent. Je demande que la Commission exprime sa désapprobation : la sécurité publique est intéressée à ce qu'on ne leurre pas la population au moyen de faux bruits.

» M. le commissaire central répond : Il ne serait pas juste de m'imputer la responsabilité de bruits qui n'émanent pas de moi ; je connais les devoirs qui incombent à un agent de l'administration. Je crois être très-prudent et très-réservé dans l'exercice de mes fonctions, et si, dans mes relations privées, il m'est arrivé de dire : « Tel bruit, telle nouvelle circule », je ne crois pas avoir de faute à me reprocher.

» M. le commissaire central se retire.

» M. Bœrsch déclare maintenir sa proposition. M. le commissaire central a déclaré qu'il avait propagé des bruits circulant ce matin en ville, et c'est là précisément la faute que je lui reproche. Je formule ainsi qu'il suit la proposition que j'entends soumettre au vote de la Commission :

» La Commission, après avoir entendu les paroles prononcées devant elle par M. le commissaire central, exprime le regret qu'un agent officiel et intime de l'autorité supérieure se soit fait l'organe ou le propagateur de nouvelles de la véracité desquelles il ne pouvait répondre, et qui sont de nature à leurrer la population et à compromettre l'autorité supérieure.

» Après quelques moments de discussion, cette motion, mise aux voix, est adoptée.

Dépêche de M. le président de la Confédération suisse.

» Messieurs, dit M. le maire, le général commandant la division vient de me faire remettre à l'instant une lettre qui m'est adressée par M. le président de la Confédération suisse, au nom du Conseil fédéral, et qui renferme une communication d'une grande importance ; en voici la teneur :

« Berne, le 7 septembre 1870.

» Monsieur le Maire,

» Il vient de se former en Suisse une société qui s'est donné pour mission de
» procurer à la ville de Strasbourg, si cruellement éprouvée, à laquelle se ratta-
» chent pour la Confédération tant de beaux souvenirs historiques, l'aide et le
» secours que permettent les circonstances ; la Société désire surtout préparer

8

» un asile sur le territoire neutre de la Suisse aux habitants auxquels la sortie
» de la ville sera permise, notamment aux femmes, enfants, en général aux per-
» sonnes hors d'état de se défendre.

» Pour atteindre ce but aussitôt que possible, la Société a résolu de nommer
» une délégation spéciale composée de MM. le docteur Röhmer, président de la
» commune à Zurich; le colonel de Büren, président de la commune à Berne,
» et le secrétaire d'État docteur Bischoff, à Bâle, en la chargeant de se mettre
» en relation tant avec Son Exc. M. le général de Werder qu'avec les autorités
» compétentes de Strasbourg, et d'entamer les négociations nécessaires pour la
» réussite et l'accélération de l'œuvre d'humanité dont il s'agit.

» En égard au caractère de cette mission, le Conseil fédéral n'hésite pas,
» monsieur le maire, à recommander cette députation à votre bienveillant accueil
» en vous priant de la mettre autant que possible en rapport avec les personnes
» de votre ville dont la coopération serait de nature à assurer la réalisation du
» projet en question.

» En même temps, le Conseil fédéral suisse saisit cette occasion pour vous
» offrir, monsieur le maire, l'assurance de sa considération distinguée.

» Au nom du Conseil fédéral suisse,

» *Le président de la Confédération,*
» Signé : DUBS.

» *Le chancelier de la Confédération,*
» Signé : SCHIESS. »

» La lecture de cette lettre est accueillie par l'assemblée avec des transports d'enthousiasme et de reconnaissance pour le noble et généreux peuple suisse.

» M. le maire dit, avec un sentiment de vive émotion, que cette œuvre d'humanité tentée au profit de Strasbourg est bien digne de la nation helvétique, et que la cité tout entière sera pénétrée envers ce généreux pays de la plus profonde gratitude.

» M. Bœrsch propose de prendre, dans la prochaine séance, une délibération pour remercier la République suisse du témoignage de sympathie et d'assistance qu'elle offre spontanément à la population de Strasbourg, si cruellement éprouvée par les suites lamentables d'un bombardement odieux.

» Cette motion est accueillie avec acclamation.

» M. Zopff prononce les paroles suivantes :

» La première, la Suisse a couvert de sa bannière l'œuvre humanitaire entreprise en faveur des soldats blessés sur le champ de bataille ; aujourd'hui elle donne au monde un plus noble exemple encore en venant au secours de nos femmes et de nos enfants, exposés aux coups impitoyables d'un féroce ennemi ; nous lui devons toute notre reconnaissance, et c'est du plus profond de mon cœur que je m'associe à la résolution qui vient d'être prise sur la proposition de M. Bœrsch.

» Nous demandons, disent MM. Lichtenfelder et Küss, que, dès ce soir, des afiches portent à la connaissance des habitants la lettre de M. le président de la Confédération suisse.

» M. le maire déclare qu'il avait bien l'intention de le faire et que ses ordres sont déjà donnés.

» M. Schnéegans demande que la Commission soit convoquée d'urgence dès que la députation sera arrivée.

» M. le maire répond : Je tiens à honneur de me présenter devant elle à votre tête, messieurs, vous qui m'aidez tous, avec un dévouement dont je vous remercie, à porter, dans des temps difficiles, le lourd fardeau de l'administration.

» La séance est suspendue pendant un quart d'heure.

» M. le maire, de retour du quartier général, où il s'était rendu pendant la suspension de la séance, informe qu'il vient d'apprendre que les trois membres formant la députation suisse seront à Eckbolsheim demain à onze heures, et que probablement à onze heures et demie ils arriveront à Strasbourg par la porte Nationale.

» M. le maire propose donc à la Commission de se réunir demain dimanche, à onze heures précises, pour de là se rendre à la porte Nationale. Les membres non présents à la séance de ce jour seront convoqués à domicile.

» M. Imlin dit qu'il serait bon de faire les démarches nécessaires pour obtenir un armistice d'une durée suffisante pour permettre à la députation et à la Commission municipale de pénétrer dans l'intérieur de la ville à l'abri des projectiles.

» M. le maire répond qu'il ne demande pas mieux d'en parler au général de division ; mais, dit-il, cette démarche me semble puérile, tellement le fait de la cessation temporaire du feu pendant le passage par la ville de la députation du gouvernement suisse lui semble commandé par respect du drapeau helvétique. L'armistice temporaire est commandé par les circonstances. »

Les envoyés suisses avaient adressé par un parlementaire la lettre suivante au général Uhrich afin de lui exposer le but de leur mission :

« Mundolsheim, 10 septembre 1870.

» EXCELLENCE,

» Les délégués de Zurich, Berne et Bâle, munis des pouvoirs du Conseil fédéral, viennent, au nom de leurs concitoyens, offrir l'hospitalité suisse aux habitants de Strasbourg les plus en détresse.

» Notre conférence avec M. le général de Werder a eu pour résultat l'autorisation de Son Excellence du passage par les lignes des assiégeants des familles qui désireraient émigrer, mais dont la liste doit être néanmoins soumise à Son Excellence.

» Nous osons espérer, monsieur le général, que Votre Excellence reconnaîtra en notre mission un but purement humanitaire, et que vous voudrez bien permettre non-seulement la sortie de ces personnes, mais aussi notre admission dans vos murs, afin que nous puissions indiquer l'itinéraire à suivre et les moyens de subsistance que la Suisse met à leur disposition.

» Nous nous sommes en outre adjoints un habitant notable de Strasbourg M. Charles Sthæling, résidant à Bâle, et dont les connaissances locales nous seront utiles pour pouvoir nous orienter dans l'accomplissement de notre mission.

» De plus, nous avons l'honneur de vous remettre une lettre du Conseil fédéral suisse à l'autorité municipale de Strasbourg, et que nous prions Votre Excellence de bien vouloir faire tenir à son adresse.

» Nous prions Votre Excellence d'agréer l'expression de nos hommages respectueux.

» *Signé :* Docteur Bischoff, *secrétaire d'État de Bâle,*
Colonel de Buren, *président de la commune de Berne,*
Docteur Römer, *président de la commune de Zurich.* »

La presse allemande avait fait au gouverneur de Strasbourg une réputation de férocité, et les délégués craignaient beaucoup que le général Uhrich leur défendît l'entrée de la forteresse; grand fut leur étonnement lorsqu'ils reçurent la réponse suivante :

SIXIÈME DIVISION MILITAIRE

« 10 Septembre 1870.

« Messieurs,

» L'œuvre qui vous conduit dans les murs de Strasbourg est si honorable qu'elle vous assurera à jamais la reconnaissance de la population de notre cité comme celle de ses autorités civiles et militaires.

» Pour ce qui me concerne en particulier, je ne puis assez vous témoigner ma reconnaissance pour votre noble et généreuse initiative ; je me fais un devoir de vous dire, d'entrée et dès l'abord, combien je suis touché de la grandeur de vos nobles intentions.

» Un parlementaire se rendra demain à Eckbolsheim, vers les onze heures, avec ordre de vous accompagner jusqu'à Strasbourg.

Agréez, messieurs, l'assurance de ma plus haute estime.

» *Le général de division, commandant supérieur,*
» Uhrich. »

A MM. les délégués de Zurich, Berne et Bâle.

Dans la soirée, le maire fait afficher l'avis suivant :

MAIRIE DE LA VILLE DE STRASBOURG

« Le maire de Strasbourg a l'honneur de prévenir ses concitoyens qu'une commission composée de trois membres de la Confédération suisse, où une société vient de se former dans le but d'offrir aux femmes, enfants et, en général, aux habitants de Strasbourg hors d'état de se défendre, un asile sur le territoire neutre de la Suisse, arrivera à Strasbourg demain dimanche, à onze heures et demie, par la porte Nationale.

» Cette œuvre d'humanité est bien digne du peuple suisse, auquel la ville de Strasbourg est unie par d'anciens et beaux souvenirs ; elle inspirera à la cité tout entière la plus vive reconnaissance.

» *Le maire,* HUMANN. »

DIMANCHE 11 SEPTEMBRE

LES ENVOYÉS SUISSES

On ne pouvait y croire, des voisins, des amis allaient pénétrer dans notre ville, depuis un mois isolée du reste du monde ; Bâle, Berne et Zurich se sont souvenues qu'elles étaient les anciennes alliées de la ville libre de Strasbourg (1), et elles envoient trois délégués arracher au bombardement les femmes et les enfants de leurs frères d'Alsace.

Après tant de journées de deuil, après tant de mensonges, il va donc y avoir pour nous un instant de vrai bonheur.

Que la Suisse, ce petit pays dont le cœur est si grand, soit bénie et que la France n'oublie jamais que lorsque tous les peuples assistaient impassibles à sa ruine, seule la République helvétique eut le courage de venir à son aide.

Strasbourg conservera éternellement le souvenir du 11 septembre 1870.

Nous reproduisons le passage suivant du *Courrier du Bas-Rhin* paru le 12 septembre ; il exprime bien ce que l'on ressentit lorsque pénétrèrent dans la ville abandonnée les représentants de Bâle, Berne et Zurich ; c'est un récit fidèle de cette mémorable journée.

« Un fait d'une haute portée morale vient de se produire, fait qui se détache sur la triste situation de Strasbourg comme un point singulièrement lumineux.

» Un parlementaire a apporté à M. le maire de Strasbourg une

(1) Voyez pièces à l'appui, n° 53.

lettre par laquelle le président de la Confédération helvétique fait savoir au maire de Strasbourg que, émus des malheurs de notre cité, les Suisses, nos voisins et nos amis séculaires, interviennent pour sauver du bombardement nos femmes et nos enfants.

» Cette députation de la population helvétique est arrivée à onze heures et demie. Un parlementaire est allé la prendre en avant des lignes prussiennes. Elle était composée, ainsi que le dit la lettre du gouvernement suisse, de MM. le docteur Röhmer, président de la commune de Zurich, le colonel de Büren, président de la commune de Berne, le docteur Bischoff, de Bâle, secrétaire d'État. Un de nos concitoyens, M. Stæhling, membre de l'ancien conseil municipal, accompagnait ces messieurs, qui, à la recommandation officielle du gouvernement helvétique, joignent encore celle de nombreuses relations personnelles avec des habitants notables de Strasbourg.

» Une foule émue s'était portée à la rencontre des délégués de la Suisse. Au milieu des débris et des décombres encore fumants du faubourg National, la population attendait leur entrée. La commission municipale, ayant à sa tête M. le maire, se rendit à onze heures un quart à la porte extérieure pour recevoir les délégués. Quand le pont-levis s'abaissa, toutes les têtes se découvrirent; une émotion poignante s'empara de tous les assistants. M. le maire, entouré des membres de la Commission municipale, s'avança vers les délégués suisses, et prononça l'allocution suivante :

« MESSIEURS,

» L'humanité, la charité chrétienne vous amènent au milieu d'une ville ravagée au nom d'un prétendu droit de guerre. Soyez les bienvenus et recevez l'expression de notre profonde reconnaissance. Bien des souvenirs historiques nous rattachent à vous, vous venez les resserrer encore, et nous trouvons toujours des amis dans les nobles citoyens de la République helvétique, qui jadis étaient les alliés de Strasbourg, et qui, sous nos rois, n'ont jamais cessé d'être avec la France dans les termes d'une étroite alliance.

» Oui, messieurs, soyez les bienvenus, dans ces jours si douloureux pour notre cité, vous qui venez pour sauver des femmes, des enfants, des vieillards, que n'avaient pu soustraire aux horreurs de la guerre ni le général gouverneur de la place, ni l'évêque vénéré du diocèse.

» Rapportez à l'Europe le spectacle dont vous allez être témoins dans nos murs, dites ce qu'est la guerre au XIX° siècle.

» Ce n'est plus contre des remparts, contre des soldats, que le feu est dirigé ; c'est contre des populations qu'elle se fait ; ce sont des femmes et des enfants qui en sont les principales victimes.

» Nos remparts, vous l'avez vu, sont intacts, mais nos demeures sont incendiées. Nos églises, monuments séculaires et historiques, sont indignement mutilées ou détruites, et notre admirable bibliothèque est à jamais anéantie.

» La conscience de l'Europe du XIX° siècle admettra-t-elle que la civilisation recule à ce point de vandalisme et que nous retombions sous l'empire des codes de la barbarie ?

» Vous pourrez dire tout cela à l'Europe, mais dites également que ces cruautés, ces dévastations, ces actes renouvelés des musulmans et des barbares sont inutiles, qu'ils n'ont point dompté nos courages, et que nous restons ce que nous avons toujours été, ce que nous voulons rester toujours, des courageux et fermes Français, et comme vous, messieurs, des citoyens dévoués et fidèles à la patrie. »

» A ces paroles nobles et patriotiques, M. le docteur Bischoff, de Bâle, répondit en quelques mots simples et touchants : « Je
» ne suis pas éloquent, dit-il ; je vous remercie, au nom de mes
» concitoyens, de l'accueil qui nous est fait : nous vous répon-
» drons par des actes. »

» La députation, conduite par la Commission municipale, reprit alors le chemin de la ville. A son passage dans le faubourg National, dans la Grand'rue, les cris mille fois répétés de *Vive la Suisse!* éclatent. On se presse de toutes parts pour serrer la main de nos généreux amis de la République helvétique.

» Les délégués se rendirent ensuite à l'hôtel du Commerce, où, en présence de la Commission municipale, ils exposèrent le but de leur démarche. Il s'agit de faire partir en toute sécurité les femmes et les enfants. Nous ne pouvons entrer pour le moment dans le détail de cette opération : bornons-nous à dire que la municipalité s'occupe très-activement de prendre les mesures nécessaires pour, d'accord avec les Suisses, transporter sur territoire neutre ceux qui en feront la demande.

» Les délégués suisses sont repartis à quatre heures du soir, après avoir conféré avec le général commandant la place.

» Nous ne savons pas quel sera le résultat de cette généreuse intervention de la Suisse; mais ce que nous savons, c'est que cette démarche toute spontanée de nos amis de l'Helvétie ravive dans tous les cœurs strasbourgeois cette ancienne amitié, scellée par tant de témoignages publics, qui, depuis les temps les plus reculés, a uni les deux populations voisines.

» Ce que nous savons encore, c'est que Strasbourg gardera un souvenir d'éternelle reconnaissance à ceux qui, si spontanément, viennent à son aide dans la plus dure des épreuves que nous ayons eu à traverser.

» Ce que nous savons enfin, c'est que devant l'Europe, devant l'histoire, la Suisse vient par cette démarche de donner un éclat singulier et splendide au nom de la République helvétique. Alors que Strasbourg lutte avec l'énergie et le désespoir du patriotisme contre l'ennemi, c'est de la Suisse que lui vient un secours inattendu.

» M. le maire, au nom de la Commission municipale, s'est rendu l'organe hier auprès des délégués suisses des sentiments de profonde et inaltérable gratitude que cette intervention inspire à toute notre population pour le peuple suisse. Nous n'attendrons pas, de notre côté, pour en faire autant.

» Il y a plusieurs siècles, la république souveraine de Strasbourg et la ville de Zurich scellaient leur amitié par une manifestation qui est devenue presque légendaire dans notre cité. Aujourd'hui, à la tête de cette députation figure un délégué de Zurich. Les amitiés des anciens temps refleurissent au milieu de nos désastres. Jadis l'amitié de la Suisse porta bonheur à Strasbourg. Puisse-t-elle nous porter bonheur aujourd'hui encore! »

Les délégués de Zurich, Berne et Bâle rendirent compte à leurs compatriotes de leur mission à Strasbourg.

RÉCIT DE LA DÉLÉGATION SUISSE.

Nous reproduisons le récit de la députation suisse :

« De Bâle nous était arrivée la nouvelle de la détresse de Strasbourg, la vieille ville alliée des cantons suisses, soumise aux terribles épreuves d'un bombardement et d'un long siége, en même temps qu'un appel à porter aide et secours à ses misères.

» Qui pouvait le faire de préférence ? N'est-ce pas la plus belle mission des États neutres que de prendre leur part des souffrances de ceux qui sont visités par le fléau de la guerre ? C'est en effet de ce côté-là que peut venir une assistance libre de toutes préoccupations accessoires et n'ayant pour objet que d'adoucir ces souffrances. Il nous a donc paru que le plus urgent était de chercher à ouvrir une issue hors de leur ville aux Strasbourgeois le plus profondément atteints par les calamités du siége, et de leur offrir l'hospitalité de la Suisse.

» La conférence d'Olten (7 septembre), rapidement réunie avec la coopération du Conseil fédéral, décida d'envoyer immédiatement sur les lieux une délégation afin d'obtenir la sortie de la population assiégée, en même temps que, dans notre patrie, on se préparerait à la recevoir. Cette délégation a été composée de trois membres, un de chacune des trois villes représentées à la conférence, savoir M. Bischoff, de Bâle, de qui était partie l'initiative, M. le docteur Röhmer, président du Conseil de la ville de Zurich, et M. le colonel de Büren, de Berne.

» Pleine de confiance dans la coopération de ses concitoyens, la délégation partit pour Strasbourg. Comment serait-elle accueillie par les assiégeants ? Aurait-elle accès dans la ville assiégée ? Dans quel état la trouverait-elle ? Dans quelle mesure pourrait être efficace le secours apporté ?

» Ces questions ne nous causaient pas peu d'émotion. Mais il ne pouvait être question d'autre chose pour le moment que d'arriver sur place le plus promptement possible, pour attendre des faits eux-mêmes une réponse positive. Nous devions croire avec une pleine confiance que Dieu nous assisterait et nous ouvrirait la voie.

» Nous étions nantis de lettres de recommandation du Conseil fédéral ainsi que du ministre à Berne de la Confédération du Nord, M. le général de Rœder, et, dès le lendemain du jour où s'était tenue la conférence, les trois membres de la délégation se réunissaient à Bâle, qu'ils quittaient aussitôt pour arriver encore le même jour à Fribourg en Brisgau.

» Sur une communication que je lui avais adressée, M. le lieutenant d'état-major H. de Wattenwyl, qui avait déjà précédemment témoigné le désir de voir le siége, s'était joint à nous, et nous fûmes aussi accompagnés de M. le banquier Stæhling, de Strasbourg, qui avait émigré à Bâle déjà depuis plusieurs semaines. Comme ancien membre du Conseil municipal de sa ville natale, il était mieux placé que personne pour nous orienter exactement sur les choses de Strasbourg, et de bonnes connaissances de M. le docteur Bischoff, dans le grand-duché de Bade, nous ont été très-utiles pour atteindre le but de notre voyage.

» Pour arriver devant la forteresse, nous quittâmes le 9 le chemin de fer badois à Dinglingen où nous attendait une voiture, et, dans cette localité, nous reçûmes deux ordonnances à cheval pour nous accompagner. Nous passâmes le Rhin sur le pont volant entre Ichtenheim et Plobsheim, et nous nous trouvâmes bientôt dans le rayon de l'armée assiégeante.

» De bien loin nous avions déjà vu se dresser devant nous le clocher de la cathédrale, et nous entendions maintenant le tonnerre de l'artillerie. Le temps était pluvieux et orageux. Vers le soir seulement nous arrivâmes au quartier-général de la division badoise à Oberschæffolsheim. Nous nous annonçâmes aussitôt au commandant de la division, général de la Roche. Sur sa recommandation et avec l'aide et la bonne volonté du maire, nous trouvâmes, non sans peine, avec de l'argent et de bonnes paroles, une petite place chez un habitant de la confession israélite, puis une très-amicale réception chez un notaire demeurant en face, M. Ammann. L'espace n'était pas grand, car le général de brigade de Degenfeld avait déjà son quartier dans la maison du notaire; mais nous y reçûmes du moins un abri et des places pour dormir. A défaut de lits, nous nous tirâmes d'affaire avec les couvertures que nous avions apportées, et l'endroit fut aussitôt désigné comme le quartier général de la *délégation suisse*, ou le quartier des *commissaires internationaux*.

» Le jour suivant 10 septembre, notre premier soin fut de nous rendre à Mundolsheim, au quartier général de l'armée assiégeante, et de nous présenter au commandant en chef, M. le général de Werder. Il nous reçut avec beaucoup d'amabilité, nous indiqua les raisons d'ordre militaire qui s'opposaient à nos demandes, mais finit cependant par y accéder facilement. Quant aux négociations qui y étaient relatives, il nous renvoya au chef de son état-major général, M. le lieutenant-colonel de Lesczinsky, avec lequel nous eûmes dès lors des entretiens multipliés, et qui se montra toujours sympathique à notre entreprise et disposé à nous venir efficacement en aide. Aussitôt il se chargea de faire annoncer notre visite à Strasbourg au commandant de la place et de faire parvenir dans la ville la lettre du Conseil fédéral au maire de Strasbourg; par la voie d'un parlementaire, notre admission dans la place, fut demandée pour le lendemain. Nous fûmes reçus surtout avec une chaleureuse sympathie par S. A. le grand-duc de Bade, qui avait établi son quartier général dans le village voisin de Lampertheim, et nous ne fûmes pas peu encouragés par l'excellent accueil que nous trouvâmes auprès de lui. Cependant il s'agissait toujours de savoir comment se résoudrait la question principale, celle de notre admission dans la forteresse. Quelque favorable que fût le but de notre mission pour les intérêts des assiégés, nous ne pouvions nous empêcher d'éprouver certaines craintes en songeant à tout ce qui nous avait été dit du caractère du général Uhrich. Mais combien la réalité se présenta d'une manière différente!

La réponse du général, apportée par un parlementaire, était conçue dans des termes si reconnaissants et si cordiaux, que toute incertitude disparut de notre esprit. Nous étions tombés d'accord avec le commandant de l'armée allemande pour huit heures, mais le commandant de la forteresse nous assignait onze heures. Dans le doute où nous nous trouvions de savoir laquelle des deux indications serait en définitive maintenue, dès huit heures du matin nous nous trouvions auprès du colonel de Kenz, commandant des avant-postes, et là nous attendîmes jusqu'à onze heures, après avoir reçu l'hospitalité d'un fabricant, M. Minder. Du petit belvédère de sa maison nous embrassions du regard toute la contrée environnante. Le ciel s'était éclairci depuis la veille, mais de Kœnigshoffen il s'élevait une colonne de feu et d'épaisse fumée; un violent incendie y avait été allumé par les projectiles de la forteresse. Sur les remparts comme sur les ouvrages des assiégeants roulaient les nuages blanchâtres des batteries avec le bruit du tonnerre.

» A l'heure dite se présenta l'officier prussien qui devait nous accompagner comme parlementaire; il était avec son trompette. Nous le suivîmes sur la route qui, par Kœnigshoffen, arrive à la porte Nationale (*Weissthurmthor*), d'abord en voiture, puis à pied lorsque nous fûmes dans le voisinage de la place. Sur ce point, la batterie des assiégeants avait interrompu son feu, et celui de la forteresse se tut également en face de nous. Un parlementaire français sortit à notre rencontre sur le glacis, monté sur un beau cheval arabe. Les deux officiers échangèrent les papiers dont ils étaient porteurs, et nous suivîmes le parlementaire français. On nous fit un chemin par-dessus un parapet en terre pour que notre voiture pût passer; les portes étaient ouvertes. Quelle entrée dans cette ville livrée à toutes les angoisses!

» Un monsieur vêtu de noir vint à nous, et à la porte même nous attendait tout le Conseil municipal de Strasbourg, en habits noirs, le maire et son adjoint en tête avec l'écharpe tricolore. Plus loin, de nombreux groupes d'habitants. Nous fûmes accueillis par des cris de *Vive la Suisse!* etc. Des larmes d'émotion coulaient sur toutes les joues. C'était la première fois depuis le commencement du siége, depuis les jours et les nuits terribles du bombardement, que du dehors des amis pénétraient dans la ville si rigoureusement éprouvée, lui apportant leur sympathie et leur aide. Quel cœur n'eût été profondément touché! Et que vimes-nous aux alentours? Une affreuse destruction : le quartier au travers duquel passait la rue était en grande partie brûlé, et le spectacle que j'avais sous les yeux m'a rappelé les ruines de Glaris lorsque je les visitai quelques jours après la catastrophe. A l'adresse qui nous fut lue par le maire au nom du Conseil municipal, M. Bischoff répondit pour nous brièvement que, trop peu éloquents, nous chercherions à faire parler les faits pour nous.

» Nous arrivâmes après cela par le pont sur l'Ill dans l'intérieur de la ville. Là, la destruction était beaucoup moindre. Au milieu des quartiers, on voyait çà et là quelques maisons brûlées jusqu'au rez-de-chaussée. Beaucoup d'autres pouvaient être endommagées; mais, en somme, il n'y avait rien d'extraordinaire. Ce qui frappait plutôt, c'est que, se sachant dans une ville populeuse, on ne voyait que des magasins fermés, des fenêtres en partie barricadées, des soupiraux de caves bouchés. Mais une grande foule de peuple étroitement pressée nous attendait au passage. M. le maire voulut l'éviter et nous faire prendre une autre rue; mais, cédant aux acclamations qui se faisaient entendre, il continua à suivre la même route que précédemment.

» Le Conseil municipal a établi son siége à l'hôtel du Commerce. La mairie, en effet, avait été fort maltraitée. On s'y sert, comme salle des séances, d'un local voûté dans lequel on nous fit entrer. Nous nous étions attendus à ce que nous serions avant tout conduits au commandant de la forteresse, mais la préséance fut, en cette affaire, entièrement et sans contestation laissée à l'autorité communale.

» L'officier qui nous avait introduits resta avec nous; nous refusâmes les rafraîchissements qui nous furent offerts : il y avait de plus urgente besogne à faire. M. Bischoff exposa succinctement le programme que nous nous étions donné, les mesures qu'il y aurait à prendre, en particulier en ce qui concernait l'établissement d'un rôle de toutes les personnes qui seraient dans le cas de faire usage de l'autorisation éventuelle de sortie des deux commandants militaires. On nous demanda quel pourrait en être le nombre. Nous ne pûmes donner une réponse précise, n'ayant nous-mêmes aucune indication à cet égard. Avant tout, il fallait constater les cas où la sortie était nécessaire ; dans ce but, la mairie devait faire une publication d'après laquelle chacun pouvait se faire annoncer, les femmes et les enfants, les vieillards et les malades devant naturellement être pris particulièrement en considération ; on recommandait d'user de discrétion dans l'établissement de cette liste, puisque ce n'était pas à nous qu'il appartenait de prononcer en dernière analyse. Dans tous les cas, cette tâche devait incomber aux autorités communales, puisque, ne connaissant ni les personnes ni les circonstances, nous ne pouvions nous-mêmes y coopérer.

» Après cela vint le tour de la visite au commandant de la place, le général Uhrich ; son quartier général se trouve dans la ville, dans l'hôtel même qu'il occupe en raison de ses fonctions. Les boulets n'avaient pas épargné cet hôtel, mais il présentait encore une belle apparence. Le général s'était arrangé au rez-de-chaussée un bureau de travail et une chambre à coucher. La réception qu'il nous fit fut tout à fait conforme à la lettre qu'il nous a envoyée. Il se déclara parfaitement d'accord avec notre programme et fit preuve de la meilleure volonté pour nous aider à le réaliser.

» Le maire nous accompagna, et le préfet fut appelé ; nous échangeâmes aussi quelques mots avec lui sur l'attitude excellente et le dévouement des habitants, ainsi que sur leur immuable attachement à leur patrie.

» Le général Uhrich ne nous adressa pas une seule question sur les événements qui se passaient au dehors, et il va sans dire que, de notre côté, nous ne voulions pas sortir des termes de notre mission. En revanche, l'amiral Excelmans, qui était venu à Strasbourg pour y prendre le commandement d'une flottille de chaloupes canonnières sur le Rhin, et qui, tout en se trouvant maintenant à sec, rend de bons services à la défense de la place, adressa une série de questions successivement à chacun de nous pour obtenir des informations sur l'état des choses.

» Fait singulier ! on avait à peine un soupçon dans la forteresse des terribles revers qui avaient frappé l'armée française durant ces derniers temps, ou bien l'on ne pouvait ou ne voulait pas croire aux nouvelles contenues dans les journaux et les dépêches d'Allemagne que, de temps à autre, les assiégeants communiquaient au commandant de Strasbourg. Nous confirmâmes la pleine authenticité de la catastrophe de Sedan, et nous répondîmes de la manière la plus négative à la question qui nous fut posée à l'égard de succès remportés par l'armée française et de l'approche de Strasbourg d'une armée de secours.

» On a souvent fait au commandant le reproche d'avoir laissé les habitants, comme aussi d'ailleurs ses troupes, dans l'ignorance absolue de ce qui se passait au dehors, et de les avoir même entretenus de fausses espérances sur l'arrivée prochaine d'une armée française, les trompant ainsi, afin de les exciter à la résistance. Je dois dire qu'à notre égard il ne montra pas la moindre trace de défiance, et nous laissa la plus complète liberté de circuler dans la ville et de converser avec les habitants. Mais nous n'en eûmes que plus de scrupuleuse attention à ne pas abuser de cette confiance.

» Une promenade au travers de la ville nous permit de visiter spécialement la cathédrale. Il est vrai que sur le sol gisent quelques débris. Un boulet qui a atteint la lanterne l'a quelque peu endommagée, et plusieurs boulets ont traversé des vitraux. La toiture en bois de la nef a été brûlée, mais au-dessous subsistent toujours les voûtes intactes. L'imposant édifice reste debout dans toute sa majesté. Son horloge admirable n'a point été non plus détruite ; seulement on ne la remonte plus. Ce n'est pas sans peine que nous avons obtenu la permission de pénétrer dans l'intérieur ; les portes étaient closes ; dans une des chapelles latérales officiait un ecclésiastique ; sauf lui et nous, l'église était vide. Maintenant, du reste, les batteries allemandes ont l'ordre exprès de respecter la cathédrale ; les habitants nous ont fait remarquer que cependant, le matin même, elle avait encore été atteinte par un projectile. A ce que nous avons appris, il s'agissait d'un shrapnel qui y avait été envoyé comme avertissement, parce que les assiégeants avaient vu quelqu'un monter au clocher, qui est un superbe observatoire, pour examiner toute la campagne aux environs, et en particulier tous les travaux du siège. Les assiégeants disent que, s'ils imposent l'obligation d'épargner ce monument, il faut qu'à leur tour les assiégés renoncent à en tirer parti pour leur défense.

» La perte la plus irréparable est celle de la bibliothèque, qui a été complétement brûlée ; les pistolets de Kléber et quelques autres curiosités qui ont été sauvées ou retrouvées sont bien peu de chose à côté des trésors perdus irrévocablement pour la science. Mais pourquoi n'a t-on rien fait pour les mettre à l'abri, par exemple dans les caves, dit-on dans le camp allemand, puisque vingt-quatre heures à l'avance le bombardement avait été annoncé au commandement de la place?

» L'incendie du Temple-Neuf et d'une partie du gymnase appartenant aux protestants constitue aussi une lourde perte, et le jour avant notre entrée dans Strasbourg le théâtre avait été détruit. Ce fait est surtout sensible en ce moment parce qu'il servait de refuge à beaucoup de personnes qui avait été privées de leurs logis par le bombardement. On ne tirait plus sur la ville elle-même, mais seulement sur les remparts et les bâtiments militaires ; mais les boulets ne vont pas toujours à leur adresse, et pendant que nous nous trouvions dans la ville, nous en avons entendu siffler et éclater plus d'un.

» Les habitants croyaient que, pendant notre présence, le feu serait interrompu, et qu'ils pourraient respirer pendant quelque temps, et ils n'ont guère été satisfaits lorsqu'ils ont vu qu'il n'en était tenu nul compte. Quant à nous, nous ne nous étions point attendus à cette suspension du feu, et nous comprenions parfaitement que le siége ne pouvait être interrompu pour nous. Il nous suffisait pleinement d'avoir pu entrer facilement et sans danger dans la place.

» Sur notre chemin nous rencontrâmes çà et là des personnes de connaissance. M. Stæhling, notre compagnon, avait fait préparer dans sa maison une collation à notre intention. Ses fils et ses domestiques étaient restés au logis et avaient élu domicile dans les caves ; on y faisait même la cuisine. Il avait pu se procurer au dehors un peu de viande qui coûte en ce moment dans la ville 3 fr. la livre, — la viande de cheval moitié de ce prix. Il ne paraît pas du reste qu'il manque de subsistances. Nous reçûmes chez M. Stæhling la visite de plusieurs personnes. Deux aimables jeunes filles nous présentèrent un bouquet colossal ; ce sont les nièces du frère du maréchal Pélissier, qui, il y a peu de jours, a été tué par un obus dans sa maison située vis-à-vis de celle où nous nous trouvions. Cette famille de S... a quitté peu après Strasbourg avec notre première colonne d'émigrants.

» Vers quatre heures nous nous trouvâmes de nouveau à la mairie pour opérer notre retour. Le même parlementaire qui nous avait reçus nous accompagna hors de la forteresse; on nous avait donné beaucoup de lettres à remettre à leur destination, au quartier général allemand on voulut bien se charger de les faire parvenir.

» Nous revenions pénétrés de profondes impressions et reconnaissants du fond du cœur pour la cordiale réception des habitants, pour le bon accueil du commandant et pour la protection qui nous avait préservés de tout accident. »

Dans la soirée du 11 septembre, l'avis suivant est affiché :

MAIRIE DE LA VILLE DE STRASBOURG

AVIS

« Les personnes qui désirent obtenir, pour elles et pour leurs familles, un sauf-conduit pour quitter la ville sous les auspices des délégués de la Confédération suisse, sont invitées à se faire inscrire au bureau, qui sera établi à l'hôtel du Commerce (local de la Bourse, rue des Serruriers), à partir de lundi 12 septembre courant, à huit heures du matin.

» Strasbourg, le 11 septembre 1870.

» *Le maire*, HUMANN. »

COMMISSION MUNICIPALE DE STRASBOURG

Séance du 11 septembre 1870

PRÉSIDENCE DE M. HUMANN, MAIRE

« Sur la proposition de M. le maire, M. Stæhling est maintenu en qualité de membre de la Commission municipale. M. le maire rend compte des circonstances qui ont empêché M. Stæhling de rentrer en France; il déclare que l'intervention des délégués suisses est due en grande partie aux efforts de cet honorable citoyen, et il fait remarquer que M. Stæhling revient dans sa cité natale au moment critique.

» M. le maire informe la Commission qu'il s'est rendu avec les délégués suisses chez M. le général commandant l'état de siége. Les conditions du départ ont été fixées. Les personnes qui auront obtenu des saufs-conduits auraient à se rendre à Plobsheim, où l'on peut passer le Rhin sur un pont volant; de là elles se rendraient à Dinglingen, station du chemin de fer badois; chaque courrier suisse emmènera 500 personnes.

» M. Kratz appelle l'intention de M. le maire sur la nécessité de procurer aux émigrants des moyens de transport; il demande si des chevaux et des voitures sortant de Strasbourg seront autorisés à rentrer.

» La question, répond M. le maire, n'a pas été débattue.

» Évidemment le général français ne fera pas de difficulté; quant au général allemand, nous ne pouvons rien garantir. La garantie sera demandée, dit M. Saglio, mais la question n'est pas vidée. »

Interpellations.

« M. Schnéegans demande si M. le maire n'a pas de nouvelles sur la situation politique. J'ai demandé aux délégués un journal français, répond M. le maire; personne n'en a.

» Plusieurs membres ayant invité M. Schnéegans, qui a été en conférence avec M. le colonel von Büren, de donner des nouvelles, M. Schnéegans dit :

» *D'après M. le colonel, il n'y a plus d'armée, les derniers 90,000 hommes auraient déposé les armes près de Sedan, l'empereur serait interné à Cassel, l'impératrice serait en Belgique; les Prussiens seraient sous les murs de Paris, la république serait proclamée.* »

Malgré la présence des délégués suisses venus à Strasbourg pour accomplir leur généreuse mission, l'artillerie allemande continue à diriger ses projectiles sur la ville.

Les assiégeants avaient creusé les approches de la deuxième à la troisième parallèle, cette troisième parallèle fut terminée dans la nuit du 11 au 12 septembre. Le 11 septembre l'artillerie allemande arma contre la lunette 53 une batterie de brèche de 4 pièces de 24 court. Cette batterie de brèche était sur la route de Wissembourg, derrière la première parallèle et à environ 1100 pas de son objectif qu'elle ne pouvait atteindre que par un tir indirect.

LES DEUX COMPAGNIES FRANCHES DE STRASBOURG

Nous empruntons à l'ouvrage du général Uhrich (1) le passage suivant qui a trait à cette journée du 11 septembre :

« Le 11, vers onze heures du matin, un parlementaire venu du quartier général allemand apporta une lettre que je m'empressai de faire connaître aux officiers des francs-tireurs immédiatement convoqués à cet effet.

» Après lecture faite, et sans tenir compte des menaces du général ennemi,

(1) *Strasbourg, Documents relatifs au siège*, par le général Uhrich, p. 72 à 75.

ces braves officiers répondirent qu'ils accomplissaient un devoir, et que, coûte que coûte, ils iraient jusqu'au bout.

» Voici la lettre du général de Werder et ma réponse :

« Mundolsheim, 11 septembre 1870.

» Monsieur,

» J'ai l'honneur de répondre à votre écrit d'hier que si vos instructions ne vont pas jusqu'à faire des communications sur l'état actuel de la guerre, je persiste cependant à dire que dans le cas présent un ajournement de la situation est justifié par là.

» Je n'appuierais pas d'une façon particulière sur cette circonstance, s'il n'était pas à présent constaté de tous côtés que des citoyens de Strasbourg prennent part, comme francs-tireurs, à la défense de la place. La situation est par là tout à fait changée pour moi : à présent je n'ai pas seulement le droit, mais encore le devoir de combattre les citoyens de Strasbourg, ce que j'aurais volontiers évité dans l'intérêt de l'humanité.

» Mais, en outre, j'ai l'honneur de vous informer que, d'après mes instructions venues d'en haut, les francs-tireurs ne seront pas traités en soldats, mais jugés conformément aux lois de la guerre.

» Je vous prie de vouloir bien en donner avis à ces hommes. Des citoyens de Strasbourg, dans l'espérance folle d'être débloqués, d'être sauvés, se trouvent-ils poussés à livrer combat à mes troupes, ils doivent aussi savoir qu'ils motivent par là la ruine de la ville et leur propre perte. »

» *Le général commandant le corps de siège,*
» *Lieutenant général* v. Werder. »

« Strasbourg, le 11 septembre 1870.

» Monsieur le lieutenant général,

» En réponse à votre lettre en date du 11 septembre, j'ai l'honneur de vous faire connaître que, d'après les lois militaires françaises et la dernière organisation de l'armée, la garde nationale française est considérée comme une force belligérante régulière ; qu'une loi a appelé sous les drapeaux tous les hommes valides de vingt-cinq à trente-cinq ans ; que les francs-tireurs font partie de la garde nationale et qu'ils sont sous les ordres directs du colonel commandant les bataillons organisés suivant la loi. Je ne puis donc admettre l'interprétation par laquelle les francs-tireurs ne seraient que des partisans irréguliers, ne devant pas être traités comme des soldats, pas plus que je ne serais en droit de considérer la landwehr prussienne comme un corps irrégulier.

» Je livre ces observations à vos plus sérieuses réflexions, persuadé qu'elles suffiront pour vous faire revenir de l'erreur dans laquelle vous êtes tombé.

» *Le général commandant supérieur,*
» Uhrich. »

« Un mot sur les compagnies des francs-tireurs dont les hommes ont été si braves, si admirables, et ont rendu, pendant le siége, tant de bons services.

» Le 12 août 1870, dès que l'ennemi eut investi Strasbourg, un habitant de la ville, nommé René Serrand, fit insérer dans le *Courrier du Bas-Rhin* un article proposant la formation d'un corps de tireurs volontaires strasbourgeois.

» Beaucoup de tireurs, de chasseurs de la ville, ayant donné leur adhésion à ce projet, chargèrent M. Serrand d'adresser une demande en ce sens au préfet pour obtenir l'autorisation nécessaire.

» Leur demande me fut communiquée le 15 août. Je chargeai aussitôt M. Serrand d'organiser une compagnie franche.

» Le 18 août, près de deux cents hommes s'étaient inscrits. M. Serrand vint à la division et me remit un projet accepté par les francs-tireurs et dont voici la teneur :

» 1° La compagnie est exclusivement composée d'hommes habitués au maniement du fusil, faisant partie de sociétés de tir ou de chasse, et d'anciens militaires ;

» 2° La compagnie prend le nom de *corps spécial des chasseurs volontaires de Strasbourg ou francs-tireurs* ;

» 3° Le but de cette compagnie est de concourir, sous la direction de l'autorité militaire, à la défense de la ville, de ses remparts et ouvrages avancés ; cette compagnie prend part aux sorties, fait des reconnaissances ; sa mission est tout ce qui concerne la défense de Strasbourg ;

» 4° A tour de rôle, la moitié de la compagnie est de service pendant vingt-quatre heures. En cas d'urgence, la totalité du corps est commandée ;

» 5° Point de solde, point de corvées ;

» 6° Pour armes, le fusil chassepot avec sabre-baïonnette, giberne et munitions. L'intendance fournit les couvertures, tentes, bidons, marmites, objets de campement ;

» 7° Pour signe de ralliement, un brassard bleu foncé portant un petit cor brodé en argent pour les officiers, en drap blanc pour les sergents, jaune pour les caporaux et rouge pour les chasseurs ;

» 8° Les officiers de la compagnie seront nommés par le général commandant supérieur ; ils recevront les ordres d'un officier supérieur délégué à cet effet par l'autorité militaire ;

» 9° Les chasseurs volontaires contractent un engagement pour la durée de la guerre ;

» 10° L'autorité militaire désignera à la compagnie un lieu d'exercice et de ralliement ;

» Vu la gravité des circonstances, la compagnie émet le vœu que l'autorité militaire veuille bien lui faire remise de ses armes aussitôt qu'elle aura agréé les présentes dispositions qui ont été votées à l'unanimité des 120 membres dont la liste est ci-jointe. »

(*Suivent les 120 signatures.*)

» J'acceptai les propositions des tireurs strasbourgeois. L'hôtel du Commerce fut désigné comme lieu de ralliement à cette compagnie, qui fut mise sous les ordres du colonel Saglio, commandant la garde nationale de Strasbourg.

» Je nommai des officiers et fis délivrer à l'arsenal 150 chassepots à ces hommes qui occupèrent de suite des postes de combat. M. L. Geisen fut chargé de former une autre compagnie des tirailleurs de Strasbourg, et qui, comme la précédente, fut armée de chassepots et mise immédiatement en ligne.

» Ces compagnies franches firent leur service depuis le jour de leur formation jusqu'au moment de l'entrée de l'armée allemande à Strasbourg.

» Elles occupèrent l'ouvrage 56, avec les marins du contre-amiral Excelmans, ainsi que le Contades, et envoyèrent des détachements en avant de la porte de Pierre, au front d'attaque. Presque chaque jour ces compagnies exécutèrent des reconnaissances, tantôt du côté du Wacken et de la Robertsau, tantôt du côté de Neudorf. Dans ces sorties, habilement conduites, leurs tireurs purent surprendre l'ennemi et lui firent du mal.

» Ces compagnies furent fort éprouvées, et, dès la première sortie, un officier distingué des chasseurs volontaires, le lieutenant Cavelier-Joly, fut blessé mortellement d'un coup de feu. Par ordre du jour en date du 9 septembre 1873, le colonel Saglio félicita ces deux compagnies.

» J'ai déjà parlé de la batterie d'artilleurs volontaires qui se recruta dans la garde nationale sédentaire.

» Tous ces corps rivalisèrent avec la garnison pour la défense de Strasbourg; les francs-tireurs, outre leur service dans les ouvrages avancés, faisaient de fréquentes sorties partielles, dans lesquelles ils infligèrent à l'assiégeant des pertes sensibles : de là la colère du général de Werder contre ces compagnies.

» Le 9 septembre, je chargeai le colonel commandant la garde nationale d'être mon interprète auprès de ces utiles auxiliaires, et je lui écrivis à ce sujet :

« Mon cher colonel,

» Messieurs les commandants des arrondissements de défense m'entretiennent chaque jour des services rendus par les compagnies franches, chasseurs et tirailleurs volontaires, ainsi que par la batterie d'artilleurs volontaires de la garde nationale.

» Chacun se loue de ces bons services que je me plais moi-même à reconnaître, et je remercie chacun du concours énergique et dévoué prêté par ces corps à la défense générale de la place.

» Je voudrais être à même de récompenser immédiatement de si nobles sentiments et de pouvoir soulager des malheurs qui ne manqueront pas d'exciter l'admiration du pays.

» *Général* Uhrich. »

» Voici le nom des officiers des compagnies franches (1) :

» 1° (*Chasseurs*), Liès-Bodard, capitaine; — Cavelier-Joly, lieutenant, grièvement blessé lors de la première sortie, remplacé par Léon Ungemach, — René Serrand, sous-lieutenant. — 120 hommes.

» 2° (*Tirailleurs*), Louis Geisen, capitaine; — Treit, lieutenant; — Boulot, sous-lieutenant. — 100 hommes.

(1) Ces deux compagnies franches étaient aussi désignées par le nom de 1re et 2e compagnies des francs-tireurs de Strasbourg.

» Le 15 septembre il y eut trois compagnies franches :

» 1re (*Chasseurs*), Léon Ungemach, ex-lieutenant, capitaine ; René Serrand, ex-sous-lieutenant, lieutenant ; Nesberchnée, sous-lieutenant. — 104 hommes.

» 2e (*Tirailleurs*), Louis Geisen, capitaine. — Treit, lieutenant ; — Boulot, sous-lieutenant. — 100 hommes.

» 3e (*Francs-Tireurs*), Liès-Bodard, capitaine ; — Page, lieutenant ; — Clerc, sous-lieutenant. — 100 hommes.

» Voici le nom des officiers de la batterie d'artillerie de la garde nationale :

» (Batterie), Héring, capitaine ; — Luce, lieutenant en 1er ; — Laveuve, lieutenant en 2e. — 130 hommes. »

La lettre écrite le 11 septembre, par le lieutenant général de Werder, est caractéristique. Ce bourreau philanthrope d'outre-Rhin, qui détruit systématiquement « la ville sœur » depuis un mois, déclare aujourd'hui que les citoyens de Strasbourg ayant l'audace de livrer combat à ses troupes, la situation est changée pour lui, et qu'il a maintenant le devoir de faire fusiller ces hommes, et, à cause de leur crime, de ruiner leur ville.

Étrange document, signé de Werder, qui érige en crime la défense du pays ; mais non moins étrange document, l'avis motivé, signé Baraguey-d'Hilliers, qui dénie à ces mêmes citoyens de Strasbourg et patriotisme et courage.

Le correspondant militaire de la *Badische Landeszeitung* lui écrit le 11 septembre :

« *Devant Strasbourg. Rive droite.* — D'immenses colonnes de fumée entremêlées de flammes montrent que la ville est de nouveau en feu. Un incendie colossal a commencé samedi après minuit, il a duré toute la journée et toute la nuit suivante et continue encore. On prétend que le beau théâtre a été la proie des flammes. Aujourd'hui les assiégés répondent mieux que ces jours derniers. »

LUNDI 12 SEPTEMBRE

COMMISSION MUNICIPALE DE STRASBOURG

Séance du 12 septembre 1870

PRÉSIDENCE DE M. HUMANN, MAIRE

« Après délibération, la Commission décide la nomination d'une députation de cinq membres pris dans son sein et ayant pour mission de se rendre chez M. le général commandant supérieur, afin de se concerter avec lui sur la situation politique de la France.

» Un scrutin est ouvert pour la désignation de cette députation, laquelle est composée des membres dont les noms suivent : MM. A. Saglio, Bœrsch, Küss, Kablé et Momy.

Communications de M. le préfet.

» A ce moment de la séance, M. le préfet entre dans la salle, prend place au bureau et communique à la Commission les dépêches importantes qu'il venait, a-t-il dit, de recevoir de M. le sous-préfet de Schelestadt. Ces nouvelles consistent dans la déchéance de la dynastie napoléonienne, dans la proclamation de la république et dans la constitution d'un gouvernement de défense nationale.

» M. le préfet donne ensuite lecture d'une proclamation qu'il adresse aux habitants de Strasbourg pour leur annoncer que, « dès hier soir, sur le bruit apporté par des étrangers honorables que la république était proclamée à Paris, il s'était empressé d'écrire aux membres du gouvernement provisoire qu'il résignait son mandat et se bornerait, en attendant l'arrivée de son successeur, à assurer la tranquillité publique et à garantir devant l'ennemi la dignité du drapeau national. »

« M. le préfet fait encore la communication suivante : il résulte d'une lettre particulière reçue par lui, que le corps législatif a déclaré « que Strasbourg, ses soldats et ses citoyens ont bien mérité de la patrie. »

Après avoir donné ces communications, M. le préfet se retire.

« M. Bœrsch propose aussitôt à la Commission de faire acte d'adhésion aux grandes résolutions du peuple de Paris. Cette motion est accueillie aux cris de *vive la république !*

» Une discussion s'engage ensuite sur la question de savoir si, après les communications reçues, il y a lieu de maintenir le vote relatif à l'envoi d'une députation de la Commission auprès du général. La commission décide que cette députation remplira sa mission dans les termes précédemment posés. »

La séance, suspendue pendant une heure, est reprise à cinq heures et demie.

« La députation est de retour du quartier général. M. le maire l'invite à rendre compte du résultat de son entrevue avec le général Uhrich.

BULLETIN POLITIQUE. 133

» M. Saglio, au nom de ses collègues, fait connaître la réponse du général, pouvant se résumer ainsi :

» C'est une chose grave de proclamer un gouvernement nouveau ; la gravité augmente lorsqu'un chef militaire n'a pas reçu de son supérieur hiérarchique de communication officielle. Je me trouve dans cette position ; personnellement je n'éprouverai aucune répugnance à la démarche qui m'est demandée. Déjà j'ai servi la république et je l'ai servie avec loyauté ; mon désir, en accomplissant mes devoirs, est de marcher d'accord avec cette population qui s'est si noblement conduite et avec ses représentants. Vous comprendrez néanmoins qu'avant de prendre une résolution importante, j'examine de nouveau les dépêches arrivées à la préfecture et que je prenne l'avis de mon conseil de défense. Veuillez venir me trouver demain à dix heures. »

« M. Bœrsch complète cette relation par les mots suivants :

» Ayant demandé au général s'il ne comptait pas dès à présent annoncer à la ville de Strasbourg la proclamation de la république, M. le général a répondu qu'il ne lui serait possible de le faire que quand il en aurait reçu l'ordre officiel de son supérieur, le ministre de la guerre ; mais il a ajouté qu'il acceptait comme un fait réel l'événement politique dont la députation venait de lui donner la nouvelle.

» M. le maire dit qu'il n'est pas étonné des paroles prononcées par le général ; le général Uhrich, ajoute M. le maire, est un brave et digne citoyen, un bon Français, plein de loyauté et de patriotisme. »

La séance est levée.

Voici un extrait du numéro du *Courrier du Bas-Rhin* publié le 12 septembre à Strasbourg :

STRASBOURG, 12 SEPTEMBRE

BULLETIN POLITIQUE

« On sait quelle réserve le *Courrier du Bas-Rhin* a apportée depuis quinze jours dans la reproduction des nouvelles politiques. Cette réserve lui était commandée par la situation. Coupée du monde extérieur par la barrière de l'ennemi qui nous assiége, la ville de Strasbourg ne recevait aucune nouvelle officielle ; des bruits de toute nature circulaient seuls et agitaient les esprits par un double courant absolument contradictoire.

» D'une part, on parlait de victoires que nous aurions remportées ; de l'autre, des affiches et des journaux allemands introduits en ville parlaient d'échecs subis et même d'événements politiques d'une haute portée qui seraient survenus à Paris à la suite de ces échecs.

» Nous nous sommes maintenus vis-à-vis de ces deux sortes de nouvelles dans la réserve la plus absolue, par la raison que ni les unes ni les autres ne présentaient aucun caractère d'authenticité.

» Dans ces derniers jours, plusieurs documents ont circulé en ville et nous ont été remis, affiches allemandes collées sur les arbres de la Robertsau, nu méros de journaux badois introduits en ville. Quoique les faits relatés par ces documents empruntassent une grande apparence de vraisemblance à la façon même dont ils se succédaient, nous avons encore cru devoir les taire, rien en définitif ne nous prouvant que nous n'avions pas affaire à des nouvelles fausses. Un de ces documents était un télégramme du roi de Prusse à la reine et annonçant une défaite de Mac-Mahon près de Mouzon sur la Meuse; le roi annonçait qu'il allait poursuivre ses succès. Le second document complétait le premier; c'était un numéro de la *Gazette de Carlsruhe*, annonçant que la vaillante armée de Mac-Mahon, acculée contre la Belgique, avait été forcée par le nombre de mettre bas les armes près de Sedan; que Mac-Mahon était mort, que l'empereur était prisonnier; enfin, un numéro extraordinaire de la *Gazette de Carlsruhe* annonçait que la république était proclamée et donnait les noms des membres du gouvernement provisoire. Ce numéro de la *Gazette de Carlsruhe*, il en fut donné lecture avant-hier à la Commission municipale, et M. le maire répondit qu'il n'était pas en mesure de la confirmer ou de l'infirmer, mais que le préfet n'y croyait pas.

» Aujourd'hui pourtant ces nouvelles ont été confirmées; elles l'ont été par notre compatriote M. Stæhling, membre de la Chambre de commerce, ancien conseiller municipal, qui revient de Suisse; elles l'ont été par MM. les délégués suisses, hommes occupant de hautes fonctions gouvernementales dans la République helvétique et jouissant dans leur pays d'une grande et légitime considération. Ces messieurs ayant été interrogés hier, ont déclaré *tous* que la dépêche du roi de Prusse et les nouvelles contenues dans le premier numéro de la *Gazette de Carlsruhe* sont malheureusement trop vraies, et que les nouvelles publiées par le numéro extraordinaire de ce journal le sont aussi; qu'elles sont connues de l'Europe entière depuis huit jours, et que notre brave armée française ayant été écrasée sous le nombre, les Prussiens doivent être à l'heure qu'il est sous les murs de Paris, où la république a été proclamée.

» Sur la foi des déclarations de ces délégués et de notre honorable compatriote M. Stæhling, nous croyons donc pouvoir reproduire le télégramme du roi de Prusse et le numéro extraordinaire de la *Gazette de Carlsruhe*, qui expose quelques-uns des faits militaires, malheureusement bien néfastes pour la France, et les faits de politique intérieure qui sont survenus à Paris à la suite de ces désastres.

Voici d'abord le télégramme :

Dépêche affichée à la Robertsau et enlevée par un franc-tireur.

TÉLÉGRAMME DE SA MAJESTÉ, DATÉ DE VARENNES

TÉLÉGRAMME DE LA REINE A LA GRANDE-DUCHESSE

» Le 29 août, nous avons livré une victorieuse bataille avec le 4ᵉ et le 12ᵉ corps (saxons) et un corps bavarois. Mac-Mahon est battu et a été repoussé de Beaumont au delà de la Meuse, près de Mouzon.

» Douze pièces de canon, quelques milliers de prisonniers et une grande quantité de matériel sont entre nos mains. Nos pertes sont modérées.

» Je retourne à l'instant sur le champ de bataille pour poursuivre les fruits de la victoire. Dieu veuille nous aider à l'avenir comme jusqu'à présent ! »

Voici ensuite la *Gazette de Carlsruhe* :

Supplément extraordinaire de la Gazette de Carlsruhe.

« Carlsruhe, le 6 septembre 1870 au matin.

» Paris, 5 septembre. — Le *Journal officiel de la république française* publie la proclamation suivante :

» Français ! le peuple abandonné a derrière lui la Chambre, qui n'a travaillé qu'avec hésitation au salut de la patrie en danger. Le peuple a réclamé la République ; il n'a pas mis ses représentants au sommet du pouvoir, mais les a placés au milieu du danger.

» La révolution s'accomplit au nom du droit et du bien-être de tous. Citoyens ! veillez sur la ville, qui vous est confiée ! Demain vous serez avec l'armée les vengeurs de la patrie !

» La république est proclamée aussi à Lyon, à Bordeaux, à Grenoble et dans d'autres grandes villes.

» Une proclamation du préfet de police Kératry déclare que le but de la république est, comme en 1792, de chasser les troupes étrangères du sol français. »

« Bruxelles, 4 septembre. — On assure que de grands corps prussiens marchent, à 24 kilomètres de Saint-Quentin, directement sur Paris. Les communications entre Paris et Bruxelles pourraient être interrompues.

» L'*Étoile belge* annonce que Douay est arrivé à Bruxelles avec des aides de camp de l'empereur. Une partie des blessés des dernières batailles doivent être expédiés par la Belgique.

» Le prince impérial doit être à Maubeuge.

» Bruxelles, 5 septembre. — On dit que l'impératrice doit se rencontrer avec le prince impérial à Braine-le-Comte (Belgique, province du Hainaut).

» Cologne, 5 septembre. Napoléon a passé ici cette après-midi sans s'arrêter, allant à Cassel (par Giessen). »

» Nous le répétons, ces nouvelles ont été *confirmées* hier par les délégués suisses, secrétaire d'État et présidents des communes de Berne, de Zurich et Bâle. C'est en nous couvrant de la parole de ces hommes éminents que nous les reproduisons.

» A. SCHNÉEGANS. »

Le 12 septembre, l'assiégeant arma à la droite du chemin qui conduit du cimetière Sainte-Hélène à Schiltigheim la batterie de brèche n° 42 contre le flanc droit du bastion n° 11. Cette batterie de brèche reçut 6 canons de 15 centimètres courts; elle était à 1000 pas de son objectif.

On construisit ensuite, à 900 pas de son objectif, une batterie n° 58 armée de 4 canons de 15 centimètres courts, pour faire brèche dans la face gauche du bastion n° 12.

Comme les pièces de la plupart des batteries allemandes devaient tirer par-dessus les troupes situées en avant d'elles, et par conséquent avec une grande inclinaison, l'artillerie allemande remplaça les épaulements ordinaires des batteries par des épaulements très-plats en forme de jatte. Par suite de cette disposition et de leur emplacement caché derrière et dans les parallèles et les approches, les batteries allemandes offraient aux assiégés un but très-peu apparent.

C'est devant Strasbourg qu'on employa pour la première fois, et comme nous le verrons bientôt, avec un grand succès, le tir indirect pour faire brèche dans les murs en maçonnerie qu'on n'aperçoit pas des batteries. Le canon employé principalement pour ce tir indirect était le 24 rayé court (calibre de 15 centimètres) (1).

Le 12 septembre, le général Uhrich reçut la lettre suivante du lieutenant général de Werder :

« Mundolsheim, 12 septembre 1870.

» Monsieur,

» Je vous envoie ci-joint une lettre de la députation suisse. Je viens de décider avec ces messieurs que vous auriez la bonté de me faire parvenir la liste de ceux des habitants auxquels vous donnez l'autorisation de sortir de la place. En m'envoyant cette liste, je vous prie, monsieur, de m'informer combien de voitures l'on désire trouver à la porte d'Austerlitz pour le transport des habitants qui partiront. En outre, vingt-quatre heures après l'arrivée de ce renseignement, j'enverrai les voitures désirées avec quelques médecins, sous drapeau parlementaire, à la porte d'Austerlitz ou dans la ville ; ces voitures conduiront les habitants au pont fixe de Rhinau. De là, un comité de secours accompagnera les personnes à Lahr et Kensingen, et, aidé par un comité badois, leur fournira le transport libre par le chemin de fer vers la Suisse.

» Quant à l'échange du lieutenant Versen, j'ai l'honneur de vous informer, monsieur, que l'officier du 1er bataillon de chasseurs n'a malheureusement pu être trouvé, mais que cependant, en lieu et place de celui-ci, le lieutenant Archer, ex-commandant de place de Lichtenberg, a été envoyé d'Ingolstad ici.

» En terminant, je regrette encore d'être obligé de revenir sur votre écrit d'hier : la garde nationale et la garde mobile seront respectées comme soldats ;

---

(1) Rüstow, loc. cit., p. 130.

mais les francs-tireurs, d'après mes ordres reçus d'en haut, incombent aux lois de la guerre et à la mort.

» La différence entre les deux catégories m'est très-connue, de sorte que le doute si les francs-tireurs forment une partie de la garde mobile ne peut exister pour l'armée allemande, d'après les usages de la guerre généralement valables. Je ne comprends pas la comparaison que vous désirez faire avec la landwehr allemande, je suppose que l'organisation des armées allemandes n'est pas tout à fait connue.

» Je mets à votre disposition les lettres et les saufs-conduits ci-joints. »

» Le général commandant le corps de siège,
» Lieutenant général v. WERDER. »

MARDI 13 SEPTEMBRE

Le gouverneur de Strasbourg adresse aux habitants la proclamation suivante :

SIXIÈME DIVISION MILITAIRE

« HABITANTS DE STRASBOURG, OFFICIERS, SOUS-OFFICIERS ET SOLDATS DE LA GARNISON !

» La république a été proclamée à Paris. Un gouvernement de défense nationale s'est constitué. En tête de son programme il a mis l'expulsion de l'étranger du sol français. Nous nous rallierons tous à lui, nous chargés de la défense de Strasbourg, chargés de conserver à la France cette noble et importante cité.

» Unissons donc nos volontés et nos forces pour atteindre ce but et pour concourir ainsi au salut de la patrie.

» HABITANTS DE STRASBOURG !

» Par vos souffrances, par votre résignation, par le courage de ceux d'entre vous qui prennent part à la défense de la ville, par votre patriotisme, vous avez secondé l'armée dans les efforts qu'elle a eu à accomplir. Vous resterez dignes de vous-mêmes.

» ET VOUS, SOLDATS !

» Votre passé répond de l'avenir ; je compte sur vous, comptez sur moi.

» Au quartier général à Strasbourg, le 12 septembre 1870.

» Le général de division commandant supérieur,
» UHRICH. »

STRASBOURG.

Proclamation du préfet du Bas-Rhin :

« Strasbourg, 12 septembre 1870, 4 h. du soir.

» Habitants de Strasbourg,

» Pour la première fois, après douze jours d'angoisses, je reçois des nouvelles de Paris ; nouvelles que j'ai lieu de croire officielles, malgré la voie détournée par laquelle elles m'arrivent de Schelestadt.

» Ces nouvelles, les voici :

» Paris, 4 septembre 1870, 6 h. du soir.

A MM. les préfets, sous-préfets, au gouverneur général de l'Algérie et à toutes les stations télégraphiques de France.

RÉPUBLIQUE FRANÇAISE

MINISTÈRE DE L'INTÉRIEUR

» La déchéance a été prononcée au corps législatif, la république a été proclamée à l'hôtel de ville. Un gouvernement de défense nationale, composé de onze membres, tous députés de Paris, a été constitué et ratifié par l'acclamation populaire.

» Les noms sont : Emmanuel Arago, Crémieux, Jules Favre, Ferry, Gambetta, Garnier-Pagès, Glais-Bizoin, Pelletan, Picard, Rochefort, Jules Simon.

» Le général Trochu est à la fois maintenu dans ses pouvoirs de gouverneur de Paris et nommé ministre de la guerre, en remplacement du général Palikao.

» Veuillez faire afficher immédiatement et au besoin proclamer la présente déclaration pour le gouvernement de défense nationale.

» *Le ministre de l'intérieur,*
» Léon Gambetta.

» Paris, 4 septembre 1870, à 6 heures du soir.

» Pour copie conforme :
» *Le chef de service,*
» Weck. »

« Sans attendre cette dépêche et sur le bruit apporté hier dans la ville par des étrangers honorables que la république était proclamée à Paris, je me suis empressé d'écrire à MM. les membres du gouvernement provisoire que je résigne mon mandat et me borne désormais, en attendant, soit la levée du siége, soit l'arrivée de mon successeur, à assurer la tranquillité publique et à garantir devant l'ennemi la dignité du drapeau national.

» Habitants de Strasbourg, je vous devais la vérité : je vous l'apporte dès qu'elle m'est parvenue.

» J'ajoute que d'une lettre particulière il résulte que le corps législatif a déclaré que *Strasbourg, ses habitants et ses autorités ont bien mérité de la patrie!*

» Dans ces heures de souffrances patriotiques, laissez-moi vous donner le conseil d'être calmes, de respecter les autorités et de soutenir noblement le drapeau de la France.

» En vous quittant, j'emporterai le souvenir de vos nobles et solides qualités, de vos bons sentiments à mon égard. Je n'oublierai jamais ni votre excellente ville ni ce beau département qu'il m'a été doux d'administrer pendant cinq années.

» A. Pron. »

« Strasbourg, le 12 septembre 1870, 4 heures du soir. »

COMMISSION MUNICIPALE DE STRASBOURG

Séance du 13 septembre 1870

PRÉSIDENCE DE M. HUMANN, MAIRE,

EXTRAIT DU PROCÈS-VERBAL DE LA SÉANCE DU 13 SEPTEMBRE

Renseignements sur les départs pour la Suisse.

M. le maire dit qu'il a reçu ce matin une lettre, en texte allemand, de MM. les délégués suisses; il s'empresse d'en faire connaître le contenu à la commission.

En voici une traduction faite à la hâte :

« Revenus heureusement de votre ville, nous nous sommes mis en rapport
» avec S. Exc. le général de Werder et avec son chef d'état-major, le colonel
» Leszcinski, pour les mesures à prendre ultérieurement. Nous devons particu-
» lièrement répéter que nous avons trouvé auprès du commandant des troupes
» de siége le concours le plus empressé pour faire réussir notre projet. Il en
» est de même de la part de S. A. R. le grand-duc de Bade, en tant que nous
» avons besoin du concours des autorités badoises.

» En conséquence et d'accord avec les communications faites par le comman-
» dant prussien à M. le général Uhrich, nous avons l'honneur de vous faire sa-
» voir ce qui suit :

» Le premier point sur lequel nous devons être fixés le plus tôt possible con-
» siste à connaître le nombre total des personnes qui, dans un délai de trois jours
» à peu près, à dater de la publication, se seraient présentées pour faire le
» voyage en Suisse. Le général de Werder, comme nous-mêmes, nous aurons
» ainsi une idée du nombre approximatif d'émigrants.

» Si, lors de ces premières inscriptions, il y avait des individus qui ne remplis-
» sent pas les conditions voulues pour être accueillis en Suisse, les triages à faire
» ultérieurement seront d'autant plus faciles. Ensuite il faudra expédier la liste
» nominative des 400 personnes qui passeront les premières avec la mention
» convenue de leur position de fortune, laquelle n'est à considérer que comme
» confidentielle.

» Nous désirons instamment que la première liste ne comprenne que des per-
» sonnes ayant des ressources suffisantes pour vivre en Suisse.

» Le premier transport est un essai qui réussit le mieux avec des personnes de
» cette catégorie. »

» Ensuite devraient suivre les listes des personnes souffrantes et ayant grandement besoin d'être transportées. On écartera absolument les individus indignes et non recommandables, car nous ne pourrions les recommander à nos compatriotes. En général, il a été convenu que le transport s'appliquera d'abord aux femmes, aux enfants et aux vieillards ainsi qu'aux malades.

» Vingt-quatre heures après le renvoi de la liste approuvée par le général de Werder, ce dernier tiendra les voitures nécessaires prêtes auprès de la porte d'Austerlitz; ensuite on se mettra en marche, à l'heure fixée, sous la conduite d'un officier allemand, pour se diriger au pont du Rhin près de Rhinau. Auprès du pont, le convoi sera dirigé par l'autorité badoise à Dinglingen resp. Lahr, où le meilleur séjour possible sera arrangé par nos soins, pour ensuite régler la continuation du voyage en Suisse chaque fois le lendemain.

» Pour faciliter la répartition dans les différentes villes de la Suisse, il faut mentionner sur la liste si quelques personnes désirent se fixer dans des endroits déterminés. En principe, cela ne pourra se faire que pour l'intérieur de la Suisse, et non pour les frontières.

» Nous vous prions maintenant instamment de nous faciliter notre mission, qui est déjà si difficile, par l'observation de toutes nos instructions. En même temps, nous ajoutons à notre communication l'expression de la joie que nous éprouvons d'avoir pu contribuer à diminuer votre misère.

» En vous priant de nous faire parvenir vos communications ultérieures par l'intermédiaire du général de Werder, nous vous prions d'agréer, etc.

» *Signé* : le docteur Römer, *président de la ville de Zurich.*
» Bischoff, *secrétaire d'État de Bâle.* »

« Mon premier mot après la lecture de cette lettre, dit M. le maire, doit encore être une parole de profonde reconnaissance pour le noble pays et les généreux citoyens qui sont venus au secours de notre malheureuse population. J'ajouterai maintenant que la Commission que vous avez spécialement chargée de présider au travail des inscriptions, remplit sa mission d'une manière qui mérite tous les éloges.

» M. le maire soumet à l'adhésion de la Commission le projet de réponse suivante à faire au Conseil fédéral :

» La Commission municipale de Strasbourg, fidèle interprète des sentiments de ses concitoyens, a éprouvé le besoin d'exprimer sa vive et profonde gratitude au Conseil fédéral helvétique, qui a bien voulu accorder sa protection aux délégués de la généreuse association qui poursuit, en faveur de notre malheureuse cité, un adoucissement aux rigueurs d'un siége barbare.

» Cette généreuse démarche a ravivé les liens de fraternité et d'assistance réciproque qui pendant des siècles ont uni la ville libre de Strasbourg à la Confédération helvétique, et rappelé des traditions locales qui sont gravées dans toutes les mémoires.

» Puissent les bénédictions des malheureux que les efforts des délégués vont arracher aux tortures d'un bombardement incessant être acceptées par la nation suisse comme une récompense de sa généreuse intervention.

» Permettez-moi de réitérer, au nom de notre population entière, aux nobles représentants de la nation helvétique, l'expression de notre vive et profonde reconnaissance.
» Humann. »

Cette rédaction est approuvée.

Le 13, le gouverneur de Strasbourg écrivit au général de Werder :

« Monsieur le lieutenant général,

» Je suis tellement occupé aujourd'hui qu'il ne m'est plus possible de traiter la question des francs-tireurs, permettez-moi donc de la réserver pour un autre jour. Je viens de voir la députation suisse. Il a été convenu avec elle que les personnes autorisées par vous à se rendre en Suisse formeraient des convois de 4 à 500 au maximum.

» Ne connaissant pas la contenance des voitures que vous enverrez pour transporter les émigrants, il ne m'est pas possible de déterminer le nombre qui sera nécessaire; mais plusieurs personnes aisées se feraient conduire par des voitures prises à Strasbourg, si vous accordiez à ces dernières de rentrer en ville; vous pourriez même, si vous aviez confiance en moi, m'envoyer quelques laisser-passer en blanc, mais signés par vous, pour être remis aux conducteurs des voitures. Croyez bien que je n'en ferai pas un mauvais usage. Si vous préférez faire rentrer les voitures par la porte d'Austerlitz, je n'ai aucun motif pour m'y opposer; mais alors il serait nécessaire de faire cesser le feu pendant quelques heures; sans quoi, les chevaux pourraient être blessés ou tués, et par suite des voitures mises hors de service.

» M. le lieutenant Versen partira aujourd'hui à quatre heures avec la députation suisse, et sera échangé à vos avant-postes avec le lieutenant Archer. Le fusilier Giesfer, du 2e régiment de grenadiers badois, n'est pas encore transportable; je me tiendrai au courant de sa situation.

» Je joins à mon envoi un certain nombre de lettres que M. le maire de Strasbourg m'a prié de vous faire parvenir.

» *Le général commandant supérieur,*
» Uhrich. »

Devant le changement de gouvernement, M. Humann déclare ne plus être l'homme de la situation; il donne sa démission de maire, mais tient à honneur de rester, au moment du danger, membre de la commission municipale.

Le docteur Küss, républicain possédant la confiance et l'estime de toute la ville, est élu maire de Strasbourg. Sa tâche fut lourde, mais elle ne fut pas au-dessus de son grand dévouement. Ce fut le dernier maire français de Strasbourg; nommé député par cette ville, lors des dernières élections faites en Alsace, il mourut à Bordeaux le jour où la chambre décida la cession de l'Alsace à l'empire allemand.

SUITE DU RÉCIT DES ENVOYÉS SUISSES

La délégation suisse revint à Strasbourg dans la journée du 13; voici la suite de leur récit de voyage tel qu'ils le firent à leurs compatriotes :

« Au moment où nous allions quitter le quartier général allemand pour nous rendre à Strasbourg, nous fûmes arrêtés par un incident : c'était l'arrivée, au quartier général, du capitaine Archer, Français, prisonnier de guerre, commandant de la place de Lichtenberg, dans les Vosges, qu'il avait dû rendre aux Prussiens parce qu'elle était intenable. Il devait être échangé, devant les remparts de Strasbourg, contre un officier allemand blessé et prisonnier des Français, le lieutenant de Versen. Il fut décidé que l'échange aurait lieu aussitôt que les pièces officielles seraient rédigées par le parlementaire qui devait nous accompagner nous-mêmes, et, de notre côté, nous offrîmes une place dans la voiture à l'officier français pour aller à Strasbourg, et à l'officier allemand pour en revenir, ce qui fut accepté volontiers.

» Notre excursion ce jour-là fut plus triste que la précédente. Il s'écoula un assez long temps avant que l'on eût fait taire toutes les batteries qui sillonnaient de leurs boulets l'espace que nous avions à parcourir, et je trouvai plus lugubre le résonnement de la trompette du parlementaire au travers des ruines de Kœnigshoffen. Nous avions laissé l'officier français et la voiture en arrière à Eckbolsheim; nous dûmes approcher assez près des fortifications avec l'officier allemand qui nous accompagnait, jusqu'à ce que nous eûmes rencontré une patrouille française, commandée par un officier qui nous arrêta par ces mots : « Que voulez-vous, messieurs ? » Le parlementaire lui remit les papiers dont il était porteur; nous nous présentâmes comme les délégués de la Suisse à Strasbourg, et là-dessus, sans que nous eussions à attendre devant les remparts, comme nous l'avions craint, l'autorisation d'entrer dans la ville, nous y fûmes conduits immédiatement.

» Il est vrai que n'étant pas régulièrement annoncés, ce ne fut pas par le pont-levis et la porte principale que nous y entrâmes, mais par un chemin plus pittoresque, par-dessus les parapets, montant et descendant les escaliers étroits qui font communiquer les ouvrages avec les fossés par de petites passerelles, enfin, par des passages souterrains, jusqu'à ce que, plutôt que nous ne nous y attendions, nous nous trouvâmes tout d'un coup dans l'enceinte, en dedans de la porte Nationale.

» Ce jour-là, d'ailleurs, nous venions tout à fait incognito, et nous étions seulement préoccupés de terminer notre affaire. Notre première visite fut pour le général Uhrich, qui nous était venu en aide autant qu'il était en lui, et avait déjà préparé la liste d'émigrants qui devait être soumise à l'approbation du général de Werder. De chez le général Uhrich nous nous rendîmes à l'hôtel du Commerce, où avait lieu précisément une séance orageuse de la Commission municipale. En effet, la situation avait fort changé depuis dimanche : la république avait été proclamée ; M. Humann ayant donné sa démission, un nouveau maire avait été élu ; une partie des rues était pavoisée.

» Avec quelques-uns des membres qui avaient été constitués en comité pour notre affaire, nous prîmes alors les mesures nécessaires pour la formation de la première colonne du jeudi ; car, d'après ce que nous avions appris à Mundolsheim, il ne pouvait être question de mercredi. Ce jour-là nous trouvâmes déjà plus d'animation dans la ville ; le sentiment que les communications étaient rétablies avec le dehors, et que le terme de leurs misères était proche pour tant de malheureux, avait jeté un nouvel élément de vie dans la population.

» Nous employâmes le reste du temps dont nous pouvions disposer à quelques visites, en particulier dans les caves transformées en habitations : leur aspect et leur arrangement seraient dignes du pinceau d'un peintre. Il est d'ailleurs difficile de s'en faire une idée sans les avoir vues de ses yeux.

» Des tonneaux, des provisions, des caisses fermées renfermant quelques objets précieux, des lits, des meubles, tout y est entassé, tout s'y condense ; un peu plus loin, c'est un foyer provisoire pour la cuisson des aliments, et l'escalier de la cave sert à la fois de cheminée et de ventilateur pour les odeurs de cette cuisine souterraine, attendu que tous les soupiraux, pour plus de sûreté, ont été fermés avec des pierres et garnis de fumier en dehors. Et dans ces trous, combien de malheureux habitants de Strasbourg ont déjà passé de longues et terribles semaines ! Il n'y aurait rien d'étonnant à ce que beaucoup d'entre eux dussent, au moment d'en sortir, habituer de nouveau leurs regards à la lumière du soleil. Un autre spectacle étrange était celui que présentaient les façades des maisons, avec leur véritable armement de matelas, de sacs de paille, etc., destiné à arrêter, autant que possible, les boulets ou à en amortir le choc. Bref tout portait la trace d'un siége et d'un siége rigoureux.

» L'heure du retour vint enfin, et nous dûmes attendre, près de la porte Nationale — souvent inquiétés par les obus dont plusieurs éclatèrent à une proximité peu rassurante, — le prisonnier allemand qui devait être échangé ; au bout d'une demi-heure, il arriva sur une voiture d'ambulance française fort bien disposée, car il était grièvement blessé. Cette fois, la porte principale s'ouvrit de nouveau pour nous ; l'appel de la trompette, le drapeau blanc parlementaire et celui de la convention de Genève annoncèrent aux batteries allemandes notre sortie, et le feu fut promptement arrêté. Nous fîmes halte au premier avant-poste, pour que l'on fît venir d'Eckbolsheim M. Archer ; dans l'intervalle s'entama la conversation la plus amicale entre les officiers français et allemands ; ils échangeaient des cigares, et, à les entendre dire « mon camarade », on oubliait presque complètement que l'on voyait là, en face les uns des autres, des ennemis acharnés.

» Enfin arriva l'officier allemand chargé d'opérer l'échange ; ce fut un nouveau tableau de genre que la présentation mutuelle des deux officiers prisonniers qui allaient redevenir libres et rejoindre chacun les siens. L'Allemand blessé se saisit avec un véritable sentiment de triomphe de son sabre, placé jusque-là à côté de lui sur le lit où il était couché; tous deux se donnèrent cordialement la main avant de se séparer. Comme l'état du lieutenant de Versen ne lui permettait pas d'être transporté dans la voiture qui nous avait amenés, l'officier parlementaire français, le capitaine Farre, offrit à l'officier allemand, avec une courtoisie toute française, de prendre avec lui la voiture d'ambulance jusqu'au plus voisin hôpital allemand, ce qui fut accepté aussitôt avec remerciments.

» Les deux soldats français qui le conduisaient firent place à deux Allemands, et furent conduits, les yeux bandés, avec la voiture, jusqu'à ce qu'ils eussent dépassé les avant-postes allemands. A Kœnigshoffen on leur rendit l'usage de leurs yeux, et on leur servit à boire et à manger, en attendant que leur char d'ambulance revînt de l'hôpital d'Eckbolsheim; puis ils furent, avec leur char, reconduits, de nouveau les yeux bandés, jusqu'aux avant-postes de la forteresse.

» De semblables petites scènes peuvent paraître insignifiantes à bien des gens. Mais pour ceux qui y ont assisté elles jettent dans le sombre tableau de la guerre quelques rayons de lumière bienfaisante qu'ils ne sauraient aisément oublier ensuite.

» Il nous restait encore à terminer notre travail à Mundolsheim.

» Nous tombâmes d'accord que, le jeudi à dix heures, une première colonne de 500 personnes serait reçue à la porte d'Austerlitz avec des chars de réquisition, le choix des autorisations à donner, sur les quatre mille demandes de sorties formulées, devant être laissé au chef de l'état-major général de l'armée de siège.

» Par une nuit obscure qu'éclairaient seulement les incendies allumés à Strasbourg et dans les environs par les obus et les bombes, nous partîmes armés du mot d'ordre et de ralliement pour arriver à Oberschaeffolsheim, au travers des postes de l'armée de siège, toujours sur le qui-vive le plus actif.

» Le jour suivant, mercredi 14, nous nous rendîmes à Lahr pour y rejoindre nos collègues et y préparer la réception des fugitifs à Rhinau et à Orschweyer. A notre arrivée à Lahr tout était déjà prêt, grâce à la manière digne de toute reconnaissance dont les habitants avaient prêté leur concours aux délégués suisses.

» Le jeudi à dix heures précises, nous nous réunissions en avant de la porte d'Austerlitz. Le général Uhrich lui-même avait accompagné, avec quelques notabilités militaires, la colonne des émigrants jusque hors de la forteresse. En deçà des barricades de la porte attendaient 60 chars bourrés de paille. Un certain nombre d'officiers contemplaient le spectacle qu'offrait la caravane à son départ. Et en vérité, quel coup d'œil, lorsqu'on vit s'ébranler lentement une longue file de voitures, d'omnibus d'hôtels et de chemin de fer, etc., tous chargés d'autant de personnes qu'il était possible d'en entasser, suivis d'une foule de femmes et d'enfants à pied; quant aux hommes, on n'en avait point laissé sortir, sauf quelques vieillards.

» Tous ces visages rayonnaient de joie et de gratitude, et le soleil lui-même semblait prendre plaisir à éclairer cette scène de bonheur au milieu de tant de sombres tristesses!

» Pour laisser passer les voitures sortant de Strasbourg, une partie des barri-

SUITE DU RÉCIT DES DÉLÉGUÉS SUISSES.

cades établies dans la campagne par les avants-postes badois dut être démolie par ceux-ci, ce qui ne fut pas fait sans une certaine humeur par les officiers allemands, attendu que ce ne devait pas être une tâche agréable de les rétablir plus tard sous le feu de la place.

» Aussitôt un membre de notre légation adressa au général Uhrich la demande qu'un délai fût donné jusqu'à midi, pour rétablir les travaux dont le passage des émigrants exigeait la démolition.

» — Oh ! répondit aussitôt le général de la manière la plus amicale, non pas jusqu'à midi, jusqu'à une heure, et plus tard s'il le faut ; on leur laissera tout le temps nécessaire.

» Lorsque tout fut emballé et que chaque char eut été pourvu d'une garde militaire, la colonne se mit en route, avec une escorte de cavalerie, vers Rhinau. Encore un dernier serrement de main, un dernier adieu aux Strasbourgeois, et nous partîmes à notre tour profondément heureux d'avoir pu mener à bonne fin notre mission, et convaincus d'avance de la cordiale réception qui attendait ces étrangers fugitifs dans notre chère patrie suisse.

» Le samedi 17 septembre, après avoir pris la veille congé du général Werder, ainsi que du chef d'état-major de Leszcynski, et envoyé aux Strasbourgeois une dernière parole d'adieu, nous quittâmes nos collègues qui devaient prolonger leur séjour à Lahr pour attendre les colonnes suivantes. Cette fois, notre route ne nous ramenait plus au lugubre concert des pièces de siège, mais elle nous conduisait en Suisse, et dès le lendemain nous allions entendre les sons paisibles des cloches annonçant le jeûne fédéral, qui, en de pareilles circonstances, avait, dans nos cœurs pénétrés de reconnaissance, un écho plus solennel que jamais.

» Et en vérité nous avions bien des motifs de reconnaissance. C'est assurément un fait qui n'est pas ordinaire de trouver, ainsi que cela nous était arrivé, un accueil également bienveillant auprès des deux armées en pleine guerre l'une contre l'autre. Notre attente à cet égard avait été dépassée de beaucoup, bien que le résultat de l'évacuation de Strasbourg n'ait pas été atteint dans les proportions que nous eussions désirées.

» Néanmoins la possibilité donnée à ceux qui ont pu quitter Strasbourg de sortir d'une manière sûre et commode de ce lieu de lamentations ne se mesure pas par des chiffres. En outre, il ne faut pas oublier que depuis nos négociations avec le grand-duc de Bade et le général de Werder, à diverses reprises, une centaine de personnes qui s'étaient enfuies à Neudorf ont été mises en liberté par l'armée allemande. Si d'ailleurs une partie des Strasbourgeois émigrés de leur ville a préféré chercher un asile chez leurs amis d'Alsace, au lieu de venir en Suisse, nous devons nous en réjouir dans leur propre intérêt.

» Mais avant tout, ce que l'on ne saurait apprécier à une trop haute valeur, c'est l'effet moral et le résultat pratique de l'intervention toute chrétienne de la Suisse neutre en faveur de malheureux arrivés à l'extrême de l'affliction.

» Notre réception à la porte Nationale nous a montré que la Suisse avait été bien comprise par Strasbourg, et nous n'attachons pas une moindre signification morale à la sympathique bienveillance que nous ont témoignée les chefs de l'armée allemande auquel incombe la dure et lourde tâche d'un semblable siége.

» Une seule pensée pèse encore sur nos cœurs, au milieu de nos motifs de reconnaissance, pour ce que nous avons pu obtenir, c'est celle de l'effroyable calamité que le dernier acte militaire de ce siège, l'assaut de Strasbourg, va attirer, soit sur la malheureuse cité, soit sur les soldats qui l'assiégent.

» Nos vœux les plus ardents sont pour que cette terrible catastrophe puisse être évitée, et pour que la ville si cruellement éprouvée aujourd'hui puisse dans un avenir prochain retrouver des jours heureux et bénis par la paix ! »

Les délégués suisses nous ont appris en même temps Sedan, l'anéantissement de la dernière armée française et l'arrivée des Prussiens sous Paris; nous connaissons l'effondrement de l'empire et la proclamation de la république.

Strasbourg à l'agonie pavoise ses ruines, confie aux envoyés suisses femmes et enfants, puis relève ses ponts-levis et s'apprête à bien mourir.

Le 13 septembre, une compagnie d'infanterie, commandée par le capitaine Luya, sort de la citadelle, se porte rapidement sur le pont de la route de Kehl, remonte le Rhin jusqu'au pont du chemin de fer, tombe sur un détachement ennemi et le met en fuite. Les Allemands laissent entre nos mains des armes et leur campement.

Le 2ᵉ régiment de grenadiers badois subit de fortes pertes, le capitaine May du, 2ᵉ grenadiers, est tué dans les tranchées.

MERCREDI 14 SEPTEMBRE

La journée d'hier a eu ses désastres comme les journées précédentes, et malgré la présence dans nos murs des envoyés suisses, l'ennemi n'a pas ralenti son tir.

La garnison a eu, le 13 septembre, 100 hommes hors de combat; l'énergique commandant du 3ᵉ arrondissement de défense, le colonel du 87ᵉ, a été frappé par un éclat de bombe; quelques jours déjà auparavant, le chef de bataillon du 87ᵉ, Rousseau, commandant la 1ʳᵉ section du front d'attaque, bastions 11 et 12, lunettes 50, 51, 52, 53 et 54, qui secondait d'une façon si intrépide le colonel Blot dans ce poste difficile, avait été grièvement blessé d'un coup de feu.

Nous lisons dans le *Courrier du Bas-Rhin* le compte rendu de la journée du 13 :

« Ce sont toujours les faubourgs, le quartier de la gare du chemin de fer et le quartier du Broglie qui sont les plus éprouvés; d'épais nuages de fumée, qui s'élevaient du côté des remparts, indiquaient que dans le faubourg de Pierre et le faubourg de Saverne le feu continuait son œuvre de destruction; la rue de la Mésange, les bâtiments du Broglie, l'usine à gaz, la gare ont fort souffert.

» Dans les faubourgs aussi, la mitraille et les éclats d'obus ont fait de nouvelles victimes dans la population, et l'hôpital a dû plusieurs fois ouvrir ses portes aux brancards sur lesquels on transporte les tués et les mutilés.

» Vers le soir, nos rues, silencieuses et presque désertes depuis de si longs jours, se sont singulièrement animées, et des groupes nombreux se tenaient de distance en distance, discutant avec chaleur. Un éclair de bien vive joie avait traversé cette population si terriblement éprouvée et avait un instant fait oublier la tristesse et le danger.

» C'est la certitude de la proclamation de la république qui avait causé ce moment heureux. On se réjouissait, on se félicitait de la grande nouvelle, et vingt personnes se tenaient quelquefois autour d'un citoyen complaisant qui donnait à haute voix lecture du numéro du *Courrier du Bas-Rhin* annonçant qu'enfin la France était délivrée de ceux qui depuis dix-huit ans l'ont opprimée, corrompue et abaissée. On se sentait soulagé d'un joug pénible, et ce sentiment semblait augmenter le courage et les forces de chacun. Des drapeaux ont été arborés aux maisons, et l'on a eu ce spectacle, certes unique dans l'histoire, d'une ville qui se pavoise sous le feu ennemi qui la bombarde. »

STRASBOURG.

COMMISSION MUNICIPALE DE STRASBOURG

Séance du 14 septembre 1870

PRÉSIDENCE DE M. HUMANN, MAIRE

Réponse de M. le général de Werder.

M. le maire communique à la Commission la réponse faite par M. le général de Werder à la demande d'un *laisser-passer* pour deux délégués que la Commission se proposait d'envoyer à Paris; en voici la traduction :

« Mundolsheim, le 11 septembre 1870.

» J'éprouve le regret de ne pouvoir répondre au désir que la Commission municipale m'a fait l'honneur de m'exprimer au sujet de l'envoi de deux délégués à Paris.

» Dans les circonstances présentes, je puis d'autant moins accueillir cette demande, que l'armée allemande, placée sous les ordres de Sa Majesté le roi, est arrivée devant Paris.

» Malgré mon vif désir de préserver la ville de Strasbourg, qui tient de si près à l'Allemagne, de désastres ultérieurs, je regrette aussi que la prise, aujourd'hui plus prochaine, de la forteresse et de la ville, devra amener de nouveaux et de plus grands malheurs.

» J'ai l'honneur de signer avec la plus grande considération.

» *Signé* : v. WERDER, *lieutenant général.* »

Lettre de M. le général de Werder relative aux saufs-conduits.

Voilà, dit M. le maire, une autre lettre de M. le général de Werder, laquelle a trait aux personnes qui seront autorisées à quitter Strasbourg.

« Mundolsheim, le 14 septembre 1870.

» *A M. le général de division Uhrich, commandant supérieur.*

» J'ai l'honneur de vous envoyer les saufs-conduits pour la 1re série des personnes qui pourront sortir de Strasbourg. Le 15 courant à 10 heures du matin, le capitaine d'état-major de Friedebourg, avec 6 gendarmes et le drapeau parlementaire, se trouvera à la porte d'Austerlitz.

» Cet officier est porteur des instructions suivantes qui seront applicables aux émigrants :

» 1° Chaque émigrant devra présenter son sauf-conduit, muni du cachet dont ci-contre je vous donne l'empreinte;

» 2° Les hommes qui sont désignés sur les saufs-conduits comme accompagnant d'autres personnes seront provisoirement refusés;

» 3° Les voitures venant de Strasbourg seront escortées par des militaires prussiens jusqu'à Rhinau; là les émigrants descendront de voiture; des véhicules seront prêts, par les soins d'un comité badois, pour continuer le voyage;

» 4° Les voitures venant de Strasbourg s'arrêteront pendant deux heures à Rhinau, et seront ramenées en ville immédiatement après;

» 5° Les personnes qui ne pourront pas se procurer de voitures à Strasbourg trouveront 50 voitures de paysans avec des siéges en paille à Neudorf; ces voitures ont été requises par les soins de M. le commandant de Friedebourg. Ces voitures ne sont pas couvertes, elles iront jusqu'à Lahr, où un comité *ad hoc* se charge de les loger pour la nuit;

» 6° Ceux des émigrants qui auraient le désir de rester en Alsace devront préalablement en faire la demande à Mundolsheim par les soins de l'administration de Strasbourg, afin d'obtenir un autre sauf-conduit; ces personnes ne pourront donc pas sortir de la forteresse le 15;

» 7° Les personnes se trouvant désignées sur le même sauf-conduit devront être réunies dans la même voiture; ordre est donné à l'artillerie d'éviter pendant le temps de la sortie, avec un soin particulier, le tir qui pourrait endommager la ville; une cessation complète du feu ne peut être accordée.

» *Le général commandant le siége de Strasbourg,*
» *Signé :* v. WERDER, *lieutenant général.* »

» P. S. Les saufs-conduits de la prochaine série vous parviendront vendredi matin; le second départ s'effectuera le 17 à 10 heures du matin, dans les mêmes conditions. »

M. Humann prend la parole. Ce n'est certes pas le manque de courage, vous le savez bien, qui m'a inspiré la détermination de me démettre de mes fonctions; ce n'est pas le danger que je redoute, mais la crainte d'un affaiblissement; j'accepte la république, je la servirai loyalement, mais je ne suis pas républicain de la veille, et ce sont ceux-là qui sont les hommes de la situation. Le grand intérêt du moment, c'est le salut de la patrie, l'honneur du drapeau national. Or, dans les circonstances présentes, cette grande cause ne peut être utilement défendue que par des républicains.

Propositions.

M. Schnéegans dit que la démission de M. Humann de ses fonctions de maire ne doit pas être acceptée en silence. Il est persuadé d'être l'organe de la Commission tout entière en exprimant à M. le maire les sentiments de reconnaissance pour les grands services qu'il a rendus à la cité et dont elle a été le témoin.

La Commission s'associe unanimement à ces hommages.

M. le maire se déclare profondément touché de cette marque de sympathie, et il en remercie M. Schnéegans et la Commission.

» Malgré tout mon désir, dit M. le maire, d'être utile à ma chère cité natale, j'ai compris que l'heure était venue où je devais céder à un autre la direction et le fardeau du pouvoir municipal.

M. Bœrsch voudrait que la Commission déclarât par un vote solennel, que, par le zèle, les efforts et le dévouement déployés par M. le maire, surtout dans les circonstances difficiles qui viennent d'être traversées, M. le maire a bien mérité de la ville de Strasbourg.

La Commission vote par acclamation la motion de M. Bœrsch.

M. Schnéegans demande ensuite la permission de soumettre à la Commission une proposition d'une nature bien différente.

Vous savez, dit-il, qu'un trop grand nombre de nos concitoyens ont quitté Strasbourg quand la situation de la ville est devenue critique. Parmi eux il en est beaucoup qui avaient des fonctions publiques ou une situation personnelle qui leur imposaient le devoir de demeurer au milieu de nous. En quittant leur poste au moment du danger, alors que nos femmes et nos enfants n'abandonnaient pas leurs foyers, ces citoyens ont mal mérité de Strasbourg; je demande que la Commission le déclare par une délibération formelle dont voici la teneur et qui sera affichée :

» La Commission municipale,

» Considérant que, dans les circonstances critiques où se trouve la cité de Strasbourg, le poste de chaque citoyen est à Strasbourg;

» Considérant que, depuis le commencement de la guerre et plus particulièrement depuis la bataille de Frœschwiller, un certain nombre de citoyens, que leur position devait faire rester à Strasbourg, ont lâchement abandonné leurs concitoyens pour mettre en sécurité leur personne;

» Considérant que des exemples doivent être statués;

Déclare :

« Les individus valides qui sans raison majeure ont quitté Strasbourg depuis l'ouverture de la guerre, sont déclarés indignes de remplir aucune fonction publique. »

La motion de M. Schnéegans, mise aux voix, est adoptée après une discussion assez vive.

Désignation d'un maire.

M. Humann propose à la Commission de procéder à un scrutin pour la désignation du nouveau chef de l'administration municipale.

Le dépouillement des bulletins de vote donne à M. Küss 35 suffrages. L'annonce de ce résultat est saluée par les applaudissements de l'assemblée.

Les applaudissements redoublent à la vue de M. Humann allant donner l'accolade à son successeur, auquel il exprime ensuite ses plus cordiales félicitations.

La 3ᵉ parallèle est achevée, le génie allemand fait dans la nuit du 14 au 15 septembre le couronnement des glacis devant l'ouvrage 53.

JEUDI 15 SEPTEMBRE

Le gouverneur de Strasbourg écrit au général de Werder :

« Monsieur le lieutenant général,

» J'ai l'honneur de vous accuser réception de vos instructions pour la sortie de la première série des émigrants en Suisse. Je fais tout préparer pour que cette opération se fasse avec tout l'ordre et la régularité possibles.

» Il va de soi que le feu cessera, sur tout le front sud, jusqu'après le départ de la dernière voiture. Je vous adresse ci-joint un deuxième envoi de listes de personnes qui désirent quitter Strasbourg pour se rendre en Suisse. »

» *Le général commandant supérieur,*
» Uhrich. »

L'*Impartial du Rhin* rend ainsi compte de la journée du 15 septembre :

« Pas un instant de relâche ; la canonnade continue avec un acharnement incessant ; un coup n'attend pas l'autre, et ces coups sont toujours dirigés aussi bien contre l'intérieur de la ville que contre les fortifications ; détruire les monuments et les habitations privées aussi bien que les ouvrages de défense, décimer les habitants aussi bien que la garnison, démolir, incendier, ruiner, tuer n'importe qui, n'importe comment, sans un instant de pitié, sans une minute de répit, tel semble être depuis quelques jours le mot d'ordre donné aux assaillants.

» Un des résultats obtenus ce matin par leur artillerie le montre surabondamment ; vers midi, un obus a atteint et largement écorné la base de la croix en pierre qui surmonte la flèche de la cathédrale, à 140 mètres de hauteur ; il a frappé si juste que cette croix, dont la longueur totale est d'environ 4 mètres, n'est plus retenue que par le câble du paratonnerre ; un second coup pointé avec la même précision pourrait l'abattre.

» Hardi donc ! messieurs les canonniers prussiens... Quel est celui d'entre vous qui terminera l'œuvre de destruction si bien commencée ?

» Son nom sera accolé à celui d'Erwin de Steinbach. Mais tandis que ce dernier nom resplendira toujours d'une gloire ineffaçable, l'autre vivra éternellement, souillé d'un horrible stigmate, parmi ceux des vandales qui auront pris la plus large part à l'anéantissement de Strasbourg.

» Les dernières maisons du quai de la porte des Pêcheurs sont tellement criblées à jour, depuis hier matin, que la plupart sont près de s'écrouler.

L'église de Saint-Guillaume et les habitations voisines sont aussi constamment atteintes par des projectiles entiers ou par des éclats. »

De son côté, le *Courrier du Bas-Rhin* publie l'article suivant :

« La Commission municipale de Strasbourg a pris hier une mesure qui, nous n'en doutons pas, sera ratifiée par toute notre population. La république ayant été proclamée, il était urgent que le premier magistrat de la cité fût un républicain, un homme éprouvé dans les luttes politiques, d'une conviction ferme, d'un caractère fortement trempé. La Commission, après avoir accepté la démission que M. Humann très-spontanément avait donnée la veille, et avoir rendu hommage, par un vote unanime, au dévouement avec lequel le maire démissionnaire a rempli ses fonctions, a élu à sa place M. le docteur Küss. Le général gouverneur a ratifié le soir même cette décision et a pris un arrêté en conséquence.

» Il n'est personne à Strasbourg qui ne connaisse et n'honore les nobles et rares qualités qui font de M. le docteur Küss un citoyen hors ligne, un de ces hommes intègres, honnête jusqu'au fond du cœur, républicain de vieille roche, qui a fait ses preuves et donné des garanties alors que la génération présente était encore au berceau.

» M. Küss représente dans toute sa pureté le principe républicain qui triomphe aujourd'hui, ce principe qui inscrit sur son drapeau, avant toutes autres choses, la liberté. La république comme l'entend M. Küss, comme nous l'entendons tous, est, depuis la base jusqu'au sommet de l'édifice politique, le gouvernement du pays par le pays, la liberté pénétrant et animant tout le corps social.

» La nomination de M. Küss aux fonctions de maire de Strasbourg est un événement dont notre cité a le droit de se féliciter. Le régime républicain se trouve par cette nomination consacré et sanctionné.

» Ce matin est parti le premier convoi des habitants de Strasbourg ayant obtenu des saufs-conduits à la suite de l'intervention de la députation suisse. Plusieurs centaines de personnes se sont réunies vers huit heures sur la place d'Austerlitz, d'où le départ devait avoir lieu. Des officiers français se tenaient près de la porte et examinaient les laisser-passer. Les émigrants étaient pour la plupart dans des voitures, des omnibus, sur des chars-à-bancs, et n'emportaient chacun qu'une petite valise ou un sac de voyage; un certain nombre sont sortis à pied; on dit que ceux-ci trouveront au Neudorf des prolonges d'artillerie prussienne qui les conduiront jusqu'à Rhinau. Les voitures parties de Strasbourg iront jusqu'à Rhinau aussi, et pourront revenir en ville.

» Le convoi se composait surtout de femmes et d'enfants, et le spectacle de ce départ, il faut le dire, était profondément triste. La séparation dans un pareil moment est certainement bien pénible, et bien des larmes ont coulé. »

COMMISSION MUNICIPALE DE STRASBOURG

Séance du 15 septembre 1870

PRÉSIDENCE DE M. KÜSS

Nomination du président de la Commission municipale et des adjoints.

M. Küss ouvre la séance en s'exprimant ainsi :

Messieurs,

Pour justifier ma présence à la place que vous me voyez occuper, je vais vous donner lecture de l'arrêté qui m'a été remis par M. le général commandant supérieur.

Cet arrêté nomme membres de l'administration municipale :

M. Küss, président; MM. Leuret, ancien adjoint; Weyer, architecte; Flach, notaire, et Zopff, ancien adjoint.

Ainsi que vous avez pu le remarquer, dit M. le président, l'arrêté dont je viens de vous donner lecture porte qu'il a été pris par le général, *après s'être concerté avec le préfet intérimaire;* or, me conformant en cela aux sentiments qui ont été exprimés dans notre dernière séance, je me suis rendu chez le général pour lui déclarer que le préfet n'avait pas la confiance de la population, et que les vœux de la Commission municipale étaient de le voir cesser sans délai ses fonctions. Le général ayant fait part au préfet de ma démarche, ce dernier a, dans un but de conciliation, déposé sa démission et renoncé aux fonctions qu'il exerçait par intérim.

M. Humann informe qu'il a fait remettre ce matin à M. Stæhling, pour être expédié par ses soins, le pli contenant la démission officielle adressée par le préfet au gouvernement provisoire.

Je complète ma communication, dit M. le président, en vous informant qu'il résulte d'une dépêche télégraphique arrivée à Schelestadt le 5 de ce mois, et parvenue depuis à M. Pron, que le gouvernement provisoire a nommé comme son successeur à la préfecture du Bas-Rhin M. Edmond Valentin.

Dans la douloureuse situation imposée à Strasbourg depuis le commencement de la guerre, dit M. Schnéegans, et après les sacrifices immenses que notre vaillante population a faits à la patrie, je crois que le gouvernement, un gouvernement républicain surtout, doit, plus qu'à un autre moment, tenir compte des vœux des habitants de Strasbourg.

Je ne connais pas M. Valentin; je n'ai aucune objection personnelle à faire contre sa nomination, mais je suis forcé de constater que, depuis bien longtemps il est absent de Strasbourg, qu'il ne s'y trouve pas maintenant, et qu'on ne saurait dire quand il lui sera possible d'y arriver, à travers les lignes ennemies qui environnent la ville de toutes parts; or ce n'est pas un préfet *extra-muros* qui peut nous convenir; il nous faut un homme prêt à prendre en main, sans aucun retard, les intérêts du département, et à pourvoir, de concert avec le général, et d'une manière pratique et incessante, aux rigoureuses exigences de la situation.

Dans ces circonstances, je crois que la Commission ne devrait point s'arrêter à cette nomination, quitte à s'entendre plus tard avec le gouvernement, et qu'elle devrait désigner un préfet de son choix, en remplacement du préfet démissionnaire.

La Commission décide que le conseil de prud'hommes sera invité à désigner quatre ouvriers qui, après avoir été agréés par elle, seront proposés demain à la confirmation du général en tant que membres nouveaux de la commission municipale.

Cette proposition est votée à l'unanimité. La séance est levée.

COMMUNICATION DU GÉNÉRAL UHRICH AUX OFFICIERS DES COMPAGNIES FRANCHES

Nous reproduisons la communication faite le 15 septembre, par le général Uhrich, aux officiers des compagnies de chasseurs et tirailleurs volontaires, telle que vient de la publier l'ancien gouverneur de Strasbourg (1) :

« Le 15 septembre 1870, je réunis le colonel A. Saglio et les officiers des compagnies franches à mon quartier général.

» — Messieurs, leur dis-je, un échange de lettres par parlementaires vient d'avoir lieu, au sujet de vos compagnies, entre le lieutenant général de Werder et moi.

» Le général commandant l'armée allemande s'est ému des services que vous rendez à la place, et il m'a écrit qu'il se refusait à vous regarder comme belligérants.

» J'ai répondu aussitôt au général de Werder que les francs-tireurs de Strasbourg étaient des gardes nationaux, et qu'ils accomplissaient leur devoir en défendant leur ville, leur pays.

» A ma lettre le général de Werder a riposté en signifiant que jamais il ne vous accorderait le titre de belligérants, et qu'il réservait pour ceux des vôtres qu'il ferait prisonniers les plus durs châtiments de la guerre.

» J'ai apprécié par moi-même, ajoutai-je, les excellents services que vous nous avez rendus depuis le commencement du siège, vos compagnies m'ont été signalées par les commandants d'arrondissement, et je vous félicite pour la part active que vous prenez à la défense.

» Le général ennemi espère, par ses menaces cruelles, arrêter le concours patriotique que vous apportez à la défense de Strasbourg ; ses prétentions sont injustes, elles ne sont pas soutenables, aussi ne veut-il pas les laisser discuter ; il est le plus fort, il les impose.

» J'ai considéré comme étant de mon devoir de porter à votre connaissance ce fait grave qui intéresse à un point aussi grave vos compagnies.

» Rassemblez vos hommes, exposez-leur cette situation, et faites-moi part de votre décision.

» La compagnie franche des chasseurs volontaires de la garde nationale consultée déclara ne pas vouloir tenir compte des menaces du général Werder et

---

(1) *Strasbourg, documents relatifs au siège*, par le général Uhrich, p. 85.

persista presque tout entière à continuer son service comme avant : les quelques tireurs qui quittèrent la compagnie furent immédiatement remplacés par des tireurs d'élite sortant des rangs de la garde nationale.

» La compagnie franche des tirailleurs volontaires de la garde nationale passa dans la garde mobile ; mais elle continua à faire le même service, sous le nom de compagnie franche des tirailleurs de la garde mobile.

» Le capitaine Liès-Bodard, accompagné par une fraction de son ancienne compagnie, contracta un engagement dans la mobile, et après avoir recruté un certain nombre de nouveaux tireurs, forma la compagnie qui prit le nom de *compagnie des francs-tireurs de la garde mobile*.

» Je fis aussi distribuer des chassepots à cette nouvelle compagnie, qui fut immédiatement envoyée aux ouvrages avancés.

» L'effet moral produit par les compagnies franches sur la garnison fut excellent : les soldats étaient heureux de voir ces habitants de Strasbourg, soldats volontaires depuis le siège, partager avec eux les postes les plus périlleux ; cet exemple stimulait leur amour-propre et produisait les meilleurs résultats.

» On trouvera dans ma dernière proclamation aux habitants de Strasbourg (28 septembre) les adieux que je fis à ces intrépides compagnies franches. »

VENDREDI 16 SEPTEMBRE

La garnison fait des pertes douloureuses; parmi les victimes de cette journée, citons M. d'Huart, chef d'escadron au 16ᵉ d'artillerie pontonniers, et plusieurs officiers de la mobile.

Le *Courrier du Bas-Rhin* rend ainsi compte de la situation de Strasbourg le 16 septembre :

« La canonnade a été formidable pendant les deux derniers jours et les deux dernières nuits, et hier soir surtout nos grosses pièces de rempart répondaient avec un tapage étourdissant au feu de l'ennemi. Les maisons tremblaient à chaque coup de canon, et le son se prolongeait dans les airs comme un long roulement de tonnerre.

» Le bombardement continue avec l'intensité des derniers jours, et les quartiers les plus rapprochés des portes de la ville sont toujours très-éprouvés. Le quai des Pêcheurs, qui n'avait reçu dans les commencements que de légères atteintes, souffre beaucoup depuis une semaine environ. Mais là, comme dans presque toute la ville, la population fait bonne garde. D'autres maisons du quai ont été tellement criblées de projectiles qu'elles sont à peu près détruites. »

COMMISSION MUNICIPALE DE STRASBOURG

Séance du 16 septembre 1870, à 2 heures de relevée

PRÉSIDENCE DE M. KÜSS, PRÉSIDENT DE LA COMMISSION MUNICIPALE

Fourneaux économiques.

La parole est donnée à M. Zopff pour la lecture du rapport suivant sur l'organisation et le fonctionnement des restaurants populaires.

Alimentation. — Restaurants populaires.

» Si beaucoup de nos concitoyens ont vu dans cette institution une œuvre purement charitable et d'assistance publique, la majorité de la population a mieux compris la mesure adoptée par la municipalité, approuvée par l'administration supérieure et provoquée par les motifs suivants :

L'ennemi, je l'ai déjà dit, comptait sur des dissensions intestines pour se faire ouvrir les portes de la ville par la population civile. Or le meilleur moyen de provoquer ces dissensions était d'indisposer la population, que dis-je, de l'exaspérer, de l'affamer, de la décimer par la maladie.

Que fallait-il pour déjouer ces plans, si ce n'est donner une nourriture saine et abondante à tout un monde privé de ressources et épuisé? Ce n'était pas là, vous le reconnaîtrez avec moi, messieurs, une pure œuvre de charité, mais bien une œuvre de *salut public*.

Les autorités militaires l'ont reconnu dès le premier jour, et la mesure administrative que nous avons prise pour créer les *restaurants populaires* a contribué pour une large part, en conservant la santé des habitants, non-seulement au maintien de l'ordre, mais encore à la défense de la place. Secondés par la bonne volonté que nous avons rencontrée partout, nous avons été promptement à même de nourrir convenablement nos convives, et à l'aide de sacrifices pécuniaires que se sont imposés des citoyens de toutes les classes, nous avons même pu leur offrir du vin; aussi le bon état sanitaire de la population s'est-il maintenu, à en juger par le mouvement des ambulances et des hospices.

Le nombre des restaurants populaires est de sept. La totalité des repas offerts en si peu de temps s'élève au chiffre de 126 088.

Cuisines économiques.

» A peine ces restaurants gratuits étaient-ils organisés, qu'il fallut songer à créer une 2ᵉ classe d'établissements, qui pourraient offrir, moyennant une légère rétribution, une nourriture moins commune aux personnes capables de gagner leur subsistance.

» Cette mesure devait avoir pour but, d'une part, de sauvegarder la dignité de la classe laborieuse; de l'autre, d'épargner les fonds de la ville.

Saufs-conduits.

» M. le président annonce qu'un deuxième envoi de saufs-conduits suisses a été reçu ce matin à Strasbourg.
Leur nombre s'élève à 568, se répartissant ainsi qu'il suit :
380 délivrés à des personnes ayant déclaré voyager à leur frais;
78 aux personnes à ressources limitées;
110 aux personnes sans ressources.
Ces saufs-conduits seront distribués dans la journée; le départ aura lieu demain à 8 heures. — Il est arrivé, en outre, un certain nombre de laisser-passer prussiens; le départ des personnes auxquelles ils sont destinés est fixé à après-demain matin à 9 heures. »

Délégation de M. Bœrsch à la gestion de l'administration départementale.

M. le président donne lecture de l'arrêté suivant qui vient de lui être remis à l'instant :

RÉPUBLIQUE FRANÇAISE

SIXIÈME DIVISION MILITAIRE

État-major

« Nous général de division, commandant supérieur de la 6e division militaire;
» Vu la lettre par laquelle M. le baron Pron, préfet du Bas-Rhin, s'est démis de ses fonctions;
» Vu la lettre qui nous a été adressée au sujet de son remplacement par M. le président de la Commission municipale,
» Procédant en vertu des pouvoirs extraordinaires qui nous sont conférés par l'état de siége,
» Avons arrêté ce qui suit :
» 1° M. Charles Bœrsch, conseiller général, est délégué pour l'administration du département du Bas-Rhin;
» 2° M. le président de la Commission municipale est chargé de l'exécution du présent arrêté.
» Le présent arrêté sera publié par voie d'affiches.
» Expédition en sera adressée à M. Bœrsch.

» UHRICH.

» Strasbourg, le 15 septembre 1870. »

La lecture de cet arrêté est accueillie avec les applaudissements de l'assemblée.
M. Lipp rend hommage aux élèves de l'École de santé militaire qui, avec un

ÉVACUATION ET DESTRUCTION DE L'OUVRAGE 53.

courage et un dévouement dignes des plus grands éloges, prodiguent leurs soins aux malades et aux blessés des faubourgs et de la ville.

La commission s'associe à cet hommage bien mérité et vote des remercîments à MM. les élèves de l'École de santé militaire.

La séance est levée.

ÉVACUATION ET DESTRUCTION DE L'OUVRAGE 53

Le 16 dans la soirée, la 1re compagnie du 4e bataillon de la garde mobile, qui occupait l'ouvrage 53, reçut l'ordre de l'évacuer.

Cette lunette n'était pas tenable, les parapets étaient rasés, la brèche, sur le flanc droit et au saillant, praticable, et il était impossible de mettre une pièce en batterie. Quelques jours déjà auparavant le général commandant supérieur avait fait charger les chambres de mine, afin que l'on fût prêt à faire sauter cet ouvrage. Nous donnons le récit de cette opération, afin de bien montrer quel était le rôle de la garde mobile.

Il n'y avait pas de soldats du génie dans la place; le capitaine commandant la 2e compagnie du 4e bataillon de la garde mobile reçut l'ordre d'aller avec la compagnie porter la poudre nécessaire pour faire sauter le 53. Cette compagnie quitta le 47-49 et se dirigea vers la porte de Pierre où se trouvait la poudrière. Au moment de son arrivée à cette porte, le poste composé d'une quinzaine d'hommes et d'un sous-officier, venait d'être haché par deux obus qui avaient éclaté sous la voûte. Un caporal du génie, accompagné d'un ouvrier civil ouvrit la poudrière placée à l'intérieur de la porte de Pierre; chaque mobile prit un sac de poudre qu'il recouvrit de sa capote, l'opération allait être terminée lorsqu'un obus éclata à l'entrée de la poudrière et vint blesser un caporal de la compagnie qui se chargeait de son sac. Par un hasard providentiel, il n'y eut pas d'explosion et ce fut le seul homme atteint. Une fois la poudre enlevée, on baissa le pont-levis, opération qui ne s'était pas faite depuis le début du siège, puis les hommes s'avancèrent les uns après les autres dans le chemin couvert qui conduit au 53.

La nuit était très-sombre, et la 2e compagnie arriva au bord du fossé sans être aperçue par les défenseurs de l'ouvrage; le fossé fut passé, les fourneaux furent chargés, et la compagnie rentra au 47-49.

Le 16 septembre, aussitôt la lunette 53 évacuée, elle fut bouleversé par les mines.

SAMEDI 17 SEPTEMBRE

Le feu de l'ennemi est des plus violents, la citadelle est en partie détruite, et tous les ouvrages, depuis la porte Nationale au Contades, sont battus sans relâche par l'ennemi.

Un exemple au milieu de bien d'autres : Au 47-49, occupé par les 2e, 6e, 7e et 8e compagnies du 4e bataillon de la garde-mobile et par les pontonniers, il y eut, en un seul jour, sur 27 pièces, 22 de démontées, et pendant les 42 jours que la mobile et les pontonniers occupèrent cet ouvrage, ils y perdirent 210 hommes.

Cette lunette était littéralement labourée, et en certains endroits il y avait des trous de 60 à 75 centimètres de profondeur.

LA LUNETTE 44

La lunette 44, à cause de sa position avancée et dominante, avait été en butte, dès le commencement, aux coups de l'artillerie ennemie.

Cet ouvrage souffrait surtout beaucoup du feu des mortiers rayés, le mur de gorge de droite avait été atteint et détruit par le tir indirect des pièces courtes rayées de 15 centimètres; le réduit avait été écorné, la voûte défoncée, le terre-plein était labouré par les projectiles creux, et les bombes avaient fait des trous profonds rapprochés qui rendaient la circulation très-difficile. Enfin, l'escarpe était profondément endommagée. Cette lunette ressemblait plus à une ruine qu'à un ouvrage de défense; aussi s'attendait-on à chaque instant à une attaque de vive force.

Pendant la nuit, un soldat allemand vint planter un drapeau au saillant de la lunette 44. C'était là une prise de possession. Le lieutenant d'Arboussier, du 5e d'artillerie, se chargea de répondre à cette bravade. Le lendemain matin, au plein jour, il sortit de l'ouvrage, et là, à découvert, sous le feu pressé de l'ennemi, ce brave officier arracha le drapeau allemand et le rapporta dans la lunette 44.

COMMISSION MUNICIPALE DE STRASBOURG

Séance du 17 septembre 1870.

PRÉSIDENCE DE M. KÜSS

Nomination de quatre nouveaux membres de la Commission municipale, proposés par le président du conseil des prud'hommes.

M. le président donne communication de l'arrêté suivant de M. le général de division, qui lui a été transmis par M. Bœrsch, administrateur provisoire du département :

RÉPUBLIQUE FRANÇAISE

SIXIÈME DIVISION MILITAIRE

État-major.

« Nous général de division, commandant supérieur de la 6e division militaire,
» Vu les lois sur l'organisation municipale ;
» Vu les propositions de la Commission municipale de Strasbourg, après nous être concerté avec l'administration provisoire,
» Arrêtons :
» Art. 1er. MM. Gustave Poynet de Puilhéry de Saint-Sauveur, Théodore Schweighæuser, Charles Lehr, Weber, sont nommés membres de la Commission municipale.
» Art. 2. M. Bœrsch, administrateur provisoire, est chargé de l'exécution du présent arrêté.

» Fait à Strasbourg, le 17 septembre 1870.

Le général commandant supérieur,
» UHRICH. »

Le président de la commission municipale souhaite la bienvenue à ses collègues.

Pompiers.

M. le président a le regret d'annoncer que deux braves sapeurs-pompiers, les sieurs Jean-Baptiste Bisch et Antoine Lever, viennent encore de succomber en accomplissant leur devoir.

M. Gœrner, commandant du bataillon, donne d'intéressantes explications sur l'organisation du corps, qui est porté actuellement à un effectif de 240 hommes, formant 8 compagnies complètes. On a dû s'apercevoir de la vigilance des sapeurs-pompiers et de leurs efforts couronnés souvent de succès pour maîtriser les commencements d'incendie. M. Gœrner annonce l'intention de demander pour les veuves des deux nouvelles victimes un secours provisoire en attendant la liquidation.

Il ne suffit pas, dit M. Schnéegans, d'accorder des pensions aux familles des pompiers qui ont succombé en faisant bravement leur devoir : nous avons quelque chose de plus à faire ; tout le corps rend des services qu'on ne peut assez reconnaître : la Commission se rendra l'écho de la cité entière en déclarant que le corps des sapeurs-pompiers a bien mérité de Strasbourg.

Cette motion est votée par acclamation.

M. Gœrner remercie au nom du bataillon, et, de son côté, il rend hommage aux services considérables rendus par les pompiers volontaires.

La séance est levée.

Le 17 au soir, le général Uhrich reçoit du général de Werder la lettre ci-dessous :

« Mundolsheim, 17 septembre 1870.

» Monsieur,

» J'ai l'honneur de vous informer que le 16 au matin, il a été tiré d'une manière continue, avec des shrapnels, sur le lieu où se font les premiers pansements, auprès de l'auberge de l'Arbre vert, sur le côté de Kehl, bien que le drapeau international fût fixé sur la maison et fût visible de loin. Je n'aurais pas parlé de ce sujet si, dans les derniers temps, on n'avait pas tiré à différentes reprises sur mes parlementaires, ainsi, par exemple, lorsque l'évêque de Strasbourg fut accompagné aux avant-postes et que ce monsieur eut quitté le parlementaire, et de même lors de l'échange du lieutenant Versen. Cela arrive chaque fois par l'infanterie quand le parlementaire retourne à mes avants-postes.

» Il m'est impossible de prendre en considération le grand nombre de saufs-conduits qui me sont envoyés par la mairie ; je regrette donc de ne plus pouvoir autoriser la sortie en masse des habitants de Strasbourg Je me réserve, cependant, d'autoriser, sur votre proposition, dans des cas isolés, après comme avant, la sortie de la place.

» *L'attaque est maintenant entrée dans une période telle qu'un bombardement de la ville se rattache à elle.* Je vous prie donc de préparer de nouveau les citoyens à cet acte, et d'être assez bon pour prendre soin que tous les trésors de l'art et objets de valeur soient autant que possible mis en sûreté.

» Je donnerai à mon artillerie l'ordre de ne pas tirer sur la cathédrale, et vous laisse libre d'utiliser cette église comme lieu de refuge.

» Vous voudrez être assez bon pour me faire parvenir un certificat constatant le reçu de cet avertissement. Je prie de désigner d'une manière plus reconnaissable celles des maisons qui contiennent des malades ou des blessés, et surtout d'ordonner qu'aucun bâtiment de cette espèce, et qui est à ménager, ne se trouve sur les lignes de tir connues par vous.

» En ce qui concerne la situation politique, j'ai l'honneur de vous annoncer que Colmar et Mulhouse sont occupés, par mes troupes, et que les citoyens ont remis bénévolement, sans aucune résistance, les armes.

» A Lyon s'est établie une république anarchique ; l'armée de S. M. le roi est maintenant réunie devant Paris.

» Je mets à votre disposition les lettres et saufs-conduits ci-joints.

» Agréez, monsieur, l'assurance de ma considération la plus distinguée.

» *Le général commandant le corps de siège,*
» *Lieutenant général* v. WERDER. »

DIMANCHE 18 SEPTEMBRE

Le bombardement semble faiblir dans la journée, mais à la nuit il reprend avec un acharnement inouï, tous les quartiers de la ville sont fort éprouvés. On signale deux grands incendies : le magasin de bois de l'arsenal brûle, et une énorme lueur éclaire tout le faubourg de Pierre ; le feu ne peut plus y être éteint, et il continuera ses ravages jusqu'à ce qu'il ait dévoré la dernière maison.

La citadelle, qui avait été considérée comme le dernier refuge de la garnison, est dans un état de destruction complet. Ses magasins et ses bâtiments disparaissent les uns après les autres, bombardés par les batteries de Kehl.

Les Allemands continuent à battre en brèche le mur d'escarpe de la lunette 53, au moyen de canons de 15 centimètres courts, destinés spécialement à ce tir, et bien que la brèche soit praticable et l'ouvrage évacué, l'assiégeant n'ose pas y pénétrer.

LA LUNETTE 56 ET LES MARINS DE LA FLOTTILLE DU RHIN

La lunette 56 était en butte au feu combiné des batteries ennemies. Les marins, qui se sont acquis sur les champs de bataille de la Loire et du Nord une réputation si méritée de bravoure et de discipline, étaient représentés à Strasbourg par 43 des leurs. Ce petit détachement avait été envoyé pour monter les canonnières qui devaient opérer sur le Rhin.

L'état-major de la flottille se composait ainsi : le contre-amiral Excelmans, qui prit place au conseil de défense et reçut le commandement du 4ᵉ arrondissement (du bastion 12 au mur de jonction de gauche); les hautes connaissances du contre-amiral durent lui permettre de rendre au conseil de défense de grands services; son chef d'état-major, le commandant de vaisseau du Petit-Thouars, officier distingué, qui passait ses jours et ses nuits au Contades, et qui chaque matin faisait des tournées d'inspection dans le 4ᵉ arrondissement, le lieutenant de vaisseau Bauer, qui reçut le commandement de l'ouvrage 56, où il se montra infatigable.

Les marins n'arrivèrent à Strasbourg qu'après Frœschwiller, et furent retenus chez nous par l'investissement de la place; nous voyons encore ces hommes aux larges épaules, au cou bronzé et à la tenue martiale, descendant de wagon et interrogeant les visages attristés de la population; ils étonnaient par leur désinvolture et leur gaieté : « Il paraît que cela marche assez mal, disait un quartier-maître; que voulez-vous, nous n'étions pas là, maintenant les Prussiens n'ont qu'à bien se tenir ! »

Et ils ne se découragèrent pas, et le dernier jour on voyait encore le détachement qui allait relever la bordée de service partir en chantant un vieux refrain de mer; ils savaient bien qu'ils ne reviendraient pas tous, mais ils allaient occuper leur poste gaiement, avec courage. C'étaient de vrais soldats. On leur avait confié la défense de l'ouvrage 56 qu'ils occupèrent jusqu'au bout, et leurs pointeurs habiles firent bien du mal aux Allemands.

La lunette 56 était balayée, jour et nuit, par l'artillerie ennemie, qui envoyait dix coups pour un aux défenseurs. Bien des marins y tombèrent à côté des chasseurs volontaires qui leur avaient été adjoints dès le 20 août. On dut bientôt penser à combler les vides, et il fut formé une compagnie de mobiles marins pris dans le 4ᵉ bataillon de la garde mobile; un jeune enseigne de vaisseau démissionnaire, M. Humann, reçut le commandement de cette compagnie. Il put ainsi partager le service avec le lieutenant Bauer.

L'ouvrage 56 est la clef du Contades; le Contades n'est pas un ouvrage de défense, c'est une promenade dont le front faisant face à l'assiégeant n'était protégé que par un fossé de peu de largeur et un talus de terre élevé à la hâte abritant quelques tirailleurs; au Contades, point d'artillerie.

Nous avons été étonnés, pendant ce siège, que l'ennemi n'ait pas dirigé une véritable attaque sur ce point faible; il s'est borné à faire sur cet endroit, comme sur d'autres, des tentatives, des démonstrations; il essaya même quelques surprises de nuit qui toutes échouèrent devant la vigilance des défenseurs, mais il n'a jamais osé tenter une entreprise sérieuse. Selon nous, il n'aurait pas été possible d'empêcher la prise du Contades, si l'assiégeant y avait lancé des troupes nombreuses et résolues; il est vrai que les Allemands furent pendant toute la durée du siège taquinés et tenus en défiance par les sorties qu'exécutaient autour du Contades les compagnies franches. Les ouvrages 52, 53, 54 et 55 étaient abandonnés que 56 tenait encore.

Les marins de la flottille du Rhin ont laissé dans notre ville d'excellents souvenirs, et tous ceux qui les ont vus à l'œuvre ont voué à ces hommes d'élite estime et affection.

Le gouverneur de Strasbourg prévient la Commission municipale du redoublement du bombardement de la ville.

Dans sa séance du 18, la Commission municipale prit une délibération dans laquelle elle exposait au général Uhrich les souffrances de la population et examinait la situation et la conduite à tenir.

Cette délibération resta secrète.

Le 18, le général Uhrich écrivit au général de Werder :

« Monsieur le lieutenant général,

» Je réponds successivement aux divers paragraphes de la lettre que vous m'avez fait l'honneur de m'adresser hier après midi.

» Il est possible que des projectiles soient tombés sur l'auberge de l'Arbre-Vert, près de Kehl. Nos diverses ambulances ont été fréquemment atteintes par vos obus ; quelques-unes en sont tellement criblées, que l'on a été souvent obligé de descendre nos blessés dans les caves, à leur grand détriment. Je ne m'en suis jamais plaint, convaincu que j'étais que c'était un fait indépendant de la volonté de vos canonniers. Je vais cependant recommander d'épargner l'Arbre-Vert autant que possible.

» Quant aux parlementaires, les miens, à leur rentrée, me font également les mêmes plaintes que les vôtres, et j'en ai eu un blessé ainsi que le trompette qui l'accompagnait et un des deux chevaux. Il n'y a, certes, de part et d'autre, aucune mauvaise intention, et je renouvelle, à ce sujet, des ordres fréquemment donnés.

» *Le général commandant supérieur,*
» Uhrich. »

Dans la nuit du 18 au 19, une compagnie du 21ᵉ fait une reconnaissance dans l'île des Épis, entre le petit et le grand Rhin.

Correspondance du quartier général de l'armée allemande de siège, 18 septembre :

« Le siége touche à sa fin, et il est probable que la semaine ne se passera pas sans que le télégraphe vous annonce la prise ou la reddition de la place.

» Nous avons maintenant terminé dans son entier le système grandiose de parallèles que la science moderne oppose au vieux système défensif de Vauban ; les 3 parallèles sont achevées ; la 1ʳᵉ derrière le cimetière Sainte-Hélène, la 2ᵉ coupant ce cimetière, la 3ᵉ devant la pointe du bastion sur lequel se rencontre l'attaque; les approches ont été très élargies pour donner passage aux colonnes, enfin tout est prêt.

» On a terminé également le couronnement du glacis, et depuis la nuit du jeudi à vendredi les batteries de brèche fonctionnent pendant que le feu de toutes les batteries se resserre de plus en plus. Les ouvrages avancés de l'ennemi et même plusieurs parties du corps de rempart sont en ruines.

» L'ennemi a fait des efforts désespérés pour empêcher nos travaux ou au moins les retarder, et il est à croire qu'il aurait réussi, s'il avait eu un nombre suffisant d'artilleurs exercés. »

LUNDI 19 SEPTEMBRE

Le 19 septembre, le gouverneur de Strasbourg répond au maire dans les termes suivants :

« Strasbourg, 19 septembre 1870.

» Monsieur le Maire,

» J'ai communiqué au conseil de défense la délibération prise par la Commission municipale dans sa séance d'hier.

» Le conseil de défense, et je partage son avis, reconnaît que deux grands intérêts sont en présence : celui de l'humanité et celui de la patrie.

» Certes il est douloureux de voir une population souffrir dans ses biens et dans ses personnes, comme le fait la population de Strasbourg, depuis un mois; mais le grand exemple que donne votre ville n'est pas stérile. Toul, Verdun, Montmédy, ont énergiquement résisté et résistent peut-être encore aux armées prussiennes; Schelestadt, votre sœur cadette, se prépare à vous imiter. Paris, qui vous admire, vous acclame, couvre de fleurs la statue de Strasbourg, sur la place de la Concorde; Strasbourg, c'est l'Alsace : tant que notre drapeau flottera sur ses murs, l'Alsace sera française; mais Strasbourg tombée, l'Alsace deviendra fatalement prussienne. Et si nous sommes destinés à rester debout les derniers, un honneur impérissable en résultera pour la ville de Strasbourg, et l'année 1870 sera la plus glorieuse dans les fastes de son histoire.

» Le conseil de défense vous demande encore un peu de patience, encore un peu de cette noble et courageuse résignation qui ne courbe pas les fronts, mais qui fait accepter sans fléchir les dangers et les privations.

» Souvenons-nous de la première république et des immenses efforts qu'elle a faits pour chasser l'étranger de son sol; souvenons-nous que l'Europe entière était coalisée contre elle; souvenons-nous enfin qu'en quelques mois elle a créé quatorze armées, qu'elle a vaincu et fait la France grande et puissante.

» Telle est, monsieur le maire, la pensée du conseil de défense et la mienne propre. Je désire ardemment qu'elle soit appréciée et adoptée par la commission municipale, car nous avons besoin de nous appuyer les uns sur les autres et de marcher du même pas sur cette route difficile, périlleuse peut-être, où les événements nous ont placés.

» *Général* Uhrich. »

Quelques journaux qui pénètrent à Strasbourg nous apportent les nouvelles les plus tristes : ils nous donnent des détails sur les désastres qui accablent la France.

Nous apprenons que le roi de Prusse refuse de traiter et que des dissensions éclatent dans les grandes villes de France. C'est la mort dans l'âme que nous parcourons ces feuilles qui nous montrent Napoléon livrant à Sedan la dernière armée française. Nous voyons les Prussiens sous Paris, et Strasbourg de plus en plus séparée du reste de la France, par des milliers d'Allemands.

Personne n'ose plus interroger l'horizon pour y chercher du secours.

Au milieu de ces sombres nouvelles, quelques mots consolants arrivent jusqu'à nous ; ils nous viennent de Paris.

La grande ville, qui s'apprête au combat, nous envoie une marque d'affection et d'estime. Voici ce que nous lisons :

« A partir de demain 10 septembre, à midi, au pied de la statue de la ville de Strasbourg, place de la Concorde, un registre sera ouvert, sur lequel les citoyens sont invités à venir apposer leurs signatures.

LES PARISIENS

» *Honneur à nos frères défenseurs de Strasbourg et à leur brave général Uhrich.* »

» Suivront les signatures des membres du gouvernement de la défense nationale.

» Ce registre, généreusement offert par quelques citoyens, sera richement relié aux armes de la ville de Strasbourg, et envoyé à la municipalité de cette héroïque cité.

» Des citoyens de bonne volonté sont invités à se relayer deux par deux, d'heure en heure, pour garder ce registre d'honneur. »

Le 19 septembre, la lunette 44, qui n'était plus tenable, fut évacuée après avoir été minée.

COMMISSION MUNICIPALE DE STRASBOURG

Séance du 19 septembre 1870

PRÉSIDENCE DE M. KUSS, PRÉSIDENT DE LA COMMISSION MUNICIPALE

Abris dans la cathédrale.

M. le président a reçu de M. le général commandant la lettre suivante :

« Strasbourg, le 19 septembre.

» Monsieur le maire,

» Monseigneur l'évêque de Strasbourg vient de m'adresser la lettre suivante :

» Monsieur le général,

» Vous me faites l'honneur de me prévenir que M. le lieutenant général de Werder fera dorénavant respecter notre belle cathédrale par son artillerie, et vous me demandez en conséquence l'autorisation d'offrir ce monument pour asile à la partie de la population privée d'abri.
» Je ne puis qu'applaudir à vos sentiments d'humanité, monsieur le général, et je suis tout prêt à les seconder. Toutefois, je dois dire que la cathédrale, quelque mutilée qu'elle soit, sert journellement au culte, et que le service religieux de la paroisse Saint-Laurent y continue sans interruption. Il sera donc nécessaire de concilier le double intérêt de la religion et du malheur ; et, à mon avis, on le pourra facilement. On abandonnera aux indigents la chapelle Saint-Michel, isolée et commode, la chapelle Saint-André, le transept de l'horloge, et, s'il est nécessaire, la chapelle de la Croix, le bas côté du sud et la haute nef, c'est-à-dire presque tout l'édifice. On ne réservera au culte que le bas côté de la chapelle Saint-Laurent et les sacristies, qu'on séparerait par une cloison en planches d'une certaine hauteur, capable de parer à tous les inconvénients.
» Je me permettrai aussi de vous prier, monsieur le général, de vouloir bien prescrire dans cette église, devenue l'asile du malheur, une surveillance active et constante, afin d'y assurer l'ordre, la moralité et, pendant les offices divins, le silence.
» Veuillez agréer, etc.

» † A. André, évêque de Strasbourg. »

« J'ai l'honneur de vous prier de communiquer cette lettre à la Commission municipale, et de vouloir bien donner les instructions nécessaires pour assurer l'exécution des dispositions d'emplacement et des mesures de discipline demandées par Sa Grandeur.

» Veuillez agréer, monsieur le maire, l'assurance de ma considération la plus distinguée.

» *Le général de division, commandant supérieur,*
» *Signé :* Uhrich. »

École de santé militaire.

M. le directeur de l'École de service de santé militaire a adressé à M. le président la lettre de remercîments ainsi conçue :

« Monsieur le maire,

» J'ai l'honneur de vous accuser réception de l'extrait du registre des procès-verbaux des délibérations de la Commission municipale et de la lettre qui l'accompagne, que vous m'avez adressés.

» J'en ai donné connaissance aux élèves par la voie de l'ordre. Les élèves sont fiers des éloges que la commission a bien voulu leur décerner par son vote, et je la prie de vouloir bien recevoir mes remercîments bien sincères.

» Agréez, je vous prie, monsieur le maire, l'assurance de ma haute considération.

» *Le médecin inspecteur, directeur de l'École,*
» *Signé :* Colmant. »

QUATRIÈME PARTIE

DU 20 AU 28 SEPTEMBRE

Le préfet Valentin. — Le général Uhrich citoyen de Strasbourg. — Énergie et souffrances de la population. — La situation empire. — Lettre du grand-duc de Bade. — Réponse du général Uhrich. — Pertes subies par la garnison et les habitants. — État des fortifications et de la ville. — Deux brèches aux corps de rempart. — Capitulation. — Honneurs de la guerre.

MARDI 20 SEPTEMBRE

LE PRÉFET VALENTIN

Nous arrivons aux jours de tristesse sombre et sans espoir, l'heure prévue de la capitulation s'approche à grands pas. L'excitation, la colère des premiers moments ont fait place à la fermeté calme et résignée.

Un événement se produisit alors qui réveilla, pour bien peu de temps, hélas! les espoirs éteints, les illusions évanouies. Un de nos compatriotes, M. Valentin, avait été nommé par le gouvernement de la défense nationale préfet du Bas-Rhin. Le décret ajoutait : *Le gouvernement s'en rapporte à son énergie et à son patriotisme pour aller occuper son poste.*

Il ne venait à l'esprit de personne que M. Valentin pût s'acquitter de son mandat; il y avait, entre le siége à occuper et le fonctionnaire désigné, de ces obstacles que l'on ne franchit pas, et le décret de la défense nationale semblait plutôt un défi jeté au sort, une protestation contre l'injustice de la force. Et cependant il était réservé à Strasbourg tombant, un dernier honneur, une dernière consolation : un de ses enfants allait montrer à nos ennemis que dans cette France qu'ils prétendaient purifier par le fer et par le feu, il y avait encore des citoyens au cœur ferme, comprenant le devoir et sachant l'exécuter.

Le 20 septembre au matin, des soldats amenèrent au gouverneur de Strasbourg un homme aux vêtements déchirés, souillés de boue; c'était le préfet du Bas-Rhin qui venait occuper son poste.

On sait l'entrée de M. Valentin dans Strasbourg; il y a dans ce récit des pages poignantes. Après plusieurs tentatives inutiles, après avoir vainement traversé le Rhin à la nage, après avoir été pris par les Allemands auxquels il put échapper, on aurait pensé qu'il s'inclinerait devant la destinée; non, sans se laisser décourager, car chez lui la fermeté égale l'audace, il va s'installer au cœur de l'attaque, dans un repaire de Prussiens, et quand il a bien envisagé la seule chance qui lui reste de mener son projet à bonne fin, il se jette dans une tranchée où les Allemands si vigilants n'avaient pas placé de poste; mais bientôt on l'aperçoit et une grêle de balles vient fouiller autour de lui le champ où il se cache. Le feu se ralentit, la mort l'a épargné; les hommes comme lui ne meurent que lorsqu'ils se sont acquittés de leur mission. Il se remet en marche, courbé, rampant. La nuit s'avance, il lui reste à terminer son œuvre, et ce qu'il a fait semble facile à côté de ce qui lui reste à faire.

Il est devant Strasbourg, le canon tonne, et dans la nuit noire les obus éclatent autour de lui. Amis et ennemis lui envoient la mort. Il descend dans le fossé; mais comment franchir le mur qui se dresse devant lui? C'est impossible; il se remet à la nage il cherche un endroit praticable. Ses forces iront-elles jusqu'au bout? Enfin, épuisé de fatigue, il atteint un ouvrage ouvert à la gorge, le voilà au milieu de Français; mais là encore il peut croire que sa dernière heure est venue : des coups de fusil partent, on le saisit, on le prend pour un espion.

Le lendemain matin il est conduit chez le général commandant supérieur, et celui-ci, en entendant annoncer le préfet du Bas-Rhin, n'est pas peu surpris de voir s'avancer M. Valentin, qui se faisait reconnaître et lui présentait le décret qui l'a nommé.

Nous avons tenu à raconter ces choses : toutes les fois que l'on parlera de Strasbourg, il faudra citer le nom et les actes de son dernier préfet français, de son préfet républicain. Le souvenir de M. Valentin restera honoré comme celui des grands citoyens des républiques passées; il a donné un noble exemple au pays, c'est un nom que la France ne doit pas oublier.

Le décret et la proclamation suivante sont affichés le 20 septembre :

RÉPUBLIQUE FRANÇAISE

Le gouvernement de la défense nationale décrète :
ARTICLE 1er. M. Edmond Valentin est nommé préfet du département du Bas-Rhin, et le gouvernement s'en rapporte à son énergie et à son patriotisme pour aller occuper son poste.
ART. 2. M. Maurice Engelhard est nommé maire de la ville de Strasbourg et chargé par le gouvernement d'aller porter aux vaillants Strasbourgeois et à l'héroïque garnison les remerciments émus de la France, de la population de Paris et du gouvernement de la république.
ART. 3. Le ministre de l'intérieur est chargé de l'exécution du présent décret.

Fait à l'hôtel de ville de Paris, le 5 septembre 1870.

Général Trochu, Crémieux, Ferry, Garnier-Pagès, Pelletan, Emmanuel Arago, J. Favre, Gambetta, Glais-Bizoin, Picard, Rochefort, J. Simon.

Pour copie conforme d'après le Journal officiel de la république française :

Le secrétaire général de la préfecture,
Comte DE MALARTIC.

« Habitants de strasbourg, vaillants compatriotes !

» Le corps législatif, dans sa séance du 4 septembre courant, a prononcé la déchéance de la dynastie des Bonaparte qui, deux fois arrivée au pouvoir par de criminels attentats contre la représentation nationale, a trois fois en un demi-siècle attiré sur la France la honte et les désastres de l'invasion.

» La république a été proclamée, une convention nationale est convoquée pour le 16 octobre prochain, et les pouvoirs public sont confiés dans l'intervalle à un gouvernement de la défense nationale composé des onze députés élus par la capitale et placé sous la présidence du général Trochu, soldat vigoureux, à l'intégrité et aux capacités duquel tous les partis, sans distinction, rendent depuis longtemps hommage.

» Une des premières sollicitudes du nouveau gouvernement s'est portée vers la patriotique Alsace, vers sa vaillante capitale, et il s'est préoccupé de lui faire directement parvenir, ainsi qu'à son héroïque garnison, les remerciments émus de la France, de la population et du gouvernement de la république.

» Il a choisi pour cette mission un fils de votre noble cité, auquel, à une époque antérieure, vous avez, par un vote presque unanime, donné le mandat de vous représenter à l'Assemblée nationale, et qui est resté invariablement fidèle au drapeau sous lequel vous l'aviez élu.

» Il vient au milieu de vous s'associer à vos périls, partager vos privations, et tous ensemble nous lutterons jusqu'à la dernière extrémité pour conserver à la glorieuse patrie française un de ses plus nobles et de ses plus formidables boulevards.

» Confiance donc, bon espoir, et *vive la république !*

» *Le préfet du Bas-Rhin,*
» Edmond Valentin. »

COMMISSION MUNICIPALE DE STRASBOURG

Séance du 20 septembre 1870

PRÉSIDENCE DE M. KÜSS

Brevet de citoyen strasbourgeois décerné à M. le général Uhrich.

M. le président donne lecture de la lettre ainsi conçue :

« Strasbourg, le 20 septembre 1870.

» Monsieur le maire,

» Dans sa séance du 18 de ce mois, à laquelle j'ai eu l'honneur d'assister, la commission municipale a bien voulu m'accorder par acclamation *le titre de citoyen de Strasbourg.*

» Ce titre qui m'honore, je viens vous en demander le brevet; ce sera un précieux gage qui sera transmis dans ma famille, de génération en génération. Veuillez offrir tous mes remerciments à MM. les membres de la Commission municipale, et leur dire qu'ils m'ont fait le plus grand honneur que j'aie reçu dans ma longue carrière.

» Recevez, je vous prie, monsieur le maire, l'assurance de ma considération la plus distinguée.

» *Le général commandant supérieur,*
» *Signé :* Uhrich. »

Le brevet dont il est question dans la lettre ci-dessus va être écrit sur parchemin et adressé incessamment à M. le général Uhrich (1).

Dans l'après-midi, des projectiles mettent le feu à l'hôtel de la préfecture, qui brûle pendant toute la nuit et la journée du lendemain; une partie de l'édifice peut être sauvée. Plusieurs commencements d'incendie sont heureusement éteints grâce au dévouement de nos pompiers.

OCCUPATION DE L'OUVRAGE 53

Le 20 septembre à 4 heures du matin, le génie allemand jette dans le fossé, au moyen d'une mine, le mur de contrescarpe de la lunette 53, en face de la brèche, et les pionniers commencent à construire une chaussée de 20 pieds de largeur traversant le fossé.

La lunette 53, qui était dans un état de complète destruction, avait été évacuée, et les Allemands finirent par se décider à y pousser une reconnaissance; ils s'y installèrent, s'y creusèrent des logements et retournèrent l'ouvrage dans la nuit du 20 au 21. Les pionniers allemands exécutèrent ces travaux sous les ordres du lieutenant-colonel du génie de Wangenheim; ils subirent des pertes. Les assaillants installèrent une batterie de 3 pièces de 6 dans cet ouvrage.

Le gouverneur écrit au général de Werder :

« Monsieur le lieutenant général,

» J'ai reçu hier au soir les lettres et les saufs-conduits destinés à des habitants de Strasbourg.

» J'ai l'honneur de vous faire connaître que les personnes munies de ces saufs-conduits sortiront demain 21 septembre à onze heures, par la porte d'Austerlitz.

(1) Voyez pièces à l'appui, n° 46

» J'ai donné des ordres pour que le feu cessât sur les fronts sud pendant toute la durée de l'opération. Je vous prie de vouloir bien donner des ordres pour qu'il en soit de même de votre côté. Si vous aviez des objections à mes propositions, vous auriez le temps de me les adresser avant le commencement de la sortie des émigrants.

» Malgré les ordres que vous avez dû donner, plusieurs projectiles ont atteint la cathédrale dans la partie élevée, près de la plate-forme.

» Il m'est rendu compte, par le commandant de la citadelle, que le drapeau d'ambulance a été arboré sur une maison située à 500 mètres de nos ouvrages, que cette maison n'est qu'un poste, et que le drapeau ne sert qu'à abriter des hommes qui travaillent derrière elle. »

» *Le général commandant supérieur,*

» UHRICH. »

MERCREDI 21 SEPTEMBRE

Le tir de l'ennemi sur l'intérieur de la ville semble se ralentir pendant la journée, mais à dix heures du soir il reprend avec une véritable fureur, et au milieu de la nuit éclate une forte fusillade qui dure au moins deux heures.

Voici la journée et la nuit du 21 septembre racontés par le *Courrier du Bas-Rhin* :

« Nuit plus brillante encore que la nuit dernière ; pas une heure sans canonnade, sans explosions de bombes et d'obus. Pendant près d'une heure aussi, entre onze heures et minuit, une fusillade formidable a éclaté du côté nord de la ville, mêlée de coups de canon et de décharges de mitrailleuses. Sur toute la ligne des fortifications situées au nord, le canon a tonné en même temps avec une vigueur extraordinaire.

» L'ennemi avait tenté des coups de main de divers côtés de la ville : à la porte de Saverne, à la porte de Pierre et à la porte des Pêcheurs. Seulement on l'avait attendu ; les postes avaient été renforcés, les artilleurs étaient prêts, et quand il fut à bonne portée de nos pièces et de notre infanterie, on commença à le mitrailler avec force. Très-nombreux, les détachements ennemis

PERTES DE LA GARNISON. 177

ont résisté longtemps; mais ils ont été forcés de se retirer à la fin, en laissant beaucoup de monde sur le terrain.

» Plusieurs enterrements ont eu lieu hier et ce matin, qui ont ému grandement notre population civile. Trois braves citoyens de Strasbourg, artilleurs de la garde nationale sédentaire, ont été tués par l'ennemi : MM. Sureau, Degay et Mandel, le premier et le dernier simples canonniers, le second maréchal des logis.

» M. Degay a succombé au bastion 11, d'un éclat d'obus qui a nécessité l'amputation immédiate de la jambe gauche, opération qui a entraîné la mort.

» Les cercueils de ces braves citoyens étaient suivis par une foule émue d'habitants et de militaires de tout grade. Le capitaine Hering s'est rendu l'organe de la batterie et de la population elle-même, en prononçant sur ces tombes quelques chaleureuses paroles d'adieu.

» Encore un brave enfant d'Alsace qui tombe au poste d'honneur. M. Fernand Helmstetter, lieutenant en 1er de la garde-mobile. Hier à quatre heures et demie du soir, au moment où il pointait une pièce à la lunette 47, où il était de service, un obus à balles éclate près de lui; une balle le frappe au visage, et un éclat à la partie supérieure de la cuisse. Fernand Helmstetter a expiré presque sur le coup. »

Dans la journée du 21 septembre, 760 émigrants sortent par la porte d'Austerlitz.

RÉPUBLIQUE FRANÇAISE

SIXIÈME DIVISION MILITAIRE

État-major.

« Vu l'état de siége ;
» Nous, général de division, commandant supérieur de la 6e division militaire;
» Vu notre arrêté en date du 15 septembre 1870;
» Vu le décret du gouvernement de la Défense nationale, en date du 5 septembre 1870, qui nomme M. Edmond Valentin préfet du département du Bas-Rhin;
» Attendu que M. Edmond Valentin est arrivé à son poste le 20 du courant et est

entré immédiatement en fonctions, déclarons que dès lors il n'y a plus lieu de maintenir les fonctions d'administrateur provisoire du département confiées à M. Bœrsch, conseiller général, fonctions qu'il a remplies avec un dévouement et un zèle dont nous nous faisons un devoir de lui exprimer notre satisfaction et nos remerciments,

» Arrêtons ce qui suit :

» L'arrêté en date du 15 septembre 1870 est rapporté.

» Fait au quartier général à Strasbourg, le 21 septembre 1870.

» *Le général de division commandant supérieur,*

» Uhrich. »

OCCUPATION DE L'OUVRAGE 52

La lunette 52 avait été complétement détruite, bouleversée par le feu concentré de l'assaillant; ce n'était plus qu'un amas de terre sans forme, et, comme la lunette 53, elle avait dû être abandonnée. Pendant la nuit du 21 septembre, les Allemands passèrent le fossé de 52 sur un pont formé de planches supportées et reliées par de grands fûts de brasseurs, et occupèrent l'ouvrage. Les Prussiens et les hommes de la landwehr de la garde subirent des pertes sensibles pendant le travail d'occupation, et ce ne fut qu'à grand'peine que le major de Quitzow fit relever les hommes qui, surpris par le feu de la place, s'étaient jetés à plat ventre. Il fallut des ordres très-énergiques pour les décider à se mettre à l'ouvrage.

Les Allemands, qui ont toujours diminué beaucoup leurs pertes, avouent qu'en quelques heures le major de Quitzow et un autre officier, ainsi que onze hommes, furent tués; le nombre des blessés fut de quarante-trois, dont un officier.

On a déjà remarqué un ballon captif qui s'élevait dans le camp ennemi. De la citadelle et des bastions de la porte d'Austerlitz on observe sur la rive droite du Rhin, pendant la nuit, un globe lumineux qui monte et descend.

Dans quel but ces signaux (1) ?

(1) Voyez *Annexes*, nº 2, pages 293 à 295.

PASSAGE DU FOSSÉ AVEC PONT DE TONNEAUX.
DE LA LUNETTE 52.

Impression Photoglyptique de GOUPIL & Cie

On télégraphie de Kehl, 20 septembre :

« De nouveaux renforts viennent d'arriver ici, entre autres un bataillon d'infanterie qui est logé à Neumühl ; tout nous prouve que maintenant les jours de Strasbourg sont comptés. »

Le correspondant de la *Badische Landeszeitung* lui écrit :
« *Devant Strasbourg*, 20 septembre : Le mois touche à sa fin et Strasbourg n'est pas encore rendu.

» Depuis samedi nous tirons sur la ville sans discontinuer, quelques batteries de 24 venant d'Ulm ont encore renforcé l'artillerie allemande. Le capitaine Ihmle, d'une de ces batteries, a été grièvement blessé, le jour de son arrivée, par un obus.

» Tout indique que nous sommes près de la grande catastrophe. Les remparts extérieurs du côté nord sont terriblement ruinés, ils ressemblent à une rangée de trous de taupes. »

Dépêche de Mittelhausbergen, 21 septembre :

« Le sort de la forteresse se décide maintenant rapidement. Cette nuit, terrible canonnade et grands incendies en ville. »

Dépêche du quartier général allemand, Mundolsheim :

« Hier soir à onze heures on a établi un pont de tonneaux vers la lunette 52 qu'on trouva évacuée, elle fut immédiatement occupée.

» L'ennemi ouvrit peu après un violent feu sur cet ouvrage, dans lequel se trouve une compagnie de landwehr de la garde et une du 34ᵉ de ligne. Major Quitzow a été tué, nos pertes sont sensibles. »

Correspondant militaire de la *Badische Landeszeitung* :
« *Devant Strasbourg*, 21 septembre : Un capitaine du génie badois a été tué d'un coup de feu en voulant se rendre compte de l'effet de notre tir.

» Le lieutenant de Richoffen, venu de Haguenau en amateur pour suivre les progrès du siége, a été grièvement blessé.

» Les Français ne paraissent pas fatigués. »

JEUDI 22 SEPTEMBRE

La situation de Strasbourg empire de jour en jour, et non-seulement les obus et les bombes font de grands ravages, mais les balles de l'assiégeant tombent au centre de la ville.

Voilà ce qu'écrivait, le 22 septembre, le rédacteur de l'*Impartial du Rhin* :

« D'après la *Gazette de Carlsruhe*, une batterie de brèche fonctionnerait contre nous. Eh bien! que les Prussiens tentent l'assaut, au lieu de bombarder la population civile : ils verront quel accueil leur fera notre garnison.

» Si les journaux allemands ne se trouvent pas dans l'ignorance la plus complète de ce qui se passe à Strasbourg, il faut convenir qu'ils travestissent la vérité avec une impudence qui révolte tout cœur honnête. Ainsi, la *Gazette d'Augsbourg* se fait écrire du Haut-Rhin que le siége de Strasbourg se prolonge parce qu'on veut *ménager les habitants de cette ville.*

» Comment! on nous ménage!

» Mais n'a-t-on pas refusé, avant que la place soit complétement investie, avant que les opérations du siége soient sérieusement commencées, de laisser sortir les vieillards, les femmes, les enfants, les malades et les infirmes? — Si, dans ces derniers temps, beaucoup de personnes ont pu quitter la ville, nous ne le devons qu'à la généreuse intervention des Suisses, avec lesquels l'ancienne ville libre de Strasbourg entretenait constamment des relations de la plus franche cordialité, auxquels nous unissaient les liens de l'amitié la plus intime, la plus sincère.

» Puis, au lieu d'attaquer la place d'après les règles militaires, comme tout le monde s'y attendait, on tire de préférence sur les quartiers les plus populeux. On dégrade et l'on brûle nos monuments et nos édifices publics, on crible de boulets et l'on incendie nos maisons particulières; l'humble maisonnette de l'homme peu aisé qui, à force de travail, de privations, d'économies péniblement amassées, est parvenu à acquérir une petite propriété qui doit l'abriter dans ses vieux jours, n'échappe pas plus à la destruction que l'opulente demeure du riche. Le modeste mobilier du pauvre ouvrier devient comme le reste la proie des flammes. Des centaines de pères de famille qui sont obligés de vaquer à leurs occupations pour gagner le pain de chaque jour, des femmes, des enfants, sont tués ou estropiés, ou plus ou moins grièvement blessés. On porte le deuil et la désolation dans la ville entière, dont on voudrait faire un monceau de ruines, et l'on a l'audace de dire qu'on veut *ménager les habitants!*

» Certes personne ne s'attendait à Strasbourg à voir notre malheureuse ville maltraitée de la sorte...

» Aujourd'hui vous avez la prétention de nous reconquérir, et pour nous donner un avant-goût de vos sentiments fraternels vous nous massacrez, vous nous incendiez, vous nous ruinez, vous nous saccagez. Vous couronnez enfin votre œuvre de vandalisme et de violence par la plus odieuse hypocrisie, en osant dire à l'Europe : *Nous voulions ménager la population de Strasbourg!*

» Suivons le patriotique conseil que notre honorable confrère M. A. Schnéegans a donné à ses lecteurs dans le numéro du *Courrier* du 23 août, lorsqu'il disait :

« ... Nous n'avons qu'une chose à faire à Strasbourg, c'est d'attendre et de tenir bon. Ce n'est pas chez nous que le sort de la France se décide. Les grands coups se frappent ailleurs. *Notre devoir est de nous maintenir aussi longtemps que possible.* »

A la nuit, très-forte fusillade, devant la porte de Pierre.

Pendant le cours du siége, l'infanterie prussienne vint ainsi plusieurs fois tâter, pendant la nuit, les ouvrages avancés. L'ennemi choisissait d'ordinaire des nuits noires pour s'avancer, et dirigeait sur la place des feux de mousqueterie très-nourris, les balles bourdonnaient dans les ouvrages comme un immense essaim d'abeilles et le crépitement de la fusillade retentissait dans l'intérieur de la ville dont les rues étaient sillonnées par les projectiles.

COMMISSION MUNICIPALE DE STRASBOURG

Séance du 22 septembre à 2 heures

PRÉSIDENCE DE M. KÜSS

La commission municipale adresse la délibération suivante au général commandant supérieur :

« En présence d'une affiche, signée par le secrétaire général de la préfecture,
» annonçant la nomination par le ministre de l'intérieur de M. Maurice Engelhard
» comme maire de Strasbourg,
» La Commission municipale, dans l'intérêt de l'union, de la concorde et de la
» tranquillité publique, exprime le vœu que, pendant la durée de l'état de siége,
» M. le général de division, commandant la 6ᵉ division militaire, maintienne à la
» tête de l'administration municipale M. le docteur Küss, qui jouit de la confiance
» de toute la population. »

La séance est levée.

Dans la soirée du même jour, M. le général de division commandant supérieur a adressé à M. le président de la Commission municipale la lettre suivante :

RÉPONSE DE M. LE GÉNÉRAL DE DIVISION COMMANDANT SUPÉRIEUR

« Strasbourg, le 22 septembre 1870.

» MONSIEUR LE MAIRE,

» Après m'être concerté avec M. le préfet, j'ai la grande satisfaction d'annoncer à la commission municipale que vous êtes et resterez maire de Strasbourg pendant et après la durée de l'état de siége, sans qu'aucune nomination antérieure ou postérieure à votre entrée en fonctions puisse rien changer à votre situation.

» Je suis heureux de pouvoir faire cette réponse à la commission municipale, et de pouvoir en même temps vous offrir mes félicitations personnelles; les excellents rapports qui se sont établis entre nous se continueront ainsi sans interruption.

» Recevez, je vous prie, monsieur le maire, l'assurance de ma considération la plus distinguée,

» *Le général commandant supérieur,*
» *Signé :* UHRICH. »

Dépêche du quartier général allemand, Mundolsheim, 22 septembre :

« La lunette 52 a été armée au moyen de mortiers de 7, et on a établi également une batterie de mortiers dans la lunette 53. Le couronnement est garni de huit pièces de 6.

» Pertes de la nuit : 1 officier et 7 hommes tués, 1 officier et 30 hommes blessés. Les bastions et les ouvrages ennemis sont criblés de projectiles, et nous ne pouvons comprendre comment il peut répondre de ce côté. »

VENDREDI 23 SEPTEMBRE

Les souffrances de la population sont à leur comble, on sent que la situation est trop horrible pour pouvoir se prolonger, et cependant Strasbourg montre toujours le même courage, la même résignation.

Les épreuves ont été si fortes que le sentiment des dangers semble ne plus exister. On ne songe qu'à combattre le feu, et l'idée du devoir à accomplir domine et dirige toute cette ville.

Les incendies ne s'éteignent plus, après une maison une autre s'allume; nuit et jour, depuis plus d'un mois, les projectiles tombent et éclatent, faisant leur ravage. Chaque jour les ruines s'accumulent, chaque jour de nouvelles victimes tombent, et voici ce que le *Courrier du Bas-Rhin* publiait le 23 septembre :

« Quels sont nos devoirs? Ils sont tout tracés : « Le pays, disions-nous, au début de cette guerre (alors que notre patriotisme ne pouvait nous aveugler sur l'immensité du danger qu'un gouvernement criminel nous faisait follement affronter), le pays entre dans une période qui réclame de tous les citoyens français l'union absolue et sans réserve autour du drapeau national; l'oubli absolu et sans réserve de toutes les divergences d'opinion; l'esprit de sacrifice absolu et sans réserve pour la sainte cause de la patrie. »

» Cette union de tous en face de l'ennemi est nécessaire aujourd'hui comme hier, et quant à nous, tout ce qui sera en notre pouvoir pour la maintenir, nous le ferons. Cet esprit de sacrifice, Strasbourg a prouvé qu'il en était capable, et, puisque l'heure n'est pas arrivée où les sacrifices doivent cesser, Strasbourg s'en montrera capable encore.

» Depuis quelques jours de nouveau l'hôpital civil n'est pas plus épargné que les autres bâtiments dans la ville. Ainsi, le 21, une balle est entrée par une fenêtre de la salle 21, et est allée frapper un blessé dans son lit, en traversant tout ce qui le couvrait. Le 22, plusieurs éclats de bombe et d'obus ont frappé les divers bâtiments de l'hôpital et sont tombés au milieu des malades. Cette nuit, entre autres, un obus entier a traversé le grenier des bâtiments de la Maternité, juste au-dessus de la salle où se font les accouchements. Ce matin, deux nouveaux obus sont tombés sur l'hôpital.

» Le bombardement continue sans cesse. Les obus ont sifflé pendant la journée tout entière sur la ville et ont exercé leurs ravages habituels. L'hôtel du Commerce, entre autres bâtiments, a été plusieurs fois atteint, et ses abords hier soir étaient jonchés de débris.

» L'odeur de l'incendie et de la fumée se répand toujours dans la ville. Le feu continue à détruire le faubourg de Pierre.

» Chaque nuit est signalée maintenant par de petits combats dont on peut, pour ainsi dire, suivre les péripéties en ville, en écoutant avec attention le bruit de la fusillade. Ce sont d'abord des décharges très-nourries de part et d'autre; les assiégeants qui s'approchent des murs tirent avec des fusils de rempart dont les balles viennent tomber quelquefois jusqu'au milieu de la ville. On entend alors le crépitement des fusils, puis tout à coup deux ou trois coups de canon partant de nos ouvrages; la fusillade cesse un instant et reprend ensuite, mais moins vive; puis retentit le craquement de nos mitrailleuses, et souvent alors le bruit cesse. L'ennemi s'est retiré. C'est du côté du faubourg de Pierre que les assiégeants font le plus souvent ces tentatives.

» Le commandant d'Huart, du 16ᵉ régiment d'artillerie (pontonniers), est tombé sous le feu de l'ennemi le 16 courant. Dans le but d'honorer la mémoire de cet homme d'énergie et de devoir, le conseil de défense a proposé d'appeler le bastion n° 12, qui se trouvait sous le commandement de cet officier supérieur, le bastion d'Huart, par application de l'article 257 du service des places.

» M. le général Uhrich, qui commande en chef l'état de siége, s'est empressé de s'associer au désir exprimé par le conseil de défense, et, par un ordre du jour, il vient de porter sa décision à la connaissance de la garnison. »

COMMISSION MUNICIPALE DE STRASBOURG

Séance du 23 septembre 1870.

PRÉSIDENCE DE M. KÜSS

M. le président donne lecture de la lettre de M. le général commandant supérieur, relative au maintien du maire pendant et après la durée de l'état de siége.

Cette lettre a été publiée avant-hier.

Des bravos unanimes retentissent à la suite de cette communication.

La commission décide qu'il sera adressé des remercîments à M. le général commandant supérieur, pour l'accueil gracieux et empressé qu'il a bien voulu faire à sa délibération de la veille.

M. le président défère, séance tenante, à ce désir. Il demande en même temps au général, conformément à un vœu exprimé par la commission sur la proposition de M. Schnéegans, l'autorisation de publier, par voie des journaux et d'affiches, la dépêche ci-dessus relatée (1).

Cette demande est fondée sur ce que, la nomination de M. Engelhard ayant été affichée, il importe de faire connaître à la population, également par voie d'affiches, le maintien définitif de M. Küss à la tête de l'administration municipale.

Abris.

Une discussion assez développée s'engage ensuite sur la question générale des abris.

M. Zopff mentionne l'insuffisance actuelle des lieux de refuge et prie la *commission des abris* de vouloir bien s'occuper de trouver de nouveaux gîtes. Sur la proposition de plusieurs membres, la question est renvoyée au conseil d'administration.

(1) Voyez pièces à l'appui, n° 53 et 54.

SAMEDI 24 SEPTEMBRE

Le 24 septembre, le général Uhrich communiqua au conseil de défense une lettre qu'il avait reçue, la veille, par parlementaire du grand-duc de Bade, ainsi que sa réponse à cette lettre.

LETTRE DU GRAND-DUC DE BADE AU GÉNÉRAL UHRICH

« Monsieur,

» Comme bon voisin de l'Alsace et surtout de la ville de Strasbourg, dont les souffrances me causent bien de la peine, je viens vous adresser la parole et je vous prie d'attribuer cette démarche au besoin que j'éprouve de contribuer, autant que possible, à une prompte conclusion des maux d'une malheureuse population soumise aux lois militaires.

» Mon général, vous avez défendu avec vigueur la place qui vous a été confiée par votre gouvernement. L'opinion militaire de ceux qui vous assiégent rend complète justice à votre énergie et au courage avec lesquels vous dirigez la défense de la forteresse.

» Vous savez, monsieur, que la situation extérieure ne vous laisse plus rien à attendre de la part du gouvernement auquel vous êtes responsable, ou de l'armée à laquelle vous appartenez.

» Permettez-moi de vous observer que la continuation d'une défense de la forteresse de Strasbourg n'aura pas d'autre résultat que d'agrandir les souffrances des malheureux citoyens de cette ville, et de vous perdre toute possibilité d'obtenir de bonnes conditions pour vous et pour votre garnison le jour où l'armée assiégeante prendra votre place par assaut. Vour connaissez l'état actuel des travaux de siége, et vous ne douterez pas un moment que la prise de Strasbourg est bien certaine; mais qu'elle coûtera cher à votre garnison et que les suites, pour la pauvre ville, en seront bien plus funestes encore.

» Mon général, vous n'avez plus de gouvernement légal auquel vous êtes responsable; vous n'avez qu'une seule responsabilité, celle devant Dieu. — Votre conscience, votre honneur sont libres. — Vous avez bravement rempli votre devoir comme un officier dont l'honneur militaire est sans reproche.

» Monsieur, vous avez vu que le roi Guillaume Ier a accordé les conditions les plus honorables aux officiers de l'armée française qui faisaient partie de la capitulation de Sedan. — Je ne suis pas autorisé de vous faire espérer un pareil sort, car je ne vous adresse la parole que comme un simple particulier, qui profite d'une position exceptionnelle pour essayer de faire le bien; mais je ne doute nullement de la grandeur et de la générosité des vues du roi de Prusse vis-à-vis de chaque brave soldat.

» Mon général, veuillez écouter la voix d'un prince allemand qui combat pour la gloire de sa patrie ; mais qui, néanmoins, connaît son devoir envers Dieu, devant lequel il n'y a qu'une vraie gloire : l'amour des frères.

» Je vous prie donc d'en finir avec ce terrible drame, et de profiter franchement de ce bon moment pour faire vous-même des propositions acceptables au général en chef de l'armée de siége devant Strasbourg, qui vous a souvent fait preuve de son bon vouloir.

» Lampertheim, ce 23 septembre 1870.

» FRÉDÉRIC,
» *Grand-Duc de Bade.* »

RÉPONSE DU GÉNÉRAL UHRICH AU GRAND-DUC DE BADE

A Son Altesse Royale Monseigneur le Grand-Duc de Bade.

« MONSEIGNEUR,

» C'est un bien grand honneur que m'a fait Votre Altesse Royale en m'écrivant cette lettre si noble, si sage, si pleine de philanthropie que je viens de recevoir et qui restera dans ma famille comme un titre de gloire.

» Croyez qu'il me serait bien doux de pouvoir suivre vos conseils, et de faire cesser les souffrances de la population résignée et fière de Strasbourg ; croyez qu'il m'en coûte beaucoup de résister à tout ce que vous me dites. Nul plus que moi, monseigneur, n'est douloureusement impressionné par l'aspect des ruines qui m'environnent, par le spectacle de ces hommes inoffensifs, de ces femmes et de ces pauvres petits enfants qui tombent frappés par les boulets et par la mitraille.

» Mais, à côté de ces sentiments qu'il me faut comprimer, se dresse le devoir du soldat et du citoyen. Je sais que ma malheureuse patrie est dans une situation critique que je ne veux pas chercher à nier ; je sais qu'elle n'a pas encore un gouvernement définitif ; mais permettez-moi de le dire à Votre Altesse Royale, plus la France est malheureuse, plus elle a droit aux preuves d'amour et de dévouement de ses enfants.

» C'est un gouvernement tombé, je le reconnais, qui m'a confié le commandement de Strasbourg ; c'est à la France que je m'efforce de conserver cette belle et noble cité. Et que Votre Altesse Royale ne croie pas que c'est par ambition personnelle que je reste fidèle à mon mandat.

» J'aurai bientôt soixante-neuf ans. J'étais au cadre de réserve depuis plus de trois ans, lorsque je fus appelé à l'honneur de commander la 6e division militaire. A mon âge, l'ambition n'a plus de racines dans le cœur humain, et l'on est trop rapproché de la fin de son existence pour obéir à un autre sentiment qu'à celui de l'honneur...

» Daigne Votre Altesse Royale croire à tout le regret que j'éprouve de me voir forcé de résister à mon penchant personnel et aux avis si remplis d'humanité qu'Elle m'a fait l'honneur de me donner. Qu'Elle daigne croire que je n'ai pas la prétention de faire parler de moi, mais que je suis simplement un militaire qui obéit aux lois militaires de son pays.

» Général UHRICH. »

L'assiégeant est si rapproché de la place que nous entendons les officiers allemands donner des ordres à leurs soldats dans les tranchées.

Nous avons encore la mort d'un autre officier supérieur à regretter. M. Ducrot, chef de bataillon du génie, a été tué ce matin sur les remparts par un obus.

COMMISSION MUNICIPALE DE STRASBOURG

Séance du 24 septembre 1870

PRÉSIDENCE DE M. KÜSS

Accidents.

Plusieurs membres rendent compte des accidents qui ont eu lieu dans leurs quartiers.

M. Hœrter dit qu'il y a eu, depuis hier, au faubourg de Saverne, 2 tués et 15 blessés.

M. Kablé annonce que l'ambulance de la Ville-de-Paris a reçu 19 nouveaux blessés ; enfin, d'après le récit de M. Imlin, 5 maisons ont été complétement incendiées au faubourg de Pierre.

DIMANCHE 25 SEPTEMBRE

LE BASTION 11 EST BATTU EN BRÈCHE

L'assiégeant bat en brèche la face droite du bastion 11. Pendant la journée, le tir des bastions et des contre-gardes du côté de la porte de Pierre devient de plus en plus difficile. Ces ouvrages sont bouleversés, broyés, ruinés par les batteries allemandes, les banquettes, les parapets sont rasés, et les défenseurs, complétement à découvert, font quelques sacs à terre qu'ils roulent devant eux et placent de distance en distance. Là ils surveillent l'ennemi et tirent, de temps en temps, un coup de feu. A l'instant même plus de cent tireurs allemands, bien abrités dans leurs tranchées, visent celui qui a eu la hardiesse de faire feu, et souvent les batteries s'en mêlent, et un seul coup de fusil parti de la place attire sur cet endroit des obus et de la mitraille; mais la nuit il n'en est plus de même : des fusillades violentes, pressées, éclatent de tout côté, et les batteries de la place livrent de grands combats d'artillerie aux batteries ennemies.

L'assiégeant, qui, nous l'avons déjà dit, a caché soigneusement l'importance de ses pertes (1), avoue lui-même qu'il fut fort maltraité pendant ces derniers jours, et qu'en une seule nuit trois officiers du génie et un grand nombre de sapeurs pionniers furent tués en cheminant d'abord dans la caponnière contre le chemin couvert du ravelin 50, ensuite le long de celui-ci. L'assiégeant avança fort vite et fit avec une rapidité incroyable des travaux considérables; le chef du génie prussien était le lieutenant général de Mertens, le vainqueur de Duppel, l'ingénieur qui a fortifié Dresde et Kiel.

Pendant la nuit du 25 au 26, vers 1 heure du matin, éclate une fusillade très-nourrie devant la porte des Pêcheurs et la porte de Pierre.

Nous lisons dans le *Courrier du Bas-Rhin* du 25 septembre :
« Des incendies, des ruines, des morts et des blessés, tel est le triste bilan de la journée d'hier, comme il a été celui des journées précédentes. Le feu continue ses ravages au faubourg de Pierre, et la dernière maison du côté du quai Finckmatt a été atteinte cette nuit par les flammes. Ce matin, d'énormes colonnes de fumée s'élevaient encore de ce côté de la ville, et les obus tombaient sans discontinuer dans le foyer de l'incendie.

---

(1) D'après nos informations, les pertes du corps d'armée allemand, devant Strasbourg, dépassent de beaucoup le chiffre officiel. Les habitants de Schiltigheim racontent que le nombre des tués fut considérable et que les Badois furent fort éprouvés, notamment la nuit de la sortie du 2 septembre, et il est prouvé que chaque nuit l'assiégeant faisait partir de grands convois de blessés. Du reste, les ouvrages publiés par les Allemands eux-mêmes font à chaque page des aveux à ce sujet.

Ce matin aussi un nouvel incendie a éclaté dans les environs du quartier Saint-Nicolas.

» Plusieurs victimes ont été portées cette nuit dans les différentes ambulances. La garde mobile est douloureusement éprouvée depuis quelque temps, et chaque jour elle perd quelques-uns des braves jeunes gens dont elle se compose. Les rangs des sous-officiers s'éclaircissent rapidement et le corps des officiers est frappé avec une affligeante persistance. Plusieurs francs-tireurs ont aussi grossi la liste des défenseurs de Strasbourg tombés au poste d'honneur. »

COMMISSION MUNICIPALE DE STRASBOURG

Séance du 25 septembre 1870

PRÉSIDENCE DE M. KÜSS

Abris.

M. Lichtenfelder dit qu'il s'est préoccupé avec M. André de la question des abris ; ces honorables membres ont conçu l'idée de faire établir, sur plusieurs points de la ville, des espèces de rues blindées dans les décombres provenant des maisons incendiées. La réalisation de cette idée, outre les services qu'elle rendrait par le fait même de son exécution, aurait encore l'avantage d'assurer du travail aux ateliers communaux.

Le projet de MM. Lichtenfelder et André est renvoyé à la commission des abris.

Accidents et sinistres.

M. Kablé trace le bilan des accidents et des sinistres de la journée d'hier.
La séance est levée.

LUNDI 26 SEPTEMBRE

Nous lisons dans l'*Impartial du Rhin* du 26 septembre :

« L'ennemi continue à dévaster la ville; le faubourg de Pierre surtout souffre énormément; le côté vers la Finckmatt n'est plus qu'un monceau de ruines; la dernière maison formant le coin du faubourg avec le quai Finckmatt est devenue la proie des flammes.

» Les obus de l'ennemi continuent aussi à faire de nombreuses victimes dans la population civile. Cette nuit on a entendu encore une très-vive fusillade, qui a duré deux heures environ. Nos artilleurs ripostent jour et nuit au feu de l'ennemi; nos francs-tireurs et nos chasseurs volontaires, qui excellent par la précision de leur tir, font de fréquentes sorties.

» Les compagnies franches et les francs-tireurs continuent à faire des prouesses dignes de tout éloge; ainsi avant-hier matin une vingtaine d'entre eux ont, dans une sortie, surpris une troupe de Prussiens postés au bal de l'*Alcazar*, hors la porte d'Austerlitz; ils leur ont tué et mis hors de combat une dizaine d'hommes et sont rentrés en ville n'ayant eu que deux blessés. Ce sont eux encore qui, le même jour, sont allés à travers mille dangers mettre, près de l'Orangerie, le feu à l'auberge dite *Beckchisel*, qui servait d'abri à nos ennemis et gênait les opérations de la place.

» La garde mobile a encore perdu deux de ses officiers : M. Léon Mathiss, de Herbitzheim, lieutenant d'infanterie, et M. Vernet, lieutenant d'artillerie. Plusieurs sous-officiers et soldats et aussi quelques francs-tireurs ont été tués. »

Nous lisons dans le numéro de ce jour du *Républicain de l'Est* :

« Le bilan des nouvelles locales de ces jours derniers peut se résumer en quelques lignes : à part de petits faits isolés, la triste situation de Strasbourg, que chacun connaît aussi bien que nous, se continue dans sa terrible monotonie. Par contre, ce que nous ne pouvons nous lasser d'admirer, c'est l'attitude admirable de la population, stoïque, fermement résignée, patiente et calme; on la dirait vraiment élevée tout entière à la rude école du malheur, tant elle sait mettre de grandeur à le supporter.

» Nouvelles vraies, nouvelles fausses, tout a passé sur Strasbourg sans ébranler un instant le courage de ses habitants.

» L'esprit de la population est tel, nos vaillants concitoyens se sentent si forts de leur bon droit, que nous préférerions douter de quoi que ce soit plutôt que du courage, de la vaillance dont ils ont déjà donné de si admirables preuves depuis le temps que dure notre martyre. »

Le *Courrier du Bas-Rhin* publie l'article suivant :

« La *Gazette de Carlsruhe* du 22 annonce que le gouvernement français vient de donner au brave général Uhrich une distinction rare, un de ces témoignages d'extraordinaire hommage comme les nations n'en accordent qu'à ceux qui ont accompli un grand acte. Il a ordonné que l'avenue qui s'appelait jusqu'à ce jour *avenue de l'Impératrice,* portât le nom du général commandant la 6° division militaire et s'appelât *avenue Uhrich.*

» La ville de Strasbourg, qui a décerné le droit de cité au général, ratifiera à l'unanimité cette décision du gouvernement.

» Les ruines et les victimes deviennent plus nombreuses chaque jour, et chaque jour l'œuvre de destruction devient plus terrible. Les batteries ennemies sont à présent à courte distance des murs et leur feu devient plus nourri. Les bombes qui d'abord ne tombaient que sur les remparts et sur les maisons des faubourgs viennent tomber maintenant presque au centre de la ville. La rue de la Mésange est abîmée depuis deux jours par ces projectiles qui effondrent des maisons entières. D'autres quartiers encore ne sont pas moins éprouvés. Les obus à balles éclatent aussi par centaines au-dessus des rues, et chaque moment fournit pour ainsi dire un blessé.

» Pendant la journée d'hier et pendant cette nuit, de nombreux habitants ont été atteints soit dans les rues, soit dans leurs demeures.

» Cette nuit, vers deux heures, le bruit d'une véritable bataille a retenti du côté des faubourgs, du Contades et jusque vers la porte des Pêcheurs. Une fusillade terrible, entremêlée de coups de canon et de décharges de mitraille, a tonné pendant près de deux heures sur tout ce demi-cercle des fortifications. L'ennemi tentait cette fois une attaque très-vigoureuse et devait être en grande force, à en juger par son feu. Les agresseurs ont été repoussés encore et avec de grandes pertes. La fusillade, après avoir cessé pendant un quart d'heure, a repris avec intensité et s'est éteinte ensuite insensiblement. »

Le 26, l'assiégeant bat en brèche le bastion 12.

LA LUNETTE 56 ET LE CONTADES.

Les lignes suivantes sont extraites du journal d'un officier de marine qui défendait la lunette 56 :

« L'ennemi, écrit cet officier, nous rendait largement 7 coups pour 1 et nous inondait, du matin au soir, de projectiles de toute nature. Une même roue fut brisée 7 fois, le canon lui-même fut atteint; un seul obus prussien fit, le 16 septembre, 4 morts et 3 blessés. L'artillerie ennemie pointait admirablement ; 7, 8 projectiles venaient frapper dans la même embrasure; ce n'est qu'avec des prodiges de gymnastique que nous évitions les éclats; des factionnaires veillaient la lueur du coup et nous criaient casse-cou ! tout le monde s'abritait alors, puis courait à la pièce et continuait le feu.

» Vers midi généralement le parapet était à terre; depuis longtemps il ne restait plus rien du revêtement en pierre du front exposé aux Prussiens, les embrasures étaient démolies et il fallait cesser le feu, en attendant la nuit, pour faire un travail de Pénélope et réparer, de notre mieux, avec des sacs à terre, tout ce qu'on nous avait démoli le jour.

» En explorant, le matin, avec une longue-vue ou à l'œil nu, on était surpris des prodiges accomplis la nuit par les pionniers. la 1re parallèle, occupant la route de Schiltigheim en avant du village, était à 800 mètres de nous; la 2e à 400 mètres, mais là il n'y eut jamais que des mortiers assez faibles et des fusils de rempart dont les longues balles en acier nous sifflaient aux oreilles chaque fois qu'un bout de bonnet se montrait au-dessus d'un sac à terre. Une autre batterie de 8 pièces était à 750 mètres, près de la ferme Voltaire incendiée; une autre à 1050 mètres, généralement volante, plus à gauche, près de la brasserie Schützenberger. Ces 3 batteries nous honoraient de leurs envois ou tiraient par-dessus nous sur la ville, le barrage de la porte des Pêcheurs, la Finckmatt, l'ouvrage à cornes 59, etc.

» Quand il fut reconnu impossible de continuer à lutter, avec nos 3 petits canons se chargeant par la bouche, contre les 15 ou 20 canons prussiens qui dans un seul jour lançaient près de 500 projectiles, les embrasures furent bouchées; on essaya de nous donner un mortier de 24 ou de 27 centimètres, mais on ne réussit jamais à l'amener au but, le terrain étant trop détrempé par l'inondation en arrière de nous. On nous donna alors 4 mortiers de 15 centimètres, qui ne portent qu'à 600 mètres, et avec lesquels nous enfilions la tranchée à 400 mètres de nous.

» De leur côté, les bombes prussiennes tombaient chez nous et dans une tranchée construite par nous, en arrière, pour communiquer avec le 61 en cas de retraite. Vers la fin, nous ne pouvions plus beaucoup tirer; une balle de chassepot nous amenait en riposte quelques obus, et nous ne voulions pas augmenter inutilement le nombre des victimes; l'ouvrage ne présentait plus, d'ailleurs, qu'un abri très-médiocre. Nous ne pouvions plus suffire à rapiécer les remparts, et la poudrière était fortement ébranlée et dut être évacuée. Toute la gauche de l'ouvrage était à découvert et enfilée par 53, alors aux mains de l'ennemi, de sorte que nous courions les plus grands risques pour passer par le bac puis par le pont, au changement de garde. La perte de l'ouvrage, entraînant celle du Contades, ne pouvait plus être différée beaucoup, quand le 28 septembre au matin nous apporta sa pénible surprise. »

Dépêche du quartier général allemand :

« *Mundolsheim*, 26 septembre : Canonnade terrible hier. — Feu sans interruption, cette nuit, coup sur coup. »

MARDI 27 SEPTEMBRE

Voici ce qu'écrivait le *Courrier du Bas-Rhin* quelques heures avant la capitulation :

« Il semblait que le danger ne pût augmenter pour notre ville et que les assiégeants eussent usé les plus terribles engins de guerre pendant ces longues semaines de bombardement. Cette nuit ils nous ont prouvé que nous n'avions pas encore vu la fin de leurs ressources, car ils ont lancé des bombes incendiaires à des distances incroyables. Ces bombes, qui pèsent en général plus de 50 kilos, sont remplies de plusieurs kilos de poudre, et munies d'une fusée qui brûle pendant tout le trajet du projectile et le fait éclater à la fin quand elle a brûlé jusqu'au bout. L'ennemi a lancé un certain nombre de ces bombes depuis Schiltigheim ou depuis les batteries de la Rotonde jusque dans la Grand'rue, jusque dans la rue du Bain-aux-Plantes, la rue de la Fontaine et les Ponts-Couverts. On voyait ces projectiles monter lentement dans les airs, puis tout à coup se précipiter vers le sol ; un bruit épouvantable suivait leur chute sur les maisons, dans lesquelles ils exerçaient des ravages terribles.

» Une de ces bombes a traversé trois étages et une cave ; d'autres ont défoncé, effondré des corps de bâtiments entiers, pulvérisant tout ce qu'elles touchaient. Les journaux allemands parlaient, il y a quelque temps, de deux mortiers monstres amenés par les assiégeants devant nos murs ; ce sont évidemment ces deux mortiers qui servent à lancer ces projectiles à des distances qui n'ont été atteintes par aucune artillerie.

» De graves malheurs ont signalé cette nuit et la soirée d'hier ; il y a eu des victimes nombreuses, des morts et des blessés. Au

Marais-Kageneck, affreux accident; dans la maison Mehl, située près du quartier de Saverne, deux projectiles tombés presque en même temps ont tué six personnes et en ont blessé douze! Dans la rue du Bain-aux-Plantes, quatre blessés dans une maison!

» Dans les faubourgs, des victimes comme toutes les nuits. Quelle longue liste déjà que celle de toutes ces ruines et de tous ces deuils!

» M. Royer, capitaine de l'artillerie de la garde mobile, a été blessé hier matin et a succombé quelques heures après à ses blessures. Encore un brave officier enlevé à la garde mobile, qui chaque jour est si cruellement éprouvée. Ce matin, M. le capitaine de vaisseau du Petit-Thouars a été blessé au bras par un éclat d'obus. »

A quatre heures de l'après-midi, l'*Impartial du Rhin* publiait l'article suivant :

« Les chefs de l'armée ennemie ont cru qu'en donnant l'ordre de bombarder impitoyablement notre ville, de la brûler, de la saccager; de tuer sans miséricorde nos mères, nos pères, nos frères, nos sœurs, nos femmes, nos enfants, la population civile, effrayée, consternée, exercerait une pression sur l'autorité militaire pour lui faire ouvrir les portes de la place. La résignation vraiment héroïque de nos concitoyens a déjoué cet odieux calcul, cette combinaison à la fois cruelle et machiavélique : Strasbourg a résisté jusqu'à ce jour et résistera tant qu'il lui restera une lueur d'espoir.

» Pendant la nuit de dimanche à lundi, le colonel Blot, commandant le 87e de ligne et le 3e arrondissement de défense de la place, a été frappé dans le dos par un éclat de bombe au moment où son intrépidité et les nécessités du service l'appelaient sur l'un des points les plus périlleux des remparts. Heureusement ce projectile n'a occasionné qu'une forte contusion, et l'on nous fait espérer que ce brave officier pourra sous peu reprendre le commandement de son poste. Le colonel Blot est, lui aussi, un de ces chefs énergiques et courageux qui ne craignent point de payer de leur personne et qui savent en toute occasion donner à leurs soldats l'exemple du courage et de la bravoure. Le sapeur qui suivait le colonel a été également blessé. Pendant la même nuit, M. le capitaine Pessonneaux, du même corps, a été atteint par un éclat de bombe qui lui a occasionné une forte plaie contuse à la cuisse.

» La nuit dernière, M. Champlan, capitaine aux volontaires du régiment de marche d'infanterie, a été tué dans l'ouvrage 47-49. Cet officier avait été récemment promu au grade de capitaine quand il demanda à servir parmi les volontaires. »

MORTS ET BLESSÉS, ÉTAT DE LA VILLE ET DES OUVRAGES DE DÉFENSE, LES BASTIONS 11 ET 12

Le 27 septembre, le 87ᵉ régiment de ligne avait son colonel, 15 officiers et 700 hommes hors de combat.

Le 4ᵉ bataillon de la garde mobile avait 6 officiers et 200 hommes sur 700 hors de combat. Les pontonniers avaient tellement perdu de monde qu'il avait fallu leur adjoindre des cavaliers, puis des volontaires pris dans l'infanterie, pour le service des pièces.

Les douaniers, les compagnies franches, les marins avaient vu chaque jour leurs rangs s'éclaircir; les 3 officiers du détachement de marins étaient blessés.

Nous avons suivi jour par jour les progrès continus, irrésistibles de l'ennemi; aujourd'hui les Allemands sont aux pieds de nos murs, la brèche est ouverte en deux endroits au corps de rempart...

Le 27 septembre dans l'après-midi, Strasbourg se défendait depuis 50 jours et avait été bombardé pendant 43 jours et 43 nuits. La ville était en ruines, les édifices publics détruits, 500 maisons complétement brûlées, les autres plus ou moins atteintes, 300 habitants tués, 2000 mutilés, et 10 000 erraient sans asile. La garnison avait perdu 2500 hommes et ses meilleurs officiers.

Les brèches étaient béantes, et de chaque côté des murs ravinés, émiettés; le rempart, qui, depuis le 23 août, servait de cible à l'ennemi, était bouleversé par les obus et par les bombes, son terre-plein ressemblait à un champ où a passé la charrue, les arêtes étaient ondulées et les grands trous creusés par les bombes se touchaient, c'était un fouillis n'ayant plus de ressemblance avec un ouvrage de défense, et au milieu des mottes de terre gisaient des arbres hachés, déchiquetés, des canons démontés, des roues, des affûts brisés (1).

Les remparts sont enfilés, ils sont pris à revers, les batteries de Schiltigheim envoient leurs obus sur la porte de l'Hôpital. La porte de Pierre n'existe plus, on l'a remplacée par des piles de sacs à terre; il n'y a plus de rempart, mais de grands amas de terre sans forme, présentant de larges ouvertures. Les bastions 11 et 12 sont l'image de la destruction la plus complète, et devant les brèches, les pionniers allemands qui ont cheminé pré-

(1) Un officier prussien de l'armée assiégeante écrit ce qui suit :

« En n'entretenant avec nos pièces qu'un feu modéré, nous pouvions lancer sur la place, dans l'espace de vingt-quatre heures, 6000 projectiles, tous propres à éclater.

» Quant à repousser un assaut qui peut être préparé par une artillerie pareille, il ne fallait même pas y penser. A proprement parler, les assiégés n'étaient plus déjà maîtres de leurs remparts, ou, pour parler plus exactement, il n'existait en général plus de véritables remparts. Celui qui, en 1870, dans les derniers jours de septembre, n'a pas été sur les remparts de Strasbourg, dans les bastions 11 et 12, n'est pas capable de se figurer l'état dans lequel l'artillerie les avait mis. Même les artilleurs qui avaient pris part à cette attaque furent stupéfaits de voir l'effet produit, lorsque plus tard ils eurent l'occasion de le constater dans tous ses détails.

» Les parapets, les chemins de communication des remparts, les traverses et abris creux étaient changés en monceaux de terre informes, les pièces y gisaient au milieu des décombres, démontées, renversées, méconnaissables. A peine pouvait-on se mouvoir sur ce qu'on appelle un boulevard; il eût été impossible d'y amener de nouvelles pièces, enfin ces ouvrages ne pouvaient plus offrir la moindre protection à leurs défenseurs.

» Ajoutez que toute la partie de la ville située derrière le front d'attaque était en ruines, et c'est une question de savoir si on aurait encore pu amener des troupes par-dessus ces monceaux de ruines pour défendre la brèche.

» Enfin, et cette circonstance a certainement une grande importance, la citadelle, autrefois le dernier abri de la garnison, était dévastée comme jamais on n'a rien vu de pareil . »

(*Traduction d'un ouvrage allemand.*)

parent le passage du fossé; l'assiégeant n'a plus qu'à faire sauter les parties des contre-gardes des bastions 11 et 12 correspondant aux brèches, et il pourra lancer ses colonnes d'assaut.

A deux heures de l'après-midi, le colonel Sabatier, directeur des fortifications, et le lieutenant-colonel Maritz, chef du génie, vinrent prévenir le gouverneur : « *que la brèche du bastion* 11 *était praticable, que l'assaut pouvait être donné le lendemain matin, le soir même, ou dans deux heures : que Strasbourg était à la merci de l'ennemi.* »

L'assaut, c'est une belle mort pour le soldat, mais c'est aussi la ville devenant la proie de l'ennemi; la nuit prochaine sera peut-être pour Strasbourg la nuit de la mort. L'Erbfeind n'a pas oublié les souvenirs sauvages des guerres du Palatinat, et Heildelberg n'est pas loin de Strasbourg. Il y a encore des femmes et des enfants, le bombardement le plus savamment organisé ne peut pas tout anéantir, et les purificateurs d'outre-Rhin n'ont pas encore terminé leur sainte œuvre de destruction.

Le général Uhrich convoqua le conseil de défense, qui entendit le rapport du directeur des fortifications et du chef du génie; après avoir examiné la situation, le conseil reconnut que la prise d'assaut était inévitable.

A l'unanimité des voix, le conseil de défense déclara que la résistance était arrivée à son terme et qu'il y avait lieu d'entrer immédiatement en négociation avec l'assiégeant.

Le hommes qui présidaient à la défense de Strasbourg ne crurent pas avoir le droit de sacrifier inutilement une population qui les avait si puissamment aidés dans leur œuvre de résistance. Après avoir vu que tout était perdu, que la place était à la merci de l'assiégeant, puisque le feu de ses canons rendait même impossible la défense de la brèche d'assaut (1), ils interrogèrent

---

(1) Un officier prussien de l'armée assiégeante écrit ce qui suit :
« La discipline allemande et la conduite des hommes pouvaient, à la vérité, être garantes que les écarts épouvantables que peut entraîner l'assaut d'une place en présence de l'exaspération, naturellement toujours croissante, de la part de l'assiégeant, pourraient

leur conscience, et le devoir était si nettement indiqué que l'on vit le brave colonel Blot, cet homme dont le courage et l'énergie sont restés légendaires parmi nous, écrire, de son lit où le retenaient ses blessures, une lettre dans laquelle il déclarait une plus longue défense impossible, et demandait noblement sa part de responsabilité dans l'acte cruel devenu nécessaire.

Strasbourg capitula donc, le drapeau blanc flotta sur la cathédrale, il fut arboré au front d'attaque, sur les deux brèches, et un parlementaire fut envoyé au camp allemand.

Nous arrivons à l'heure la plus triste, à la dernière heure du siège.

CAPITULATION

Le mot *capitulation* avait déjà été prononcé et la commission municipale en avait entrevu la possibilité.

Pour les hommes raisonnant de sang-froid, à mesure que les jours s'écoulaient, les espérances évanouies avaient fait place à cette perspective inévitable; mais combien y avait-il alors d'hommes raisonnant de sang-froid dans cette population surexcitée par les fatigues, le chagrin, les souffrances? Et d'ailleurs, le patriotisme exalté par la lutte est-il bien compatible avec le calme et la résignation?

Il y eut comme une secousse dans les esprits, ce mot capitulation frappa les oreilles comme un mot inconnu dont on comprenait seulement la véritable signification.

Capituler!... Le coup était trop dur, les âmes se révoltaient. Malgré tout le courage déployé, malgré tant de sacrifices si noblement supportés, il fallait se rendre, et l'acte imposé était d'autant plus terrible que pour nous reddition voulait dire cession,

---

être évités de la part de troupes allemandes autant que cela dépend d'elles; mais si le combat avait pris un caractère sauvage, par suite de la discipline relâchée de l'armée française, si on avait tiré de l'intérieur des maisons, que serait-il arrivé?..... »

(*Traduction d'un ouvrage allemand.*)

perte de nationalité; que Strasbourg rendue, c'était Strasbourg allemande...

Ah! ceux qui n'ont pas passé par ces épreuves ne peuvent savoir ce qu'elles ont de déchirant.

On avait espéré et souffert pendant deux mois, derrière ce rempart qui était encore la France; pour nous, ce coin de terre que nous défendions était devenu une image réduite et plus frappante de la patrie. On voyait brûler sa maison, qu'importe? disait-on, nous resterons Français!

Nous nous savions perdus et nous espérions encore.

Quant l'officier qui se rendait en parlementaire au quartier général allemand fut reconnu dans les rues de Strasbourg, un mouvement irrésistible souleva la population, et l'officier, entouré, arrêté par la foule désespérée, dut promettre qu'il ne s'agissait pas de capitulation, on ne voulait pas lui laisser exécuter sa pénible mission.

Le drapeau blanc flottait sur la tour du Dôme.

Ce n'est pas le drapeau parlementaire! disait-on.

On ne peut pas capituler, et cependant Strasbourg capitulait.

Le général Uhrich écrivit au lieutenant général de Werder :

« Strasbourg, 27 septembre 1870.

» MONSIEUR LE LIEUTENANT GÉNÉRAL,

» La résistance de Strasbourg est arrivée à son terme. Je suis disposé à entrer en négociations pour la capitulation.

» J'ai l'honneur de demander, pour la ville de Strasbourg qui a déjà tant souffert, un traitement aussi doux que possible et la conservation de ses propriétés.

» Pour les habitants, la vie et les biens saufs, le droit de s'éloigner.

» Pour la garnison, rien, que le traitement dû à des soldats qui ont fait leur devoir.

» *Général* UHRICH. »

Le lieutenant général de Werder répondit immédiatement :

« MONSIEUR,

» Je viens de recevoir votre écrit de ce jour, et je m'empresse d'envoyer à Kœnigshoffen le lieutenant-colonel de Leszcynski, mon chef d'état-major, le capitaine de cavalerie comte Henkel de Donnersmark et le premier lieutenant de La Roche, pour traiter des autres détails relatifs à la remise de la place.

» Vous voudrez être persuadé que, rendant pleinement justice à votre valeureuse et honorable défense, non-seulement je remplirai les désirs exprimés par vous de la façon la plus étendue, mais encore je prendrai toutes les mesures pour alléger le sort de vos valeureux officiers et pour guérir les plaies de la ville.

» Je me réjouis de pouvoir vous exprimer ma haute considération personnelle et ma sincère estime avec laquelle je reste, monsieur, votre tout dévoué.

» *Le lieutenant général* v. WERDER. »

PROTOCOLE

DE LA CAPITULATION CONCLUE A KŒNIGSHOFFEN

Le 28 septembre 1870, à 10 heures du matin.

« Le comte de Werder, lieutenant général de S. M. le roi de Prusse, commandant de l'armée assiégeante de Strasbourg, ayant été requis par M. le général de division français Uhrich, gouverneur de Strasbourg, de faire cesser les hostilités contre la place, est convenu avec lui de conclure la capitulation dont les termes suivent, en considération de la défense honorable et courageuse de cette place de guerre.

» Article 1er. — Le 28 septembre 1870, à huit heures du matin, M. le général de division Uhrich évacuera la citadelle, la porte d'Austerlitz, la porte Nationale, celle des Pêcheurs. En même temps, ces divers points seront occupés par les troupes allemandes.

» Article 2. — Le même jour, à onze heures, la garnison française et la garde mobile quitteront la place par la porte Nationale, se placeront entre les lunettes 44 et le réduit 37, et déposeront les armes.

» Article 3. — Les troupes de ligne et la garde mobile seront prisonnières de guerre et se mettront immédiatement en marche avec leurs bagages. Les gardes nationaux et les francs-tireurs resteront libres au moyen d'un revers (déclaration écrite de ne pas servir pendant la guerre); ils devront déposer les armes à la mairie avant onze heures du matin. A la même heure, les listes nominatives des officiers de ces troupes devront être remises à M. le général de Werder.

» Article 4. — Les officiers et les fonctionnaires ayant rang d'officiers, de tous les corps de troupes de l'armée française, pourront se rendre à la résidence qu'ils choisiront, à charge de fournir un revers dont la formule est annexée au présent document. Les officiers qui refuseront de signer ce revers seront conduits en Allemagne avec la garnison comme prisonniers de guerre. Tous les médecins militaires français conserveront leurs fonctions jusqu'à nouvel ordre.

» Article 5. — M. le général de division Uhrich s'engage, dès que les armes auront été déposées, à remettre tous effets militaires, caisses du trésor, etc., par l'intermédiaire des agents que cette remise concerne, aux fonctionnaires allemands, dans la forme usitée.

» Les officiers et fonctionnaires qui, des deux côtés, seront chargés de cette mission, se trouveront, le 28 septembre à midi, sur la place de Broglie à Strasbourg.

» La présente capitulation a été rédigée et signée par les fondés de pouvoirs suivants : du côté allemand, le lieutenant-colonel de Leszcynski, chef de l'état-major de l'armée de siége ; le capitaine et aide de camp comte Henkel de Donnersmark ; du côté français, le colonel Ducasse, commandant de Strasbourg, et le lieutenant-colonel Mengin, sous-directeur d'artillerie.

» Lu, approuvé et *signé :*
» L. MENGIN, DUCASSE,
» HENKEL DE DONNERSMARK, LESZCYNSKI.

» *Le secrétaire,*
» *Baron* DE LA ROCHE,

» Pour copie conforme : *le général commandant supérieur,*
» UHRICH. »

MERCREDI 28 SEPTEMBRE

Le 28 septembre au matin, les deux proclamations suivantes étaient affichées :

PROCLAMATION DU GÉNÉRAL UHRICH AUX HABITANTS DE STRASBOURG

« HABITANTS DE STRASBOURG,

» Ayant reconnu aujourd'hui que la défense de la place de Strasbourg n'est plus possible, et le Conseil de défense ayant unanimement partagé mon avis, j'ai dû recourir à la triste nécessité d'entrer en négociations avec le général commandant l'armée assiégeante.

» Votre mâle attitude pendant ces longs jours de douloureuses épreuves m'a permis de retarder jusqu'à la dernière limite la chute de votre cité. L'honneur civil, l'honneur militaire sont saufs, grâce à vous, merci !

» Merci à vous aussi, préfet du Bas-Rhin et magistrats municipaux, qui par votre énergie et par votre union m'avez prêté un concours si précieux, qui avez su venir en aide à la population malheureuse, et maintenir haut son attachement à notre patrie commune.

» Merci à vous, chefs militaires et soldats, à vous surtout, membres de mon Conseil de défense, qui avez toujours été si unis de vues, si énergiques, si dévoués à la grande mission que nous avions à accomplir ; qui m'avez soutenu dans les instants d'hésitation que faisaient naître la lourde responsabilité qui pesait sur moi, et l'aspect des malheurs publics qui m'environnaient.

» Merci à vous, représentants de notre armée de mer, qui avez su faire oublier votre petit nombre par l'énergie de votre action ; merci enfin à vous, enfants de l'Alsace; à vous, gardes nationaux mobiles ; à vous, francs-tireurs et compagnies franches, à vous aussi, artilleurs de la garde nationale sédentaire, qui avez si noblement payé le tribut du sang à notre grande cause aujourd'hui perdue ; et à vous, douaniers, qui avez aussi donné des preuves de courage et de dévouement.

» Je dois les mêmes remerciments à l'intendance pour le zèle avec lequel elle a su parer aux exigences d'une situation difficile, tant pour le service hospitalier que pour celui des vivres.

» Où trouverai-je des expressions suffisantes pour dire à quel point je suis reconnaissant envers les médecins civils et militaires, qui se sont consacrés aux soins de nos blessés et de nos malades militaires, envers ces nobles jeunes gens de l'École de médecine, qui ont accepté avec tant d'enthousiasme le poste périlleux des ambulances dans les ouvrages avancés et aux portes?

» Comment remercier assez les personnes charitables, les maisons religieuses, les établissements publics qui ont ouvert des asiles à nos blessés, qui les ont entourés de soins si touchants, et qui en ont arraché beaucoup à la mort?

» Je conserverai jusqu'à mon dernier jour le souvenir des deux mois qui viennent de s'écouler, et le sentiment de gratitude et d'admiration que vous m'avez inspiré ne s'éteindra qu'avec ma vie.

» De votre côté, souvenez-vous sans amertume de votre vieux général, qui aurait été si heureux de vous épargner les malheurs, les souffrances et les dangers qui vous ont frappés, mais qui a dû fermer son cœur à ce sentiment, pour ne voir devant lui que le devoir, la patrie en deuil de ses enfants.

» Fermons les yeux, si nous le pouvons, sur le triste et douloureux présent, et tournons-les vers l'avenir : là nous trouverons le soutien des malheureux : l'espérance !

» Vive la France à jamais !

» Fait au quartier général, le 27 septembre 1870.

» *Le général de division, commandant supérieur de la 6e division militaire,*

» UHRICH. »

PROCLAMATION DU MAIRE DE STRASBOURG

« CHERS CONCITOYENS !

» Après une résistance héroïque et qui, dans les fastes militaires, ne compte que de rares exemples, le digne général qui a commandé la place de Strasbourg vient, d'accord avec son Conseil de défense, de conclure avec le commandant en chef de l'armée assiégeante une convention pour la reddition de la place.

» Cédant aux dures nécessités de la guerre, le général a dû prendre cette détermination en présence de l'existence des deux brèches, de l'imminence d'un assaut qui nous eût été fatal, des pertes irréparables subies par la garnison et par ses vaillants chefs. La place n'était plus tenable, il est entré en pourparlers pour capituler.

» Sa détermination, écartant la loi martiale qui livre une place prise d'assaut aux plus rudes traitements, vaut à la ville de Strasbourg de ne pas payer de contributions de guerre et d'être traitée avec douceur.

» A onze heures, la garnison sortira avec les honneurs militaires, et aujourd'hui l'armée allemande occupera la ville.

» Vous qui avez supporté avec patience et résignation les horreurs du bombardement, évitez toute démonstration hostile à l'encontre du corps d'armée qui va entrer dans nos murs !

» Rappelez-vous que le moindre acte agressif empirerait notre situation et attirerait sur la population entière de terribles représailles. La loi de la guerre dit que *toute maison, d'où il aurait été tiré un coup de feu, sera rasée et ses habitants passés au fil de l'épée*. Que chacun s'en souvienne, et s'il était parmi vous des hommes assez oublieux de ce qu'ils doivent à leurs concitoyens, pour méditer d'impuissantes tentatives de résistance, empêchez-les d'y donner suite. L'heure de la résistance est passée. Résignons-nous à subir ce qui n'a pu être évité.

» Vous, chers citoyens, qui, durant ce long siège, avez déployé une patience, une énergie que l'histoire admirera, restez dignes de vous-mêmes à cette heure douloureuse.

» Vous tenez dans vos mains le sort de Strasbourg et le vôtre. Ne l'oubliez pas !

» Strasbourg le 28 septembre, 1870.

» *Le maire*, Küss. »

La *Badische Landeszeitung* publie la dépêche suivante :

STRASBOURG A CAPITULÉ !

» Dieu veuille que cela soit vrai, pour éviter à la fière forteresse les suites d'un assaut. »

LES HONNEURS DE LA GUERRE, LES DRAPEAUX BRULÉS

Le 28 septembre à onze heures, après avoir brûlé ses drapeaux, la garnison sortit avec les honneurs de la guerre ; les troupes allemandes rangées en bataille sur les glacis, le tambour battant aux champs, portèrent les armes à l'arrivée des premiers soldats français.

D'après la convention, les défenseurs ne devaient déposer les armes qu'après avoir défilé, mais la majeure partie fut anéantie par les soldats et les habitants ivres de douleur, on jeta à l'eau tout ce que l'on trouva, les rues étaient jonchées de débris, on marchait sur une couche épaisse de chassepots brisés, de baïonnettes tordues, et bien longtemps après la capitulation, les

Allemands fouillèrent le lit de l'Ill et y pêchèrent des poignées d'épée, des tronçons de sabres et des canons tordus.

Le 28 septembre à midi, on entendit le bruit des fifres et des tambours, et les troupes allemandes, après avoir défilé devant les ruines fumantes du faubourg National, vinrent faire la parade devant la statue de Kléber.

En un instant les rues furent désertes, les habitants s'enfermèrent dans leurs demeures; alors le deuil de Strasbourg commença.

APPENDICE I

STRASBOURG

APRÈS LE SIÉGE

RAPPORT OFFICIEL

DU GÉNÉRAL UHRICH

SUR LA CAPITULATION DE STRASBOURG

Monsieur le Ministre,

Depuis quelque temps déjà, les dépêches que j'ai eu l'honneur de vous adresser ont dû vous faire pressentir que la situation de la place de Strasbourg devenait de plus en plus critique.

Dans les derniers jours du siége :

La citadelle, entièrement démolie, n'existait pour ainsi dire plus. Ses portes étaient abattues, ses bâtiments brûlés; sa garnison ne pouvait trouver à s'abriter que dans des casemates insuffisantes et dont les projectiles brisaient souvent les masques.

La ville, en partie incendiée ou démolie par les obus lancés de batteries établies à 3000 mètres et même à 3500 mètres, avait éprouvé des dégâts énormes et d'une nature inconnue jusqu'à ce jour, comme les projectiles inusités dans les guerres précédentes et que l'armée prussienne de siége avait employés contre la place.

Notre artillerie était réduite au silence. Dès qu'une bouche à feu était mise en batterie et placée dans une embrasure, elle se trouvait à l'instant hors de service et démontée.

Lors de l'incendie de l'arsenal, trente-cinq mille fusées percutantes avaient sauté, précisément à l'époque du siége où elles eussent été le plus utilement employées. C'était à peu près tout ce que nous possédions en munitions de ce genre ; j'ai bien fait confectionner par l'artillerie des fusées en bois, mais leur efficacité était presque nulle.

Les défenseurs ne pouvaient montrer un instant leur tête, au défaut de l'épaulement, sans être atteints par des obus à balles, par des boulets creux, par des bombes et par des coups de mitraille tombant au milieu d'eux.

Les ouvrages extérieurs n'étaient plus tenables parce qu'ils avaient été labourés, puis rasés par les projectiles, j'ai dû ordonner successivement l'évacuation de cinq d'entre eux, les lunettes cotées 44, 52, 53, 54 et 55. L'ennemi n'a occupé que deux de ces ouvrages : les lunettes 52 et 53, d'où il est parti pour cheminer dans les caponnières et arriver à couronner le chemin couvert de l'ouvrage 51.

Après ces travaux, l'assiégeant a pu battre en brèche les bastions 11 et 12. Il l'a fait avec une artillerie d'un puissant calibre. En quarante-huit heures la première de ces deux brèches était praticable; encore trois ou quatre heures de feu, et la seconde l'était également.

Le passage du fossé avait été préparé au moyen d'énormes tonneaux de brasseurs pris à Schiltigheim, reliés entre eux par des madriers formant des radeaux aussi solides que faciles à manœuvrer. Rien ne saurait donner une idée de la rapidité avec laquelle ces derniers travaux avaient été effectués.

Le terre-plein des batteries 11 et 12, sans cesse labouré, sillonné par des projectiles de toutes espèces, principalement par des obus dont chacun contenait 470 balles, n'était plus tenable. Les défenseurs de la brèche n'avaient plus d'abri : la rue du Rempart, foudroyée nuit et jour par l'artillerie ennemie, était trop étroite pour leur donner un asile, même momentané.

Les casernes étaient brûlées, la place n'avait à l'intérieur aucune casemate, et, pour s'abriter d'une manière fort insuffisante, les troupes durent couper les arbres des remparts, s'en faire des blindages sous lesquels ils cherchaient un refuge très-inefficace.

Tel était, monsieur le ministre, l'état des choses à Strasbourg lorsque, le 27 septembre, à deux heures et demie de l'après-midi, je fus prévenu par le directeur des fortifications et par le chef du génie que l'une des deux brèches était praticable, que l'autre allait le devenir, et que les travaux de l'ennemi s'exécutaient avec une telle rapidité, qu'à coup sûr l'assaut pouvait être donné d'un instant à l'autre.

Je crus devoir rassembler aussitôt le conseil de défense et lui exposer la situation. La discussion s'ouvrit, et à l'unanimité des voix il fut reconnu que nous n'étions pas en état de soutenir et surtout de repousser un assaut, puisque les troupes chargées de défendre la brèche seraient écrasées par l'artillerie ennemie avant même d'avoir pu gravir les rampes.

A l'unanimité donc le conseil déclara qu'il y avait lieu d'entrer en négociations avec l'ennemi.

En raison de tout ce que je viens d'avoir l'honneur de vous exposer, je crus, monsieur le ministre, de mon devoir d'épargner à Strasbourg, qui déjà avait tant souffert, les horreurs d'une ville qui eût été prise d'assaut, à coup sûr, et peut-être eût été pillée et saccagée.

Je fis donc arborer le drapeau parlementaire, et j'écrivis au général de Werder que la résistance de Strasbourg était arrivée à son terme.

Le lieutenant général répondit à cette lettre à onze heures du soir.

Sur son désir, j'envoyai immédiatement à Kœnigshoffen, comme il me le demandait, le colonel Ducasse, commandant la place, et le directeur d'artillerie, lieutenant-colonel Mengin. Les conditions furent réglées entre ces officiers et les officiers prussiens délégués par le général de Werder. Les conditions de la capitulation furent calquées sur celles de l'armée de Châlons, à Sedan.

En exécution de la convention arrêtée le 28 septembre 1870, à deux heures du matin, le même jour à huit heures les troupes allemandes occupaient la citadelle et les portes d'Austerlitz, Nationale et des Pêcheurs; à onze heures, la garnison sortit avec armes et bagages pour défiler sur les glacis de la place et

RAPPORT OFFICIEL DU GÉNÉRAL UHRICH. 211

déposer les armes. Un corps de huit mille ennemis entra dans la ville et en prit possession.

Lorsque le général de Werder, commandant l'armée assiégeante, me vit venir avec la garnison française, il mit pied à terre, ainsi que son état-major, et avec une courtoisie qui ne s'était pas démentie pendant le cours de ce siége, il vint au-devant de moi, m'embrassa en voulant bien reconnaître que la défense n'avait pas été sans gloire.

Le général de Werder s'opposa ensuite à ce que mon état-major et moi, ainsi que les officiers sans troupes, défilions devant lui.

Ainsi s'est terminée, monsieur le ministre, la mission qui m'avait été confiée par le gouvernement de l'empereur.

J'aurais voulu prolonger la défense, mais je crois que nul à ma place n'eût pu le faire sans enfreindre les lois de l'humanité.

Si la défense a été vigoureuse, je le dois aux bonnes et patriotiques dispositions des habitants, qui ont montré une abnégation, un dévouement qu'on ne saurait trop louer, ainsi qu'au concours énergique de la garnison et du conseil de défense. Tous ont la conscience d'avoir fait leur devoir.

Je joins à ce rapport quelques observations qui m'ont paru de nature à mériter votre attention.

Lorsque, le 4 août au soir, le maréchal de Mac-Mahon quitta Strasbourg, la garnison de la place se composait du 87e de ligne, des dépôts du 18e et du 96e, de ceux des 10e et 16e bataillons de chasseurs à pied. Ces dépôts n'avaient que des cadres.

Après la bataille de Frœschwiller, beaucoup de militaires de tous grades et de toutes armes vinrent se réfugier dans la place. Ces hommes furent un embarras pour la défense plutôt qu'un renfort. Je les accueillis et en formai deux régiments de marche, un d'infanterie, un de cavalerie. Je fis tous mes efforts pour leur fournir des cadres de façon à souder tous ces éléments épars.

Trois détachements, savoir : un du 21e, un du 74e, un du 78e, destinés au 1er corps et n'ayant pu le rallier, augmentèrent la garnison. Celui du 21e était un bataillon entier.

Je me trouvai avoir alors dans la main, en y comprenant la garde mobile et la garde sédentaire, environ 11 000 baïonnettes. La cavalerie avait 1600 chevaux.

L'artillerie n'existait pour ainsi dire pas. Heureusement pour la défense, le brave et intelligent régiment des pontonniers, prêt à partir, mais n'en ayant pas reçu l'ordre, resta avec moi et put servir les batteries.

Six officiers, quelques gardes et huit hommes de troupe comprenaient l'effectif du génie.

J'avais aussi quarante marins commandés par le contre-amiral comte Excelmans.

C'est avec ces éléments divers, peu homogènes et bien faibles en armes spéciales, dont le total pouvait s'élever à 15 000 hommes, que Strasbourg dut résister à cinquante jours d'attaque, dont trente-neuf de bombardement incessant de nuit et de jour.

L'artillerie ennemie avait sur la nôtre une supériorité de matériel en nombre et en calibre, que vous apprécierez par le simple exposé suivant :

Le corps de siége a mis en batterie, depuis l'investissement jusqu'à la reddition de la place, plus de deux cents bouches à feu d'un calibre bien supérieur non-seulement aux nôtres, mais se chargeant par la culasse et concentrant leur feu sur un espace restreint.

Nous n'avons pu lui opposer que 110 bouches à feu, dont 87 canons et 23 mortiers d'un calibre très-inférieur. C'est ce qui explique la supériorité écrasante du feu de l'ennemi et la possibilité pour lui de pousser avec une incroyable rapidité les travaux d'attaque en éteignant notre tir. Les officiers d'artillerie estiment à trois cent mille le nombre de gros projectiles envoyés de l'ennemi sur la place.

La garnison, pendant les opérations, a eu 2500, la population 400 habitants (1) hors de combat.

Général Uhrich.

ÉTAT DES FORTIFICATIONS ET DE LA VILLE LE 28 SEPTEMBRE 1870

Extrait d'ouvrages et de journaux allemands.

Laissons la parole au colonel Rüstow :

« Le 27 septembre, les ouvrages du front d'attaque n'étaient plus tenables. Il y avait dans le bastion n° 11 une brèche de 80 pieds complètement praticable, l'intérieur n'était qu'un monceau de ruines, la communication avec la ville était presque impossible. Dans le bastion n° 12, la brèche était faite et il ne restait plus qu'à renverser le massif de terre qui était encore debout, ce qu'on ne voulait faire qu'avant de donner l'assaut. La batterie au saillant du bastion n° 12 et le mur de séparation n'étaient plus que des ruines méconnaissables. Il en était de même de la lunette 44, devant le front 9-10 des casernes et de la partie de la ville située dans le voisinage du front d'attaque. La route de la porte de Pierre, dans la courtine 11-12, était près de s'écrouler, et les assiégés l'avaient remplie de sacs à terre pour prévenir sa chute; les ouvrages à cornes de Finckmatt 58 et 60 et les 47, 49 avaient aussi beaucoup souffert.

» Le 27 septembre à 5 heures du soir, le général Uhrich fit arborer le drapeau blanc sur la cathédrale ainsi que sur les bastions 11 et 12 (2). »

Voici maintenant ce qu'a écrit le capitaine du génie Brunner :

« Les brèches du bastion 11 et du bastion 12 avaient été faites au moyen du tir indirect par des pièces courtes rayées de 15 centimètres de diamètre.

---

(1) 500 habitants furent tués et 2000 furent blessés; 10,000 erraient sans asile.
(2) Rustow, *loc. cit.* p. 432.

» Les batteries de brèche ne découvraient pas l'endroit où elles tiraient; ces brèches furent faites par le même officier d'artillerie, ce qui peut expliquer la coupe merveilleusement nette et régulière des lignes verticales.

» Du reste, lorsqu'on battit en brèche, les tranchées étaient de beaucoup plus près des remparts que les batteries, on vit donc porter les coups, et des débris de brique qui volaient jusque dans les tranchées faisaient distinguer parfaitement les coups ayant porté sur le mur.

» La distance de tir du bastion 12 était de 900 pas et pour le bastion 11 de 800 pas »

Le capitaine du génie Brunner entra à Strasbourg avec l'armée allemande; il décrit ainsi l'aspect de cette ville le 28 septembre :

« Le faubourg de Pierre n'est plus qu'un océan de ruines; les murs noircis d'une maison incendiée feraient en quelque sorte un changement désiré au milieu de ces décombres fumants. Mais pas un seul pan de mur ne reste debout, tout est rasé au niveau du sol, et cela sur une très-vaste étendue.

» Tout cela est le résultat d'incendies continuels. Le mode de construction des maisons avec leurs murs peu épais, les séparations des cloisons ainsi que les escaliers en bois ne permirent pas de maîtriser le feu.

» Quinze jours après la capitulation, les flammes se montrèrent encore souvent dans ces tas de décombres et de ruines qu'on croyait carbonisés depuis longtemps, et l'odeur nauséabonde de l'incendie remplissait la ville.

» L'aspect de tout le côté nord de la ville était presque aussi triste, on n'y rencontre que des ruines brûlées. Dans une seule maison nous comptons 150 trous d'obus, cependant les murs sont encore debout.

» Dans la citadelle même spectacle, pas une pièce habitable, la place est pavée de trous d'obus, les rues tellement encombrées de débris que le piéton peut y circuler très-difficilement; au moins là il reste quelques pans de mur debout jusqu'au rez-de-chaussée et au premier étage. Tout autour de la forteresse, tout ce qui était sous le feu de l'assiégé était aussi détruit; la grande brasserie de Schiltigheim et les villas des Strasbourgeois n'existent plus.

» La cathédrale, le plus beau monument de Strasbourg, a beaucoup souffert, la toiture a été brûlée et beaucoup d'ornements et d'angles ont été brisés, la croix de la tour a été courbée par un obus prussien, les magnifiques vitraux ont été frappés par les éclats d'obus.

» Le musée, la préfecture, le théâtre, la bibliothèque, le Temple Neuf, le gymnase, la grande caserne Finckmatt, l'Aubette, où se trouvait le commandant de place, ont été brûlés de fond en comble. Avec la bibliothèque brûlèrent plus de 200 000 volumes et parmi eux beaucoup d'incunables, avec le musée beaucoup de tableaux, d'antiquités, enfin une quantité de trésors des arts et des sciences; du riche théâtre il ne fut sauvé qu'une partition.

» La gare et les voies ferrées situées devant la porte de Saverne, jusqu'aux grandes remises des locomotives, sont un chaos de pierres, de poutres, de wagons incendiés, de fils télégraphiques et de rails arrachés (1). »

(1) Moriz Brunner, *loc. cit.*, p. 28, 29 et 30.

Une personne qui a visité Strasbourg le jeudi 29 septembre a envoyé les notes suivantes au *K. Journal :*

Les dommages éprouvés par la ville sont très-grands ; plusieurs rues ont horriblement souffert ; la cathédrale a des dommages et est remplie de blessés.

La citadelle n'est plus qu'un monceau de ruines, et l'accès, comme celui des fortifications, en est interdit. Hier matin, l'entrée en ville n'était possible qu'avec un laisser-passer, mais il paraît que dès le soir la circulation par les portes a été complétement libre. Un triste événement s'est accompli avant-hier matin : un turco a poignardé un grenadier badois. Il a été fusillé aussitôt.

STRASBOURG LE LENDEMAIN DE LA CAPITULATION

Article publié dans la Badische Landeszeitung, le 1er octobre 1870.

Un correspondant de la *Badische Landeszeitung* adresse à ce journal la description suivante des ravages que le bombardement a exercés dans la ville de Strasbourg :

Strasbourg, 1er octobre. — L'église du Temple-Neuf n'est plus qu'une ruine : le feu l'a détruite de fond en comble ; il ne reste debout que la façade, les murs latéraux et quelques piliers de la grande nef, qui eux-mêmes menacent de s'écrouler. Le bâtiment adjacent, qui contenait la bibliothèque, a également disparu. Les 200 000 volumes et les 7000 précieux manuscrits qu'elle renfermait sont devenus la proie des flammes. Seul le fronton, qui porte le mot *Bibliothèque*, en indique encore l'emplacement. Je ne puis comprendre pourquoi on n'avait pris aucune précaution pour garantir ces trésors inestimables contre l'atteinte du feu. La maison Scheidecker, avec ses beaux magasins et son casino, que j'avais encore vue dans toute son élégance il y a peu de mois, n'est plus qu'une triste ruine. Les cafés du Broglie sont fermés ; les bombes et les obus y ont exercé d'affreux ravages. Les belles devantures en fer et en verre qui ornaient l'entrée de ces cafés sont brisées et les vitres gisent éparses en mille et mille morceaux. La mairie a également beaucoup souffert ; des boulets de gros calibre ont détruit la balustrade en pierre et troué la façade de ce bel édifice.

Que dire du théâtre ? Le feu l'a si complétement dévasté qu'il ne reste plus de trace des dispositions intérieures de cette salle de spectacle. Des six figures allégoriques qui sont placées sur le fronton du péristyle, quatre sont intactes ; aux deux autres il manque la tête. Des monceaux de décors gisent dans les rues ; quelques-uns ont servi de tentes aux soldats, et on y remarque encore la paille sur laquelle ils se couchaient. La statue de Lezay-Marnésia, au coin du jardin de la préfecture, vis-à-vis du théâtre, n'a pas été épargnée non plus : la joue gauche a été trouée d'une et la jambe droite de deux balles.

De là je dirige mes pas du côté des remparts, au pied desquels on remarque de nombreuses petites cavernes qui servaient de refuge aux soldats français, et j'arrive au faubourg de Pierre; ce quartier ne présente plus qu'une immense ruine; la forme, les dimensions de quelques maisons sont même méconnaissables. On croirait traverser une rue de Pompéi, et cependant on voit par-ci par-là des maisons en construction qui, par un singulier hasard, n'ont point ou presque pas souffert. La porte de Pierre est barricadée avec des sacs pleins de terre, comme on en trouve ailleurs, sur les remparts, dans les tranchées et aux endroits plus particulièrement exposés, pour les garantir contre les boulets. Des soldats de la landwehr prussienne étaient occupés à enlever ces sacs, et ils s'y prenaient comme les manœuvres quand ils montent ou descendent des tuiles, c'est-à-dire ils formaient la chaîne et se les passaient de main en main, et en peu de temps une assez grande ouverture était pratiquée, qui livra passage à beaucoup d'officiers, entre autres à un lieutenant de la landwehr de formes athlétiques; il était accompagné d'un capitaine bavarois, d'un chevalier de Saint-Jean déjà âgé, de mine très-respectable, de quelques ecclésiastiques et d'un domestique en livrée. Le géant sous l'uniforme d'un lieutenant de la landwehr était le comte Renard, préfet de la Meurthe. Le docteur Wiggers, son collègue au parlement, me présente au préfet, et, sous sa protection, je puis visiter les remparts entre la porte de Pierre et la porte de Saverne, ce qui était sévèrement défendu à toute personne civile.

Quel aspect! Derrière moi, les débris de tout un quartier populeux, les ruines de la gare avec son réseau de rails sur lesquels stationnent encore de longues files de voitures, dont il ne reste plus que les parties en fer et les roues; tout le reste a brûlé. Nous avancions à travers un chaos de débris de fer, de fossés, de remparts, de pièces démontées, de sacs de sable, de boulets, de roues de canon, de fascines, etc. Devant nous, les lunettes 52 et 53 en ruines, et derrière elles les ouvrages étonnants des nôtres, s'étendant comme une seconde forteresse autour de la forteresse, et enfin la magnifique plaine de la vallée du Rhin, encadrée par les Vosges et la forêt Noire. Arrivés à la porte de Saverne, nous prenons congé du comte Renard et de ses compagnons, et nous sortons hors la porte, heureux de pouvoir quitter cette scène de destruction et de désolation.

Sur la route qui mène à Schiltigheim nous apercevons encore de nombreuses traces des combats d'artillerie qui furent livrés de ce côté. Mais non loin du hangar des locomotives j'aperçois la fumée de la première locomotive allemande qui s'est avancée jusque-là de Vendenheim. Les sentiers et les routes sont couverts de voyageurs en voitures, à cheval et à pied, rentrant dans la ville, maintenant délivrée de tant d'indicibles angoisses. Les uns viennent pour apporter des consolations et des secours, d'autres pour chercher des membres de leur famille qui, dans le premier mouvement de stupeur après la bataille de Wœrth, s'étaient réfugiés dans la forteresse et y avaient passé des semaines en de continuelles frayeurs.

Extrait du Moniteur prussien.

LES CHIFFRES OFFICIELS DU BOMBARDEMENT DE STRASBOURG

L'artillerie prussienne avait mis en batterie huit sortes de pièces d'artillerie; l'artillerie badoise en avait mis quatre. 241 pièces en tout ont été employées au bombardement de Strasbourg : 30 pièces longues, rayées, de 24; 12 pièces courtes, rayées, de 24; 64 pièces rayées de 12; 20 pièces rayées de 6; 2 mortiers rayés mesurant 21 centimètres; 19 mortiers de 50; 20 mortiers de 25; 30 mortiers lisses de 30; pour le bombardement de la citadelle, les Badois employaient 4 mortiers de 25; 8 mortiers de 60; 16 pièces rayées de 12; 16 pièces rayées de 24.

Ces 241 bouches à feu ont lancé en tout 193 722 projectiles, dont 162 600 par l'artillerie prussienne, qui avait 197 pièces, et 31 122 par l'artillerie badoise, qui avait 44 pièces;

28 000 obus ont été lancés par les longues pièces de 24;

15 000 par les pièces courtes de 24;

8 000 par les pièces de 6;

5 000 shrapnell (obus à balles) par les pièces rayées de 24;

11 000 shrapnell par les pièces rayées de 12;

4 000 shrapnell par les pièces rayées de 6;

3 000 obus long par les pièces de 15 centimètres;

600 obus longs par les mortiers de 21 centimètres;

15 000 bombes de 50 livres;

20 000 bombes de 25 livres;

23 000 bombes de 7 livres, par les mortiers lisses.

Le poids des projectiles n'est pas désigné d'après la pesanteur du fer dont ils sont formés, mais d'après la pesanteur d'un projectile en pierre du même calibre. Ainsi le poids des bombes désignées bombes de 7, de 25, de 50 livres peut atteindre jusqu'à 180 livres. Ainsi des obus et autres projectiles.

Le bombardement régulier a duré 31 jours complets; en établissant une moyenne sur 193 722 projectiles lancés en ville, cela fait par jour 6249 projectiles, par heure 269, par minute entre 4 et 5 (1).

LE MERCURE DE SOUABE

Le *Mercure de Souabe* publie l'article suivant :

« Le sort de ces provinces est décidé, maintenant qu'il ne peut plus rester

(1) Dans ces chiffres ne sont pas compris les projectiles lancés dans la ville pendant le bombardement spécial du début, l'on en compte déjà, pour les journées du 23 au 26 seulement, environ 12 000.

Le chiffre total des projectiles lancés sur Strasbourg doit donc être porté à 220 000.

aucun doute sur la rapide et décisive victoire de l'Allemagne, et je chante du fond du cœur mon chant de reconnaissance pour cet événement. Quand on voit et observe comme moi, depuis vingt ans, avec douleur, l'inimitié de ce peuple contre la civilisation allemande, les ravages que la civilisation welsche a faits au sein de cette excellente race germanique, on ne peut que saluer avec joie le changement qui va s'opérer. Le bien-être intellectuel, moral et matériel de l'Alsace ne peut que gagner à la réunion de ce pays avec l'Allemagne. Mais ce sera une *rude tâche*. En voyant la douleur, je dirai la colère concentrée de ces pauvres gens aveuglés, il me vient un sentiment de peine et de commisération. Bismarck ne peut, pour des raisons stratégiques et politiques, laisser l'Alsace et la Lorraine à la France, alors qu'une guerre défensive a fait revenir ces pays volés au pouvoir des Allemands. Maintenant ou jamais, telle est la question. L'opinion publique en Allemagne réclame cette restitution avec une puissance irrésistible. Mais il y a aussi un danger sérieux dans cet agrandissement. Longtemps encore il existera un abîme entre les conquérants et les vaincus, un abîme qui ne pourra être comblé qu'avec le temps par des procédés conciliants et le respect des particularités de la race de l'Alsace. »

STRASBOURG APRÈS LE SIÉGE

Correspondance de la Carlsruher Zeitung, le 5 octobre 1870.

Pendant le siége de Strasbourg, l'artillerie badoise a rendu de grands services à l'armée assiégeante. De Kehl elle bombarda spécialement la citadelle et l'accabla d'une immense quantité de projectiles.

La forteresse de Strasbourg est complétement en ruines et n'était plus en état de se défendre.

La garnison a perdu 1800 hommes et la population a eu 300 tués et 1700 blessés.

Les monuments de la ville ont été incendiés et 500 maisons ont été détruites par le bombardement. Il y a une masse de pauvres gens qui ont tout perdu par le bombardement, et qui habitent encore les corridors des édifices publics. La majeure partie de ces malheureux ne sait comment trouver un abri convenable pour l'hiver, et remplacer le mobilier brûlé.

Quant à l'esprit politique qui prédomine à Strasbourg, il ne faut pas qu'on se livre à l'illusion qu'il est favorable à la réunion avec l'Allemagne, ou même qu'il l'admettrait facilement. Il y a à Strasbourg beaucoup de personnes qui connaissent l'Allemagne, qui la tiennent en grande estime, qui l'aiment; il en est même bon nombre qui, dans les circonstances actuelles, voteraient, quoique le cœur gros, pour l'annexion. Mais il n'y a pour ainsi dire pas un Strasbourgeois qui accueillerait avec joie un changement de condition politique; les liens qui unissent Strasbourg à la France sont trop étroits, l'impression des derniers événements est trop rude. Néanmoins, je n'en doute point pour ma part, on réussira, dans un temps qui n'est pas très-éloigné, à transformer de nouveau cette excellente ville en un membre de l'Allemagne.

CONSEIL D'ENQUÊTE

SUR LES CAPITULATIONS

On lit dans le *Journal officiel* du 22 mai 1872 :

(*Extrait du procès-verbal de la séance du 8 janvier* 1872)

Le conseil d'enquête,
Vu le dossier relatif à la capitulation de la place de Strasbourg,
Vu le texte de la capitulation,
Sur le rapport qui lui en a été fait,
Ouï MM. :
Le général de division Uhrich, ex-commandant supérieur de la place de Strasbourg ;
Le général Barral, ex-commandant de l'artillerie de Strasbourg ;
Le baron Pron, ex-préfet du Bas-Rhin ;
Le contre-amiral Excelmans, ex-commandant du secteur Nord à Strasbourg ;
Le colonel Maritz, ex-commandant du génie à Strasbourg ;
Le général Ducasse, ex-commandant de la place de Strasbourg ;
Le colonel Sabatier, ex-directeur des fortifications à Strasbourg ;
Le général Blot, ex-commandant du 87e régiment d'infanterie à Strasbourg ;
Le général Moréno, ex-commandant de la subdivision du Bas-Rhin ;
Le colonel Mengin, ex-commandant de l'artillerie de la place de Strasbourg ;
Le colonel Rollet, ex-commandant de la citadelle de Strasbourg ;
Momy, membre du conseil municipal de Strasbourg ;
Après en avoir délibéré,
Exprime comme suit son avis motivé sur ladite capitulation :
Le Conseil croit devoir établir qu'au moment où M. le général de division Uhrich prit le commandement supérieur de la place de Strasbourg, la garnison était insuffisante par le nombre et la composition pour la défense de la place.
Plus tard, cette garnison s'augmenta de quelques fractions de corps organisés, de la réserve réunie à Haguenau et d'une foule d'isolés ou fuyards qui, après la bataille de Frœschwiller, se réfugièrent dans la place, et parvint au chiffre de 16 000 hommes ; mais ces fuyards y apportèrent des germes d'indiscipline et de lâcheté devant l'ennemi qui se manifestèrent par des faits graves que le commandant supérieur ne réprima pas par des exemples sévères.
La garde nationale sédentaire, qui d'abord avait manifesté la meilleure volonté, se découragea promptement au moment du bombardement et des incendies, et abandonna ses postes pour veiller à la conservation de ses propriétés.
L'artillerie avait un nombre suffisant de pièces ou de munitions, mais l'approvisionnement des fusées percutantes, déjà très-restreint avant le commencement du siége, fut beaucoup réduit encore par la perte de 30 000 de ces fusées, brûlées

AVIS MOTIVÉ DU CONSEIL D'ENQUÊTE.

dans l'incendie de la citadelle; avec plus de prévoyance, on aurait pu les placer dans des locaux où elles eussent été à l'abri. Cette perte a influé puissamment sur la défense de la place par l'artillerie.

Les mesures de défense ne furent pas prises au moment opportun; ainsi, malgré l'insuffisance bien connue des abris voûtés à Strasbourg, on ne s'occupa pas d'en créer par le blindage, et cependant ces abris, déjà si nécessaires antérieurement, le sont devenus bien davantage en raison des progrès de l'artillerie moderne.

Quant aux mines, on ne se procura pas à l'avance le matériel nécessaire pour utiliser les contre-mines permanentes qui existaient en avant de la lunette 53.

Bien qu'il y eût 30 000 palissades en magasin à Strasbourg, on ne poussa pas assez activement le palissadement des chemins couverts et des ouvrages avancés des fronts d'attaque, pour que l'opération fût terminée avant l'investissement de la place, et depuis lors, autant par suite de la mauvaise volonté des ouvriers civils et militaires, que par le manque d'organisation de compagnies auxiliaires du génie qu'il eût été facile de créer avec plus d'initiative et de volonté, ce palissadement, si important pour la défense des chemins couverts, avait été délaissé, d'après l'avis des commandants des quatre arrondissements de défense, aussi les ouvrages avancés furent-ils successivement abandonnés sans qu'on tentât de s'y opposer par la force. Pendant tout le siège, la défense fut plus passive qu'active, et elle permit à l'ennemi de cheminer rapidement, presque sans obstacles, depuis les ouvrages avancés jusqu'au couronnement du chemin couvert des contre-gardes du chemin d'attaque.

Le conseil constate qu'à l'exception de celui du génie, les registres prescrits par les art. 253 et 259 du décret du 13 octobre 1863, n'ont pas été tenus régulièrement ou font entièrement défaut; qu'ainsi le registre du conseil de défense, sur lequel doivent être inscrites toutes des délibérations, qui permet de suivre les opérations du siège et constate, pour ainsi dire, la part de responsabilité de chacun dans la défense, n'existe pas; on n'a que le journal du chef d'état-major, journal ni paraphé ni signé par personne. Le registre du commandant de place, non plus que ceux de l'artillerie et de l'intendant militaire, n'ont été tenus, malgré les prescriptions formelles du règlement précité; en cela, comme en bien des choses, il faut constater qu'il y a eu manque de direction, de surveillance, d'impulsion.

Le conseil, considérant que si, du 11 au 17 août, l'ordre fut donné par le commandant supérieur de faire disparaître les couverts de la place, il y apporta la restriction de ménager autant que possible les propriétés particulières; que sur le front de l'ouest surtout, les maisons n'ont pas été abattues et ont donné ainsi des abris aux tirailleurs ennemis;

Considérant que si, dans la séance du conseil de défense tenue le 19 septembre, la demande du conseil municipal de traiter avec l'ennemi a été repoussée à l'unanimité, parce que la question d'humanité devait être séparée de celle du devoir militaire et de l'intérêt de la patrie, il est à regretter que les mêmes sentiments n'aient pas prévalu quand, huit jours après, et sur l'exposé qu'il fit au conseil de défense de la situation de la place, après avoir demandé l'avis de chacun des membres, le général commandant supérieur, en opposition formelle avec le règlement, fit la proposition d'entrer en négociations pour la reddition de la place, vu l'impossibilité de pousser la résistance à outrance avec chance de succès.

Le conseil, considérant qu'à cette époque les brèches faites aux bastions 11 et 12 n'étaient pas praticables et étaient, en outre, défendues par un fossé très-large, très-profond, plein d'eau ; qu'elles étaient couvertes et défendues par des contre-gardes encore intactes, précédées également de fossés pleins d'eau ;

Qu'ainsi le commandant supérieur a manqué aux prescriptions de l'article 254 du décret du 13 octobre 1863, qui n'admet de capitulation qu'après avoir soutenu un ou plusieurs assauts au corps de place; qu'avant de se rendre il n'a pas donné l'ordre d'incinérer les drapeaux, et s'en est rapporté sur ce point au sentiment des chefs de corps, qu'il n'a pas fait enclouer les canons, détruire les munitions, les armes, noyer les poudres, qui, après la reddition de la place, furent utilisés par l'ennemi dans les autres opérations du siége ;

Qu'il a eu tort de ne pas exiger pour la garnison les honneurs de la guerre, et de ne pas stipuler que les officiers conserveraient leur épée, les officiers et les soldats leurs propriétés particulières ;

Qu'il est blâmable d'avoir admis cette exception pour les seuls officiers qui rentreraient dans leurs foyers, après avoir pris l'engagement d'honneur de ne pas servir contre l'ennemi pendant la guerre, ainsi que pour les autres faits précités ;

Le conseil ne peut le blâmer trop sévèrement d'avoir profité lui-même de cette exception, sous le spécieux prétexte de se rendre à Tours pour y appuyer les propositions qu'il avait faites en faveur des officiers, sous-officiers et soldats de la garnison de Strasbourg, propositions qui eussent eu non moins de valeur s'il les eût adressées des prisons de l'ennemi où il aurait partagé le sort de ses soldats.

Pour extrait conforme :

Le président du conseil d'enquête,
Signé : BARAGUEY D'HILLIERS.

EXAMEN

DE L'AVIS MOTIVÉ DU CONSEIL D'ENQUÊTE

SUR LA

CAPITULATION DE STRASBOURG

Autrefois, tout commandant de place, tout commandant d'armée ayant capitulé, tout officier de mer ayant perdu son navire, passait devant un conseil de guerre.

En 1863, une commission formée pour changer le règlement du service des places introduisit le conseil d'enquête et son avis motivé.

Depuis cette époque, avant de décider si un officier qui a capitulé doit passer devant un conseil de guerre, le ministre demande à une commission nommée à cet effet un avis motivé sur la capitulation dont il s'agit.

D'après la loi militaire, cet avis doit rester secret et ne doit servir qu'à éclairer le ministre de la guerre, qui alors décide s'il y a lieu de faire passer l'ancien commandant devant un conseil de guerre.

Ce n'est donc pas un jugement, mais un renseignement, un avis qui, en aucun cas, ne doit recevoir de publicité.

Notons bien que jusqu'ici nous avons seulement voulu définir ce que c'était que l'avis motivé et en déterminer la valeur et la portée.

Dans le cas dont il s'agit, loin de fuir la publicité des débats, la ville de Strasbourg a réclamé, par tous les moyens possibles, une contre-enquête où seraient appelés des témoins et où l'on pourrait produire des preuves; le général Uhrich, lui, a demandé un conseil de guerre.

A ces demandes, à ces réclamations, à ces protestations, il n'a pas été répondu; non, on a pris cet avis motivé et on l'a transformé en jugement : il devait être secret, le *Journal officiel* lui a donné sa publicité, et d'un simple renseignement on a fait un verdict.

Quant à l'enquête, on la refuse.

Quant au conseil de guerre, on décide qu'il n'y en aura pas.

A la légère, sans considération pour une ville qui n'est plus française, pour un vieux général qui a consacré ses dernières années à servir son pays, devant le monde entier, vous avez publié que la ville fut lâche et le général incapable, et lorsque ceux que vous avez traités de cette façon demandent à être entendus, lorsqu'ils invoquent le droit de la défense, vous leur fermez la bouche.

Strasbourg indignée vous a envoyé de tous côtés des faits et des chiffres, et a réclamé une contre-enquête faite au grand jour : vous vous êtes tus. Son ancien général a demandé un conseil de guerre, il a sollicité l'autorisation de publier sa défense : vous avez repoussé ces deux demandes par un refus.

Vous vous réservez le droit de l'attaque sans témoins, mais vous craignez les débats faits au grand jour.

De deux choses l'une :

Strasbourg mérite ou le blâme ou l'éloge;

Le général Uhrich a fait ou n'a pas fait son devoir.

S'il y a des coupables, un conseil de guerre en fera justice; mais s'il n'y en a pas, reconnaissez votre erreur.

Quels sont les témoins appelés par le conseil d'enquête?

Il y avait à Strasbourg un préfet, M. Valentin, on sait comment il fit son entrée dans la forteresse; eh bien, M. Valentin, le dernier préfet français, n'a pas été appelé, tandis que son prédécesseur, M. Pron, ex-préfet de l'empire, a été demandé par le conseil d'enquête.

Il y avait dans cette ville assiégée une commission municipale composée des notables citoyens qui partagèrent les souffrances communes et qui, eux aussi, auraient pu raconter ce qui s'était passé pendant ces deux mois de lutte terrible : le conseil ne leur a pas demandé l'envoi d'un seul représentant.

Avant d'être séparée de la France par un acte officiellement reconnu, l'Alsace, comme suprême protestation, choisit quelques patriotes dévoués et envoya à Bordeaux ses derniers députés français : on n'a pas appelé, on n'a pas interrogé un seul représentant français nommé par Strasbourg.

La garde nationale avait à sa tête un colonel qui aurait pu dire à ces généraux qui s'improvisent nos juges, comment se battirent les compagnies franches et les artilleurs de la garde nationale ; il aurait pu raconter ce qu'avaient fait les hommes qui étaient sous ses ordres : on n'a pas jugé à propos de l'écouter.

Sur quelles données avez-vous basé votre appréciation?

Vous avez accepté des renseignements sans valeur, provenant d'hommes qui n'avaient pas droit de cité à Strasbourg ; et lorsqu'il s'est agi de juger la résistance de cette place, on ne s'est pas préoccupé de la force de la garnison, de l'état des fortifications, des moyens de défense et des moyens d'attaque, non ; on a été chercher des règlements militaires faits pour une autre époque, et cela est si vrai que, le jour où l'Assemblée s'occupa des capitulations, il fut déclaré qu'il y avait lieu de revenir sur cette législation militaire qui n'était plus d'accord avec les progrès de l'artillerie et le système nouveau de fortification des places.

Mais alors quelle est la valeur de votre avis motivé, puisque vous avez écarté tous les renseignements et puisque vous n'avez appelé à votre aide que des règlements surannés, que vous êtes vous-mêmes forcés de reconnaître et de déclarer usés et hors de service le jour où vous les employez.

D'après l'avis motivé, tout a été mauvais dans la défense de Strasbourg. Rien n'a été fait, et si quelque chose a été tenté, la conception a été défectueuse, l'exécution nulle. Dans ces deux mois de luttes, pendant ce long bombardement, le conseil d'enquête ne trouve pas un éloge à faire, il ne voit rien qui ne soit condamnable.

Personne ne trouve grâce devant ces juges implacables:

La garnison fut lâche et indisciplinée, le général incapable et imprévoyant, la garde nationale se découragea promptement et abandonna ses postes, les ouvriers civils et militaires montrèrent de la mauvaise volonté; enfin, les attaques les plus malveillantes tombent à chaque ligne sur cette malheureuse ville.

Dernier outrage : vous avez fait croire à la France que Strasbourg avait livré ses drapeaux aux Allemands; mais aujourd'hui la vérité s'est faite, les drapeaux n'ont pas été livrés; vous le savez comme nous, pourquoi gardez-vous donc le silence ?

Lorsque parut le procès-verbal du conseil d'enquête, l'indignation fut grande; on ne s'attendait pas à voir récompenser ainsi tant de courage et de dévouement, on ne pouvait pas croire qu'en France il s'était trouvé des hommes, des généraux capables de lancer à Strasbourg une accusation de manque de patriotisme.

Des protestations surgirent de tous côtés, et ces protestations réfutent, article par article, le procès-verbal du conseil, et de tout cet échafaudage il ne reste rien.

On lira plus loin quelques-uns de ces documents, on lira aussi les appréciations des différents journaux.

Tout d'abord une chose frappe l'esprit :

Après la cession de l'Alsace à l'Allemagne, une foule de Strasbourgeois quittèrent leurs foyers et vinrent se fixer en France; toutes ces protestations émanent donc de points différents et toutes aboutissent au même but, c'est qu'au-dessus d'elles se dresse un seul sentiment qui les dirige : la vérité.

EXAMEN DE L'AVIS MOTIVÉ.

Si nous examinons l'ensemble du procès-verbal du conseil d'enquête, nous sommes forcés de reconnaître que la passion a seule présidé à la confection de ce document qui ne peut résister à un examen sérieux.

Il y a d'abord les assertions fausses qui concernent la garnison, la garde nationale, les ouvriers civils, les abatis d'arbres, les préparatifs de défense, les drapeaux, etc., etc.; aux affirmations de la commission, les protestations répondent par un démenti formel, et l'examen de l'histoire de ce siége prouve que les protestations disent vrai.

Viennent ensuite les insinuations : le conseil d'enquête cherche, et quelquefois avec une certaine adresse, à égarer les esprits; un exemple :

« Malgré l'insuffisance bien connue des abris voûtés à Strasbourg, on ne
» s'occupa pas d'en créer par le blindage, et cependant ces abris, déjà si néces-
» saires antérieurement, le sont devenus bien davantage en raison des progrès de
» l'artillerie moderne... »

Comment! vous osez reprocher à Strasbourg, qui fut sommé de se rendre deux jours après Frœschwiller, de n'avoir pas fait en quelques jours, sous le feu de l'ennemi, ce que vous autres les officiers supérieurs de l'empire, vous n'avez pas pu faire pendant de longues années, en temps de paix!

Ne voyez-vous pas que vous vous condamnez vous-mêmes?

Les progrès de l'artillerie allemande, les connaissiez-vous?

Si vous répondez oui, nous vous dirons : C'est vous qui fûtes coupables de laisser Strasbourg sans abris blindés, sans troupes du génie; c'est vous qui fûtes coupables d'abandonner à la merci de l'ennemi cette capitale de l'Alsace, au centre de laquelle, le 13 août, tomba le premier obus allemand, sans qu'une pelletée de terre eût été remuée par l'assiégeant; si vous répondez que ces progrès de l'artillerie vous étaient inconnus, nous vous dirons : Vous n'aviez pas le droit de les ignorer.

Encore un exemple de la bonne foi qui a présidé à la confection de ce procès-verbal; on s'adresse directement au général :

« Sous le prétexte spécieux d'aller à Tours, le général, etc. »

Cette fois, messieurs, vous vous livrez et vous venez par cette phrase de nous dévoiler le mobile de votre conduite.

Eh! oui, voilà pourquoi vous sacrifiez en même temps population, garnison et général. C'est à l'esprit de parti que vous obéissez.

Les envoyés suisses qui vinrent chercher les femmes et les enfants nous apprirent, le 13 septembre, Sedan, la déchéance de l'empire et la proclamation de la république; en apprenant que la France était enfin délivrée de Bonaparte, la ville de Strasbourg, qui est profondément républicaine, pavoisa ses ruines sous le feu de l'ennemi, et continua la lutte.

Le général s'associa au sentiment de tous et franchement se rallia au gouvernement du pays; aussi il n'y eut pas de désordre, point de division, et le gouverneur de Strasbourg continua à agir en soldat et non en champion d'un parti.

Après la capitulation, le général alla à Tours afin de rendre compte de la défense de la ville qui lui avait été confiée.

La France, qui savait ce que nous avions souffert pour elle, se montra reconnaissante, et tandis qu'à Paris la statue de notre ville était couverte de fleurs, un décret déclarait que Strasbourg et son général avaient bien mérité de la patrie.

Aussi, lorsque plus tard se réunit la commission d'enquête et que nous voyons écarter systématiquement le préfet de la république, M. Valentin, et les membres de la commission municipale, lorsqu'on appelle l'ancien représentant de l'empire, M. Prou, ne sommes-nous plus étonnés en lisant ce que vous savez.

Vous ne pouvez pas pardonner à cette ville de s'être défendue vaillamment, et cela au nom de la république; vous ne pouvez pas pardonner au général Uhrich d'avoir reconnu immédiatement le gouvernement du pays; vous lui reprochez son voyage de Tours.

EXAMEN DE L'AVIS MOTIVÉ.

La passion est assez forte chez vous pour vous faire sacrifier et général et ville à une rancune politique (1).

Vous jugez Strasbourg; mais pour juger, quels sont vos titres? Vous, monsieur le maréchal présidant le conseil, vous avez un passé de campagnes et un très-grand âge que nous respectons, mais nous sommes forcés de reconnaître que pendant la dernière guerre vous n'avez pas été à même d'apprécier les progrès de l'artillerie allemande et la résistance que peut opposer une place construite par Vauban aux canons Krupp.

Au maréchal qui s'est préparé dans le calme et le repos à juger les travailleurs, ne craignez-vous pas de voir opposer ce général que vous traitez d'incapable, ce général qui lui aussi a de belles et glorieuses campagnes, et qui à 70 ans ne resta pas inactif et commanda Strasbourg; ne craignez-vous pas tous les cinq, messieurs les généraux du conseil d'enquête, vous dont un seul a pris part à la dernière guerre, ne craignez-vous pas que d'un côté de la balance on ne mette les juges et de l'autre l'accusée Strasbourg, la ville brûlée et bombardée?

Pour juger une chose, il faut la connaître; cette chose que vous vous permettez de juger, vous ne la connaissez pas et n'avez pas voulu la connaître!

Allez, messieurs, le jugement est tout porté.

Cette guerre, vous l'avez entreprise pour donner le baptême du feu à un enfant, et le baptême de Saarbruck nous a coûté nos deux plus belles provinces, la perte de Metz et de Strasbourg.

Vous n'avez pas préparé nos forteresses!

Vous n'avez pas su organiser notre armée!

Votre impéritie nous a lancés à l'aventure dans une guerre qui ne pouvait aboutir qu'à des désastres, et lorsque la France toute meurtrie regarde avec effroi la blessure que vous lui avez

---

(1) « Le sort de la brave ville de Strasbourg doit toucher le cœur de l'honnête homme à quelque nationalité qu'il appartienne, quelles que soient ses opinions politiques. » — Rustow, *traduit de l'allemand par Savin de Larclause, colonel du 1er lancier*

faite, c'est encore vous que l'on retrouve, vous venez encore et toujours le front haut, vous venez entacher le patriotisme de la ville tombée héroïquement pour la défense du pays.

Strasbourg dédaigne vos insultes, en pensant que la France ne marche pas avec des hommes qui ont été incapables avant et qu'on ne vit sur aucun champ de bataille pendant l'invasion; et malgré vos attaques, le nom de Strasbourg sera par tous honoré et tendrement aimé.

De toutes les richesses entassées dans nos musées bombardés et brûlés, pas un livre, pas un tableau n'est resté.

En fouillant, on trouva plus tard, au milieu des décombres encore fumants, une lame d'acier épargnée par le feu : c'était le sabre de Kléber, le seul et dernier gage français laissé à Strasbourg. La capitale de l'Alsace conserve précieusement cette relique, et un jour, lorsque la France réorganisée, régénérée, aura des hommes, des soldats et des généraux, serrant le sabre du grand Kléber dans sa main crispée, Strasbourg la française renaîtra et déchirera l'acte qui l'a livrée à perpétuité à l'empereur et roi d'Allemagne.

APPENDICE II

LES

PROTESTATIONS

CONTRE

L'AVIS MOTIVÉ DU CONSEIL D'ENQUÊTE

SUR LA

CAPITULATION DE STRASBOURG

DÉCRET

PUBLIÉ LE 4 OCTOBRE 1870

« Le gouvernement de la défense nationale,
» Considérant que la noble cité de Strasbourg, par son héroïque résistance à l'ennemi, pendant un siège meurtrier de plus de cinquante jours, a resserré les liens indissolubles qui rattachent l'Alsace à la France ;
» Considérant que, depuis le commencement du siège de Strasbourg, la piété nationale de la population parisienne n'a cessé de prodiguer autour de l'image de la capitale de l'Alsace les témoignages du patriotisme le plus touchant et de la plus ardente reconnaissance pour le grand exemple que Strasbourg et les villes assiégées de l'Est ont donné à la France;
» Voulant tout à la fois perpétuer le souvenir du glorieux dévouement de Strasbourg et des villes de l'Est à l'indivisibilité de la république et du généreux sentiment du peuple de Paris,

» Décrète :

» La statue de la ville de Strasbourg qui se trouve actuellement sur la place de la Concorde sera coulée en bronze et maintenue sur le même emplacement, avec inscription commémorative des hauts faits des départements de l'Est. »

LETTRE ENVOYÉE AU GÉNÉRAL UHRICH A STRASBOURG
ET QUI NE PUT PAS LUI PARVENIR

MINISTÈRE DE LA GUERRE. — PREMIÈRE DIRECTION

Bureau de la correspondance générale et des opérations militaires.

« Tours, septembre 1870.

» Général,

» Le pays tout entier, par l'organe du gouvernement national, exprime à l'héroïque garnison de Strasbourg et à son digne chef sa confiance et son admiration.
» Veuillez vous faire l'interprète de ces sentiments auprès des défenseurs de la place.

» Le gouvernement national, désireux de ne pas retarder la co... on des récompenses qu'il destinait à ses défenseurs, vous délègue les p... pouvoirs pour nommer, dans l'ordre de la Légion d'honneur, les milit..., ... de l'armée active et de la garde nationale mobile, ainsi que les gardes nationaux sédentaires qui, parmi tant de braves, se sont plus particulièrement signalés.

» Recevez, général, l'assurance de ma considération la plus distinguée.

» *Le vice-amiral, ministre de la guerre par intérim,*
» L. FOURICHON. »

PROTESTATION VOTÉE ET SIGNÉE A L'UNANIMITÉ PAR LE CONSEIL MUNICIPAL DE STRASBOURG, DANS SA SÉANCE DU 29 MAI 1872, CONTRE L'AVIS MOTIVÉ DU CONSEIL D'ENQUÊTE SUR LA CAPITULATION DE CETTE VILLE.

A M. le maréchal de France Baraguey d'Hilliers,
président du conseil d'enquête sur les capitulations des places fortes.

Le conseil municipal de Strasbourg,

Après avoir pris connaissance de l'avis exprimé par le conseil d'enquête sur la capitulation de cette ville;

Sans s'arrêter autrement aux considérations émises dans ce document, que pour déplorer que Strasbourg, ce boulevard de la France, ait été dès les premiers jours de l'invasion abandonné par l'empire, sans troupes et sans moyens sérieux de défense;

Considérant que le conseil d'enquête, indulgent pour ceux qui ont si honteusement trahi leur devoir de pourvoir à la défense de nos frontières, réserve toutes ses rigueurs pour les victimes de cette coupable incurie, et blâme notamment l'attitude de la garde nationale de Strasbourg pendant le siége de cette ville;

Considérant que ce jugement s'appuie sur des renseignements que le conseil municipal, représentant légal de la population, repousse comme contraires à la vérité et qu'aurait certainement démentis le préfet républicain de Strasbourg, M. Valentin, s'il avait été appelé à déposer devant le conseil d'enquête;

Considérant que dès le lendemain de la bataille de Frœschwiller, la population valide, comprenant entre autres un grand nombre d'anciens militaires, a demandé énergiquement et à plusieurs reprises à prendre une part active à la défense de la place, mais que ce mouvement patriotique a été enrayé et étouffé par les autorités qui, bien à tort, s'obstinèrent à y découvrir des manifestations anarchiques; qu'en effet, obligées de céder à la pression de l'opinion publique, les autorités n'ont fait procéder qu'à une organisation incomplète de la garde nationale, choisissant elles-mêmes et les hommes et les officiers, et se laissant souvent guider dans leurs choix par des considérations politiques plutôt que par l'intérêt de la défense de la forteresse;

Considérant que les autorités n'ont mis à la disposition de cette garde nationale improvisée que deux mille fusils ancien modèle, arme dérisoire si elle devait

servi῀   ᾿ fense de la place, et qu'elles n'ont d'ailleurs jamais songé à régler
sérieuse   le service dont cette garde nationale serait chargée ;

Considé῀   que, malgré cette méfiance imméritée dont la population civile a été l'objet de la part de l'autorité, et dont la responsabilité incombe surtout à l'administrateur du département, M. Pron, alors préfet, aucun citoyen n'a jamais quitté le poste qui lui a été régulièrement assigné ; que les corps spéciaux surtout, exclusivement composés de volontaires, tels que les pompiers, dont l'effectif fut doublé ; les compagnies d'artilleurs, les francs-tireurs et la compagnie franche, se sont exposés jusqu'au dernier moment aux feux de l'ennemi, et ont fait de nombreuses et cruelles pertes sur les lieux d'incendie, sur les remparts ou dans les sorties ;

Considérant que les autres citoyens faisant partie de la garde nationale ont spontanément contribué, aux lieu et place de la garnison, au maintien de la police intérieure, et qu'il est absolument faux qu'ils aient, à quelque époque que ce soit, refusé les services commandés ;

Considérant, d'un autre côté, que, pendant toute la durée d'un bombardement de quarante jours, de nombreux habitants, hommes et femmes, ont été constamment sur pied, sans crainte des projectiles, les uns pour suppléer à l'insuffisance absolue de l'intendance, en organisant et soignant de nombreuses ambulances, les autres pour loger dans des abris improvisés dix mille habitants sans asile, d'autres enfin pour installer des restaurants populaires pour toutes ces familles sans pain ;

Que, sans doute, les citoyens que leurs devoirs militaires ou les autres missions d'intérêt général ne mettaient pas en réquisition ont organisé des mesures pour sauver leurs propriétés et celles de leurs voisins de l'incendie qui sans cesse menaçait tous les quartiers de la ville ; mais qu'on ne comprend pas que par là ils aient mérité l'espèce de blâme ou le reproche de lâcheté que semble leur infliger le conseil d'enquête, à plus forte raison qu'en s'occupant de ces mesures ils exposaient leur vie et empêchaient la ville de devenir un énorme brasier ;

Considérant que tous ces faits sont notoires et peuvent au besoin être prouvés par des documents authentiques et par des témoins dignes de foi ; que notamment le rapport officiel, si simple et si vrai, de l'honorable général Uhrich sur la capitulation de Strasbourg « *rend hommage au patriotisme des habitants, à leur
» abnégation, à leur dévouement qu'on ne saurait trop louer...* » ;

Qu'il est dès lors étrange que le conseil d'enquête n'en ait pas eu connaissance et qu'il ait cru devoir, dans un acte de procédure rendu public, et sans avoir entendu toutes les parties intéressées, stigmatiser une population qui a bravement rempli son devoir pendant et après le siège, et qui, rançon malheureuse de la France, ne devait pas s'attendre à voir un tribunal d'honneur français troubler sa patriotique douleur par un verdict aussi inique qu'immérité ;

Par tous ces motifs,
Le conseil municipal
Proteste de toutes ses forces, au nom des habitants, contre le jugement porté par le conseil d'enquête sur l'attitude de la garde nationale et par conséquent sur celle de la population civile, et exprime le vœu qu'une contre-enquête soit ouverte, dans laquelle on reçoive les dépositions de toutes les personnes qui possèdent à ce sujet des renseignements précis et authentiques.

Présents : MM. Ernest Lauth, maire ; Imlin, Hueber, Weyer et Goguel, adjoints. Barth, Grouvel, Huck, Schweighaeusser, Schneider, Petiti, Hatt, Bergmann, Klein, Kablé, Schutzenberger, Eissen, Rœthlisberger, Stromeyer, Seyboth, Ruhlmann, Henry, Burger, Lichtenberger, Wolff, Sohn, Flach, Dietrich, Touchemolin, Levy, Krafft et Brunswick.

Le conseil, à l'unanimité, approuve les termes de cette protestation. Un exemplaire est immédiatement revêtu de la signature de tous les membres présents, et sera transmis par les soins de M. le maire au président du conseil d'enquête.

PROTESTATION ADRESSÉE PAR M. A. SCHNÉEGANS, ANCIEN DÉPUTÉ DU BAS-RHIN, CONTRE L'AVIS MOTIVÉ DU CONSEIL D'ENQUÊTE SUR LA CAPITULATION DE STRASBOURG (24 mai 1872).

A M. le maréchal Baraguey d'Hilliers,
président du conseil d'enquête sur les capitulations.

Lyon, 24 mai 1872.

Monsieur le président,

Vous ne serez pas surpris qu'un ancien député de l'Alsace, un ancien membre de la municipalité de Strasbourg, s'émeuve des paroles de blâme que le conseil d'enquête a cru devoir adresser à la population de Strasbourg, dans l'avis émis sur la capitulation de cette ville.

Je n'ai point à examiner le jugement que le conseil a porté sur le général Uhrich. Vous m'opposeriez mon incompétence, et vous auriez le droit de ne point nous écouter, nous qui n'avons pas l'honneur d'être militaires, si nous avions la prétention de connaître mieux que des officiers supérieurs les devoirs d'un général assiégé, et si nous cherchions, dans les circonstances exceptionnelles et terribles où l'incapacité de l'administration supérieure de la guerre jeta le gouverneur de Strasbourg, des motifs de suprême indulgence que vous n'y avez point découverts.

Mais là où cesse notre incompétence, monsieur le président, là où notre intervention devient un devoir, c'est lorsque le conseil d'enquête, quittant le terrain spécialement militaire, s'occupe des populations civiles des cités, que l'incurie du gouvernement impérial et de ses agents a exposées à subir un siège, et dont cette incurie a entraîné la ruine.

L'avis du conseil dirige un grave reproche contre les citoyens de ma ville natale ; il accuse la garde nationale sédentaire, « après avoir manifesté d'abord la meilleure volonté, de s'être découragée promptement au moment du bombardement et des incendies », et d'avoir « abandonné ses postes pour veiller à la conservation de ses propriétés ».

Je me sens presque honteux, monsieur le président, d'avoir à prendre la défense du patriotisme et du courage de mes concitoyens ; et je me sens heureux en même temps de pouvoir vous apporter aujourd'hui, en l'honneur de cette population, un témoignage que le conseil d'enquête s'est dispensé de me demander, à moi comme à mes anciens collègues de la municipalité, comme à mes collègues de la députation, comme à notre ancien préfet républicain lui-même, M. Valentin.

Si le conseil s'était enquis auprès de ceux qui pouvaient le renseigner avec le plus d'exactitude et le plus d'impartialité, je ne doute pas que ce blâme immérité n'eût jamais figuré dans ses procès-verbaux.

La population civile de Strasbourg ne songea, depuis le premier jour, qu'à se défendre contre l'ennemi, et ce fut une grande douleur pour elle que de se voir refuser les armes qu'elle demandait.

A plusieurs reprises, des députations se rendirent auprès des autorités pour les supplier de nous armer, comme nos pères l'avaient été en 1814 et en 1815, et j'ai le droit d'en parler, car je me trouvais, avec deux de mes amis, à la tête d'une de ces députations.

Les armes que nous réclamions pour suppléer à l'absence d'une garnison solide nous furent refusées.

Je n'ai pas à examiner les motifs de ce refus. Je le constate.

La garde nationale sédentaire avait été organisée pourtant. Quelle fut sa composition ? quel fut son rôle ?

Les tableaux de recensement de la ville de Strasbourg accusaient, lors du vote du plébiscite, la présence de 12 315 électeurs. Sur ces 12 315 électeurs, 3 466 hommes seulement furent admis dans les rangs de la garde civique, et encore dans ce chiffre se trouve compris le bataillon des sapeurs-pompiers, auquel le bombardement imposait un service spécial. Je dis que ces hommes seuls « furent admis »; car il est notoire que tous ceux qui s'inscrivirent sur les registres de la garde nationale ne le furent point, et vous me permettrez, monsieur le président, de citer encore une fois mon exemple; inscrit l'un des premiers à l'hôtel de ville, pour être enrôlé parmi les défenseurs civiques de ma ville, je n'ai jamais obtenu de fusil, et la plupart de mes amis furent dans le même cas.

Cette légion, triée par les soins de l'administration, d'après des vues que je n'ai point à apprécier, se décomposait comme suit :

Une batterie d'artillerie (122 hommes et 3 officiers);

Quatre bataillons d'infanterie, de 750 hommes chaque, et 20 officiers;

Une compagnie de francs-tireurs (104 hommes et 3 officiers);

Un bataillon de pompiers (240 hommes et 10 officiers).

Or voici comment se comportèrent, au milieu du bombardement, ceux que le conseil d'enquête accuse de s'être promptement découragés et d'avoir abandonné leurs postes pour sauver leurs propriétés.

La batterie d'artillerie, après avoir servi aux pièces dans le bastion 12, un des points les plus exposés du front d'attaque, occupa *jusqu'au dernier moment* le bastion 4, sur le front sud, et concourut efficacement à protéger ce côté de la ville, couvert en partie par les inondations.

Le bataillon des pompiers, renforcé incessamment par des volontaires, debout nuit et jour, *jusqu'au dernier moment*, fut décimé par les obus prussiens, en luttant contre l'incendie.

La compagnie des francs-tireurs, sous les ordres d'un vaillant professeur de la faculté des sciences, de M. Liès-Bodart, concourut *jusqu'au dernier moment* à la défense des abords de la place autour de la promenade des Contades.

Une seconde compagnie de tireurs, la « compagnie franche », se recruta dans les rangs de la garde nationale sédentaire, et, *jusqu'au dernier moment*, se battit contre l'ennemi dans des sorties nocturnes.

Quant aux quatre bataillons d'infanterie, l'autorité ne les employa jamais qu'à monter des gardes dans l'intérieur de la ville. Je ne prétends pas que ces citoyens eussent fourni d'excellents combattants ; mais puisqu'on ne leur permit jamais de monter sur les remparts, il ne faudrait pas leur reprocher aujourd'hui de n'y être point montés.

Le conseil d'enquête parle de postes abandonnés ? En effet, les bataillons des faubourgs, où l'artillerie prussienne maintenait l'incendie en permanence, ont préféré lutter au milieu de la grêle d'obus plutôt que de faire d'inutiles et paisibles fonctions devant des bâtiments publics. Il serait étrange en vérité qu'on les blâmât d'avoir exposé leur vie pour empêcher l'incendie de s'étendre sur la ville entière.

Est-ce à dire qu'il n'y ait point eu de défaillances ? Assurément je ne le soutiendrai pas. Oui, vers la fin du siége, mais *vers la fin seulement*, on signala des compagnies qui ne se réunissaient plus parce que leurs officiers avaient disparu. Mais ces exceptions douloureuses autorisaient-elles un conseil d'enquête à jeter un blâme général sur toute une cité ? Et d'ailleurs, aussitôt la république proclamée, ces compagnies remplacèrent à l'élection leurs chefs absents, et certes, si le bombardement avait matériellement permis aux citoyens de se réunir, la légion tout entière eût reformé solidement ses cadres.

J'ajouterai qu'une partie de ces gardes nationaux, accusés de lâcheté par le conseil d'enquête, quittèrent la ville le lendemain de la capitulation, et se firent tuer pour la France sur les champs de bataille de la Loire et de l'Est.

Tels sont les faits, monsieur le président, et vous en trouverez les preuves dans les documents officiels qu'ont dû mettre sous les yeux du conseil les témoins qu'il lui a plu de consulter.

Ces faits étant ce qu'ils sont, je proteste au nom des 8000 électeurs strasbourgeois qui m'ont chargé de les représenter à l'Assemblée nationale, au nom des 65 000 électeurs du Bas-Rhin tout entier qui m'ont investi de ce mandat, je proteste contre le blâme immérité et inqualifiable que le conseil d'enquête a jeté à mes infortunés compatriotes de Strasbourg.

D'autres protestations sans doute accompagneront celle-ci, car le conseil, par cette parole inconsidérée et impolitique, a blessé tout ce que nous portons au cœur de fierté patriotique et d'amour pour notre pays. Ce blâme, monsieur le président, est un acte funeste, car il s'adresse à une population sur laquelle la France, hélas ! n'a plus de droits, mais à l'égard de laquelle elle a encore des devoirs.

La France doit à l'Alsace ce qu'une mère doit à son enfant qui s'est sacrifié pour elle et qui est mort. Il est à regretter que le conseil d'enquête l'ait oublié, car l'Allemagne n'oubliera pas de se prévaloir de son oubli. Comment ! l'état-major français abandonne Strasbourg dès le premier jour avec une garnison ridicule, avec quarante pontonniers et un régiment d'infanterie *entré par hasard !* On met à la tête de cette place un général qui sort des cadres de réserve ! On empêche le maréchal Mac-Mahon de laisser dans cette « forteresse de première classe » seulement une division, seulement la garnison de paix !

On est surpris par le désastre de Frœschwiller au point que si les Allemands avaient connu la situation, ils seraient entrés à Strasbourg en même temps que les fuyards, comme dans un moulin ! On ne peut même pas défendre les abords les plus proches! les hautes autorités militaires qui président à la défense des frontières n'ont même pas mis nos remparts en état! Il n'y a pas de casemates! il n'y a pas d'abris blindés! il n'y a pas de troupes de génie dans la place! il n'y a pas de général d'artillerie! et celui qui nous arrive est forcé de se glisser à travers les lignes ennemies, déguisé en marchand de bestiaux On recueille une dizaine de mille fuyards de Mac-Mahon! on les organise à la hâte! on n'a pas d'officiers! on n'arme pas la population, comme le fit le générale Broussière en 1814! on s'en défie! le bombardement commence, un bombardement de six semaines, qui anéantit un tiers de la ville et met 10 000 habitants sur le pavé!

On conclut la paix, et, pour sauver le reste de la France, on est forcé de sacrifier cette ville que l'on a fait brûler d'abord! on est forcé, dure et implacable nécessité, de livrer l'Alsace à l'ennemi! — Et après avoir fait cela, une année plus tard, le conseil d'enquête qui se prononce sur la capitulation de cette ville ne trouve pas une parole de reconnaissance pour le patriotisme de cette population! Que dis-je? il insinue que cette population a entravé la défense par sa lâcheté, et il a le cœur de lui adresser un blâme!

En vérité, monsieur le président, si quelqu'un doit être blâmé, ce n'est point cette population qui a résisté six semaines durant sous une pluie de fer et de feu, et qui pleure aujourd'hui des larmes de sang de n'être plus française!

Ce n'est même pas ce malheureux vieux général à qui ses supérieurs confièrent le commandement d'une forteresse désemparée, à qui ils ne donnèrent point de troupes pour la défendre, à qui jamais on ne songea à porter le moindre secours, et qui expie cruellement aujourd'hui l'incapacité de ses chefs.

Si quelqu'un doit être blâmé, monsieur le président, ce sont ceux-là précisément qui étaient chargés de mettre la forteresse en état de défense, et qui ne l'ont point fait; ce sont ceux qui « lui devaient » la protection de leurs armes, et qui ne la lui ont point donnée; ce sont ceux à qui la France avait confié la mise en défense de nos frontières, et dont l'incurie a trahi la France. Voilà les coupables; ils ne sont point ailleurs, et surtout ils ne sont point dans ces populations civiles qui ont fait leur devoir dans la mesure de leurs forces et au delà, et sur lesquelles il n'est pas permis à l'administration militaire de se décharger d'une responsabilité qu'elle doit être seule à porter.

Du conseil d'enquête mal renseigné Strasbourg en appelle au conseil d'enquête renseigné exactement. S'il lui plait d'ouvrir une contre-enquête, je suis à ses ordres.

Veuillez agréer, monsieur le président, l'expression de ma haute considération.

A. SCHNÉEGANS.

Ancien membre de la commission municipale,
adjoint au maire de Strasbourg, député du Bas-Rhin.

PROTESTATION DES ANCIENS OFFICIERS, SOUS-OFFICIERS ET SOLDATS DE LA GARDE NATIONALE MOBILE DU BAS-RHIN, DE LA GARDE NATIONALE SÉDENTAIRE, DE LA BATTERIE D'ARTILLERIE ET DES DEUX COMPAGNIES FRANCHES DE CETTE GARDE NATIONALE ET DU CORPS DES SAPEURS-POMPIERS DE STRASBOURG, CONTRE L'AVIS MOTIVÉ DU CONSEIL D'ENQUÊTE SUR LA CAPITULATION DE CETTE PLACE (28 mai 1872).

A M. le président de la république française.

28 mai 1872.

Nous soussignés, anciens officiers, sous-officiers et soldats de la garde nationale mobile du Bas-Rhin, de la garde nationale sédentaire, de la batterie d'artillerie et des compagnies franches de cette garde nationale et du corps des sapeurs-pompiers, venons opposer à la décision de la commission d'enquête sur la capitulation de Strasbourg les faits qui suivent :

La défense de cette ville, qui, abandonnée dès le jour de Frœschwiller, qui, sommée le 8 août de se rendre et surprise le 13 août par un bombardement furieux, résista jusqu'au 27 septembre, se trouve complétement dénaturée par le procès-verbal de la commission d'enquête.

Prenons l'un après l'autre les différents paragraphes de ce document, et examinons leur véracité :

I. — « Ces fuyards y apportèrent des germes d'indiscipline et de lâcheté qui » se manifestèrent par des faits graves. »

Indiscipline ! lâcheté !

C'est là tout ce qu'inspire à la commission d'enquête la conduite des défenseurs de Strasbourg.

Est-ce juste ? Est-ce vrai ?

Nous affirmons que la garnison de Strasbourg a pendant toute la durée du siége fait preuve d'un bon esprit de discipline, et si lors de la première sortie, où fut blessé mortellement le colonel Fiévet, quelques-uns des fuyards de Frœschwiller ne se conduisirent pas en soldats, si quelques faits isolés d'indiscipline se produisirent, cet exemple ne fit pas école à Strasbourg (1), et la garnison tout entière se montra jusqu'au bout digne des chefs qui la commandaient.

---

(1) Les mobiles, équipés le 4 août, entrent en ligne le 6, font leur école de tir sur l'ennemi ; ils combattent à côté du 87e régiment, qui eut pendant ce siége 3 officiers tués, 13 officiers blessés, dont le colonel, M. Blot, 222 sous-officiers et soldats tués et 446 blessés.

L'artillerie de la mobile fait le service des pièces avec le 16e d'artillerie pontonniers ; des officiers de l'artillerie de la mobile commandent l'artillerie de plusieurs lunettes.

La garde nationale sédentaire, qui n'existait pas avant la journée de Frœschwiller, se forme d'elle-même.

L'artillerie de la garde nationale sédentaire commence le 17 août son service à la porte de Pierre.

Les compagnies franches de la garde nationale occupent l'ouvrage 56, avec les marins de l'amiral Excelmans, et font de nombreuses reconnaissances.

II. — « La garde nationale sédentaire se découragea promptement au moment
» du bombardement et des incendies et abandonna ses postes. »

Nous affirmons que la garde nationale de Strasbourg, loin de se décourager, puisa un nouveau courage dans la gravité croissante des événements.

Si la commission d'enquête connaît une défaillance, qu'elle la cite !

A la commission d'enquête qui accuse la garde nationale de Strasbourg de s'être découragée promptement et d'avoir abandonné ses postes,

A la commission d'enquête qui jette ce blâme terrible sur tout un corps, sans l'appuyer par des faits, nous répondrons :

Voici comment se conduisirent ces gardes nationaux de Strasbourg !

Les artilleurs de la garde nationale sédentaire occupèrent successivement les bastions 11 et 12 au front d'attaque et le bastion 4 ; dans l'un de ces postes ils firent des pertes sensibles.

Les artilleurs de la garde nationale sédentaire firent leur service jusqu'au dernier jour.

Les compagnies franches de cette garde nationale firent assez de mal aux assiégeants pour que le général de Werder crût devoir écrire à plusieurs reprises au général Uhrich afin de prévenir qu'il se refusait à les considérer comme belligérants, et que les prisonniers seraient traités avec la dernière rigueur.

Ces compagnies franches furent fort éprouvées et firent leur service jusqu'au dernier jour.

Une commission d'enquête ne peut pas ignorer des faits semblables.

Nous protestons donc de toute notre énergie contre le blâme jeté si injustement sur la garde nationale de Strasbourg.

La ville de Strasbourg, qui élève un monument aux gardes nationaux et aux pompiers tués pendant ce siége, proteste tout entière contre l'accusation erronée de la commission d'enquête.

III. — « Avec plus de prévoyance, on aurait pu placer les 30 000 fusées
» brûlées dans l'incendie de la citadelle dans des locaux où elles eussent été à
» l'abri. »

Nous demandons quel était le local à l'abri de l'incendie pendant ce siége.

IV. — « Malgré l'insuffisance bien connue des abris voûtés à Strasbourg, on
» ne s'occupa pas d'en créer par le blindage, et cependant ces abris, déjà si
» nécessaires antérieurement, le sont devenus bien davantage en raison des
» progrès de l'artillerie moderne..... »

A qui la commission jette-t-elle le blâme ?

Est-ce à l'administration supérieure de la guerre qui n'a pas jugé à propos de créer ces abris voûtés, lesquels, comme le dit si justement la commission d'enquête, étaient déjà si nécessaires antérieurement, et le sont devenus bien davantage en raison des progrès de l'artillerie allemande ?

Si c'est à la défense que s'adresse ce blâme, nous répondrons :

Il y avait huit soldats du génie dans la place de Strasbourg.

V. — « Autant par suite de la mauvaise volonté des ouvriers civils et mili-
» taires que par le manque d'organisation de compagnies auxiliaires du génie,

» qu'il eût été facile de créer avec plus d'initiative et de volonté, le palissade-
» ment avait été délaissé. »

Les ouvriers civils de Strasbourg aidèrent la compagnie des travailleurs militaires, créée par le général commandant supérieur, à mettre la place en état de défense; ils apportèrent la meilleure volonté, et c'est sous le feu de l'ennemi que s'exécuta leur travail.

Leur place naturelle était du reste dans la garde nationale et dans le corps des pompiers devenu insuffisant.

La commission ignore donc que les hommes qu'on eût pu employer ainsi trouvèrent leur place dans l'artillerie qu'il fallut improviser, car la pénurie d'artilleurs était telle que l'on dut faire remplir les fonctions de sous-officiers de cette arme aux musiciens classés des pontonniers et aux maîtres ouvriers?

VI. — « Les couverts de la place, les maisons n'ont pas été abattus. »

Dès le 11 août on abattit les arbres des routes; chaque matin, de nombreux ouvriers sortaient par toutes les portes, et, protégés par de l'infanterie, faisaient disparaître les couverts de la place, et cela sous le feu des tirailleurs ennemis.

Les canons de la place détruisirent les bâtiments qui gênaient la défense; c'est ainsi qu'ils brûlèrent le couvent du Bon-Pasteur et les maisons voisines, ainsi que toutes les constructions du côté sud et les bâtiments situés sur la route de Lingolsheim et de la montagne Verte.

Des soldats et des travailleurs abattirent les arbres du cimetière Sainte-Hélène et un grand nombre de bâtiments, brasseries, malteries et villas.

En un mot, ce qu'il faut bien dire, ce que la commission d'enquête ne dit pas, la ville n'a pas eu de temps pour préparer sa défense, et *tous les travaux ont été opérés devant l'ennemi et malgré lui.*

VII. — « Quant aux mines, on ne se procura pas le matériel nécessaire pour
» utiliser les contre-mines permanentes qui existaient en avant de la lunette 53
» Les ouvrages avancés furent abandonnés...
» Les brèches faites aux bastions 11 et 12 n'étaient pas praticables. »

Lorsqu'on dut abandonner la lunette 53, on ne put pas, malgré différentes tentatives, et cela faute de *mineurs*, se servir des ouvertures de mines.

Les parapets étaient rasés jusqu'à la banquette d'infanterie, les pièces démontées, les abris défoncés, la brèche sur le flanc droit et au saillant, praticable, le fossé comblé par l'éboulement des terres, quand seulement on donna l'ordre à la 1re compagnie du 4e bataillon de la garde mobile qui l'occupait d'évacuer l'ouvrage pour se rallier sur la gauche au gros du bataillon.

En partant, les défenseurs enclouèrent les pièces, noyèrent les munitions et achevèrent de bouleverser l'ouvrage.

Le 27 septembre, les brèches du bastion 12 et du bastion 11 allaient livrer passage aux colonnes d'assaut de l'ennemi.

L'ouvrage 56 était réduit au silence, et sa perte imminente allait entraîner celle du Contades; la citadelle était rasée.

Il fut décidé, à l'unanimité des voix, par le conseil de défense, que l'on n'était pas en état de repousser l'assaut, et qu'il y avait lieu de capituler.

VIII. — « Le commandant supérieur n'a pas donné l'ordre d'incinérer les drapeaux. »

D'après le procès-verbal de la commission d'enquête, on croirait qu'à Strasbourg comme à Metz les drapeaux ont été livrés à l'ennemi.

Nous affirmons que les Allemands n'ont pas pris un seul drapeau français à Strasbourg. Nous affirmons que les fusils de la garnison ont été brisés.

En lisant l'œuvre de la commission d'enquête, il semble que tout était possible, que tout était facile à Strasbourg, et que rien n'a été fait, que rien n'a été tenté.

Eh bien! au moment de la guerre, rien n'avait été préparé pour la défense.

Le gouvernement d'alors n'avait pas fait entrer dans ses prévisions que cette place frontière pût être attaquée.

Nous ne parlons pas de ses fortifications d'un autre âge, nous avons vu leur insuffisance; mais quelle fut la garnison laissée au général chargé de défendre Strasbourg?

Un seul régiment, le 87° de ligne, auquel il faut joindre quelques artilleurs, quelques pontonniers, deux dépôts de régiments de ligne, deux dépôts de bataillons de chasseurs tous réduits à leurs cadres, les bataillons de guerre ayant enlevé tous les hommes valides, et si les 43 marins de la flottille du Rhin restèrent à Strasbourg, ce fut grâce à la rapidité de l'investissement.

Joignez à cela la mobile et la garde nationale, et c'est avec ces éléments et dans de semblables circonstances que le général commandant Strasbourg, aidé par le profond patriotisme de la population, a pu faire, depuis le 8 août jusqu'au 27 septembre, une résistance qui passait pourtant pour glorieuse jusqu'au moment où la commission d'enquête a publié que général, garnison et population ne méritaient que le blâme.

Monsieur le président de la république,

Le blâme doit tomber sur celui qui, sans être prêt, a commencé la guerre; il doit frapper ceux qui ont abandonné la capitale de l'Alsace sans artillerie, sans même une garnison de temps de paix.

Il est temps que la vérité se fasse!

Nous demandons justice, Strasbourg insultée s'adresse à vous et réclame sa réhabilitation.

Nous avons donc l'honneur, monsieur le président, de vous demander une contre-enquête, et que de nouveaux témoins soient interrogés, car nous déclarons que le rapport de la commission d'enquête a complétement dénaturé la défense de Strasbourg.

(*Suivent* 439 *signatures.*)

PROTESTATION DE M. A. SAGLIO, COLONEL COMMANDANT LA GARDE NATIONALE SÉDENTAIRE DE STRASBOURG PENDANT LE SIÉGE (parue dans le journal *le Temps* le 25 mai 1872).

MONSIEUR LE RÉDACTEUR,

En lisant dans le journal *le Temps* du 23 mai courant l'extrait du procès-verbal de la séance tenue par le conseil d'enquête au sujet de la capitulation de Strasbourg, j'ai ressenti l'émotion la plus douloureuse.

Cet extrait renferme un paragraphe ainsi conçu :

« La garde nationale sédentaire, qui d'abord avait manifesté la meilleure » volonté, se découragea promptement au moment du bombardement et des » incendies, et abandonna ses postes pour veiller à la conservation de ses » propriétés. »

Je proteste de toute mon énergie contre cette allégation, et ne crains d'être démenti par aucun de mes compatriotes en disant que le bombardement a au contraire fortifié le courage de la population tout entière et raffermi ses idées de résistance par une irritation qui a creusé un abîme entre le vainqueur et le vaincu.

Qu'il y ait eu quelques cas de faiblesse, je ne le nie pas ; mais ce sont des actes isolés qui ne sauraient entacher le courage et le patriotisme de la légion, et qui s'expliquent par la précipitation avec laquelle elle a été formée.

Si j'avais eu l'honneur d'être entendu dans l'enquête, la commission n'eût pas été exposée à commettre une erreur qui pèse d'une manière si cruelle et si imméritée sur le corps de la garde nationale sédentaire. Ce n'est que le 7 août, c'est-à-dire le lendemain du jour de la bataille de Frœschwiller, qu'il fut procédé à une première et imparfaite formation du cadre de la garde nationale sédentaire. Le 8, elle reçoit 2000 fusils à percussion ; le 9, l'ennemi se présente devant la ville ; le 13, les cadres sont formés de manière définitive ; le 15, le bombardement commence. Quelques jours après, pour concourir d'une manière plus active à la défense de la place, il est créé au sein de la garde nationale une batterie d'artillerie, puis deux compagnies de francs-tireurs ; ces corps ne cessèrent de combattre jusqu'à la dernière heure et payèrent de leur sang leur dévouement à la patrie.

Pendant qu'ils remplissaient ainsi leur devoir, soit sur les remparts, soit aux avant-postes, le reste de la garde nationale répondait aux exigences du service en fournissant les postes commandés par l'autorité militaire.

C'est ici le lieu de rappeler le courage et le dévouement de la population tout entière durant les journées néfastes du bombardement. Pour qui en a été le témoin, il est impossible de l'oublier jamais. Pas une plainte en présence de pareils désastres ! 10 000 âmes erraient par la ville, sans asile, sans pain, relancées par le fer et le feu jusque dans leurs refuges provisoires ; elles trouvent dans les administrations de la cité, chez leurs concitoyens, assistance à toutes leurs infortunes. La ville rendue, un sentiment général s'empare de toutes les âmes et pousse notre jeunesse à rejoindre nos armées pour courir à de nouveaux combats. Quand nos soldats malheureux reviennent de captivité, ils retrouvent dans nos murs les soins et l'accueil de la patrie.

Et la garde nationale fournie par une telle population aurait faibli et abandonné ses postes pour veiller à ses propriétés !

Non ! J'éprouve le besoin de le dire à haute voix, j'avais l'honneur de commander à de braves Français, qui jusqu'au dernier moment ont rempli leur devoir !

Si l'on veut trouver le vrai coupable, l'auteur de nos malheurs, c'est plus haut qu'il faut monter ; et si nous avons quelqu'un à maudire, c'est le gouvernement qui, par une folle et criminelle déclaration de guerre, a abandonné sans défense aux coups de l'ennemi des provinces profondément attachées à la France.

Je serais heureux, monsieur le rédacteur, que vous voulussiez bien accueillir ma protestation dans les colonnes de votre journal.

Veuillez, je vous prie, agréer l'assurance de mes sentiments distingués.

AUGUSTE SAGLIO,
Colonel commandant la garde nationale sédentaire de Strasbourg pendant le siége.

Paris, 25 mai 1872, — rue de Monceau, 71.

2ᵉ PROTESTATION DES ANCIENS OFFICIERS DE LA GARDE NATIONALE SÉDENTAIRE DE STRASBOURG CONTRE L'AVIS MOTIVÉ DU CONSEIL D'ENQUÊTE SUR LA CAPITULATION DE CETTE PLACE.

A M. le maréchal de France Baraguey d'Hilliers, président du conseil d'enquête sur les capitulations des places fortes.

Les soussignés, actuellement à Strasbourg, s'abstiennent de qualifier l'avis que le conseil d'enquête a cru devoir émettre sur la garde nationale sédentaire de Strasbourg. Ils le contestent, chacun en ce qui peut concerner le corps qu'il représente.

Au nom de tous ceux de leurs camarades qui ont le sentiment d'avoir, pendant le siége, rempli leurs devoirs envers la patrie, ils demandent une contre-enquête qui, ne se prononçant qu'après que ceux qui sont en cause auront été entendus, permette d'arriver à une appréciation juste de la réalité des faits.

GUÉPRAT, *lieutenant-colonel;* MAREUX, *commandant;* HERING, *capitaine commandant l'artillerie de la garde nationale;* UNGEMACH, *capitaine des chasseurs de la garde nationale;* BOURLET, WEISZ, CARRIÈRE, *capitaines adjudants-majors;* DIETRICH, EISSEN fils, D. GHESQUIÈRE, KOLB, *capitaines;* HEIMBURGER, STRASSER, *lieutenants;* EUG. GŒPP, HABERSPERGER, *sous-lieutenants;* LEFEBVRE, *adjudant.*

PROTESTATION DU JOURNAL *les Affiches de Strasbourg*, AU NOM DES HABITANTS DE CETTE VILLE, CONTRE L'AVIS MOTIVÉ DU CONSEIL D'ENQUÊTE (29 mai 1872).

Le rapport que le conseil d'enquête chargé d'examiner les capitulations de la dernière guerre a dressé sur la reddition de notre ville a causé à Strasbourg une émotion qui ne fait que s'accroître depuis le jour où il a été publié. Les sentiments qu'il a fait naître sont d'abord une indignation très-vive et, disons-le aussi une profonde tristesse.

Les Strasbourgeois pensaient en effet, et avec raison, que leur attitude pendant le long et terrible siége de 1870 ne serait point jugée ainsi, et que ce ne serait pas une flétrissure que la France chercherait à imprimer sur cette population qui a tant lutté pour ce pays, dans le dernier acte où elle avait à s'occuper de notre cité.

Faut-il donc le répéter encore? Lorsque notre ville fut assiégée, nous avions — par hasard — un régiment d'infanterie, les bataillons de la garde mobile du Bas-Rhin et quelques débris disparates des autres corps de l'armée française. Nos remparts n'étaient pas armés, il n'y avait point d'abris, nous ne savions pas si nous avions des vivres, et lorsque vint la première sommation des assiégeants, chaque Strasbourgeois — et tous nous connaissions pourtant les tristes moyens de notre défense, — chaque Strasbourgeois, dans son cœur, répondit : « Non ! » Et lorsque vint le bombardement, lorsque les flammes s'élevèrent de tous côtés, lorsque toutes les vies furent en danger, le premier moment de douloureuse stupeur une fois passé, chaque Strasbourgeois s'écria : « Nous tiendrons jusqu'au bout ! » Et lorsque l'on apprit, par des journaux secrètement introduits, que toutes les troupes disponibles se concentraient autour de Napoléon III et de son fils pour protéger leurs impériales personnes, on se dit encore : « Nous lutterons jusqu'à la fin ! » Et lorsque, le 11 septembre, la délégation suisse vint nous apporter la nouvelle certaine du désastre de Sedan, lorsque nous fûmes assurés qu'il ne pouvait plus être question de nous envoyer du secours, puisqu'il n'y avait plus de soldats, y eut-il un seul de nos citoyens qui osât dire : « Eh bien ! rendons-nous ! »

Et plus les ruines s'accumulaient et plus s'augmentait le nombre des victimes, plus Strasbourg s'obstinait à la lutte.

Et lorsque vint le terme fatal, lorsque le drapeau blanc flotta sur la cathédrale, n'y eut-il pas un cri de douleur et de colère dans toute notre cité ?

Puis, lorsque la ville fut rendue, lorsque l'autorité allemande défendit à nos jeunes gens de rejoindre l'armée française, nos jeunes gens ne s'exposèrent-ils pas, en nombre immense, aux peines les plus sévères, en courant grossir les rangs de ceux qui défendaient le sol français ?

Et depuis, lorsque tant de fois des souscriptions officielles ou privées se sont ouvertes pour la France, toutes les bourses n'ont-elles point donné ici ?

Le bruit de tous ces sacrifices, de toutes nos douleurs, n'est-il point arrivé jusqu'au conseil d'enquête ? Ne sait-il point quel est le chiffre des hommes, des femmes, des enfants moissonnés pendant le siége ? Ne sait-il point les noms de ceux qui se sont dévoués jusqu'à la mort ? Küss, notre dernier maire, qui expira à Bordeaux le jour où la signature de la paix détacha l'Alsace de la France, est-il un nom inconnu pour les membres du conseil, pour que ceux-ci n'aient trouvé qu'un blâme à nous infliger ?

Pendant que nous luttions, la statue de notre ville était enterrée sous les fleurs par les Parisiens enthousiasmés ; les bataillons défilaient à ses pieds comme pour s'inspirer d'ardeur patriotique ; le corps législatif proclamait que Strasbourg avait « bien mérité de la patrie » ; et, plus tard, un décret vint ordonner que l'image de la *glorieuse ville* serait coulée en bronze.

Jusqu'à présent notre ville n'avait point fait bruit de l'attitude qu'elle avait prise dans les moments de danger. On trouvait tout naturel, dans la population strasbourgeoise, d'avoir fait ce que commandaient l'honneur et le devoir. C'est aujourd'hui seulement que les âmes se révoltent, que les esprits se soulèvent sous le coup de ce soufflet indigne. Jamais une plainte n'était sortie de nos bouches, et pourtant nous avions quelque droit à accuser. Nous pouvions compter au moins sur la faveur du silence, et Strasbourg pouvait espérer que ce ne serait point pour l'immoler avec plus d'éclat qu'on l'avait tout d'abord si pompeusement parée.

Nous protestons, au nom de nos concitoyens, contre une enquête mal dirigée, mal instruite. Mal instruite, oui, car on n'a à peu près écouté aucune voix impartiale. La liste de ceux qui ont été entendus ne porte que les noms des officiers supérieurs qui ont pris part au siége, celui du préfet Pron, et celui d'un citoyen de Strasbourg qu'on avait sans doute trouvé sous la main, par hasard, et qui, en tous cas, a déposé sans délégation officielle. Il ne manque plus sur cette liste que le nom du comte de Malartic, alors secrétaire général de la préfecture. Ce fonctionnaire a écrit une brochure, œuvre indigne, fausse et grotesque, sur le siége de notre ville. Il y raconte, entre autres, les calembours que l'on faisait à la préfecture pendant que Strasbourg brûlait. Sa déposition eût certes été édifiante aussi.

Pourquoi n'a-t-on pas interrogé quelques membres de l'administration municipale de cette époque? Pourquoi M. Charles Bœrsch, délégué pendant quelques jours aux fonctions de préfet; pourquoi M. Édouard Valentin, nommé par le gouvernement de la défense nationale préfet de notre département, et qui fonctionna pendant quelques jours aussi dans notre cité; pourquoi nos médecins civils n'ont-ils pas été appelés à déposer? Pourquoi n'y a-t-il sur cette liste de témoins aucun officier de la garde nationale sédentaire? Il eût pu dire, celui-là, ce qu'il en coûta d'énergie, d'insistances, de réclamations, pour obtenir, pour cette garde nationale, des fusils à piston d'abord, des fusils à tabatière ensuite; il eût pu dire que la garde nationale a demandé plusieurs fois d'être admise à l'honneur de prendre part aux sorties, et nous en appelons ici à M. Humann, ancien maire de Strasbourg, qui, le 25 août 1870, debout sur le socle de la grille de l'hôtel de ville, répondit à la foule assemblée que l'autorité militaire refusait le concours de la garde nationale dans la défense active.

Nous protestons aussi pour le général Uhrich, ce vieux soldat de l'honneur duquel le conseil d'enquête fait si bon marché. Qu'ont-ils accompli de si grand, au bout du compte, les membres de ce conseil et leur président, le maréchal Baraguey d'Hilliers; quelle action héroïque les a illustrés dans cette dernière guerre, pour qu'ils jugent de si haut et avec des foudres si tonnantes?

Oui, nous protestons pour le général Uhrich, et nous demandons encore une fois s'il faut qu'il supporte tout le poids des fautes de la graine d'épinards impériale! Lorsqu'on le tirait du cadre de réserve pour le placer à la tête du boulevard de la France; lorsque les ministres dégradaient la tribune française de leurs mensonges en déclarant que le pays était prêt, le vieux général ne pouvait-il point croire, dans sa loyauté de soldat, que Strasbourg était en état de se défendre, et n'avait-il pas aussi le droit de compter sur les officiers supérieurs d'artillerie et du génie qui depuis de longues années résidaient en notre ville, et étaient tenus, par devoir, de connaître sa situation et le chiffre de ses munitions? Puisqu'il y avait un directeur d'artillerie, n'était-ce pas à lui de veiller aux fusées? Puisqu'il y avait un colonel du génie, ne devait-il point, celui-ci, mettre les fortifications en état?

Mais non, il est bien plus simple de mettre tout le poids d'une accusation sur un seul : il est mieux écrasé et moins capable alors de se défendre.

Nous ne savons si on nous accordera une nouvelle enquête, si l'on consentira à laisser venir au jour la vérité. En tous cas, nous n'aurons pas été accusés sans avoir protesté de toute la force de nos cœurs, et, si justice nous est refusée, nous en appelons, pour notre honneur attaqué, au plus impartial de tous les juges : à l'histoire.

Gustave Fischbach.

PROTESTATION de M. Victor Flament, ancien officier du génie, contre l'avis motivé du conseil d'enquête sur la capitulation de cette place (publiée par le journal *les Affiches de Strasbourg*).

Monsieur le rédacteur,

Vous avez inséré dans votre estimable feuille plusieurs protestations contre l'avis émis par le conseil d'enquête sur la capitulation de Strasbourg ; j'espère que vous voudrez bien faire le même accueil à celle que je crois de mon devoir de vous adresser à ce sujet.

La part active que j'ai prise à la défense, et la position que j'ai occupée à Strasbourg, avant et pendant le siége, me mettent à même de pouvoir donner des renseignements exacts sur quelques passages de l'avis du conseil.

Le conseil dit : « On ne se procura pas à l'avance le matériel nécessaire pour utiliser les contre-mines permanentes qui existaient en avant de la lunette 53. »

A cela je répondrai que, dès 1867, on a adressé au ministre de la guerre une demande tendant à obtenir l'autorisation d'acheter ce matériel, et qu'il a été répondu qu'il n'y avait pas lieu d'en faire l'acquisition de suite, qu'on se le procurerait au moment du besoin.

La place de Strasbourg ayant été la première investie, et les communications avec l'intérieur ayant été interceptées dès le commencement des hostilités, on n'a eu que la ressource d'acheter sur place ce qui était nécessaire. On a pu se procurer une partie du matériel en question, mais pas le tout.

Malgré cela, on aurait entrepris la guerre souterraine en avant du front d'attaque, mais il aurait fallu, avant tout, des mineurs.

Ce que le conseil aurait dû dire, c'est que Strasbourg devait, pour pouvoir soutenir un siége, avoir 400 soldats du génie, et qu'on a eu l'incurie de ne pas lui en laisser un seul. Vingt hommes de cette arme se sont réfugiés dans la place après la bataille de Frœschwiller ; il y avait, en outre de cela, parmi les ouvriers civils, 7 hommes ayant quelque idée du travail.

Voilà les seules ressources que nous avons eues à notre disposition ; on ne saurait, après cela, accuser la défense de ne pas avoir tiré parti des trois galeries qui se trouvaient en avant de la lunette 53, et qui ne pouvaient être utilisées qu'à la condition d'y faire des travaux qui auraient exigé beaucoup de bras.

Les quelques mineurs qu'on avait ont été employés à l'établissement des fourneaux de mines sous les emplacements présumés des brèches.

Le conseil ajoute que le palissadement des chemins couverts et des ouvrages avancés des fronts d'attaque n'a pas été poussé assez activement. Il eût fallu, pour le palissadement, cent mille palissades; on en possédait seulement trente mille qui ont été posées en quelques jours. Pour confectionner les autres, on a employé tous les ouvriers civils travaillant le bois qu'on a pu trouver en ville, outre les ouvriers militaires et toutes les scieries à vapeur, et les palissades ont été mises en place au fur et à mesure de leur confection.

Il est fâcheux qu'on n'ait pas eu en magasin cent mille palissades au lieu de trente mille; c'est tout ce qu'aurait dû dire le conseil, et si l'approvisionnement était aussi faible, la responsabilité n'en incombe pas au service local, elle remonte plus haut.

Du reste, à très-peu de chose près, le palissadement a été fait sur tout le front d'attaque; en tout cas, il existait devant les ouvrages avancés, avant que l'assiégeant eût commencé ses travaux, et il en a rencontré partout où se sont dirigés ses cheminements.

Aussi, le conseil n'est pas dans le vrai quand il laisse supposer que les ouvrages avancés ont été successivement abandonnés parce que les palissadements n'avaient pas été exécutés plus rapidement.

Le palissadement n'est entré pour rien dans les motifs qui ont engagé à abandonner les ouvrages avancés, puisque le palissadement existait en avant de ces ouvrages.

Je dirai plus : c'est que, n'eût-on posé aucune palissade, les travaux des assiégeants n'eussent marché ni plus ni moins vite, et le moment de leur entrée dans la place n'eût pas été avancé d'un seul jour. En effet, les palissades dont on garnit les chemins couverts ont pour but de rendre à l'ennemi, qui veut attaquer de vive force, la retraite plus difficile; or, pour que l'assiégeant soit tenté d'attaquer les chemins couverts, il faut que ces chemins couverts soient occupés, ce qui n'a pas eu lieu à Strasbourg.

Il n'y a eu de défenseurs que dans les ouvrages et non dans les chemins couverts, quoique, je le répète, ces derniers aient été pourvus à temps de palissades.

On dit enfin, plus haut, qu'on ne s'est pas occupé de suppléer à l'insuffisance des abris voûtés, par la construction d'abris blindés; si on n'en a créé qu'un peu tard, cela tient à ce qu'on a dû employer, dès le commencement de la guerre, tous les ouvriers en bois, civils et militaires, aux travaux de palissadement et aux communications d'eau.

Du reste, pourquoi n'a-t-on pas construit avant la guerre, et lorsque cependant tout permettait de croire qu'elle serait déclarée dans un avenir peu éloigné, des casernes voûtées, dans une place aussi exposée que Strasbourg?

Ce n'est pas faute d'avoir envoyé d'ici projets sur projets, et de l'avoir instamment demandé.

Je ne puis m'empêcher, avant de finir, de reproduire une remarque que font, avec juste raison, tous les Strasbourgeois, et qui frappera certainement toutes les personnes qui prendront la peine de réfléchir : c'est que Strasbourg, qui n'avait qu'un nombre très-restreint de troupes organisées et un matériel de guerre loin d'être complet, est la seule ville qui ait soutenu un siége régulier, et que, malgré cela, le conseil d'enquête traite ses défenseurs avec moins d'indulgence que ceux des autres places qui ont capitulé sans avoir été assiégées, et à la suite d'un simple investissement et quelques heures ou quelques jours de bombardement.

J'ai dû entrer dans tous ces détails dans l'intérêt de la vérité qu'il me semble juste de faire connaître à tout le monde.

VICTOR FLAMENT,
Capitaine du génie, officier de la Légion d'honneur.

PROTESTATION DE M. A. SAGLIO, COLONEL COMMANDANT LA GARDE NATIONALE SÉDENTAIRE DE STRASBOURG PENDANT LE SIÉGE, CONTRE L'AVIS MOTIVÉ DU CONSEIL D'ENQUÊTE (3 juin 1872).

A M. le président de la république.

MONSIEUR LE PRÉSIDENT,

Depuis le jour où le *Journal officiel* a livré au public l'avis motivé du conseil d'enquête sur la capitulation de Strasbourg, une émotion fiévreuse s'est emparée de tous les cœurs alsaciens.

L'outrage immérité fait à la garde nationale sédentaire de Strasbourg a été ressenti par la population entière de la cité.

Des protestations s'élèvent de tout côté contre un verdict frappé de nullité par cela seul que le conseil n'a entendu aucun des témoins directement intéressés à repousser l'accusation.

Ces protestations, parties en foule de points différents, proclament à la fois la dispersion de la grande famille strasbourgeoise et sa vive indignation.

Variées dans leur forme, elles ont toutes un point commun : elles réclament une contre-enquête.

A ces nombreuses manifestations je viens joindre la mienne, monsieur le président, et, comme colonel de la garde nationale sédentaire de Strasbourg, vous prier instamment de vouloir bien faire procéder à une contre-enquête où seront entendus des officiers de la légion.

C'est un acte de justice que nous réclamons, monsieur le président. Nous avons encore la ferme confiance que vous ne repousserez pas notre demande. Vous nous aiderez à nous laver de l'accusation injuste qui pèse sur nous; vous ne permettrez pas que le blâme, le reproche, soient les derniers adieux adressés par la France à notre cité malheureuse.

A. SAGLIO.
Ex-colonel de la garde nationale sédentaire de Strasbourg pendant le siége.

Paris le 3 juin 1872, — rue de Monceau, 71.

LETTRE D'ENVOI (1) ACCOMPAGNANT LE RAPPORT FAIT A M. LE MINISTRE DE LA GUERRE PAR LE COLONEL AUGUSTE SAGLIO, SUR LA PART PRISE PAR LA GARDE NATIONALE DE STRASBOURG A LA DÉFENSE DE CETTE PLACE PENDANT LE SIÉGE DE 1870.

A M. le ministre de la guerre.

MONSIEUR LE MINISTRE,

Lorsque parut au *Journal officiel* (mai 1872) l'avis du conseil d'enquête sur la

(1) 31 juillet 1872.

capitulation de Strasbourg, des protestations s'élevèrent de tous côtés pour réclamer une contre-enquête.

J'adressai personnellement la mienne le 3 juin à M. le président de la république, en manifestant le regret de n'avoir point été appelé devant le conseil comme colonel de la garde nationale sédentaire de Strasbourg pendant le siège.

Il n'a point été donné suite à ces protestations.

Toutefois, quelques jours après, M. Keller, député, présenta son rapport au corps législatif, au nom de la commission chargée de statuer sur la publication des travaux du conseil d'enquête.

M. Keller, dans son rapport, après avoir constaté que Strasbourg était l'exemple le plus saisissant de l'état d'abandon où l'on avait laissé, jusqu'à la veille de la lutte, la défense de nos frontières, s'exprime ainsi :

« Nous vous proposons d'ordonner également la publication du rapport détaillé
» qui résume les travaux du conseil d'enquête sur cette place. Ce document
» mettra certainement fin aux interprétations fâcheuses auxquelles l'avis motivé
» pouvait donner lieu dans son laconisme, et si le texte de cet avis nous avait
» été communiqué avant sa publication, nous aurions demandé que le rapport y
» fût immédiatement joint. »

Le corps législatif va se séparer, monsieur le ministre, et la faible satisfaction promise par M. Keller ne nous sera pas même accordée.

Voilà deux mois que nous, gardes nationaux de Strasbourg, dévorons en silence l'affront immérité que nous avons reçu. Chacun de nous travaillera, dans la mesure de ses forces, à la réparation qui nous est due.

Quant à moi, monsieur le ministre, mon devoir est tracé par ma conscience, et je prends la liberté de vous adresser le rapport ci-joint, qui ne diffère en rien de la déposition que j'aurais faite devant le conseil d'enquête, si j'avais eu l'honneur d'être entendu par lui.

J'ai l'honneur d'être, avec le plus profond respect, monsieur le ministre, votre très-humble et dévoué serviteur.

AUGUSTE SAGLIO,
Ex-colonel de la garde nationale sédentaire de Strasbourg pendant le siège.

Paris, 31 juillet 1872, — rue de Monceau, 71.

RAPPORT A M. LE MINISTRE DE LA GUERRE SUR LA PART PRISE PAR LA GARDE NATIONALE SÉDENTAIRE DE STRASBOURG A LA DÉFENSE DE LA PLACE EN 1870.

Pour apprécier avec impartialité la conduite de la garde nationale sédentaire pendant le siège de Strasbourg, il est important que l'on tienne compte de tous les faits qui la concernent. Or, nous qui avons été témoin du retard mis à sa convocation, témoin de la faiblesse de son effectif, de l'insuffisance de son armement, du rôle effacé qui lui a été assigné dans la défense de la place, nous n'hésitons pas à dire que même avant de naître elle excitait déjà, au point de vue politique, la défiance de l'administration.

A peine créée, elle se trouve aux prises avec les formidables difficultés que lui suscite le bombardement.

Elle est privée de tous les bienfaits dont jouit en temps de paix une troupe régulière à laquelle il s'agit de donner de la solidité. Les ordres deviennent difficiles à transmettre. Le service est appelé à subir des modifications sérieuses. L'incendie qui exerce ses cruels ravages, il faut le combattre ; les hommes de garde ne peuvent donc plus être pris exclusivement dans la même compagnie ; se connaissant moins, ils sont moins solidaires les uns des autres. De là quelques actes de faiblesse ; actes isolés, qui ne sauraient entacher en rien l'honneur du corps entier, car nous avons vu d'un autre côté le noble frémissement qui parcourait les rangs de la légion quand elle réclamait un rôle plus actif dans la défense. Nous avons admiré son patriotisme, son abnégation, sa discipline, alors que les batteries ennemies vomissaient le fer et le feu sur la ville. Eh bien, nous le déclarons hautement : *La garde nationale de Strasbourg a rempli son devoir, elle a droit au respect et à la reconnaissance de la France.*

Qu'on en juge :

Le 6 août, la nouvelle de la bataille de Frœschwiller retentit dans la cité comme un coup de foudre, une agitation fiévreuse s'empare de tous les esprits.

Ce n'est que le lendemain 7 août qu'il est procédé à une première et incomplète formation des cadres des officiers de la garde nationale sédentaire de Strasbourg, qui sont nommés par le général commandant supérieur, sur la présentation du maire et la proposition du préfet.

J'ai l'honneur d'être appelé au commandement de la légion, qui, comprenant 4 bataillons de 500 hommes, ne comporte à son effectif que 2000 hommes, tandis que plus de 4000 citoyens se sont fait inscrire sur les registres ouverts à la mairie.

Le 8, il est délivré par l'arsenal 2000 fusils à piston, sans cartouches, armement qui indique clairement que la mission de la légion se bornera à maintenir l'ordre dans la cité.

Le 13, les cadres sont régulièrement constitués, et le 14 il est procédé à l'organisation définitive de la légion par bataillons et compagnies ; les officiers, sous-officiers et caporaux sont reconnus devant la troupe. Les emplacements sont désignés pour les lieux de rassemblement des bataillons et les exercices partiels des compagnies. La garde nationale fournit un poste à la mairie, un autre à la prison, des piquets à la banque de France, à la caisse d'épargne, etc.

Le 15, les premiers obus sont lancés sur la ville par les batteries ennemies ; le lendemain 16, une batterie d'artillerie s'organise *au sein de la garde nationale*, composée de 100 volontaires, les uns anciens militaires, les autres n'ayant jamais servi. Elle est formée, équipée, passablement instruite en moins de huit jours, si bien que dès le 24 elle prend le service au bastion d'attaque n° 12.

Pendant ce laps de temps, alors que la population commence à mesurer la gravité des événements qui la menacent, des hommes à qui pèse leur inaction cherchent à s'organiser en corps de francs-tireurs.

Le 18 août, deux compagnies sont constituées. L'une, indistinctement composée d'hommes habitués au tir et d'anciens militaires, prend le nom de *compagnie franche des chasseurs volontaires*. L'autre, exclusivement recrutée d'anciens militaires, prend le nom de *compagnie franche des tirailleurs volontaires*.

Elles sont armées de chassepots, font partie de la garde nationale, et sont, par ordre du général commandant supérieur, placées sous mon commandement.

LES PROTESTATIONS. 251

L'effectif total de ces deux compagnies se monte à environ 250 hommes, dont un grand nombre sort des rangs de la garde nationale sédentaire. Cette dernière ainsi appauvrie, il devient urgent de combler les vides et de donner plus d'importance à l'infanterie.

Aussi, dès le 20 août, l'effectif est-il porté à 750 hommes par bataillon, soit 3000 hommes pour la légion au lieu de 2000.

Du 23 au 28, le bombardement prend un caractère féroce; c'est pendant cette période que les ruines et le deuil s'accumulent sur notre pauvre cité, que l'ennemi cherche à terrifier les cœurs.

C'est à cette époque que l'autorité civile, désireuse de s'assurer le concours des citoyens dans cette crise effroyable, dissout le conseil municipal, qui ne se réunissait plus depuis le 8 août, et institue une commission municipale composée de 47 membres, en vue de gérer et défendre les intérêts de la ville. C'est à cette époque également que j'insistai auprès du général commandant supérieur pour qu'il soit donné à la légion un armement plus sérieux.

Le 1er septembre commence l'échange des fusils à piston contre des fusils dits à tabatière; chaque homme reçoit 18 cartouches, et le soir même un fort piquet se réunit sous les arcades avec ordre de faire des patrouilles de 7 heures du soir à 5 heures du matin, pour arrêter les rôdeurs et les malfaiteurs qui se livrent au pillage des maisons embrasées.

Ces patrouilles ont lieu chaque jour jusqu'à la fin du siége, malgré la pluie de projectiles, et travaillent avec efficacité au maintien de la sécurité publique.

Si quelques hommes ont quitté le poste de la mairie le 24 août, c'est que l'état-major de la place, chassé par l'incendie de sa résidence habituelle, est venu s'y réfugier, en établissant un poste de ligne à côté de celui de la garde nationale, et porter ainsi ombrage à sa susceptibilité.

Lorsque, le 7 septembre, la mairie et la commission municipale se sont installées à l'hôtel du Commerce, la garde nationale a repris son poste jusqu'au dernier jour.

Vers la fin du siége, d'autres hommes ont abandonné le poste de la prison. J'ai immédiatement ouvert une enquête, d'où il est résulté que ce poste était devenu intenable, que deux gardiens de la prison avaient été blessés. Les hommes, appartenant à un quartier ravagé par le feu, avaient, vers le milieu de la nuit, volé au secours de leurs familles; mais le sergent et le caporal étaient restés jusqu'au matin cachés sous les décombres de la prison. Le poste était vraiment dangereux.

J'ajouterai qu'il était presque inutile, car les prisonniers avaient été mis en liberté, sauf quatre qui avaient refusé de sortir, n'ayant aucun moyen d'existence.

Telles sont les défaillances que j'ai à vous signaler, monsieur le ministre.

Je ne les aurais point relevées si elles n'avaient pas servi de base au blâme que le conseil d'enquête a jeté sur une population qui a toujours témoigné de son goût, de son aptitude pour la carrière des armes.

Tous les hommes de guerre sont d'accord pour reconnaître que trois ans de service sont nécessaires pour donner toute sa valeur à un soldat jeune, célibataire, aux yeux duquel s'ouvre la perspective d'un avancement et des distinctions honorifiques, et l'on voudrait en huit jours, sous le feu de l'ennemi, exiger la même solidité d'un honnête père de famille, d'un ouvrier à qui l'incendie peut enlever sa dernière ressource !

En vérité, devant une pareille exigence, en face d'une aussi criante injustice, j'ai peine à contenir mon indignation. . . . .
. . . .

La batterie d'artillerie de la garde nationale, qui dès le 24 août a pris le service du bastion n° 12, le plus violemment attaqué de tous, y a noblement occupé sa place jusqu'au 9 septembre, jour où la défense ne pouvait plus y être active ; elle fut envoyée au bastion n° 4 pour y remplacer les canonniers de la ligne devenus ainsi disponibles pour un autre service.

Cette batterie, dont l'effectif avait été porté de 100 hommes à 130, se maintint à ce dernier bastion jusqu'au dernier jour du siége, 27 septembre, tirant sur les batteries mobiles de l'ennemi et les emplacements où ils cherchaient à s'établir.

Quant aux compagnies franches, elles firent leur service depuis le jour de leur formation jusqu'à la fin du siége.

Elles occupèrent l'ouvrage 56, ainsi que le Contades, et envoyèrent des détachements en avant de la porte de Pierre, au front d'attaque.

Elles exécutèrent des reconnaissances tantôt du côté du Wacken et de la Roberstau, tantôt du côté du Neudorf, et inquiétèrent sérieusement l'ennemi, puisque le général commandant l'armée allemande échangea quelques lettres avec le commandant supérieur des troupes françaises, s'obstinant à refuser aux francs-tireurs le titre de belligérants, et déclarant qu'il leur réservait les plus sévères châtiments de la guerre dans le cas où ils seraient faits prisonniers.

La conséquence de cette prétention fut l'incorporation de la compagnie franche des *tirailleurs volontaires* dans la garde mobile à la date du 17 septembre.

La compagnie franche des *chasseurs volontaires* se scinda ; la plus grande partie déclara ne pas vouloir tenir compte des menaces du général de Werder, et, après s'être complétée par l'adjonction de quelques tireurs sortis des rangs de la garde nationale, persista à continuer son service au même titre qu'auparavant.

Disons, à l'honneur des trois corps qui ont concouru à la défense active de la place, sur un effectif qui ne dépassait pas 400 hommes ils ont eu pendant le siége

    1 officier
    3 sous-officiers   tués,
    17 soldats

    2 officiers
    2 sous-officiers   blessés,
    59 soldats

et qu'ils ont bien mérité les témoignages de satisfaction dont les a honorés le général commandant supérieur dans une lettre adressée, le 9 septembre, au colonel de la garde nationale, lettre dont j'extrais les passages suivants :

« Messieurs les commandants des arrondissements de défense m'entretiennent » chaque jour des services rendus par les compagnies franches des *chasseurs*

» *et tirailleurs volontaires, et la batterie auxiliaire d'artillerie de la garde na-
» tionale.*

» Chacun se plaît à louer les bons services rendus par le personnel de ces com-
» pagnies et de cette batterie. Je me plais moi-même à le reconnaître, et je re-
» mercie chacun du concours dévoué et énergique qui est prêté par ces corps
» à la défense de la place.

» Je voudrais être à même de récompenser immédiatement de si nobles senti-
» timents et des malheurs qui ne manqueront pas d'exciter l'admiration du
» pays... »

Enfin, dans sa proclamation d'adieu aux habitants de Strasbourg (28 septembre), le général Uhrich s'exprime ainsi :

« Merci à vous, francs-tireurs et compagnies franches, à vous aussi, artilleurs
» de la garde nationale, qui avez si noblement payé le tribut du sang à notre
» grande cause aujourd'hui perdue... »

J'ai l'espoir, monsieur le ministre, qu'après avoir pris connaissance de ce rapport qui retrace sommairement mais fidèlement la part prise par la garde nationale sédentaire de Strasbourg à la défense de la place en 1870, vous direz comme moi :

Elle a droit au respect et à la reconnaissance de la France.

J'ai l'honneur d'être, monsieur le ministre, avec le plus profond respect, votre très-humble et dévoué serviteur.

AUGUSTE SAGLIO,
Ex-colonel de la garde nationale sédentaire de Strasbourg, pendant le siége.

Paris, 31 juillet 1872, — rue de Monceau, 71.

NOTE JOINTE A L'HISTORIQUE DU DÉPÔT DU 20ᵉ D'ARTILLERIE PAR LE COLONEL PETIT-PIED, COMMANDANT LE 2ᵉ ARRONDISSEMENT DE DÉFENSE, PENDANT LE SIÉGE DE STRASBOURG,

« L'ennemi avait commencé deux brèches, l'une d'elles allait être praticable.

» Il n'était plus permis de mettre un homme ou un canon sur le front d'attaque pour entraver les travaux de l'assiégeant couronnant le chemin couvert et commençant la descente du fossé.

» Dominé de toutes parts, le front d'attaque était inhabitable, et il n'était pas permis de songer à y construire un retranchement extérieur.

» Le brave colonel Blot, qui, avec son 87ᵉ régiment, a été l'âme de la vraie défense sur le point d'attaque, déclarait, lui, à l'approche du moment suprême pour la défense, qu'il n'était pas possible de préparer, même aux environs du point d'attaque, une troupe pour s'opposer à l'assaut de l'ennemi; il assurait qu'elle serait anéantie avant d'arriver à la brèche pour en défendre l'accès.

» Cette note est destinée aux honnêtes gens, pour les mettre en garde contre les *hâbleurs;* nous tenons à l'estime des premiers et nous cherchons à oublier les seconds.

» *Le colonel du 20ᵉ d'artillerie,*
» PETITPIED. »

PREMIÈRE LETTRE DU COLONEL MARITZ, CHEF DU GÉNIE PENDANT LE SIÉGE, AU GÉNÉRAL UHRICH, AU SUJET DU PALISSADEMENT ET DES OUVRIERS CIVILS ET MILITAIRES.

« Saint-Michel, le 24 février 1872.

» Mon général,

« En réponse à votre lettre du 22, j'ai l'honneur de vous donner les renseignements suivants, que j'ai du reste déjà fournis à la commission d'enquête lorsqu'elle m'a fait comparaître devant elle.

» Nous avions en magasin, avant la guerre, 30 000 palissades, ce qui était nécessaire pour garnir les chemins couverts, devant les entrées de la ville. Il eût fallu 70 000 *palissades* de plus pour pouvoir en poser sur les points menacés d'être attaqués.

» Ces chiffres étaient connus de tout le monde et ont figuré sur divers états fournis par moi depuis 1867. On n'avait alloué de fonds, en 1857, que pour l'approvisionnement de 30 000 palissades ; il était admis que les 70 000 autres palissades nécessaires seraient confectionnées au moment de la guerre.

» Malheureusement, dès que cette dernière a été déclarée, Strasbourg a été investie. Les 30 000 palissades du magasin ont été placées très-rapidement, en quelques jours. Nous avons employé à ce travail des ouvriers en bois, civils, et beaucoup d'ouvriers militaires, ainsi qu'un grand nombre de manœuvres et de voitures.

» Ce ne sont pas les ouvriers qui ont manqué, les palissades ont été posées au fur et à mesure de leur confection. Pour les faire, on a utilisé tous les ouvriers en bois disponibles, c'est-à-dire non employés à la pose, la scierie à vapeur de M. Gœrner et même celle de l'arsenal d'artillerie.

» Mais comme je l'ai fait observer à la commission, la fumée des machines à vapeur se voyait de loin et attirait le feu de l'assiégeant, ce qui a souvent fait interrompre le travail.

» Du reste, je ne comprends pas qu'on attache une si grande importance aux palissades, car l'assiégeant en a rencontré partout où il a passé.

» Il y en avait dans les chemins couverts de tous les ouvrages avancés et extérieurs qu'il a pris.

» En un mot, vers la fin du siége, le palissadement était à peu de chose près complet.

» On n'a suspendu le travail que très-tard et devant le bastion 49, je crois, parce que le feu était trop vif pour permettre de faire un travail utile ; mais l'ennemi n'y est pas allé.

» Enfin, j'ajouterai que le palissadement ne sert à quelque chose que lorsqu'on occupe les chemins couverts jusqu'au bout et que des tirailleurs y font le coup de feu.

» Il n'y eût eu au contraire aucune palissade sur les chemins couverts ou dix fois plus, et ces palissades eussent-elles été placées avant la déclaration de la guerre, que l'assiégeant n'aurait été ni plus ni moins vite, du moment où l'assiégé n'occupait pas les chemins couverts.

» La palissade n'est un obstacle sérieux que lorsqu'il y a des hommes derrière et lorsqu'on a à repousser des attaques de vive force de la part de l'assiégeant.

» A Strasbourg il n'y a rien de ce genre; l'ennemi n'avait pas intérêt à attaquer de vive force des chemins couverts.

» Outre les palissades, nous avons garni de fraises et de palanques les lunettes 36, 37 et 52.

» Si on pouvait indiquer un point de la place où l'absence de palissades, dès le commencement du siége, ait permis à l'assiégeant de pousser ses travaux plus activement ou ait empêché l'assiégé de se défendre, je comprendrais l'insistance que vous me signalez de la part de la commission d'enquête;

» Mais il n'en est rien, et les reproches qu'on veut nous faire n'ont pas de base. »

DEUXIÈME LETTRE DU COLONEL MARITZ, CHEF DU GÉNIE PENDANT LE SIÉGE DE STRASBOURG.

« Mon général,

» Quand j'ai su qu'on disait du mal de notre palissadement, j'ai écrit, de mon côté, au général Charron. Je lui ai dit que n'y eût-il aucune palissade posée, l'assiégeant n'en aurait marché ni plus ni moins vite.

» Il me répond que le rapport de la commission a déjà été envoyé au ministre, il y a plusieurs jours, et qu'il n'y a plus à revenir là-dessus. Il ne discute aucune des raisons que je lui donne. »

LE SIÉGE DE STRASBOURG

Août et septembre 1870.

Extrait du journal du capitaine de vaisseau B. du Petit-Thouars (1).

« Si l'on jette un coup d'œil sur la carte de Strasbourg, on verra que cette place représente un triangle isocèle, orienté est et ouest suivant sa plus grande longueur, l'angle aigu appuyé au Rhin et formé par la citadelle; triangle coupé, dans sa petite largeur, par le passage de l'Ill, qui laisse une profonde trouée couverte imparfaitement par l'ouvrage de la porte des Pêcheurs ouvert à la gorge, le long du canal, et par la lunette 63.

» La citadelle, sans une tête de pont à Kehl, était fatalement condamnée à se voir écrasée de l'autre rive du Rhin, et l'occu-

(1) Publié dans la revue *le Correspondant*, t. XLIX, 6ᵉ livraison.

pation de la redoute que le général Ducrot avait ébauchée au confluent du petit Rhin et du canal de l'Ill devenait presque impossible dans ces conditions. Toute l'étendue de la Robertsau se trouvait donc ainsi livrée aux incursions des rôdeurs, et le grand canal de l'Ill rejoignant celui de la Marne au Wacken formait, dès le premier jour, une ligne sur laquelle pouvaient s'établir solidement et bien aisément les Allemands, puisqu'ils occupaient, à l'autre extrémité, la position capitale de Schiltigheim.

» En face, reliant, comme je l'ai dit, la citadelle au bastion 12, se développait le front nord, protégeant la sortie de l'Ill et de l'Aar, ainsi que plusieurs barrages de la plus haute importance, puisque Strasbourg devait son moyen de défense principal aux inondations, et que, d'ailleurs, il était urgent de ne pas laisser les canaux de la ville se sécher à l'époque des grandes chaleurs.

» Il y avait donc là, rattachés au corps de la place, une série d'ouvrages bastionnés et entourés d'eau. Mais cette défense n'avait pas paru suffisante, et l'on avait commencé, en dehors, une nouvelle ligne évidemment construite pour parer aux dangers de l'occupation de Schiltigheim, dont, il faut le dire, il eût été plus naturel de faire la citadelle de Strasbourg.

» Cette seconde ligne n'avait été prolongée elle-même que jusqu'à la lunette 56, qui se trouvait ainsi l'ouvrage le plus avancé et d'où l'on pouvait le mieux inquiéter la ligne d'attaque probable déterminée par l'exhaussement de terrain qui s'étend de Schiltigheim à la porte de Pierre.

» A partir de là, on trouvait encore, il est vrai, une banquette longeant le canal conduisant l'eau des fossés à l'Aar, juste à la pointe du Contades. Mais la sécurité était venue, on avait négligé d'exécuter les règlements militaires, et partout on était couvert d'épais ombrages, partout on était entouré de maisons de campagne, de haies, de jardins, de palissades, de sorte qu'on pouvait arriver sur les glacis et jusqu'à la gorge de la porte des Pêcheurs complétement à couvert.

» Le plus grand danger à conjurer sur les fronts nord était donc celui d'une surprise sur la porte des Pêcheurs, puisque, dès le lendemain de la bataille de Frœschviller, les Allemands, appuyés sur une ligne solide, pouvaient préparer à loisir une attaque, arriver à l'improviste, couverts par d'épais fourrés, le long des berges de l'Aar et de l'Ill, presque jusque dans la place sans qu'on les vît; que là, s'ils ne réussissaient pas à entrer, ils pouvaient détruire les principaux barrages; enfin, qu'en établissant des batteries enfilant le cours de l'Ill, ils auraient coupé en deux la ville, séparant d'un coup la partie ouest, où devait évidemment se diriger l'attaque principale, de la partie est, où, avec la citadelle et les approvisionnements militaires, se trouvaient aussi la manutention et les magasins de vivres.

» Pour y arriver, il fallait reporter la défense aussi loin que possible, tout en menaçant la ligne d'attaque de l'ennemi, c'est-à-dire occuper au plus vite le Contades et chercher à s'y maintenir en se couvrant des feux de la place.

» Mais la solution de ce problème, fort simple en apparence, se compliquait d'abord du petit nombre d'hommes placés sous les ordres directs de l'amiral; de leur solidité presque douteuse, puisqu'en dehors des pontonniers, qui avaient un rôle tout défini à l'avance, les autres, à l'exception de nos 43 matelots, n'étaient que des recrues ou des isolés, sur lesquels on ne pouvait compter au premier moment; ensuite, et surtout, de l'immensité du travail à faire, pour percer quelques éclaircies dans ces couches épaisses de végétation et d'obstacles de tout genre.

» Pour atteindre ces résultats, nos hommes furent employés comme sentinelles avancées, et après avoir veillé les premières nuits entre la porte des Pêcheurs et celle des Juifs, ils furent portés, avec une centaine de soldats du 74ᵉ et du 78ᵉ, à la lunette 56. On s'y trouvait entièrement entouré, dominé par les arbres et la végétation; des coups de feu arrivaient des jardins placés en arrière sans qu'on pût y répondre de peur de tuer ceux qui garnissaient les remparts; mais rien n'impressionnait nos marins, et le seul embarras qu'on éprouvait était de les empêcher d'aller faire la chasse à l'homme à travers les fourrés : chacun d'eux avait une si grande valeur dans ces circonstances; ils étaient si peu nombreux, qu'il fallait tâcher de les conserver pour les événements qui se préparaient, et, dès les premiers jours, leur entrain, leur confiance réchauffèrent ceux qui avaient subi l'impression du combat de Frœschviller, ainsi que toutes ces recrues qui ne savaient encore comment tenir un fusil.

» La lunette 56 resta dès lors occupée par les marins; ce fut le pivot sur lequel s'est appuyée la défense de ce Contades dont la possession nous a permis de conjurer les divers dangers que j'ai indiqués, tout en reliant le front ouest, où le brave colonel Blot, supportant les efforts du siége régulier, s'est illustré à la tête de son héroïque régiment et des troupes placées sous ses ordres, à la citadelle, où après la grave blessure du général Moréno, le lieutenant-colonel Rollet a subi, avec un courage stoïque, l'écrasement de tous ses abris!

» Pour s'y établir, on se mit aussitôt à raser l'entourage du triangle formé par la promenade du Contades, pendant qu'on reliait cette position au corps de place par un épaulement suivant les bords de l'Aar et traversant le Spitel Garden. Chaque jour, de nombreuses corvées étaient adjointes à nos matelots, lesquels fournissaient un élément précieux comme force musculaire et comme intelligence, et en mettant en avant quelques tirailleurs qui, presque immédiatement, engageaient une fusillade avec les avant-postes prussiens, derrière eux on abattait les arbres, on brûlait les maisons. Ce fut un spectacle navrant : beaucoup de maisons de ces jardins appartenaient à des personnes aisées, mais il y en avait qui étaient le seul patrimoine de gens laborieux; et tout d'un coup, au moment où les fruits étaient mûrs, le houblon prêt à être cueilli, ils voyaient s'avancer des Français, des compatriotes, pour tout ravager, tout détruire, tout incendier; et du bien-être et du confort ils passaient ainsi en quelques heures à la misère noire! Si l'on eût trouvé de la résistance en eux, on l'aurait presque préféré; mais non, tous ces gens n'avaient pas une parole amère à la bouche, et ils remerciaient encore quand nos hommes, qui répugnaient à faire cette besogne, les aidaient à sauver quelques bribes de leur mobilier! Le mépris du règlement nous a coûté cher! et en voyant plus tard les forteresses de l'Allemagne avec leurs servitudes militaires, leurs glacis parfaitement dégagés, sans que personne songeât à s'en plaindre, il n'est pas un de nous qui n'ait maudit cet esprit d'égoïsme et de faiblesse qui, en France, porte ceux qui doivent se soumettre à une loi d'utilité publique à l'éluder à leur profit et qui fait si souvent reculer les dépositaires de l'autorité devant l'accomplissement d'un devoir qui met leur popularité en jeu. »

M. du Petit-Thouars fait le récit du bombardement systématique de la ville, et ajoute :

« Ces premières journées du bombardement écoulées sans que le général Werder obtînt le résultat sur lequel il comptait, la position de Schiltigheim fut occupée plus fortement par les Allemands et, dans nos sorties de chaque jour, nous nous sentîmes serrés de plus près.

» Le vénérable évêque, Mgr Raess, l'un des seuls survivants du terrible siége de Mayence, voulut essayer de le fléchir, il ne put même le voir, et tandis qu'autour de lui, comme à l'abri du pavillon parlementaire, on construisait une batterie qui, le soir même, tira sur la cathédrale, il lui fut répondu que le général ne laisserait certainement pas sortir les femmes et les enfants, puisque c'était un élément de découragement et de faiblesse pour nous; que ce qu'on avait vu jusque-là n'était rien, et qu'il engageait le général Uhrich à faire constater par qui il voudrait qu'il disposait de 63 000 hommes avec 300 pièces de canon ! — Eh bien! monsieur, attaquez-vous donc aux remparts, livrez l'assaut, s'écria le vénérable prélat indigné; c'est tout ce qu'on vous demande! — Oh! nous pourrions certainement prendre la ville de vive force, répondit le chef d'état-major, car nous savons que vous n'avez pas de garnison, mais Son Excellence veut épargner le sang de ses soldats (1).

» Après cela, on devait s'attendre à tout, et les résolutions se montrèrent à la hauteur des circonstances. Le général ennemi avait compté sur la frayeur des femmes de Strasbourg pour lui ouvrir un passage. Les femmes de Strasbourg ont répondu par le plus admirable exemple de résolution, de patriotisme qu'ait enregistré l'histoire : durant tout ce siége, sans que jamais la pluie de fer et de feu qui tombait de toutes parts dans les rues les arrêtât, on les a vues, intrépides et tremblantes, se pressant dans les églises, où elles priaient le Dieu tout-puissant de les sauver par un miracle; dans les hôpitaux, où elles se multipliaient auprès des malades et des blessés; et lorsque revenant du Contades, je rentrais en ville, le matin, maintes fois, j'en ai rencontré, la figure pâle et défaite, les traits amaigris, frissonnant de tous leurs membres à chaque détonation, qui me disaient : « N'est-ce pas, monsieur, on ne se rendra pas? »

» Le 30 au petit jour, comme du Contades nous examinions les environs, nous vîmes qu'un mouvement de terrain considérable avait été fait, et je rentrai aussitôt en ville, où le conseil était déjà assemblé, annoncer à l'amiral que la première parallèle était achevée.

» Les travaux de l'ennemi furent, à partir de ce moment, poussés avec la plus grande vigueur, et tous les ouvrages qui, dans notre zone de défense, pouvaient les gêner, furent écrasés par une artillerie supérieure en nombre et en calibre, qui faisait une consommation de munitions vraiment extraordinaire, pendant

(1) Par un singulier contraste, les progrès que la science moderne a réalisés nous conduiraient-ils à ce point, qu'il entrerait à l'avenir dans les droits de la guerre d'écraser à distance, à couvert, toute une population civile pour contraindre la garnison d'une place forte à se rendre? Au degré où nous a fait descendre l'oubli des principes les plus élémentaires de ce christianisme qui a enfanté notre grande civilisation européenne, je n'ose pressentir la réponse, et en attendant le jugement impartial de l'histoire, je ne souhaite pour ma part d'autre châtiment au souverain qui, déjà ceint des lauriers de la victoire, a laissé ses lieutenants inaugurer cette ère nouvelle, que d'entendre à son dernier jour, à sa dernière heure, les cris des petits enfants de Strasbourg expirant dans les flammes.

que nous étions obligés d'épargner les nôtres. De plus, tandis que nos pièces enfouies dans leurs embrasures qu'un rien engorgeait et qui guidaient le pointage de nos adversaires, n'avaient qu'un champ de tir des plus restreints, les pièces prussiennes, établies sur des affûts bas, la bouche affleurant le parapet, pouvaient aisément tirer tout autour d'elles et offraient encore cet avantage que, se chargeant par la culasse, leurs servants ne paraissaient jamais à découvert. C'était un duel dont l'issue ne pouvait être douteuse, car chaque jour nos affûts étaient brisés, nos pièces renversées, et nous avions un grand nombre d'hommes mis hors de combat.

» La lunette 56, dominée de toutes parts, prise en écharpe par deux batteries de position, armée seulement de pièces de 12 et de 4, fut, dès lors, complétement bouleversée chaque matin, et bientôt il devint presque impossible de communiquer avec elle. Mais rien n'ébranlait nos marins, soutenus par l'exemple de MM. Humann et Bauer; dès que, dans la nuit du 23, leur caserne avait été détruite, ces braves jeunes gens s'étaient entièrement consacrés chacun à sa bordée, ne la quittant ni de jour ni de nuit, mangeant à la même gamelle que leurs hommes, et il s'était ainsi établi dans chaque groupe une solidarité que rien ne pouvait rompre.

» L'attaque marchait vigoureusement, se dirigeant vers les fronts ouest, tandis que la citadelle était écrasée sans relâche par le tir des batteries de Kehl.

» Chaque nuit, les Allemands allumaient encore des incendies, et ils continuaient à déblayer par un tir continuel les quartiers en arrière des bastions 11 et 12, où ils comptaient évidemment faire brèche, de manière à ce qu'on ne pût préparer aucun abri pour des troupes chargées de repousser un assaut. Mais l'œuvre principale était devenue l'écrasement des feux de la place qui pouvaient les gêner, et d'un côté, la lunette 44, dans la zone du général Blot, du nôtre, la lunette 56, avec le front de la Finkmatt, étaient chaque jour bouleversées.

» Dès les premiers jours du feu, nos fusées percutantes avaient été brûlées, de sorte qu'en outre de l'infériorité du calibre et du nombre des pièces, nous avions encore à nous servir de projectiles qui, la plupart du temps, n'éclataient pas, et que nous avions ordre de ménager. Pour compenser toutes ces causes d'insuccès, surtout le manque de munitions, j'avais, après avoir obtenu l'autorisation de M. le général Barral, qui dirigeait tout le service d'artillerie, cherché à organiser une concentration des feux du front nord ayant vue sur certaines batteries allemandes, afin de les écraser isolément par moments et de les maîtriser en leur faisant sentir une direction bien définie. Mais leur supériorité était déjà telle et la difficulté de communication entre nos ouvrages si grande, que nous ne produisîmes qu'une impression passagère, et nos pièces étant continuellement démontées, nous en arrivâmes à ne plus pouvoir répondre que par des feux courbes à leur artillerie.

» Les travaux d'attaque avançaient avec une rapidité désespérante, car nous n'avions que quelques rares officiers du génie, avec une dizaine de soldats aux plus, de telle sorte que, bien qu'ils se multipliassent, on n'avait même pas pu songer à utiliser les galeries de mine préparées à l'avance, lesquelles, tombées aux mains des Allemands, les avaient servis au moment, le plus critique pour eux.

» Le brave 87e avait dû évacuer successivement les lunettes 52, 53, 54 et 55, et il nous avait fallu construire un bout de retranchement pour fermer la lunette 56, qui se trouvait presque tournée ainsi que le Contades...

» Les derniers jours furent rudes.

» Nos hommes, continuellement chassés de leurs abris provisoires par les obus qui fouillaient toutes les directions, ne savaient où se réfugier pour trouver du repos et faire cuire les aliments. Les communications étaient des plus difficiles, puisque les portes étaient successivement détruites, les ponts défoncés, de sorte que le service des approvisionnements devenait presque impossible; enfin les ouvrages étaient écrasés sous une pluie de projectiles, et la lunette 56 n'était plus qu'un amas de débris où il fallait creuser de plus en plus pour se couvrir!

» Plusieurs attaques furent dirigées de nuit contre le Contades : mais, grâce à Dieu, nous ne fûmes jamais surpris, et les Allemands se retirèrent chaque fois sans avoir pu nous entamer, tandis que nous ne cessions de les inquiéter, durant leurs travaux d'approche, par notre mousqueterie et par le tir de mortiers légers et de batteries volantes qui se déplaçaient continuellement.

» Le 27 septembre, à 5 heures de l'après-midi, j'envoyai des ordres de cesser le feu sur le front nord, et, peu à peu, il se fit un grand silence, comme celui qui suit la mort d'un être qui vous est cher. C'est que c'était bien la mort qui s'abattait sur cette noble cité, arrachée sanglante et toute palpitante encore de patriotisme des bras mutilés de la France!

» Ah! les spoliateurs du territoire, qu'ils soient maudits de Dieu, car il n'y a pas de crime comparable à celui qui consiste à ravir à tout un peuple sa nationalité!

» Le soir, j'allai au Contades y donner quelques ordres, et je poussai jusqu'à la lunette 56 pour préparer nos marins à ce qui allait se passer. Quand les Prussiens, voyant le drapeau blanc sur la cathédrale, avaient poussé des hurrahs, ils s'étaient précipités sur les banquettes en croyant à une attaque. »

M. le capitaine de vaisseau du Petit-Thouars termine ainsi son trop court récit :

» Pour moi, au-dessus de ces ruines, de ces débris, le souvenir de l'héroïsme des femmes de Strasbourg plane et se confond déjà avec une pensée vivifiante : celle qu'avec de semblables gardiennes du foyer domestique les Strasbourgeois ne deviendront jamais Allemands, et, aujourd'hui comme durant le siège, mettant ma confiance dans le Dieu tout-puissant, *j'espère quand même!*

» *Le capitaine de vaisseau,*
» BERGASSE DU PETIT-THOUARS. »

RÉPONSE DU GÉNÉRAL UHRICH AU CONSEIL D'ENQUÊTE

Observations présentées par le général Uhrich contre le rapport du conseil d'enquête relatif à la capitulation de Strasbourg.

Gravement et publiquement attaqué dans mon honneur militaire, il me semble juste que ma défense soit également publique, et je demande que ma réponse soit mise à la connaissance de tous.

Que suis-je d'abord? Je suis un engagé volontaire pour la durée de la guerre, un engagé volontaire âgé de soixante-huit ans et demi.

J'étais au cadre de réserve depuis trois ans et demi lorsque la guerre éclata. Dès qu'elle fut imminente, j'offris mon épée au gouvernement. Je ne demandai pas au ministre le commandement de Limoges, de Nantes ou même de Rennes, où j'avais laissé de bons souvenirs encore récents; je demandai Metz ou Strasbourg : je fus envoyé dans cette dernière ville.

Arrivé à mon poste le 21 juillet, j'en rendis compte au ministre et l'informai que j'allais immédiatement faire abattre les constructions et les plantations qui se trouvaient, en quantité énorme, dans la zone de servitude militaire.

A cette communication, le ministre répondit aussitôt en m'interdisant formellement de rien faire qu'à la dernière extrémité et après m'être concerté avec les autorités civiles.

En même temps, on substitua l'état de guerre à l'état de siège pour les places fortes, et l'état de siège fut maintenu pour les villes ouvertes. J'ai rétabli l'état de siège pour les villes de guerre, tout de suite après Frœschwiller.

Le 3 août, le maréchal de Mac-Mahon quitta Strasbourg pour aller se mettre à la tête de son armée, et désigna le 87e de ligne pour former, avec une partie du 16e d'artillerie (pontonniers), la garnison de la place, où se trouvaient déjà deux dépôts d'artillerie, deux de chasseurs à pied et deux d'infanterie, tous sans effectif.

Un bataillon du 21e de ligne, laissé à Haguenau pour protéger la gare, se trouva coupé de l'armée et obligé de se replier sur Strasbourg. Deux détachements des 74e et 78e de ligne, venant du Haut-Rhin, arrivèrent à Strasbourg après la bataille, ne purent pas rejoindre leurs corps respectifs et fournirent un nouvel appoint à la garnison.

A ces troupes il faut ajouter deux petits bataillons de douaniers, quatre de la garde nationale mobile, trois batteries de cette même garde et un détachement de marins appartenant à la flottille du Rhin, qui furent bloqués dans Strasbourg.

Il faut ajouter enfin 4000 hommes environ, appartenant à presque tous les corps de l'armée, qui s'enfuirent du champ de bataille et se réfugièrent à Strasbourg, sans armes et sans sacs pour la plupart. Ce surcroît numérique n'en fut pas un, tant s'en faut, de force morale. De ces débris j'ai formé deux régiments de marche, l'un d'infanterie, l'autre de cavalerie, et je leur ai nommé des cadres en officiers, sous-officiers et caporaux.

Tous ces éléments, véritable habit d'arlequin, ne me fournirent pas plus de 10 000 combattants : ville et citadelle.

Rien n'avait été préparé pour mettre en état de défense cette ville, qui n'a

RÉPONSE DU GÉNÉRAL UHRICH.

aucun fort, aucun ouvrage détachés; tout était à faire de ce côté; des magasins à poudre, bondés de munitions, n'étaient même pas recouverts de terre. Il y avait, en outre, à organiser, habiller, équiper et armer la garde nationale mobile que j'avais convoquée et qui n'avait jamais été rassemblée, même pour un appel. Les mêmes opérations étaient à faire pour les régiments de marche.

La journée du 6 août nous surprit au milieu de ces embarras; le 8, nous étions sommés de nous rendre; le 10, l'investissement était complet et le bombardement préludait le 14.

Je vais aborder la longue série des reproches que le conseil d'enquête a mis à ma charge.

Mais je dirai d'abord que la balance, emblème de la justice, a deux plateaux : un pour le bien, l'autre pour le mal. Celle dont le conseil s'est servi à mon égard n'avait qu'un seul plateau : celui du mal. Rien n'a trouvé grâce à ses yeux : tout a été mal conçu, mal conduit, mal terminé. A qui fera-t-on croire cependant qu'un homme qui a de l'expérience, une certaine habitude du métier, qui, je crois pouvoir le dire, avait sa part d'estime dans l'armée; à qui fera-t-on croire que cet homme n'a rien fait de bien dans ce poste si tourmenté, qu'il avait sollicité comme une faveur, comme devant être le couronnement d'une longue vie militaire? Il eût mieux fait peut-être de ne pas prendre part à la guerre. Qui sait? peut-être ferait-il aujourd'hui partie d'un conseil d'enquête chargé de juger les travailleurs.

J'ai parlé devant le conseil d'enquête comme je l'aurais fait devant un conseil de guerre : sous la foi du serment, j'ai dit la vérité, rien que la vérité, peut-être pas toute la vérité.

1° *Indiscipline dans la garnison.* — Un bataillon du régiment de marche d'infanterie et deux escadrons du régiment de cavalerie de marche, à qui j'avais confié quatre canons pour faire une grande reconnaissance, abandonnèrent, presque sans combat, trois de ces pièces et se réfugièrent en désordre sur la place. Tous étaient également coupables; je ne crus pas pouvoir sévir autrement qu'en les livrant à leur propre honte et au mépris de la garnison.

A ce sujet, un membre du conseil m'a vivement reproché de ne pas avoir institué des cours martiales à Strasbourg. Ce pouvoir de faire ou de modifier des lois ne m'appartenait pas; le décret qui ordonne la formation de ces tribunaux exceptionnels est daté du 2 octobre, tandis que Strasbourg est tombée le 28 septembre.

Deux fois il y a eu dans la garde mobile de la résistance et presque refus de marcher : la première fois, ce fut un bataillon qui donna le mauvais exemple; la seconde fois, une compagnie. L'arrivée du commandant de place suffit chaque fois pour rétablir l'ordre. Enfin, un bataillon de douaniers refusa un jour de marcher, mais l'énergique intervention du colonel directeur des douanes ramena les égarés à l'obéissance. Ces troupes ne pouvant pas être assimilées à l'armée régulière, j'ai cru prudent de fermer les yeux et de laisser la répression à la discipline intérieure. A part ces incidents, je n'ai jamais rencontré des difficultés dans l'exercice du commandement.

La garde nationale sédentaire était chargée de maintenir l'ordre dans la cité; elle occupait le poste de la mairie et celui de la prison civile. Un jour où le bombardement était plus serré qu'à l'ordinaire, les gardes nationaux de service abandonnèrent leurs postes qu'il fallut faire réoccuper par la garnison. Cette faiblesse, bientôt réparée, ne se reproduisit pas.

Disons, à l'honneur de la garde nationale, qu'elle a fourni une batterie d'artilleurs volontaires qui ont noblement occupé leur place au bastion 12, le plus maltraité de tous, et ensuite au bastion 4. C'est dans cette même garde que se formèrent successivement : une compagnie de francs-tireurs, commandée par le brave Liès-Bodard, professeur à l'Académie de Strasbourg et âgé de 55 ans; puis une compagnie franche, composée d'anciens soldats; et, enfin, une troisième compagnie, qui était en formation au moment de la capitulation.

Ces corps de volontaires ont pris une part glorieuse à la défense de la place.

Le reste de la garnison, artilleurs, fantassins, garde mobile et marins ont également fait leur devoir avec un dévouement de chaque jour; tous ont le droit de s'enorgueillir d'avoir assisté à ce siége, qui n'a pas de précédent dans notre histoire militaire. Il serait injuste de ne pas faire la part des intrépides pompiers, dont le zèle ne s'est pas ralenti un instant et qui ont toujours continué la lutte contre l'incendie, alors même qu'ils étaient certains de l'impuissance de leurs efforts.

Les ouvriers civils doivent aussi être mentionnés; ils ont souvent payé de leur sang leur participation à la défense.

Enfin, la population, par son attitude ferme et patriotique, par sa résignation, a fait mon admiration.

2° *Incendies des fusées de l'artillerie.* — Où aurait-on pu placer les fusées pour les mettre à l'abri du feu? Les casemates étaient bien loin de pouvoir abriter la garnison; d'un autre côté, les règlements de l'artillerie interdisent formellement (et ils sont sages en cela) de mettre dans les mêmes magasins les poudres et les artifices. Dès lors, il n'y avait pas d'autre local que l'arsenal.

3° *Blindages.* — Pour établir des blindages, il faut du bois, du temps et des ouvriers : les deux derniers de ces éléments faisaient défaut.

4° *Les galeries de mines.* — Strasbourg n'ayant pas même un détachement de troupes du génie, la guerre souterraine était impossible. Nous avons cherché à détruire les galeries permanentes qui existaient; le succès n'a pas répondu entièrement à notre attente.

Le conseil d'enquête me reproche de ne pas avoir créé des compagnies auxiliaires du génie. On n'improvise pas des sapeurs et des mineurs. J'ai, d'ailleurs, créé une compagnie d'ouvriers auxiliaires, pris dans tous les corps de la garnison et mis à la disposition du génie.

5° *Palissadement.* — Cette opération a marché aussi rapidement que possible avec les moyens dont nous disposions; les palissades, d'ailleurs, étaient renversées par le canon ennemi presque aussitôt qu'on les dressait. Les ouvriers civils ont eu, dans ces travaux, 13 tués et 33 blessés, et ont dû abandonner plusieurs fois leur poste lorsque le danger devenait trop grand.

Avec l'artillerie nouvelle, les chemins couverts pouvant être enfilés sans difficulté, leur rôle, dans la défense, s'efface beaucoup. J'affirme que si le palissadement avait été complet dès l'ouverture du siége, la défense n'aurait pas pu être prolongée.

6° *Défense plus passive qu'active.* — Tel a été, en effet, le rôle auquel nous avons été condamnés par les circonstances, par la faiblesse numérique et la composition de la garnison. Il a, du reste, été fait cinq sorties ou reconnaissances d'une certaine importance, sans compter les petites sorties très-fréquentes que faisait la garnison de la citadelle, ni celles des francs-tireurs.

7° *Registres.* — Ici, j'ai une confession à faire. Le registre que personnellement je devais tenir a été remplacé par des feuilles volantes, rédigées à la hâte, et que je voulais écrire avec plus de soin, lorsque j'en aurais le loisir. Ces feuilles m'ont été soustraites avec beaucoup d'autres papiers, le 28 septembre, pendant que j'assistais à la triste cérémonie du défilé de la garnison sur les glacis de la place.

Je me reconnais blâmable pour ce fait.

8° *Abatage des arbres et des constructions extérieures.* — Il aurait fallu bien des mois de travail et bien des ouvriers pour faire disparaître ce qu'une excessive tolérance avait permis de construire ou de planter dans la zone militaire depuis 1815. J'ai donc ordonné d'abattre d'abord ce qui gênait le plus nos vues et ce qui pouvait servir d'abri à l'ennemi. Il est aussi injuste qu'inexact de dire qu'il y a eu d'autres préférences que celles basées sur les motifs ci-dessus indiqués.

9° *Demande de capitulation faite par le conseil municipal le 19 septembre et reddition de Strasbourg le 27.* — Le rapprochement entre ces deux dates laisse percer une idée malveillante pour moi, et ce n'est pas la seule qui se soit manifestée pendant ma comparution devant le conseil.

Le 27 à midi, je ne me doutais pas encore que la reddition de la ville était aussi prochaine. Ne sait-on pas qu'à la guerre, non pas huit jours, mais un seul jour, mais quelques heures suffisent pour changer du tout au tout les positions des armées ennemies? Le maréchal de Mac-Mahon n'était-il pas en droit de dire, le 5 août, qu'il espérait battre l'armée allemande, et cependant, le 6, il était vaincu, bien honorablement vaincu!

Est-ce justice au rapport de dire que j'ai exposé au conseil de défense la situation de la place et pris l'avis de chacun des membres, sans ajouter que la réponse fut unanime en faveur de la capitulation immédiate? Un seul membre, le général Barral, a ajouté que, peut-être, on pourrait tenir *un jour de plus;* et encore m'a-t-il dit plus tard que le cœur lui battait en parlant ainsi, car il craignait de voir son avis adopté et la ville enlevée, peut-être, avant vingt-quatre heures.

C'est, dit le rapport, en opposition formelle avec le règlement, que je suis entré en négociations pour la reddition de la place.

Comment! Strasbourg est la seule place forte devant laquelle la tranchée de siége a été ouverte, la seule qui ait eu deux brèches à son corps de place, brèches dont l'une, quoi qu'on dise, était praticable; Strasbourg a vu anéantir son artillerie, détruire ses remparts, raser et incendier sa citadelle; Strasbourg a perdu plus du quart de sa garnison; près de 1200 de ses habitants ont été atteints par les projectiles ennemis, et plus de 10 000 étaient sans abri; ses monuments, un tiers de ses maisons ont été brûlés; elle n'avait aucun secours à attendre de l'extérieur; dans ces terribles conditions, elle a résisté pendant près de deux mois, sous une pluie de 200 000 projectiles d'une puissance inconnue jusqu'ici; et *l'honneur ne serait pas satisfait!* En quoi donc réside l'honneur?

Et vous ne trouvez pas un mot de sympathie pour cette malheureuse ville ! Si c'est un oubli, il est bien regrettable. Population, garnison, tous ont fait leur devoir, tous ont droit à l'estime de la France.

Il y a peu de pages blanches dans l'histoire de cette terrible guerre ; Strasbourg en était une : la voilà souillée comme les autres, plus, peut-être. A qui en reviendra le bénéfice ?

10° *Brèches.* — Ainsi que vinrent m'en rendre compte le colonel et le lieutenant-colonel du génie, le 26 septembre, vers deux heures de l'après-midi, la brèche du bastion 11 était praticable et nous pouvions être assaillis dès le 28 au matin. Nous n'avions pas une chance sur mille de repousser l'assaut. Avant de le livrer, l'ennemi aurait fait converger tout le feu de sa puissante artillerie sur la brèche et ses abords. Il aurait anéanti ou dispersé les colonnes destinées à repousser l'assaut, et serait entré dans la place sans coup férir.

Devais-je exposer Strasbourg aux horreurs d'un assaut, à un sac peut-être ? Devais-je me rendre coupable d'un semblable acte d'inhumanité ? Je ne l'ai pas cru, et, à mon lit de mort, je me féliciterai encore de ne pas avoir commis cette coupable et monstrueuse folie.

Quant à la praticabilité contestée de la brèche, j'ai pour l'affirmer le récit écrit du capitaine de cavalerie Liston, demeurant actuellement au n° 31 de l'avenue de la Motte-Piquet. Cet officier sortit de Strasbourg le 29 au matin, alla jusqu'à Schiltigheim et revint librement, en suivant les tranchées allemandes, traversa les fossés sur des planches disposées déjà, et rentra à Strasbourg en escaladant la brèche, sans être obligé, ajoute-t-il, de faire aucun effort gymnastique.

11° *Incinération des drapeaux.* — Il semblerait, en lisant cette partie du rapport, que les drapeaux de la garnison de Strasbourg sont tombés entre les mains de l'ennemi. Nous n'avions que deux drapeaux, qui furent lacérés et partagés. Un chef de corps vint, le 28 au matin, me demander ce qu'il devait faire de son drapeau : « Colonel, lui répondis-je, il est des choses que l'on ne demande pas » ; le drapeau fut détruit.

12° *N'avoir pas fait enclouer les canons ni noyer les poudres.* — Le règlement y oblige-t-il ?

Je comprends qu'un commandant de poste militaire tel qu'une citadelle, ne pouvant pas prolonger sa défense, encloue ses canons, noie ses poudres et ouvre ses portes, en disant aux assiégeants : Entrez, messieurs, la place est à vous.

Mais lorsqu'on a derrière soi une population de 80 000 âmes, il faut traiter avec l'ennemi, obtenir des adoucissements pour ces malheureux qui ont déjà tant souffert dans leurs biens et dans leurs personnes. Avant la convention arrêtée, il n'est pas possible de détruire ses munitions, car les conditions offertes pourraient être telles qu'il vaudrait mieux mourir tous que de les subir.

Dès que la capitulation a été consentie de part et d'autre, le commandant de la place assiégée est lié, il est engagé d'honneur à remettre la ville dans l'état où elle se trouvait au moment de la signature. Telle est, du moins, ma manière de voir : je la crois conforme à la justice et à l'honneur.

13° *Honneurs de la guerre.* — Les honneurs de la guerre ont été accordés à la garnison, qui est sortie de la ville avec armes et bagages. Quant aux officiers, qui sont également sortis avec leurs épées, ils ont dû s'en séparer avant d'entrer en Allemagne. Cette clause était bien dure, sans doute ; mais nous subissions la loi du vainqueur : la France n'a-t-elle pas dû se soumettre à des conditions bien autrement douloureuses? Le texte de la capitulation de Strasbourg a, d'ailleurs, été calqué sur celle de Sedan.

14° *Acceptation du revers prussien.* — Ainsi que je l'ai dit au conseil d'enquête, jamais je n'aurais accepté le premier un tel article dans une capitulation; mais lorsque j'ai appris que la convention de Sedan avait été longuement discutée par le haut conseil de guerre et en présence du chef de l'État, je ne me suis pas cru le droit, je l'avoue, de priver les officiers de la garnison de Strasbourg d'une faculté qui avait été laissée à ceux d'une armée entière.

Telle est, je ne dis pas l'excuse, mais l'explication que je puis donner, en me soumettant au jugement des hommes compétents. Il serait équitable, en appréciant tous les faits de cette guerre, de tenir compte de cette situation sans précédents, dans laquelle nous nous sommes trouvés; de ce tourbillon, de cette tempête qui nous ont enveloppés et qui ne nous ont pas toujours donné le temps de la réflexion.

15° J'ai moi-même profité du revers pour aller à Tours rendre compte de la perte de Strasbourg et demander pour ma garnison des récompenses bien méritées. Le rapport dit que c'est là un prétexte spécieux. Il se trompe, car si j'étais allé en Allemagne je n'aurais pas pu correspondre avec le ministre de la guerre français, et, après la captivité, je n'aurais pas eu le quart de ce que j'ai obtenu. C'est là ma consolation, en présence d'un jugement sévère, quoique peut-être mérité.

Au demeurant, quel est l'homme qui peut étaler sur le volet les deux mois les plus tourmentés de sa vie, et dire : Prenez vos lampes, messieurs, examinez en détail, vous ne trouverez rien de négligé, rien d'omis, rien qui aurait pu ou dû se faire autrement?

Je ne suis pas cet homme, moi qui n'ai d'autre prétention que celle d'avoir fait de mon mieux dans la mesure de mes forces et de mon dévouement au devoir.

Je crois pouvoir dire, sans immodestie, que Strasbourg a résisté autant que cela lui a été possible. A ce propos, je rappellerai que M. le général Ducrot, qui a longtemps commandé à Strasbourg et a beaucoup étudié les qualités et les défauts de cette place, a publié, il y a quelques années, une brochure dans laquelle il disait qu'il se ferait fort de la prendre en huit jours. Remarquons que, lorsqu'il écrivait cela, il ne connaissait pas l'artillerie prussienne dont la puissance destructive nous a été si fatale.

En terminant, je réitère la demande que j'ai faite d'être autorisé à publier ce mémoire rectificatif.

C'est l'organe du gouvernement, c'est le *Journal officiel de la République française* qui a fait connaître au monde entier le rapport du conseil d'enquête sur la capitulation de Strasbourg; la justice la plus élémentaire veut que l'accusé puisse faire connaître sa défense.

Paris, 28 mai 1872.

Le général de division, ex-commandant supérieur de Strasbourg,
UHRICH.

APPRÉCIATION DE L'AVIS MOTIVÉ DU CONSEIL D'ENQUÊTE PAR LE JOURNAL LES DÉBATS
(1ᵉʳ juin 1872).

Nous avons dit ce que nous pensions de « l'avis motivé (?) » du conseil d'enquête touchant la capitulation de Strasbourg. Le blâme imprévu du conseil, frappant non-seulement le général Uhrich, mais la garde nationale, par conséquent la population même de Strasbourg, nous a paru aussi immérité qu'impolitique. Toute la presse a pensé comme nous. C'est plus qu'un crime, c'est une faute, dirait M. de Talleyrand de ce blâme et de la publicité inconsidérée qui lui a été donnée. Le sentiment unanime de la France condamne cette étrange étourderie et en contre-balance heureusement le désastreux effet. Les protestations isolées et collectives des témoins oculaires du siége viennent de toutes parts en aide à cette manifestation, on peut dire à cette justice du sentiment public. Nous avons publié les principales : celle de M. Schnéegans, ancien député de la ville de Strasbourg, et celle de M. Auguste Saglio, commandant de la garde nationale incriminée. Aujourd'hui nous avons sous les yeux et nous publions la protestation solennelle et votée mercredi à l'unanimité par le conseil municipal de Strasbourg.

Il résulte de ce document que, contrairement à l'assertion du conseil d'enquête, aucun citoyen n'a jamais quitté le poste qui lui avait été régulièrement assigné ; que les corps spéciaux, pompiers, artilleurs, francs-tireurs, exclusivement composés de volontaires, se sont exposés jusqu'au dernier moment aux feux de l'ennemi et ont fait des pertes nombreuses et cruelles dans la ville incendiée, sur les remparts ou dans les sorties. Pendant toute la durée du bombardement, qui a duré quarante jours, de nombreux habitants, hommes et femmes, ont été sur pied sans relâche, pour suppléer à l'insuffisance de l'intendance, pour organiser les ambulances, soigner les blessés, loger dans des abris improvisés dix mille malheureux sans asile, pour nourrir toutes ces familles sans pain. Ce qu'il y a de remarquable encore dans ce document, c'est que le conseil municipal ne semble pas séparer la cause du général Uhrich de la cause de la population. Il invoque son témoignage, l'hommage rendu par le général dans son rapport officiel « au patriotisme des habitants de Strasbourg, à leur abnégation, à leur dévouement au-dessus de tout éloge. » Le conseil municipal se demande pourquoi le conseil d'enquête n'a pas tenu compte de ce rapport ou s'il ne l'a pas connu, pourquoi aussi il a négligé d'interroger sur ces faits M. Valentin, le préfet qui a succédé à M. Pron, préfet de l'empire. M. Valentin, en effet, était venu prendre possession de son poste en traversant à la nage les fossés de la citadelle sous le feu de l'ennemi ; il était bon juge en fait de patriotisme et de courage, et nous nous étonnons que le conseil d'enquête n'ait pas jugé à propos de l'entendre. Le conseil municipal de Strasbourg formule, en terminant, le vœu qu'une contre-enquête soit ouverte où toutes les dépositions, tous les témoignages précis et authentiques seront recueillis. Nous nous associons à ce vœu ; mais la lumière nous semble faite dès à présent avec ou sans contre-enquête. L'instinct public, éclairé et confirmé de toutes parts par des faits et des témoignages irréfragables, n'a pas besoin d'une contre-enquête pour rendre justice à « une

» population qui a bravement rempli son devoir pendant et après le siège, et
» qui, rançon malheureuse de la France, ne devait pas s'attendre à voir un
» tribunal d'honneur français troubler sa patriotique douleur par un verdict
» immérité. »

C'est en ces termes mêmes que s'exprime le conseil municipal qui représente la ville de Strasbourg, et l'on y sent combien a été amer à nos compatriotes le coup qui leur a été porté. Leur ville avait été abandonnée sans défense par l'incurie du gouvernement de l'empire, qui semblait avoir organisé partout la défaite et la ruine; ils ont lutté pourtant avec autant de patriotisme que de désespoir, l'ennemi n'est entré que dans un brasier fumant; ils ont servi ensuite, comme ils le disent avec une profonde amertume, de rançon à la France, et la France, pour adieu, leur jetterait un blâme! Non, elle ne le fera pas, elle ne le fait pas!

Nous lisons ce soir dans le *Temps* que l'injustice des reproches adressés à la garde nationale de Strasbourg par le conseil d'enquête paraît si évidente, même aux yeux des Allemands, « que la *Gazette d'Augsbourg*, qui n'est pas suspecte », a ouvert ses colonnes aux protestations. Ce journal dit qu'abandonnée par la direction de la guerre impériale, la population civile de Strasbourg a fait plus que son devoir pendant les horreurs du bombardement.

Nous ne dirons pas, avec le *Temps*, que la *Gazette d'Augsbourg* n'est pas suspecte. Il n'est que trop facile au contraire de se rendre compte du sentiment auquel obéit la feuille allemande en rendant justice avec empressement au courage et au dévouement de la population bombardée, dont la Prusse n'a conquis que les murailles; mais cet empressement même nous avertit. Le conquérant des murs voudrait maintenant conquérir les âmes, et il opposerait volontiers sa justice, ses compliments et ses caresses à l'ingratitude de la France, si la France pouvait être ingrate envers l'enfant qui lui a été arraché en la défendant!

LOUIS RATISBONNE.

APPRÉCIATION DE L'AVIS MOTIVÉ DU CONSEIL D'ENQUÊTE PAR LE JOURNAL LE BIEN PUBLIC (3 juin 1872).

L'*Événement* publiait hier un mémoire justificatif du général Uhrich; chaque jour quelque protestation parvient aux journaux ou est adressée aux autorités compétentes contre tel ou tel rapport de la commission d'enquête. Il y a du vrai et du fondé dans ces réclamations. Avec les meilleures intentions du monde, la commission d'enquête a commis des erreurs, porté des jugements trop sévères et parfois, par contre, donné l'éloge à qui méritait le blâme. Ces réclamations donnent fort à réfléchir.

APPRÉCIATION DE L'AVIS MOTIVÉ DU CONSEIL D'ENQUÊTE PAR LE JOURNAL LA RÉPUBLIQUE FRANÇAISE (23 mai 1872).

Le *Journal officiel* a publié hier l'avis du conseil d'enquête relatif à la capitulation de Strasbourg. Les considérants en sont fort durs pour le général Uhrich et n'épargnent pas tout à fait le conseil municipal de Strasbourg et la garde nationale sédentaire. Nous attendrons, pour nous expliquer sur le fond, les protestations qui ne manqueront pas de se produire. Aujourd'hui, nous ne voulons qu'exprimer notre étonnement de ce que M. Valentin, le dernier préfet du Bas-Rhin, n'ait pas été entendu par le conseil qui a bien entendu M. Pron, préfet de l'empire! Le 6 septembre, M. Edmond Valentin était nommé préfet du Bas-Rhin, et le décret de nomination portait « que le gouvernement s'en rapportait à son énergie et à son patriotisme pour aller occuper son poste ».

On n'avait pas compté vainement sur M. Valentin. Par un coup d'audace et d'invincible résolution, il traversa les lignes prussiennes et pénétra dans Strasbourg. Après la capitulation, il fut considéré par les Prussiens comme prisonnier de guerre et envoyé dans une forteresse. Il avait peut-être quelques droits à être entendu par le conseil d'enquête.

APPRÉCIATION DE L'AVIS MOTIVÉ DU CONSEIL D'ENQUÊTE PAR LE JOURNAL L'OPINION NATIONALE (27 mai 1872).

Il est impossible de s'expliquer les règles suivies par le conseil d'enquête en ce qui concerne l'audition et le choix des témoins civils.

Déjà, dans l'affaire Bazaine, il nous a semblé que les délégués de la ville de Metz n'avaient été entendus que sur leur demande. Cette fois-ci, nous voyons interroger le baron Pron, ex-préfet de l'empire à Strasbourg, dont l'attitude a été au moins douteuse en cette circonstance, tandis que M. Valentin, préfet de la république, qui avait pénétré dans la ville investie par un miracle de courage et d'audace, n'est même pas entendu. Un seul conseiller municipal, M. Momy, représente la malheureuse cité. Pourquoi lui et non les autres? Pourquoi lui plutôt qu'un autre?

Du moment que le conseil d'enquête voulait apprécier la conduite et l'attitude des habitants, il était tout naturel qu'il interrogeât, suivant un ordre, une procédure méthodique, les représentants élus de cette population si cruellement éprouvée.

APPRÉCIATION DE L'AVIS MOTIVÉ DU CONSEIL D'ENQUÊTE PAR LE JOURNAL LA PRESSE (27 mai 1872).

Nous avons accueilli avec une profonde tristesse ce débordement de récriminations stériles, d'accusations imprudentes et de publications dangereuses. Nous nous sommes demandé ce que penserait l'Europe de ces enquêtes fiévreuses qui frappent à tort et à travers et qui, sous le prétexte d'atteindre les partis, les personnes ou les cités, ne font qu'infliger à la nation tout entière une humiliation nouvelle et un plus navrant discrédit.

Comment se fait-il que cette commission d'enquête, qui s'est déclarée incompétente pour juger la capitulation de Paris, parce qu'elle était signée, non par un général en chef habilement masqué, mais par un membre civil d'un gouvernement révolutionnaire, se soit donné la triste satisfaction de blâmer hautement les populations ou les municipalités des villes assiégées sans même les avoir entendues ?

Nous ne sommes pas surpris de ces protestations nombreuses si imprudemment provoquées. Il en est qui excitent en nous une émotion profonde et une légitime indignation contre ceux qui les ont motivées.

Eh quoi ! les villes de l'Alsace qui ont tant souffert pour nous et qui nous restent fidèles après la conquête et les désastres, n'ont pas même été respectées !

Cette héroïque population de Strasbourg qui a vécu pendant près de deux mois sous une pluie de feu, on n'a pas même su la ménager !

Nous donnons à M. de Bismark la plus dangereuse des armes, en nous faisant accuser d'ingratitude et d'oubli par ces populations admirables de dévouement et de résignation patriotique !

Nous aimons à croire que la commission d'enquête n'a pas compris toute la gravité de son intervention malencontreuse. Nous espérons que l'Assemblée et le gouvernement sauront réparer cette faute, qui n'est pas seulement un acte impolitique.

L'injustice des reproches adressés à la garde nationale de Strasbourg par le conseil d'enquête paraît si évidente, même aux yeux des Allemands, que la *Gazette d'Augsbourg*, qui n'est pas suspecte, a ouvert ses colonnes aux protestations. Ce journal dit qu'abandonnée par la direction de la guerre impériale, la population civile de Strasbourg a fait plus que son devoir pendant les horreurs du bombardement.

APPRÉCIATION DE L'AVIS MOTIVÉ DU CONSEIL D'ENQUÊTE PAR LE JOURNAL LE SIÈCLE
(4 juin 1872).

Les feuilles allemandes s'ingénient à exploiter contre la France le fâcheux rapport du conseil d'enquête sur la capitulation de Strasbourg. « Voyez, disent-elles à la vaillante cité rebelle à leur joug, voyez comment on vous traite dans ce pays que vous regrettez ! Voyez la reconnaissance qu'on a pour votre sang versé et pour vos larmes répandues ! Vous tournez vos regards vers la France, et la France vous répond par un blâme. »

Les Allemands sont dans leur rôle en voulant tirer profit d'une insigne maladresse ; mais nous ne ferons pas à l'Alsace l'injure de penser que les doléances hypocrites de son oppresseur troubleront son cœur un seul instant. L'erreur du conseil d'enquête n'est pas l'erreur de la France. Nous connaissons un parti qui voudrait bien se venger du mépris dont il est l'objet en Alsace et en Lorraine, en élevant des soupçons sur le patriotisme de ces vaillantes provinces. C'est celui qui fut représenté par M. le préfet Pron, à Strasbourg, et par M. Bazaine, à Metz. Le conseil d'enquête a été tout oreilles pour M. Pron, ce digne fonctionnaire du gouvernement qui livra Strasbourg sans défense et qui ne négligea rien de son côté pour paralyser le patriotisme des Strasbourgeois. La délibération du conseil municipal a stigmatisé la conduite de cet agent de l'empire. Il n'est pas possible que le conseil d'enquête ne s'aperçoive pas de son erreur, et l'ayant aperçue, qu'il ne la répare pas d'une manière éclatante. On doit doublement la justice à Strasbourg : on la lui doit parce qu'il fut Français et qu'il se battit en bon Français jusqu'au bout; on la lui doit parce qu'il est demeuré Français sous le joug allemand.

Quoi donc ! si des fautes avaient été commises par ces malheureuses provinces, notre patriotisme nous ferait un devoir de les passer sous silence, par respect pour d'inexprimables douleurs, et nous hésiterions à rendre pleine et éclatante justice à des compatriotes qui la demandent à grands cris ! Non, par les liens sacrés qui nous unissent aux provinces perdues, cela ne sera pas. Justice sera rendue à Strasbourg par la contre-enquête demandée par le conseil municipal. Après M. Pron, on entendra M. Valentin et le conseil municipal lui-même, et le conseil d'enquête sera le premier à confesser son erreur, s'il y a lieu, car il ne mettra pas certainement son amour-propre au-dessus de l'amour de la vérité, encore moins au-dessus de l'amour de la patrie.

Adolphe Michel.

APPRÉCIATION DE L'AVIS MOTIVÉ DU CONSEIL D'ENQUÊTE PAR LE JOURNAL LE XIXᵉ SIÈCLE (5 juin 1872).

Il ne m'appartient pas de me faire l'avocat de Strasbourg ; ce serait trop d'honneur pour l'humble plume d'un journaliste. Je laisse la parole aux remparts éventrés, aux édifices réduits en cendres, aux cimetières encombrés, à cette grande et lamentable émigration des familles qui abandonnent le toit natal et le champ nourricier, pour chercher l'inconnu, la misère et peut-être l'indifférence des hommes sur le territoire français.

Et si toutes ces voix ne s'élevaient pas assez haut pour la justification de Strasbourg, il me semble que la protestation du conseil municipal, rédigée et votée par 32 annexés, c'est-à-dire 32 prisonniers du vainqueur, dirait assez où est le vrai patriotisme.

Ces 32 signataires opteront-ils tous dans quatre mois pour la France ? Je n'en sais rien ; il est même permis de supposer, sans leur faire injure, que plus d'un restera rivé au sol par des nécessités matérielles. Et ces Allemands de demain, au risque d'attirer sur eux les représailles du nouveau maître, jurent à l'unisson que Strasbourg a rempli tous ses devoirs envers la France !

Ed. About.

APPRÉCIATION DE L'AVIS MOTIVÉ DU CONSEIL D'ENQUÊTE PAR LE JOURNAL LES AFFICHES DE STRASBOURG (1ᵉʳ juin 1872).

Le rapport du conseil d'enquête sur la capitulation de Strasbourg.

Ce rapport occupe et préoccupe toujours la population strasbourgeoise, et la juste émotion qu'il a causée est loin d'être calmée. On se dit aujourd'hui qu'il faut absolument qu'un motif tout particulier ait poussé le conseil d'enquête à juger dans ce sens la défense de Strasbourg et l'attitude des habitants de cette ville ; il faut que quelqu'un ait prévenu le conseil contre les Strasbourgeois, et

FACE DROITE DE LA BRÈCHE DU BASTION 11.

APPRÉCIATION DE L'AVIS MOTIVÉ. 275

que l'un ou l'autre des témoins ait cherché à faire sur lui l'impression sous le coup de laquelle le rapport a été écrit.

En réfléchissant un peu et en se rappelant les divers épisodes du siége de Strasbourg, on constate que le 12 septembre, après les nouvelles apportées par la délégation suisse, la république fut proclamée dans notre cité, les maisons se pavoisèrent, et le général Uhrich, loyalement, sans restriction, se rallia au nouveau gouvernement de la France et consacra cette proclamation.

La population était enthousiasmée, autant qu'elle pouvait l'être alors, de voir crouler enfin l'édifice vil et pourri de l'empire, et la commission municipale, sur la proposition de M. Charles Bœrsch, par un cri unanime, fit acte d'adhésion aux résolutions du peuple de Paris. M. Humann, maire de Strasbourg, fidèle à des convictions respectables, donna sa démission et fut remplacé par le Dʳ Küss, un homme honorable, estimé entre tous, sincèrement républicain, que la population tout entière vit avec joie prendre en main les fonctions, si pénibles alors, de premier magistrat de la cité.

Le baron Pron, préfet du Bas-Rhin, avait déclaré à la commission municipale qu'il venait d'envoyer sa démission au ministre de l'intérieur, mais qu'il resterait à son poste jusqu'à l'arrivée de son successeur. Comme on ne pouvait guère prévoir que ce successeur saurait arriver jusqu'en ville, la commission municipale nomma immédiatement et par acclamation M. Charles Bœrsch comme délégué aux affaires du département, et un arrêté du général Uhrich confirma cette nomination.

Deux jours après, on destituait le commissaire central, après lui avoir infligé un blâme, et voilà donc disparus de la scène des affaires les deux plus puissants agents du gouvernement impérial.

Le baron Pron n'a jamais aimé la population de Strasbourg, car celle-ci votait bien mal et avait l'empire bien en haine. Il nous a gardé rancune de la façon pressante avec laquelle on le remplaça, et, dès les premiers jours de l'investissement, il eut l'audace de lancer contre une partie de la population une accusation mensongère.

Pendant le siége il a envoyé des dépêches au ministère de la guerre. Ces dépêches étaient secrètement portées à Schelestadt et de là expédiées à destination. Dans l'un de ces télégrammes, daté du 9 août, il écrit à l'impératrice régente :

« La situation de l'Alsace empire à chaque heure. *Les protestants donnent la
» main aux Prussiens.* La défense de Strasbourg est impossible avec quelques
» centaines d'hommes. *J'ai fait le sacrifice de ma vie.* Je supplie Votre Ma-
» jesté de nous envoyer des renforts qui rétabliraient la confiance *et détruiraient
» les menées prussiennes.* »

L'accusation contre les protestants a été formulée aussi par M. de Malartic dans le petit livre malsain que nous avons déjà cité. Nous ne chercherons pas à réfuter cette infamie, et la population protestante y répond suffisamment en la méprisant. Mais nous nous demandons comment il se fait que M. le préfet, qui était un préfet à poigne, n'ait point mis sa forte main entre celle des protestants et celle des Prussiens; comment il se fait qu'il n'ait point cherché, comme c'était son devoir, à déjouer *ces menées prussiennes.* Car, informé comme il l'était par sa bonne police impériale, il devait connaître les coupables, et s'il les connaissait, pourquoi n'a-t-on pas fusillé ces traîtres?

« *Je ne quitte pas les remparts* », télégraphiait M. le préfet à la date du 16 août. Était-ce parce qu'il ne quittait pas les remparts qu'il a dû laisser dans l'impunité les protestants et les meneurs? Du haut des remparts, il aurait pu donner des ordres, et son fidèle secrétaire général, M. de Malartic — *qui ne quittait pas son uniforme*, comme il le raconte dans sa brochure — aurait consciencieusement fait exécuter ses arrêts.

Ce M. de Malartic est un étrange personnage. Il éprouve une haine profonde pour les républicains; il les tient tous pour des gredins, et il ose écrire dans sa brochure : « M. Humann, maire, a été remplacé par *M. Küss, homme d'opinions avancées, mais honnête!* »

Cette restriction est charmante et sonne à peu près comme si l'on écrivait : M. de Malartic, homme d'idées arriérées, mais *malhonnête*. » L'honnêteté n'appartient pas aux partis, monsieur de Malartic; elle est aux individus, et si parmi les républicains il y en a qui ne satisfont pas à l'honneur, cela ne veut point dire que le parti tout entier soit digne de réprobation; de même, s'il y a d'honnêtes gens parmi ceux qui sont groupés autour du drapeau qui est le vôtre, monsieur le comte, il n'est point dit que votre parti ait le monopole de l'honnêteté. — M. le comte est aujourd'hui préfet de la Haute-Loire, préfet de la république! Comment peut-il concilier ses sentiments avec les devoirs de ses fonctions?.... Mystère!

Est-ce peut-être pour se venger de la république qu'il lui a prêté son concours? Dans ce cas, il a atteint son but, car il lui rendait un bien mauvais service en lui assurant l'appui de ses singuliers talents.

Voici donc une accusation terrible lancée contre la population de Strasbourg au mois d'août 1870 déjà, avant toute possibilité de prévoir une issue quelconque des événements. L'accusateur d'alors comparaît aujourd'hui comme témoin devant le conseil d'enquête. Il est, avec M. le notaire Momy, le seul témoin civil. Mais M. Momy est un citoyen de Strasbourg, qui s'est dévoué avec énergie pendant le siége, qui a lutté comme toute la population, et il est aisé de supposer quelle a été sa déposition. Quant aux témoins militaires, quant au général Uhrich, ils n'ont pu rejeter sur cette population les fautes qui leur sont reprochées et les faire excuser par la prétendue *lâcheté* des citoyens de Strasbourg.

A qui donc alors faut-il attribuer les calomnies qui ont fait rendre au conseil d'enquête un arrêt si flétrissant? N'est-ce pas à celui qui n'a pu pardonner au général Uhrich d'avoir proclamé la république; à la population d'avoir salué avec transport la chute du régime dont il était le représentant, à la commission municipale, de lui avoir fait comprendre combien l'on se sentait heureux de pouvoir lui donner un successeur? L'empire n'a vécu que de fausseté, de mensonge, de calomnie. Le dernier représentant de l'empire à Strasbourg n'a pas voulu déroger aux principes de son triste gouvernement. C'est lui, jusqu'à preuve du contraire, que nous tenons pour avoir été l'accusateur et le détracteur de la population strasbourgeoise devant les juges du conseil d'enquête.

Gustave Fischbach.

APPRÉCIATION DE L'AVIS MOTIVÉ DU CONSEIL D'ENQUÊTE PAR M. J. J. WEISS.

La protestation de M. Schnéegans, ancien député de Strasbourg, contre l'avis du comité d'enquête, a causé à la Chambre une vive émotion. Celle de M. Saglio, ancien commandant de la garde nationale sédentaire de Strasbourg pendant le siége, que publie le *Journal des Débats* de ce matin, ne peut qu'ajouter à la mauvaise impression du public et de l'Assemblée.

On ne saurait trop redire que l'honorable maréchal Baraguey d'Hilliers est hors de cause. Il a présidé à une information toute confidentielle; le blâme injuste et imprudent adressé à la capitale de l'Alsace ne consiste que dans une publicité dont le maréchal est innocent. Quel est le véritable auteur de cette publicité malencontreuse? La commission de la Chambre nie que ce soit elle; le gouvernement proteste que ce n'est pas lui et qu'il n'a fait que céder à la Chambre. En tout état de cause, il nous paraît difficile d'absoudre le cabinet du reproche de légèreté, dans une affaire où la légèreté a été, hélas! bien coupable! A quoi sert un ministre de la guerre, à quoi sert un ministre de l'intérieur ou un ministre de l'instruction publique, chargé de la haute surveillance du *Journal officiel*, si ces éminents fonctionnaires ne lisent pas des documents aussi graves, aussi délicats, et en même temps aussi brefs, que les avis du conseil d'enquête, avant de les livrer à l'impression, ou si, les ayant lus, ils n'ont point assez de présence d'esprit pour apprécier et calculer l'effet déplorable que produira une phrase du genre de celle que l'avis d'enquête applique à la population de Strasbourg? N'était-ce pas leur devoir d'arrêter cette phrase au passage, en considérant comme cas de force majeure la situation où se trouvent maintenant, par rapport l'une à l'autre, la France et l'Alsace?

Plus on étudie dans le détail l'histoire du siége de Strasbourg, moins on admet qu'aucun reproche, même indirect, puisse être adressé à la population strasbourgeoise. Elle a supporté avec une résignation imperturbable un bombardement qui a détruit le plus beau quartier et le quartier le plus populeux de la ville. Les Allemands, à qui l'on reproche comme une barbarie l'usage qu'ils ont fait du bombardement dans le siége des forteresses françaises, et qui répondent avec raison qu'à la guerre tous les actes de force nécessaires pour assurer promptement la victoire, quelque rigoureux qu'ils puissent être, sont licites et légitimes, les Allemands prétendent qu'il n'y a pas eu, dans la campagne de France, une seule place forte dont le bombardement n'ait précipité la capitulation en agissant sur le moral de la troupe et de l'habitant. Ils se trompent au moins pour deux villes. Ils se trompent pour Paris. Le bombardement des quartiers de la rive gauche de la Seine n'a jeté aucun germe de découragement appréciable au sein de la population parisienne. Ils se trompent encore plus pour Strasbourg, et ils possèdent une preuve matérielle du mal-fondé de leurs allégations en ce qui concerne la capitale de l'Alsace : c'est la réponse faite au parlementaire qu'ils ont envoyé dans la ville au plus fort du bombardement. Leur artillerie de siége a ouvert le feu le 18 août, douze jours après l'arrivée de la division badoise devant la place. Du 18 au 24, le feu fut modéré. Mais depuis le 24 au soir jusqu'au 28, il fut l'un des plus violents que nous ayons eu à subir dans cette guerre. Treize batteries de bombardement, comprenant cent pièces, établies à 1500 ou 1800 mètres des glacis, ne cessèrent de vomir le fer et le feu sur la ville. Résultat : le tiers de la ville abîmé, de nombreux tués ou blessés, même parmi les femmes ou les enfants, 10 000 habitants chassés de leur demeure et sans asile. Le 28, le feu cesse ; un parlementaire vient sommer la place, et le général Uhrich refuse de l'écouter. Est-ce que la population civile a protesté ? Est-ce que le maire, le conseil municipal, les chefs de la garde nationale ont demandé à se rendre ? Est-ce que les femmes même ont bronché ? Non ! Il n'y a eu qu'une voix pour continuer la résistance. Nous le demandions l'autre jour, nous le demandons encore aujourd'hui : quand une population civile s'est conduite de la sorte, dans une place qui n'avait même pas été mise en état, est-ce qu'elle n'a pas rempli tout son devoir ? Est-ce qu'elle ne l'a pas rempli de manière à mériter le respect et la reconnaissance éternelle de la patrie ?

Et pour témoignage de reconnaissance à cette ville abandonnée par nous, à cette ville qui nous tend encore ses bras suppliants, comme un enfant rejeté par sa mère, un gouvernement inconsidéré adresse la note injurieuse publiée par le *Journal officiel !* Comme les Allemands doivent se rire de nous ! Comme ils doivent exploiter notre criminelle étourderie ! Lorsque Guiton, maire de la Rochelle, après avoir vainement attendu l'armée auxiliaire promise par le roi d'Angleterre, se vit réduit à capituler, il dit fièrement et tristement au roi de France, en lui remettant les clefs d'une ville où le vainqueur n'allait plus trouver que les débris héroïques d'une population décimée et exténuée par la faim : « Sire, il est plus honorable pour nous de reconnaître le roi qui a su prendre notre ville que celui qui n'a pas su la secourir. » C'est un mot terrible, et qui doit être bien profondément selon le cœur humain, puisqu'il est tombé dans un tel moment de la bouche d'un tel homme ! Strasbourg est trop inconsolable de la France perdue pour répéter le mot de Guiton. Mais nous sommes en vérité bien aveugles et bien fous de lui en donner nous-mêmes la tentation.

J. J. WEISS.

STRASBOURG PENDANT LA GUERRE DE 1870-1871

PAR M. PRÉVOST, LIEUTENANT-COLONEL DU GÉNIE A VINCENNES

« *Strasbourg*. — La garnison se composait d'environ 11 000 hommes, sans compter la garde nationale sédentaire. Sauf le 87ᵉ régiment de ligne, arrêté par hasard au passage, il n'y avait de troupes réglées que 5 ou 600 pontonniers et artilleurs et douaniers qui rendaient de bons services ; le reste comprenait des gardes mobiles réunis à la hâte et des fuyards de la première heure. C'est assez dire le peu qu'ils valaient comme discipline et comme solidité. Aussi l'auteur, qui visita Strasbourg peu de temps après la signature de la paix, exonère-t-il le général Uhrich du reproche qui lui a été adressé de n'avoir pas suffisamment défendu les dehors de la place. Avec de pareils éléments la chose était impossible.

APPRÉCIATION DE L'AVIS MOTIVÉ.

» Les parapets des remparts n'avaient pas été mis en état; ils n'étaient pas tenables pour les défenseurs. L'artillerie, très-mal abritée, se trouvait démontée, et l'attaque put faire ses premières batteries, ses logements et ses cheminements presque sans être inquiétée. Cependant la défense réussit à tirer environ 27 000 coups de canon en réponse à 193 000 projectiles de tout genre qui lui furent envoyés par l'ennemi.

» Les casemates et les abris blindés manquaient presque absolument; aussi la garnison eut-elle 700 hommes tués, et la population civile 1100 tués et blessés. Contrairement aux allégations de la commission d'enquête, l'auteur, sur la foi de témoins oculaires, affirme que la population fit preuve d'un grand courage, et que, même au jour de la capitulation, elle était encore disposée à se défendre.

» Les officiers du génie étaient très-peu nombreux et n'avaient que quelques soldats de leur arme. »

UNE LETTRE DU GÉNÉRAL UHRICH

Le *Salut public* de Lyon publie la lettre suivante :

« Bâle, le 14 octobre.

« MONSIEUR ET COUSIN,

» Votre lettre du 4 octobre m'est parvenue ici hier soir seulement, et je le regrette.

» Je sais depuis longtemps qu'il n'y a pas loin du Capitole à la roche Tarpéienne; j'en fais la triste expérience.

» Que l'on m'accuse d'insuffisance, d'impéritie, je le comprendrais; mais de trahison! voilà qui est infâme. Trahison! Et envers qui? Est-ce envers la république et le gouvernement de la défense nationale? Mais c'est moi qui les ai fait reconnaître l'une et l'autre à Strasbourg.

» On comprendrait une trahison au début d'un investissement; mais après un siége de deux mois, après avoir vu brûler et renverser une ville, tuer ses habitants, décimer sa garnison, où pourrait se glisser la trahison?

» La route de Strasbourg est ouverte; que l'on aille voir sa citadelle détruite, ses remparts labourés, son artillerie anéantie, ses ouvrages avancés intenables et deux de ses bastions en brèche; que l'on s'arrête devant les ruines de ses monuments, devant celles de ses maisons; que l'on se rende compte de la pluie de fer, de plomb, de feu, qui couvrait tous ses terrains militaires; que l'on examine ces projectiles puissants et inconnus jusqu'ici que deux cents pièces de canon nous lançaient, et, loin de dire que la reddition de la ville a été prématurée, on s'étonnera que la résistance ait été aussi prolongée, que l'on ait pu soutenir pendant trente-huit jours et trente-huit nuits un bombardement sans précédent jusqu'à ce jour.

» La situation s'était compliquée par la perte de 85 000 fusées métalliques incendiées avec l'arsenal de la citadelle, et que rien n'a pu remplacer.

» Malgré cela, nous aurions pu tenir tant que le corps de la place eût été intact; mais, dans les derniers jours, les travaux d'approche de l'ennemi prirent une rapidité extraordinaire; il couronna nos chemins couverts, se fit des abris blindés pour protéger les troupes destinées à livrer l'assaut, ouvrit deux brèches : l'une au bastion 12, praticable, et l'autre au bastion 11, que deux heures de feu allaient rendre praticable.

» L'assaut était impossible à soutenir pour nous. Les remparts et tous les abords, foudroyés par la puissante artillerie ennemie, n'eussent pas été tenables pour les défenseurs de la brèche, qui, en moins d'une demi-heure, eussent été anéantis, et l'ennemi fût monté à l'assaut sans coup férir.

» Devions-nous — devais-je plutôt — exposer la malheureuse ville de Strasbourg, qui déjà avait tant souffert, aux horreurs d'une ville prise d'assaut, alors que nous n'avions pas une seule chance favorable pour la résistance ?

» Mon conseil de défense ne le pensa pas (et certes celui-là est inattaquable au point de vue de l'énergie). — Consulté par moi, et après délibération étendue, il a déclaré à l'*unanimité* :

» 1° Que l'assaut ne pouvait pas être supporté avec des chances de succès ; 2° que le moment était venu de capituler.

» Le reste s'en est suivi.

» Oui, je le déclare hautement ; oui, l'honneur militaire est sauf !

» Attaqué par les braves du lendemain ou par des personnes qui ont cédé, sans réflexion, à une première impression, j'aurais voulu garder le silence et attendre que la vérité se fît jour d'elle-même ; mais le mot trahison m'a créé un devoir, celui de protester de toute l'énergie d'une conscience honnête et longuement éprouvée. Je livre une carrière de cinquante-deux années de services militaires aux investigations les plus minutieuses, carrière que ne sauraient ternir les propos de quelques personnes mal renseignées ou malveillantes.

» J'aurais pu vous parler de l'incurie avec laquelle on a abandonné Strasbourg, sans garnison, sans troupes d'artillerie suffisantes, sans le plus petit détachement du génie ; j'aurais pu vous dire bien d'autres vérités encore, mais il me faudrait sortir du terrain de la défense personnelle où je désire rester.

» Faites, cousin, ce que vous jugerez convenable de cette trop longue lettre. S'il m'est permis d'exprimer un désir, c'est de la voir livrée à la plus grande publicité possible.

» Recevez, monsieur et cher cousin, mes remerciments pour la franchise avec laquelle vous m'avez mis au courant des bruits qui se répandaient sur mon compte ; je sais apprécier la loyauté qui vous a guidé, merci encore.

» Recevez, monsieur et cousin, l'assurance de mes sentiments d'amitié.

» *Général* Uhrich. »

LETTRE DU GÉNÉRAL UHRICH

adressée au journal la France, *en réponse à un article calomnieux publié par cette feuille.*

« Monsieur le rédacteur en chef,

» Je viens de lire, dans votre journal du 15 de ce mois, un article qui me concerne et auquel vous me permettrez, je l'espère, de répondre dans vos colonnes.

APPRÉCIATION DE L'AVIS MOTIVÉ.

» Je constate d'abord que ni le rédacteur ni les signataires de cet article n'ont fait partie de la garnison de Strasbourg, et que leur érection en francs-juges, de par leur propre autorité, est au moins contestable.

» M. le capitaine du génie Thilers, en résidence à Belfort, me reproche d'avoir borné les sorties de la garnison à des promenades sur les glacis, sans combat. 5 sorties ont eu lieu, dont quatre avec combat. Dans l'une, le colonel des pontonniers, Fiévet, fut blessé mortellement, et nous perdîmes vingt hommes et trois pièces de canon.

» Dans une autre, vingt-cinq hommes et un officier furent tués ou blessés ; enfin, dans la dernière, nous eûmes à regretter la perte de deux officiers et de cent vingt-sept hommes du 87e, mon seul régiment fortement constitué.

» La garnison et la population, dit encore M. le capitaine Thilers, ne songeaient pas à se rendre. Je suis convaincu que la garnison aurait combattu jusqu'à la mort, mais sans utilité pour personne. Quant à la population, elle était noblement et courageusement résignée ; cependant elle aspirait, en grande majorité, à la cessation de ses souffrances, et ce sentiment était bien naturel, car ses souffrances étaient grandes.

» Dans les derniers jours du siège, la commission municipale, composée de cinquante et un membres, demanda au conseil de défense, à l'unanimité moins deux voix, d'admettre une délégation de ses membres en sa présence.

» Cette délégation, à la tête de laquelle était le maire, exposa la malheureuse situation de Strasbourg : ses monuments, ses maisons particulières, des quartiers tout entiers détruits par le feu ennemi ou incendiés ; ses habitants tués ou blessés dans leur domicile et dans les rues ; douze mille hommes, femmes et enfants sans asile, presque nus, à peine nourris, réduits à la plus profonde misère.

» Et pourquoi ? ajoutaient ces messieurs : vous n'avez pas le moindre espoir d'être secourus, et sans secours vous tomberez fatalement, huit jours plus tôt, huit jours plus tard. Épargnez donc la vie de plusieurs centaines de victimes qui seraient sacrifiées sans aucune utilité pour notre patrie commune. Votre devoir militaire est rempli en son entier ; ouvrez vos cœurs à la pitié et aux sentiments d'humanité que nous espérons trouver en vous. »

» Ce langage ne devait pas être écouté, et il fut résolu que la défense continuerait. Trois jours plus tard, une nouvelle et semblable démarche fut renouvelée sans plus de succès.

» Mais les travaux d'approche de l'ennemi marchaient avec une rapidité incompréhensible ; nous nous étions vus forcés d'abandonner successivement les ouvrages avancés 44, 52, 53, 54 et 55 ; les autres allaient suivre.

» Notre système de fortification s'égrenait, en quelque sorte, comme un collier dont le fil est rompu.

» Les bastions 11 et 12 furent battus en brèche, et, le 27 septembre à deux heures de l'après-midi, la brèche du bastion 12 était praticable, et celle du bastion 11 devait le devenir après deux heures de canonnade.

» En même temps qu'il battait nos remparts, l'ennemi avait miné la contrescarpe pour la renverser dans le fossé et achever de le combler.

» Il avait aussi creusé deux vastes excavations blindées et destinées à réunir et à abriter les colonnes d'assaut.

» Informé que l'assaut était imminent, je réunis le conseil de défense. La délibération ayant été ouverte, il fut reconnu que la résistance était arrivée à son terme; que notre artillerie était hors de lutte; que les remparts, ainsi que la rue qui passe à leur pied, accablés, foudroyés par des projectiles d'une puissance destructive inconnue jusqu'à présent, ne pouvaient pas être occupés par des colonnes destinées à repousser l'assaut, sans que ces colonnes fussent détruites, avant le combat, par les 200 pièces qui feraient converger leur feu sur elles, et que l'ennemi arriverait sur nos remparts sans coup férir, sans rencontrer de résistance.

» Quant à la citadelle que le capitaine Thilers a déclaré être intacte, il fut constaté que, rasée comme elle l'était, totalement détruite, n'ayant plus d'artillerie, elle ne pouvait pas servir de réduit à la garnison de la ville, qui ne trouvait pas à s'y abriter; que cette garnison y serait écrasée sans aucune défense possible et sans aucun résultat qu'une horrible et bien inutile boucherie.

» Ces faits ayant été reconnus vrais, le conseil vota, à *l'unanimité* des voix, les deux résolutions suivantes :

» 1° La défense de Strasbourg ne peut pas se prolonger plus longtemps.

» 2° Il y a lieu d'entrer, dès à présent, en négociation pour la capitulation.

» Le reste s'en est suivi. Et je reconnais le droit de m'attaquer loyalement, moi le seul chef responsable; mais mon conseil de défense, composé d'hommes énergiques autant que capables, est à l'abri de tout reproche. Il a donné son avis consciencieux et éclairé; il m'a soutenu dans toutes les phases de ma pénible et souvent bien lourde mission : je me plais à lui témoigner ici ma reconnaissance.

» M. le capitaine Thilers parle de 60 000 fusils chassepot que l'arsenal de Strasbourg aurait livrés à l'ennemi; il faut réduire ce chiffre à *douze cents;* il en est ainsi de la plupart de ses assertions. Il dit aussi que l'amiral Exelmans a été le *seul chef qui ait su partager les peines et les périls de ses soldats.*

» Nul plus que moi n'a apprécié le dévouement chevaleresque avec lequel l'amiral a participé à la défense de la ville et les brillantes qualités dont il a donné tant de preuves; mais il y a iniquité à le citer seul.

» Le colonel Blot, du 87ᵉ, qui commandait le front d'attaque, qui a été si beau, si énergique, si à la hauteur de l'importante mission qui lui avait été confiée; le lieutenant-colonel Rollet, du 47ᵉ, qui a commandé la citadelle avec tant de valeur, d'énergie et de sang-froid, et tant d'autres qu'il serait trop long de citer, ne le cèdent à aucun pour les services rendus, et il est de mon devoir de leur donner ici la place qu'ils ont dans mon estime et qu'ils doivent occuper dans l'estime publique. Mais n'oublions pas que c'est de Belfort que l'on a la prétention de juger les hommes et les choses de Strasbourg.

» Quant aux lois dont M. le capitaine Thilers cite le texte, elles ont été faites à l'époque des boulets ronds, qui rebondissaient pendant longtemps contre les murailles des forteresses avant de les ébranler; ces lois ont été renouvelées depuis 1863, je crois, le texte primitif en a été conservé.

» Que sont ces engins d'enfants remontant au temps des Vauban et des Gribeauval, comparés à ceux dont la Prusse s'est servie contre Strasbourg? Une commission chargée de réviser ces lois et qui irait visiter les ruines de cette malheureuse ville et les effets terribles des nouveaux projectiles, cette commission, dis-je, apporterait de profondes modifications dans le travail de ses prédécesseurs.

» En résumé, Strasbourg, avec une garnison sans unité suffisante, a résisté pendant deux mois aux attaques de l'ennemi ; elle a été soumise à un bombardement sans précédent dans l'histoire des siéges, bombardement qui a duré trente-huit jours et trente-huit nuits ; elle a été saccagée sans que le courage de ses habitants ait faibli ; deux mille cinq cents de ses défenseurs ont été atteints par le feu de ses adversaires, et le jour où elle est tombée, elle n'est pas tombée sans gloire! L'honneur militaire, comme l'honneur civil, ont été saufs !

» Certes, pour ma part, je suis loin d'avoir jamais prétendu au titre de héros ; mais il en est un plus modeste que je revendique avec énergie : c'est celui d'homme de devoir. M. le capitaine Thilers parle du *triste général Uhrich*.

» Il a, sans le vouloir, trouvé la qualification exacte de l'état de mon esprit. Oui, je suis triste, mortellement triste, des malheurs de mon pays, triste aussi de ses attaques injustes et passionnées, s'adressant à un homme comme moi, qui, dans sa vie entière, n'a fait sciemment le mal à personne, qui aurait voulu pouvoir garder le silence et mépriser, mais qui doit à sa famille et à ses amis de repousser avec fermeté, mais sans amertume, les assertions erronées et calomnieuses.

» *Le général de division, ex-commandant supérieur de Strasbourg,*
» UHRICH. »

LETTRE DU MAIRE DE STRASBOURG, M. KÜSS, AU GÉNÉRAL UHRICH

« MONSIEUR LE GÉNÉRAL DE DIVISION UHRICH,

» Dans sa séance du 18 septembre dernier, la commission municipale, sur la proposition de M. Schnéegans, vous a offert à l'unanimité le titre de citoyen de Strasbourg.

» Notre population a applaudi ce vote, elle apprécie l'énergie que vous avez déployée pour le maintien de l'ordre intérieur, les talents et le courage dont vous avez fait preuve en défendant jusqu'au dernier moment, avec des forces insuffisantes, avec un matériel défectueux, une place attaquée par des forces écrasantes et un matériel formidable.

» Notre population vous est reconnaissante d'avoir été préservée des horreurs d'un assaut, et d'avoir obtenu, par votre généreuse intervention, quelques adoucissements aux rigueurs de la reddition...

» Veuillez agréer, monsieur le général, l'hommage de mon respect.

» *Le maire de Strasbourg,*
» KÜSS. »

LETTRE ADRESSÉE PAR LA VILLE DE NANCY AU MAIRE DE STRASBOURG

La souscription ouverte à Nancy pour élever un monument à la mémoire des citoyens morts pour la France sous les murs de Strasbourg, a produit 2200 fr. Cette somme vient d'être envoyée au maire de Strasbourg avec la lettre suivante :

« MONSIEUR LE MAIRE,

» La sympathie toute particulière de nos populations lorraines pour la noble et malheureuse ville de Strasbourg ne date pas seulement, vous le savez, de nos désastres : elle est séculaire.

» Il nous souvient encore de cette mémorable journée de l'année 1848, où nos délégués nancéiens et messins célébrèrent avec vous, dans vos murs, le second centenaire de la réunion de l'Alsace à la France. Quelle joie, quels transports, quelles explosions d'enthousiasme, dans cette fête consacrée à la patrie et à la liberté !

» De tels souvenirs sont impérissables ; mais dans quelles circonstances reparaissent-ils dans notre mémoire ! Qui nous eût dit alors que cette énergique et magnifique affirmation de la nationalité strasbourgeoise serait suivie d'un tel lendemain? Qui nous eût dit que vingt ans plus tard, cette ville, française entre toutes, serait sacrifiée au salut commun, après avoir tant souffert au nom de la France et pour la France ?

» Il eût fallu que l'Europe entière pût assister à cette fête de 1848 comme elle a assisté à votre glorieuse agonie. Peut-être eût-elle compris, cette Europe si indifférente, pourquoi vos femmes, vos vieillards, vos enfants supportèrent sans se plaindre toutes les horreurs d'un bombardement de quarante jours. Pourquoi 1400 d'entre eux sont tombés comme sur un champ de bataille au milieu de vos ruines.

» Ne les plaignons pas, ces morts glorieux ; leur mort ne restera pas inutile : elle nous rappelle notre devoir. Par eux, Strasbourg est devenue pour nous la ville sainte, et le monument que vous allez élever à leur mémoire deviendra pour tous les Français l'objet d'un culte sacré.

» C'est dans cette pensée, monsieur le maire, que Nancy a voulu s'associer à vous, en vous envoyant son offrande, et c'est avec l'espérance au fond du cœur que nous vous tendons plus que jamais des mains de compatriotes qui n'oublieront pas. »

DISCOURS PRONONCÉ LE 21 SEPTEMBRE 1870
PAR M. LOUIS RATISBONNE

« Citoyens, à votre dernière assemblée, en réponse à une stérile acclamation du défunt corps législatif qui s'était levé pour déclarer que Strasbourg avait bien mérité de la patrie, et qui s'était rassis sans rien faire, j'opposai ce vœu que Paris et la France méritassent bien aussi de Strasbourg en venant à son secours et en se montrant résolus à l'imiter.

» Le gouvernement d'alors avait promis à quelques-uns d'entre nous des troupes pour débloquer Strasbourg ; mais où étaient ces troupes? Et pourtant notre vœu patriotique a été en quelque manière exaucé. Notre digne président vient de nous dire ce qu'avec votre concours a pu faire notre comité : envoi de combattants armés, secours aux veuves et aux orphelins. Laissez-moi vous dire ce qu'a fait pour Strasbourg Paris tout entier. Il y a des secours qui, pour n'être pas matériels, n'en sont pas moins effectifs.

» D'abord, à l'acclamation pour Strasbourg de ces députés qui avaient aussi acclamé une guerre néfaste, Paris a substitué la reconnaissance populaire et le culte le plus touchant. Sur la place de la Concorde, au pied de la statue de Strasbourg, Paris semble avoir voulu inaugurer une religion nouvelle, les rites du patriotisme et de l'honneur. Il fait ses dévotions devant cette effigie de l'héroïsme, du dévouement, de la résistance ; il vient, sur cette pierre du sacrifice, aiguiser son courage, fortifier ses propres résolutions, il y apporte des fleurs et des couronnes, il crie — et Strasbourg l'entend — Vive Strasbourg ! c'est-à-dire vive la patrie !

» Ce n'est pas tout, Paris est venu encore autrement au secours de Strasbourg. Quelque chose devait attrister, sinon refroidir l'enthousiasme de la cité guerrière. On se disait : « C'est pour la France que nous luttons, oui, mais une dynastie, et la plus coupable des dynasties, un homme, l'homme qui nous a été si funeste, profitera peut-être encore de ces sacrifices », et le spectre blafard de l'empire s'interposait entre l'image rayonnante de la patrie et ses défenseurs. Eh bien ! Paris a dissipé le spectre. Un souffle a passé dans l'air, un cri a traversé la France, percé les lignes ennemies qui entourent Strasbourg. Il s'est répercuté dans la ville bombardée, et les forces agonisantes de Strasbourg se sont ravivées à ce cri : Vive la république ! (Applaudissements et cris de Vive la république !)

» Et maintenant plus que jamais, quand la France ne combat plus que pour la France, Strasbourg comme Phalsbourg, et Bitche, et Verdun, et Toul, et Thionville, jurent de ne jamais se rendre, et nous jurons de ne jamais les abandonner. Citoyens, vous le savez, on n'a pas besoin d'être de grands politiques, il suffit d'être patriotes pour comprendre cela : la France, en tout temps, sans l'Alsace et la Lorraine, c'est la Guyenne et l'Aquitaine, ce n'est plus la France ; mais aujourd'hui, après ce que Strasbourg a fait et après ce que l'ennemi lui a fait, on dirait à la France : « Veux-tu la paix ? donne-nous Strasbourg ; l'enfant que tu chéris le plus aujourd'hui, puisqu'il est le plus héroïque et le plus malheureux, l'enfant qui saigne pour toi, qui s'est immolé pour toi, donne-nous-le, toi la mère, et tu auras la paix, et nous te laisserons tranquille ! »

» Allons donc ! jamais ! jamais !

(L'assemblée, électrisée, s'écrie : Jamais ! jamais !)

» La France et Strasbourg répondent en se serrant d'une étreinte invincible : séparez les morceaux, ils se rejoindront ! Si la ville succombe, si le canon Krupp fait brèche, eh bien ! tout ne sera pas dit. L'habitant, tout ce qui reste de nos amis, de nos chers parents, émigrera en masse et montrera au roi Guillaume si les Français d'Alsace sont un bétail qu'on peut faire entrer de force dans les parcs prussiens ! (Bravo ! bravo !)

» Voilà donc les forces morales que Paris a données à toutes ces nobles villes qui luttent ; et maintenant, citoyens, c'est le tour de Paris lui-même. Il va lutter pour toute la France. Il sera, par son courage, à la hauteur de nos malheurs ! Serré autour du gouvernement de la défense nationale, décidé à le défendre contre les tentatives des factions, prêt encore à arrêter humainement l'effusion du sang, si on le peut honorablement, décidé à tout souffrir, à verser tout le sang de ses veines, si la paix ne peut se faire avec honneur, Paris a confiance. (Applaudissements énergiques.)

» Oui, nous avons confiance ! Il est profond l'abîme où nous ont plongés nos illusions, nos fautes et d'indignes hommes, mais nous en sortirons, si ce n'est aujourd'hui, ce sera demain. Nous en sortirons régénérés par l'épreuve, plus purs et plus grands. Il n'est pas possible que le noble peuple de France, qui a le premier initié le monde moderne à la liberté et à la justice, soit le premier destiné à périr. Non, la France ne périra pas ! »

LETTRE DU MINISTRE DE L'INSTRUCTION PUBLIQUE, M. J. BRAME,

au recteur de l'académie de Strasbourg.

« Le 2 septembre 1870.

« Monsieur le recteur,

» Je vous remercie de votre communication ; je n'attendais pas moins de celui que j'ai appelé à représenter l'université dans la noble académie de Strasbourg.

» Dans sa lutte contre un ennemi sauvage, le général Uhrich parle comme il agit, avec la résolution d'un caractère antique, et les soldats par leur élan, les habitants par leur constance, se montrent dignes d'un tel chef. Mais ces terribles épreuves auront enfin leur terme ; une fois l'honneur maintenu, la forteresse sauvée et l'armée barbare anéantie, la France reconstruira Strasbourg.

» Alors, et Dieu fasse que ce jour soit proche ! la bibliothèque se relèvera de ses ruines ; je m'occupe déjà des moyens d'y pourvoir. Il y a là, sans doute, des pertes irréparables. Qui nous rendra tant d'éditions *princeps*, tant de manuscrits uniques, admirés, étudiés, maniés avec respect par tous les savants de l'Europe ? Nous pourrons du moins, à l'aide des ressources que possède le département de l'instruction publique, et avec le concours du pays tout entier, refaire un dépôt de livres qui ne sera pas indigne de la docte et vaillante cité. Pour reconstituer une partie de ce trésor, vous indiquez des mesures excellentes, monsieur le recteur, et vous m'offrez dès à présent d'y consacrer tout votre zèle. Les services qui dépendent de mon administration reçoivent l'ordre de vous seconder avec énergie.

» Comptez sur moi, monsieur le recteur ; la bibliothèque de Strasbourg renaîtra riche et glorieuse. Je veux en faire un monument qui attestera devant les âges futurs le patriotisme de notre Alsace ; je veux que, sur le seuil de ce monument, une inscription, disons mieux, une sentence ratifiée par la conscience universelle, apprenne à la postérité la part et le rôle de chacun dans le bombardement de la ville.

» On y lira l'héroïsme de la population strasbourgeoise, l'indomptable ténacité de nos soldats, les lâches cruautés de l'armée assiégeante et l'éternelle infamie attachée au nom du général prussien, à ce nom qui rappellera désormais l'attentat le plus odieux contre l'humanité et la civilisation.

» *Le ministre de l'instruction publique,*
» J. Brame. »

ANNEXES

EMPLOI DU TIR INDIRECT

DU CANON DE 15 C. COURT POUR LE TIR EN BRÈCHE AU SIÉGE DE STRASBOURG EN 1870

Par le lieutenant général von Decker, inspecteur de la première inspection d'artillerie prussienne, ex-commandant de l'artillerie prussienne pendant le siége de Strasbourg.

(Extrait du *Militair-Wochenblatt* de Berlin.)

BRÈCHES PRATIQUÉES A STRASBOURG PAR LE TIR PLONGEANT

Trois brèches ont été pratiquées, pendant le siége de Strasbourg, par le tir plongeant du canon de 15 c. court, lançant un projectile de 28 à 29 kil. avec une charge de 2 k. Ces brèches ont été pratiquées comme dans l'ancien tir, en faisant une rainure horizontale de 1,3 de la hauteur et deux tranchées verticales aux extrémités.

L'observation directe des coups étant impossible, on commençait par régler le tir sur des portions visibles de l'ouvrage attaqué; puis, au moyen des données des tables de tir, on transportait latéralement ou verticalement le point d'impact, de manière à le placer à une des extrémités de la rainure horizontale.

La hausse une fois réglée était maintenue pendant toute la durée du tir. Quant à la direction, elle changeait à chaque coup et était indiquée chaque fois sur des tableaux dans lesquels on relevait le coup qui venait d'être tiré. Ces tableaux étaient remis aux commandants des batteries, qui les suivaient de point en point pour tirer d'un bout à l'autre de la rainure horizontale, sans être dispensés néanmoins des observations nécessaires pour corriger les irrégularités qui pouvaient se produire.

L'officier chargé de la direction du tir en brèche pouvait se rendre compte, à la seule inspection de ces tableaux du nombre de fois que l'on avait décrit la ligne de section horizontale. Comme d'ailleurs on avait soin de prolonger le tir plus longtemps qu'il n'était nécessaire, il ne pouvait y avoir de doute sur sa réussite, et c'est ce que l'expérience a vérifié.

Les indications accessoires par lesquelles on a pu contrôler le résultat du tir en brèche étaient les suivantes :

1° La détonation produite par le projectile est éclatante lorsque le mur est encore entier ; sourde et étouffée quand le mur est percé complètement ou seulement sur une partie de son épaisseur.

2° Tant que le mur n'est pas traversé, les morceaux de pierre sont projetés souvent à une grande hauteur hors du fossé.

3° Tant que le mur n'est pas percé, la fumée produite par la charge explosive apparaît après un temps plus ou moins long, selon la profondeur de l'entonnoir, sous la forme d'un nuage blanc bleuâtre. Si le mur est traversé, cette fumée prend une couleur gris foncé et s'écoule au-dessus du fossé, comme une traînée sortant d'une cheminée.

La section horizontale une fois pratiquée, on passait aux tranchées verticales, qui s'exécutaient très-rapidement.

LUNETTE 53, FACE DROITE

Les travaux de l'attaque ayant été poussés jusqu'à la 3° parallèle, on résolut de battre en brèche la lunette 53, et on transforma la batterie de mortiers n° 8 en une batterie de canons de 15 c. courts.

Le cordon de l'escarpe étant coté 20, les différentes parties de l'ouvrage avaient les hauteurs suivantes : Parapets 23,76, crête du glacis 21,25, fond du fossé 15,00, avec 1^m,25 d'eau et une cunette de 1^m,57 de profondeur au milieu ; le fossé avait 21^m,50 de largeur et la crête du glacis était à 11^m,25 de la magistrale de la contrescarpe, ce qui donnait 32^m,75 pour la distance, comptée normalement, qui séparait la crête du mur à battre en brèche.

Le mur, en moellons de grès rouge, avait 1^m,88 au pied et 1^m,25 dans le haut.

L'angle que faisait la direction du tir de la batterie avec l'escarpe était de 55°. Cette circonstance était désavantageuse, l'angle minimum étant de 60° ; mais il aurait été difficile de trouver un meilleur emplacement pour la batterie, et cette obliquité était favorable en ce qu'elle permettait de diminuer l'angle de chute du projectile passant par-dessus la crête du glacis.

La distance entre la crête et le mur, comptée sur la direction du tir, était de 37^m,50, et la différence de niveau entre la crête et une ligne située à 0^m,63 au-dessus du plan d'eau était de 4^m,67, l'angle de chute se trouvait être de 7° 12/16.

Les batteries étant éloignées de 750^m, la charge fut fixée à 0^k,850.

On avait l'intention de pratiquer la brèche sur une largeur de 18^m,50, à partir du saillant de l'ouvrage. Cette dimension, qui correspondait à une longueur de 14^m,80, comptée sur la perpendiculaire à la ligne de tir, était déterminée par l'existence de deux traverses dans le chemin couvert. Après avoir employé tout un jour à régler le tir, on commença à pratiquer la rainure horizontale en partant de l'extrémité droite, en ayant soin de commencer par une salve dirigée sur le même point, afin d'éviter les ricochets que faisait craindre l'obliquité de la ligne de tir. On était arrivé au milieu de la longueur, lorsque la découverte d'une galerie de mine permit d'observer directement l'effet produit. On constata que les coups les plus bas étaient bien placés et qu'une grande partie du revêtement du mur était déjà tombée sur la partie battue en brèche, par suite de la dispersion verticale des coups.

EMPLOI DU TIR INDIRECT.

Dans la nuit, le couronnement du chemin couvert ayant été effectué, la hauteur de la crête se trouvait relevée de 0,66. Pour éviter de recommencer la détermination de l'angle de tir, on résolut de continuer avec les données existantes, comptant que les coups les plus bas écrêteraient le couronnement déjà fait. C'est ce qui eut lieu; mais 120 coups furent tirés inutilement au point de vue de la mise en brèche.

Il n'y eut réellement pas de brèche pratiquée, mais plutôt une démolition du mur qui s'écroula par parties.

Il ne fut pas nécessaire de faire des tranchées verticales, on se contenta de diminuer un peu l'angle de tir pour faire tomber la partie supérieure du mur, et plus tard on porta la charge à $1^k,200$ pour tirer sur les terres et les faire ébouler. Le parapet tomba sur la moitié de son épaisseur, recouvrant les débris de maçonnerie. Le talus de l'éboulement étant de 35°, la brèche pouvait être considérée comme praticable, et on se borna à tirer sur le prisme de terre restant.

Le tir en brèche avait duré 4 jours; chaque pièce avait tiré 50-70 coups par jour, en tout 1000 coups.

FACE DROITE DU BASTION 11

Après la prise des deux lunettes 52 et 53 à la date du 20 et 22 septembre, l'artillerie qui, pendant tout le siége, avait précédé les travaux des ingénieurs, ou tout au moins favorisé leur rapide exécution, n'hésita pas à commencer dès le 23 le tir au bastion 11.

Voici les conditions dans lesquelles s'exécutait le tir. La magistrale du bastion étant à l'altitude 20, le fossé était coté 11,68. Le mur, de qualité médiocre, avait $1^m,66$ d'épaisseur dans le haut, $3^m,75$ dans le bas, avec contre-forts de $5^m,70$.

Le milieu du fossé, large de $31^m,30$ environ, était occupé par une cunette de $1^m,24$ à $1^m,55$ de profondeur; la hauteur de l'eau était de $1^m,88$.

Le couvre-face par-dessus lequel on devait tirer couvrait imparfaitement les maçonneries de l'escarpe que l'on voyait sur une hauteur de $1^m,66$.

La crête du couvre-face était à 45^m de l'escarpe, et l'angle d'incidence nécessaire était de 4° 1/2, ce qui donnait, eu égard à l'éloignement de la batterie ($787^m,50$), $1^k,3$ pour la charge.

La direction de tir de la batterie faisait un angle de 80° avec le mur; les conditions étaient donc très-favorables.

La brèche devait être pratiquée à 9^m à partir des saillants, et sa largeur était fixée à 28^m.

La batterie, qui était armée de 6 canons de 15 c. courts, ouvrit le feu le 23 septembre. On commença par régler le tir sur la portion visible de l'escarpe, en augmentant la hausse jusqu'à venir raser la crête du couvre-face. Cette crête servit du reste à contrôler le tir en faisant varier de 1/16 à 2/16 de degré l'angle de tir de manière à l'effleurer. L'angle moyen oscilla entre 4° 6/16 et 4° 7/16.

La rainure horizontale se fit en employant trois pièces à la moitié de droite et trois pièces à la moitié de gauche.

Le 24, après 70 directions, on commence à percevoir les indices qui révélaient que le mur était percé, et, après 80 directions, on en fut complétement assuré. On commença alors les tranchées verticales pour lesquelles on employa trois pièces. Après quelques directions, la portion droite du mur tomba sur les deux tiers de la largeur de la brèche.

Trois autres directions suffirent à gauche pour achever la chute du mur, mais la terre ne s'était pas éboulée, et il fut nécessaire de faire tirer les 6 pièces par salves, en se proposant d'atteindre une ligne horizontale située à 1^m,66 au-dessus de la rainure pratiquée dans le mur. On réussit à faire ébouler la terre, mais ce tir fut interrompu par la crainte que l'on avait que les assiégés ne pussent déblayer le pied de la brèche avant que l'attaque eût eu le temps de préparer le passage. Le tir en brèche avait duré 18 heures; on avait consommé 600 projectiles environ.

FACE GAUCHE DU BASTION 12

Cette brèche n'était pas nécessaire aux travaux de l'attaque, mais on résolut de la pratiquer pour agir sur la détermination du commandant de la place et pour compléter les expériences faites sur le tir en brèche indirect.

Le profil du bastion 12 était à peu près le même que celui du bastion 11; la largeur des faces et la profondeur de l'eau étaient identiques.

Afin de se placer dans les circonstances les plus favorables, on résolut de pratiquer cette brèche dans le prolongement de la face de la demi-lune 50.

La direction de tir remontait en arrière le couvre-face 51 et le saillant de la lunette 53.

La batterie armée de 4 canons de 15 c. courts était à 712^m de l'escarpe du bastion 11. La distance du couvre-face à la face était de 150^m, on pouvait adopter la charge maximum de 1^k,500; mais, comme on craignait d'incommoder le poste de la lunette 53, et les travailleurs qui commençaient le couronnement de l'ouvrage 51, on résolut de relever la trajectoire, et on adopta la charge de 1^k,3, avec un angle de 3° 14/16.

La largeur de la brèche était déterminée par celle de la trouée du fossé de demi-lune. On lui donna cependant des dimensions moindres, afin que les projectiles ne ricochassent pas contre les murs des fossés de demi-lune. De plus, il fut décidé que les pièces croiseraient leur feu.

Après avoir opéré comme précédemment pour régler le tir, on reconnut, aux gerbes d'eau qui s'élevaient du fossé, que les projectiles portaient trop bas. La hausse fut fixée alors à 3° 9/16.

Après 359 coups, on commença à s'apercevoir que la rainure horizontale était percée; il fallut néanmoins encore 106 coups pour que l'on pût la considérer comme achevée. On ne fit pas ébouler les terres, par la même raison qu'au bastion 11.

On reconnut après la prise de la place que les terres étaient soutenues par deux voûtes en décharge situées derrière le mur, et que les tranchées verticales avaient été pratiquées avec une précision remarquable.

II

LES BALLONS

PENDANT LE SIÉGE DE STRASBOURG

(Traduit du journal militaire saxon *Der Camerad*.)

Les derniers essais, d'ailleurs sans succès, d'utiliser les ballons en campagne datent de la guerre de 1870-71.

A la fin d'août 1870, par conséquent peu de temps après la déclaration de la guerre, on forma à Cologne deux détachements d'aérostats, forts chacun d'environs 20 hommes, et sous la direction technique, d'après un ordre de l'autorité supérieure, d'un aéronaute expérimenté. Chaque détachement reçut une voiture chargée d'un ballon Charlière, avec nacelle ou panier, une ancre avec 9 mètres de corde, une couverture de 15 mètres sur 9 pour étendre le ballon au moment de le gonfler, 3 couvertures en toile à voile mesurant 7 mètres sur 6, avec 6 cordes de 15 mètres de longueur et de 7 centimètres de circonférence, pour établir une tente; 38 sacs à sable pour maintenir le ballon pendant le gonflement, 36 supports pour retenir ces sacs pleins au filet du ballon; 20 cordeaux et 3 grands poteaux équarris avec poulies pour maintenir la corde dans l'ascension; 3 grosses cordes pour attacher l'aérostat, 1 de 376 mètres, 2 de 125, et 3 pavillons de signaux (*rouge* pour halte, *blanc* pour laisser filer, *noir* pour ramener), et en outre quelques menus objets comme de la cire et du suif pour fermer la soupape de sûreté, de la soie jaune, des aiguilles et du vernis pour les réparations accidentelles, des chaussons pour les hommes employés à plier ou déplier le ballon. Il faut encore y ajouter quelques tuyaux pour réunir le ballon au robinet de gaz pendant le gonflement, 3 lanternes et 1 lampe de sûreté de Davy pour le service de nuit.

Les exercices d'instruction commencèrent le 31 août, et se continuèrent jusqu'au 5 septembre, aux environs de Cologne, dans les ateliers centraux de la compagnie du chemin de fer du Rhin à Nippes, parce qu'on pouvait sans difficulté y gonfler avec le gaz le plus petit ballon mesurant 12 mètres de hauteur sur 7 de circonférence. On s'éleva une fois à 113 mètres, et on exerça les hommes à plier et déplier le ballon, de façon à leur donner une habileté suffisante dans les manipulations demandant une grande attention.

Après ces exercices, les détachements se mirent en campagne; ils devaient opérer le plus près possible du feu d'une place, gonfler le ballon avec de l'hydrogène si les fabriques de gaz manquaient (et cependant on n'avait pas une seule fois expérimenté ce mode à Cologne); ils devaient agir, en cas de besoin, par tous les temps, bien que l'aéronaute anglais bien connu, Coxwell, qui avait livré les ballons et qui servait d'instructeur, n'eût fait faire d'essais que par le beau temps, prétendant qu'un ballon mouillé ne peut être chargé qu'après avoir été convenablement étendu et complétement séché. Bel instrument de guerre, qu'on ne peut employer qu'avec du beau temps et peu de vent!

Le 8 septembre, partit pour Strasbourg l'un des détachements, celui qu'avait formé l'aéronaute Coxwell, avec 2 ballons, mais avec 1 voiture non attelée. — Il faut se débrouiller. Le détachement était fort de 22 hommes, savoir : 1 officier, 1 sous-officier et 18 hommes, vanniers, voiliers, tailleurs et autres, 2 interprètes, 1 chimiste, et de plus le docteur Mahler, engagé par le ministère prussien, comme technicien, mais complétement étranger à la chose, ainsi que le docteur Barker, adjoint de M. Coxwell, lequel d'ailleurs ne s'était engagé vis-à-vis du gouvernement de Cologne qu'autant que le détachement n'aurait pas à travailler dans le rayon du feu de l'ennemi.

Le 9 septembre, le quartier général envoya le détachement s'exercer à Bischwiller, à 3 milles 1/2 de Strasbourg ; le soir du jour suivant y arriva également le second détachement, composé de 1 officier et 19 hommes, venant de Cologne, et qui se réunit au premier sous le commandement du plus ancien officier. Les exercices à Bischwiller ne laissèrent rien à désirer, parce qu'on put disposer de gaz d'éclairage, et que le temps le plus magnifique favorisa l'opération ; on s'éleva à 376 mètres, et on conçut les meilleures espérances. D'après l'avis du commandant du détachement, le ballon rempli dut être transporté dans cet état dans le rayon de la place de Strasbourg, ce qui nécessita la réquisition de grands tonneaux, afin d'emporter du gaz en réserve et de pouvoir remplir le ballon, s'il venait à perdre de son contenu pendant le voyage. Cette idée impraticable n'a fait l'objet d'aucun essai, et on put bientôt se convaincre qu'en raison des fils télégraphiques et des nombreuses houblonnières du pays, le ballon n'était pas transportable, gonflé, à une distance de 25 kilomètres.

Le 17 septembre, le détachement se rendit à Suffelweyersheim, et établit son quartier dans une tuilerie, près de Bischheim. A défaut de gaz d'éclairage, il fallut se livrer à l'opération difficile du gonflement par l'hydrogène. Le plus petit ballon demandait 772 mètres cubes de gaz, ce qui exigeait 25 centner (1250 kil.) d'acide sulfurique et 30 centner (1500 kil.) de zinc. Il fallut donc se procurer 16 à 17 bonnes grosses futailles, qu'on réunit avec des crampons ; les plaques de zinc furent coupées en petits morceaux, pour les introduire plus facilement dans les futailles où devait se développer le gaz ; tous ces travaux demandèrent quatre jours, et enfin, le 24 septembre, jour impatiemment attendu, le ballon s'enleva, pour... si bien tomber.

Le conseiller technique, docteur Malher, employa ce temps pour relever et étaler sa position aux yeux des spectateurs, et il chercha devant de hautes personnalités militaires à raconter comme tirés de son expérience aéronautique des faits qu'on retrouve dans tous les livres sur la matière, et que le docteur Malher y avait lus lui-même, mais non accomplis. Le gaz hydrogène se fabriqua convenablement et au jour fixé, sous la direction d'un chimiste, adjoint comme sous-officier au détachement ; mais, hélas ! le ballon ne se remplit pas ; les tuyaux qui devaient conduire le gaz au ballon avaient été faits, par économie sans doute, avec l'étoffe de vieux ballons, et non avec du caoutchouc ; la plus grande partie du gaz s'échappa. Bien que le ballon eût une très-faible puissance, permettant tout au plus à un homme d'entrer dans la nacelle, on l'attacha par prudence avec deux cordes,

— jusque-là on n'en avait employé qu'une, — et on chercha à s'élever. Nous épargnons au lecteur le tableau du départ, des plus comiques, qui suivit ces préparatifs, de la montée à 113 mètres et de la descente ; ceux qui l'ont vu ne l'oublieront pas. Le résultat de ce voyage précipité et son insuccès pouvaient se prévoir ; tous les chefs qui d'abord s'étaient intéressés à cette nouveauté, doutant dès lors du succès, retirèrent leur protection au détachement ; et, après une inaction complète, l'envoyèrent, aussitôt la capitulation de Strasbourg, à Paris, où il resta également inutilisé et tout à fait oublié.

III

ÉTUDE

SUR LE SIÉGE DE STRASBOURG EN 1870

LA FORTERESSE DE STRASBOURG

(Publiée par le *Journal de Genève.*)

La place de Strasbourg a toujours été considérée en France comme une forteresse de premier rang. Elle passe avec raison pour le chef-d'œuvre de Vauban. C'est une œuvre correcte qui n'est attaquable que par trois points. Ses solides remparts sont entourés d'innombrables ouvrages noyés dans de larges fossés remplis d'une eau profonde qui forment devant les courtines de véritables étangs. La citadelle enfin est à elle seule une seconde place séparée de la ville par tout un système d'ouvrages qui s'élèvent du sein des eaux, et dont la prise suppose un second siège. L'aspect de cet ensemble de fortifications rasantes qui s'étendent à perte de vue dans la plaine est profondément imposant. Vauban a pu ici donner libre carrière au développement de son principe qu'en multipliant le nombre des ouvrages on multiplie d'autant les difficultés d'un siège, et après avoir contemplé son œuvre, il a dû se dire qu'elle était bonne. Mais aujourd'hui, en face des inventions modernes, la place de Strasbourg avait cessé d'être ce qu'elle était jadis, et elle offre quatre points profondément défectueux qui devaient la faire tomber rapidement devant un siège bien conduit.

1° Elle ne possède aucun ouvrage avancé, soit fort détaché, dans le but de tenir l'ennemi à distance, d'étendre et d'affaiblir d'autant sa ligne d'investissement, en sorte que, dès le premier jour, l'artillerie ennemie pouvait atteindre de ses projectiles jusqu'au centre de la ville.

2° Elle n'offre pas de position dominante ; elle s'étend dans une plaine à peine ondulée où l'assiégeant se défile partout sans aucune difficulté contre l'artillerie de la place.

3° Elle est située beaucoup trop près du Rhin et de la frontière, puisque aujourd'hui on peut la canonner du territoire badois, et que la citadelle a été foudroyée par des batteries établies sur la rive droite du Rhin.

Avant l'invention de l'artillerie moderne, cette proximité du Rhin et les ramifications du fleuve qui occupent l'espace situé entre la citadelle et son lit principal étaient plutôt un élément de force pour la place, et ce n'est probablement pas sans intention que Vauban a placé la citadelle à l'entrée de la ville, de manière à couvrir de ses ouvrages tout l'espace qui s'étend entre elle et les îlots qui sont souvent inondés par les hautes eaux. Le Rhin couvrant les abords de Strasbourg, il n'était pas facile d'ouvrir la tranchée dans des terrains humides, en sorte que l'angle le plus saillant et le plus vulnérable de la place se trouvait ainsi fortement garanti. Mais aujourd'hui la position de la citadelle ne fait que rapprocher la place du territoire ennemi en l'allongeant vers le Rhin; elle la met encore plus à portée des canons des assiégeants. Le fleuve, de protecteur qu'il était, n'est plus aujourd'hui qu'un fossé infranchissable derrière lequel les batteries ennemies peuvent foudroyer tout à leur aise la citadelle, à l'abri des sorties des assiégés.

4° Les ouvrages de fortification de Strasbourg sont aujourd'hui à peu près ce qu'ils étaient il y a un siècle et demi. Il y manque, à l'intérieur comme à l'extérieur, tout ce qui fait la force de la fortification moderne, un vaste système de casemates destiné à mettre en sûreté pendant un siège la garnison et le matériel de guerre. La citadelle elle-même ne contient que des casemates capables de loger 5 à 600 hommes, ce qui est insuffisant, d'autant plus qu'en cas de siège elles se trouvent déjà en partie remplies de munitions, et transformées en magasins divers.

Les travaux récents qu'on a continué à faire dans les fortifications sont d'une insignifiance notoire; ce sont de petites casemates à munitions pour les ouvrages avancés, des travaux d'entretien, quelques traverses, etc.

La place de Strasbourg apparaît donc aujourd'hui presque comme un vieux vaisseau du siècle de Louis XIV où l'on a de temps en temps changé quelques caronades, quelques voiles et recloué quelques planches, et qui, fort de ses trois rangées de canons, mais sans avoir reçu ni cuirasse ni machine à vapeur, continue à tenir la mer en se croyant le maître de l'Océan. Certes, si on la compare aux grandes forteresses allemandes telles que Rastadt et Coblence, et même à la grande place française de Metz, on reste confondu du contraste.

Pourquoi donc Strasbourg a-t-il conservé jusqu'à ces derniers jours la réputation d'une place de premier ordre? Sans aucun doute pour la même raison que la France a conservé ses illusions sur l'excellence de son organisation militaire, parce qu'à force de répéter depuis un siècle une vérité qui fut vraie un jour, mais qui ne l'est plus, elle a fini par passer à l'état d'axiome reconnu et de lieu commun.

Jusqu'à la bataille de Frœschwiller, on vivait à Strasbourg dans la plus parfaite quiétude, on ne songeait pas à armer la place, on était trop occupé du plan de Berlin. Mais un soir arriva la nouvelle de la défaite de Mac-Mahon, et déjà quelques fuyards échappés à la poursuite se présentaient aux portes de la ville. Ce ne fut bientôt dans tous les quartiers qu'un remue-ménage indescriptible. On fit battre la générale dans les rues, et une sorte de panique courut dans les rangs de la population. Il fallait organiser la défense en toute hâte.

On manquait avant tout de fusées pour les obus; et lorsque le général Uhrich en fit demander, déjà les Badois cernaient la ville; le courrier fut pris, dit-on, puis relâché, mais les fusées expédiées vinrent tomber dans la souricière des

ÉTUDE SUR LE SIÈGE DE STRASBOURG.

assiégeants. On nous a assuré que ceux-ci en donnèrent avis à la place, en ajoutant qu'ils les gardaient en dépôt. Cet accident imprévu des fusées qui, sans doute, n'a pas été le seul à paralyser la défense, nous semble indiquer qu'il y a eu nécessité de varier autant que possible l'artillerie des remparts, afin d'utiliser les munitions plus diverses qu'abondantes dont disposait la défense, d'enfiler les fossés avec des pièces de campagne, et de recourir même à des pièces lisses.

La garnison de la ville n'était pas mieux organisée que le reste. Après que l'on eut tiré de Strasbourg les troupes destinées à renforcer le corps de Mac-Mahon, il n'y restait qu'un régiment de ligne, auquel vinrent se joindre les débris de divers corps échappés à la déroute de Wœrth, troupe sans unité et sans cohésion, composée des éléments les plus disparates, et entièrement démoralisée par la défaite. Les canonniers étaient en nombre insignifiant pour une place comme Strasbourg. Il fallut faire servir les pièces par des compagnies de pontonniers, corps qui, en France, est classé dans l'artillerie. On y joignit tous les artilleurs civils, anciens soldats, qu'on put réunir dans la ville, puis des soldats de toutes armes qui pouvaient au moins être employés à porter les munitions et aider à la manœuvre. Le corps du génie était représenté par *dix-sept* sapeurs et, nous voulons le croire, aussi par quelques officiers, tandis que les assiégeants conduisaient leurs travaux d'attaque avec trente compagnies de pionniers, dirigées par un nombreux corps d'ingénieurs. A ces faibles contingents venaient s'ajouter les douaniers, les gendarmes, les magasiniers, les non-valeurs des temps de paix qu'on chercha à utiliser, ce qui ne conduisit pas bien loin; puis 10 mille gardes mobiles qui formèrent le fond de la garnison, mais qu'il fallait instruire à la hâte; enfin la garde nationale de la ville. Mais à l'égard de celle-ci on resta fidèle aux vieux errements : tandis qu'elle demandait des armes à grands cris, et que l'ennemi menaçait déjà la place, on hésitait à l'armer, toujours par crainte de l'ennemi intérieur qu'on semblait redouter plus encore que l'ennemi extérieur. On finit cependant par lui fournir des fusils à piston ou à tabatière, tandis qu'on laissait 2000 chassepots sauter dans la citadelle.

C'est avec cette garnison de fortune, dont le chiffre pouvait s'élever à 16 mille hommes, sur lesquels 4 à 5 mille tout au plus pouvaient passer pour des troupes proprement dites, que le général Uhrich eut à soutenir contre 50 mille hommes le siège d'une place qui, pour se défendre sérieusement, aurait dû renfermer une garnison de 25 mille hommes de troupes régulières. Il en tira tout le parti qu'il était possible d'en tirer, en ayant recours aux expédients les plus variés. Mais avec une armée ainsi composée, les sorties vigoureuses, qui sont le *sine qua non* d'une bonne défense, étaient impossibles, faute de troupes en nombre suffisant, faute de soldats expérimentés et disciplinés.

Aussi les travaux de siège ont-ils suivi fatalement leur marche régulière, comme le veut la théorie, sans avoir été troublés par aucun de ces incidents imprévus que peut faire naître le génie inventif d'une habile direction de la défense. La place n'a fait que deux sorties sérieuses durant le cours du siège, avec 800 hommes seulement. Ces sorties ont été facilement repoussées avec des pertes regrettables; la première était appuyée par de l'artillerie, mais s'exécutant sans aucune reconnaissance préalable, elle alla tomber en ligne directe dans une embuscade; les chevaux de l'artillerie furent tués en un clin d'œil, et trois pièces restèrent aux mains de l'ennemi. Un temps précieux et des forces considérables ont été gaspillés en pure perte à palissader tout le pourtour du chemin couvert des glacis, dont le développement est immense; on reste confondu à la vue de ce travail colossal qui n'a pu être achevé et dont il est impossible de deviner le but de la façon dont il a été exécuté. La palissade se compose de pieux prismatiques, faits au moyen de poutrelles refendues à la scie suivant la diagonale de la section. Ils ont été plantés *contre le mur* du talus intérieur du chemin couvert, faisant pour ainsi dire corps avec ce mur qu'ils dépassent à peine d'un pied. A quoi devait servir ce palissage qui a exigé un travail immense? A protéger des tirailleurs? Mais un enfant de douze ans le sauterait à pieds joints. Arrêter des colonnes d'assaut? Mais il ne saurait rien arrêter; d'ailleurs un ennemi ne se jettera jamais dans le chemin couvert sous le feu des ouvrages noyés qui le dominent à petite distance, à moins que les approches n'aient atteint le bord des fossés, et dans ce cas les palissades, aussi bien que le mur, auraient été coupées par les cheminements. Tout au plus semblable barricade eût-elle été utile si elle avait été placée à 2 ou 3 mètres en arrière du chemin couvert au lieu d'être incrustée contre son mur de soutènement.

On sent là un manque de direction évident, résultat de la confusion qui a régné, dès le début, dans la place. Il n'y avait, en effet, pas même un général d'artillerie à Strasbourg au commencement du siège; celui-ci était déjà fort avancé lorsque arriva enfin le général Barral, qui réussit à pénétrer dans la place à la faveur d'un déguisement; mais à ce moment il était déjà tard.

Pour compléter le tableau de l'infériorité de la défense, il n'est peut-être pas inutile d'ajouter ici quelques mots sur les inconvénients du système adopté dans l'artillerie de position française. Nous avons vu que les pièces allemandes sont montées sur des affûts assez élevés pour tirer en barbette par-dessus un parapet à hauteur d'homme, en sorte que les canonniers restent parfaitement à couvert. Il n'en est pas de même des pièces françaises. En France on a persisté systématiquement dans le système des canons se chargeant par bouche, ce qui nécessite des affûts bas pour la manœuvre de l'écouvillon. Il résulte de là que, dans les batteries, les canonniers ne sont plus à couvert lorsque la pièce est placée en barbette; il faut donc avoir recours au système des embrasures, c'est-à-dire que si le parapet est élevé à hauteur d'homme pour mettre les hommes à couvert, il faut entailler le parapet pour y faire passer la bouche de la pièce. Mais les embrasures sont des entonnoirs qui conduisent les projectiles ennemis tout droit sur les artilleurs de service. En outre, pour charger et refouler le boulet, les canonniers sont obligés de se découvrir plus ou moins et de s'exposer aux coups.

Le tir est, du reste, moins précis et moins puissant avec les pièces chargées par la bouche, car l'obus, pour s'enfoncer dans l'âme de la pièce, ne peut pas joindre exactement; il force bien au sortir, grâce à un artifice particulier qu'il serait trop long de décrire, mais il a toujours un certain vent, assez même pour permettre l'inflammation de la fusée. L'obus allemand, au contraire, est enveloppé d'une chemise de plomb qui se force dans les rayures du canon d'acier aussi exactement qu'une balle de carabine, en sorte qu'à des distances prodigieuses il met tous les boulets pour ainsi dire dans les mêmes trous. On demandait à un officier français comment il se faisait qu'en France on eût persisté dans

ÉTUDE SUR LE SIÉGE DE STRASBOURG.

le système du canon chargé par la bouche. « Il est si pittoresque de voir tourner l'écouvillon, répondit-il, qu'il eût été vraiment dommage d'y renoncer. » Ajoutez à ce qui précède que la fusée de l'obus français n'est graduée qu'à 6 points, c'est-à-dire que, durant le trajet du projectile, celui-ci n'éclate qu'après le 1er, 2e, 3e, 4e, etc., de son parcours, tandis que la fusée allemande, graduée à 80 points, offre ainsi une précision treize fois plus grande pour le moment d'explosion du projectile. On comprend d'après cela pourquoi les obus français éclataient presque toujours trop près ou trop loin.

« L'artillerie allemande, disait un officier, a tiré avec beaucoup de bonheur. » On s'étonne en effet que si peu de temps ait suffi pour dévaster entièrement les remparts des points d'attaque et tous les ouvrages qui les flanquent. Les parapets n'ont plus de forme, le gazon a disparu ; de loin ils ressemblent à des monticules de terre profondément creusés par les eaux, et au milieu de ce chaos gisent les affûts brisés, les pièces démontées et parfois défigurées par des coups qui ont frappé en pleine bouche.

Dans la citadelle, où tous les bâtiments sont en ruines, la dévastation est complète. Au milieu de la cour des casernes on voit un parc de mortiers chargés sur leurs chars qui ont été brisés sur place sans avoir atteint leur destination. Dans le bâtiment le plus avancé du côté du Rhin, était un dépôt de munitions qui a sauté. Le sol était couvert en cet endroit de débris des coffrets de tôle, de boulets ronds de 4, biscaïens de diverses grosseurs...

Sous les glacis, entre la porte des Juifs et la porte de Pierre, on rencontrait un matériel de chemin de fer immense qui n'avait pu être retiré à temps, et qui était réduit en esquilles.

Il est facile de juger qu'avec tous les éléments d'infériorité qui viennent d'être exposés, la défense de Strasbourg pouvait être héroïque, mais non prolongée, malgré tous les efforts des officiers pour se multiplier.

Le général Uhrich y a illustré son nom, mais il serait injuste d'oublier qu'en fait d'héroïsme c'est aux habitants que doivent revenir les plus grands éloges. La reddition de Strasbourg ne pouvait plus être évitée, et le conseil de défense l'a votée à l'unanimité.

La capitulation était des plus honorables, la garnison devait sortir avec les honneurs de la guerre ; mais aussitôt l'événement connu, une indiscipline indescriptible s'empara des troupes ; il devint impossible d'en faire façon et d'y maintenir l'ordre qui seul aurait pu assurer une sortie honorable. Les soldats s'enivrèrent, bon nombre désertèrent, les troupes sortirent dans un pêle-mêle complet de tous les corps, les soldats brisant leurs armes ou les jetant dans les fossés. Les officiers allemands dépeignent cette scène de l'évacuation de la place comme ayant produit sur eux une impression très-pénible.

Le général Uhrich et les officiers qui le désirèrent furent laissés libres sur parole. Le général se rendit à Tours où il fut justement félicité et où on le sollicita de reprendre du service. Il est superflu d'ajouter qu'il s'est loyalement refusé à violer ainsi la parole donnée, et qu'il a conservé intacts jusqu'au bout sa réputation de général et son honneur de soldat.

LA FORTERESSE DE STRASBOURG

(Suite de l'étude publiée par le *Journal de Genève*.)

Nous avons vu que la défense de Strasbourg était une défense désespérée qui ne pouvait conduire à aucun résultat. En effet, à l'exception de quelques nids d'aigle taillés dans le roc, tels que Malte ou Gibraltar, toute forteresse doit fatalement tomber un jour, s'il ne se trouve en campagne une armée pour la débloquer à temps.

Depuis la catastrophe de Sedan, la résistance de la place de Strasbourg n'offrait plus d'autre utilité que d'immobiliser pour quelques jours encore une armée ennemie, en admettant que la France pût trouver le temps et les ressources nécessaires pour reformer elle-même, dans ces pays, une nouvelle armée. C'est ainsi que Masséna, en tenant à Gênes jusqu'à la dernière ration, immobilisa une armée autrichienne qui eût pu changer la face des choses à Marengo, et assura, sans le savoir, le succès de la campagne. Mais, dans le cas particulier de Strasbourg, il n'y avait aucune chance semblable à espérer, et la défense devait être abandonnée, lorsque l'honneur militaire serait satisfait, afin de mettre un terme à la dévastation de la ville et aux souffrances des habitants.

Aujourd'hui les idées nouvelles qu'a développées le mouvement de notre siècle ne permettent plus d'entourer les grandes villes de fortifications; mais on ne doit pas oublier non plus que les villes anciennement fortifiées l'ont été à une époque bien différente de la nôtre, et qu'elles ne sont pas responsables de leurs retranchements, qui du reste n'ont pas été établis en vue de l'artillerie moderne. Quant à l'excuse de ces journaux allemands qui rejettent sur l'entêtement du général Uhrich la faute du désastre de Strasbourg, nous ne nous y arrêterons pas : aussi longtemps qu'il y aura des armées, aussi longtemps le devoir d'un général sera de défendre la place qui lui est confiée.

Les secours envoyés par la Suisse durant le siège, et particulièrement l'intérêt efficace manifesté par le Bâlois, ont éveillé dans le cœur des Strasbourgeois les sentiments d'une profonde reconnaissance qui, nous l'espérons, ne s'effacera pas de longtemps. Le rôle de la mission suisse était évidemment fini le lendemain de la capitulation. Une fois la ville ouverte, la délégation n'avait plus sa raison d'être, et, après avoir rendu quelques services encore, elle a cru devoir se retirer. C'est aujourd'hui à la France, à l'Allemagne, à l'Europe entière de secourir les Strasbourgeois. Il y a bien à faire sous ce rapport, non-seulement à donner, mais encore à organiser. A Strasbourg, comme ailleurs, il manque, semble-t-il, de cet esprit d'initiative que le régime impérial n'a jamais cherché à développer, et qui, dans les circonstances actuelles, nous paraît avoir fait si souvent défaut à la France. Le lendemain de la capitulation, le comité de Bâle a expédié, pour subvenir aux premiers besoins, quelques wagons de provisions, dont le manque se faisait le plus sentir chez les pauvres gens, telles que sel, fromage, etc.

Mais quels que soient les secours que l'on prodigue à la malheureuse ville, ces secours n'arriveront jamais à la hauteur du désastre.

IV

LA SUISSE ET STRASBOURG

LE COMITÉ SUISSE D'ASSISTANCE

Lundi 26 septembre, à 4 heures, a eu lieu à Olten, sous la présidence de M. le conseiller fédéral Schenk, une assemblée des délégués des comités cantonaux pour Strasbourg. Elle se composait de vingt-cinq personnes environ, et la plupart des cantons y étaient représentés.

Le but de la réunion était de décider les mesures à prendre par le comité exécutif, soit pendant la durée du siège, soit après la reddition éventuelle de la place.

Après un rapport de M. Köchlin, au nom du comité exécutif de Bâle, qui a exposé les mesures prises pour la réception des réfugiés et les difficultés de diverse nature en face desquelles on s'était trouvé, M. le docteur Bischoff a pris la parole pour donner différents détails sur les rapports qu'il avait eus avec l'autorité militaire prussienne, dont il n'avait qu'à se louer. — Toutefois il a confirmé le fait qu'à l'avenir le général de Werder avait refusé de laisser se renouveler ces grands convois d'émigrés sous la conduite des commissaires suisses, par suite des inconvénients de toute nature qu'ils présentent pour les opérations militaires.

Il résulte des différentes données recueillies dans la séance qu'on peut évaluer à 2500 le nombre des personnes sorties de Strasbourg, dont 1400 environ se sont réfugiées en Suisse. — Dans ce nombre, plusieurs étaient en état de se suffire à elles-mêmes, et n'ont pas eu besoin d'avoir recours à l'aide du comité.

Après une délibération dans laquelle les délégués de chaque canton ont pris successivement la parole, et ont déclaré que partout on s'était mis en mesure, soit par des souscriptions, soit par des offres de logements, de tenir la promesse d'hospitalité faite aux Strasbourgeois au nom de la Suisse, il a été décidé que, malgré la déclaration du général prussien, il serait fait de nouvelles démarches pour essayer d'arracher encore un certain nombre de malheureux au désastre du bombardement; en outre, le comité exécutif a été chargé de préparer les mesures nécessaires pour venir en aide d'une manière efficace aux habitants de Strasbourg après le siége, soit en leur faisant parvenir des secours, soit en accueillant ceux qui croiraient devoir venir chercher un refuge momentané en Suisse.

Tous les délégués ont témoigné tout particulièrement à MM. Bischoff, de Büren et Röhmer leur reconnaissance et celle de leurs concitoyens pour l'honneur qu'ils ont fait au nom suisse ainsi que pour les services signalés qu'ils ont rendus, avec autant de courage que de dévouement, à la grande cause de l'humanité au milieu d'aussi douloureuses circonstances.

(*Journal de Genève.*)

V

COMITÉ DE SECOURS DE LA SUISSE

SECOURS POUR STRASBOURG

M. Schenk, membre du conseil fédéral, vient, au nom du comité central de secours pour Strasbourg, d'adresser un nouvel appel aux comités des cantons, dans lequel il renvoie au rapport de la seconde délégation de Bâle et ajoute ce qui suit :

« Ce rapport a confirmé pleinement tout ce qui avait été dit sur la triste position d'une grande partie des habitants de Strasbourg, et a fortifié la conviction qu'indépendamment de tout ce qui a été fait jusqu'à présent dans les différentes localités de notre pays, il est urgent de se mettre de nouveau à l'œuvre pour témoigner par la largesse de nos dons notre sympathie à la ville si cruellement éprouvée.

» Il s'est formé à Strasbourg un comité composé de citoyens probes et éclairés, présentant toutes les garanties désirables, auquel on peut adresser les dons. Notre comité exécutif s'est mis en relation directe avec ce comité, dont la bonne organisation a été reconnue par nos délégués, qui se sont entendus avec lui pour l'emploi des dons n'ayant pas de destination spéciale. Réunissons-nous donc encore une fois pour couronner par un effort vigoureux notre œuvre en faveur de Strasbourg. Jamais une main secourable n'a été acceptée avec plus de reconnaissance, que la main tendue fraternellement par la Suisse à la pauvre ville de Strasbourg abandonnée de tout le monde et saignant de mille blessures. Nous pensons clore nos collectes le 15 novembre. Nous prions donc instamment tous les comités, particulièrement ceux qui n'ont pas encore pu participer à l'œuvre en donnant l'hospitalité à des réfugiés strasbourgeois, de nous accorder leur assistance pour ce dernier effort, en engageant les populations à une participation active aux collectes et en envoyant les dons au comité exécutif à Bâle, qui ne manquera pas de rendre compte de l'emploi des sommes mises à sa disposition. »

(Bund.)

Zurich. — Le comité cantonal de Zurich publie les communications suivantes relatives aux secours accordés à Strasbourg :

« Du 16 septembre au 22 octobre, 287 personnes, la plupart de Strasbourg et quelques-unes d'autres villes de l'Alsace, sont arrivées à Zurich. 23 seulement de ces émigrants possédaient des moyens d'existence ; les 264 autres avaient besoin d'être secourus en proportion diverse. Parmi ces derniers se trouvaient beaucoup de personnes qui avaient appartenu aux classes aisées et qui, par suite du bombardement, ont perdu tout ou une grande partie de leur avoir. De ce nombre, 8 personnes reçurent seulement des secours de route ; par contre,

227 furent logées à Zurich ou dans les environs de cette ville, 14 à Winterthur et 15 à Horgen et Wädenschwill. On voit par là qu'une partie seulement des logements qui avaient été offerts de toutes les parties du canton ont pu être utilisés.

» A la date du 22 octobre, 202 de ces personnes secourues étaient reparties; par contre, 62 des plus pauvres ont encore besoin de secours.

» Jusqu'au 22 octobre, le comité a reçu en somme ronde 45 000 fr. qui ont servi à acheter des effets d'habillement, à payer les frais de voyage à ceux qui partaient, et à pourvoir à l'entretien d'un certain nombre de familles qui pour différentes raisons n'ont pu être logées dans des maisons privées. »

Le *Journal de Genève* publie la lettre suivante :

Genève, 18 octobre 1870.

A M. Auguste Turrettini, président du comité de secours aux Strasbourgeois.

« Monsieur,

» Nous avons l'honneur de vous annoncer que le résultat de notre vente et de la loterie au profit des Strasbourgeois réfugiés en Suisse s'élève à 4148 fr. 60 c., que nous remettons entre vos mains.

» Les dames françaises faisant partie de la vente au profit des Strasbourgeois sont heureuses d'avoir pu joindre leurs efforts à ceux que fait la Suisse tout entière pour venir en aide à leurs malheureux compatriotes.

» Les Français ne pourront jamais oublier la conduite admirable que tient la Suisse dans ces pénibles circonstances.

» Agréez, monsieur, avec tous nos remerciments, l'assurance de notre haute considération.

» *Le comité.* »

LE COMITÉ DE SECOURS DE LA SUISSE (suite)

Nous avons sous les yeux un rapport que vient de publier le comité exécutif suisse de secours aux Strasbourgeois, afin de rendre compte de ce qu'il a fait jusqu'à ce jour pour accomplir sa mission.

Nous empruntons les renseignements suivants à ce document, signé par le président du comité, M. Kœchlin, de Bâle, membre du conseil des États :

Le nombre des réfugiés strasbourgeois qui ont été recueillis en Suisse par les soins des divers comités cantonaux s'est élevé à 1265; un nombre plus grand encore probablement se sont rendus directement en Suisse, avec leurs billets de sortie de la place, ou bien en Alsace ainsi que dans les localités voisines du grand-duché de Bade. De ces 1265 personnes ont été expédiées par les convois : 121 à Zurich, 116 à Berne, 71 à Aarau, 25 à Lausanne, 11 à Safenwyl, 25 à Lucerne, 28 à Langnau et 32 à Neuchâtel, ensemble 429. D'autres, au nombre de 254, ont continué leur route avec des billets gratuits et isolément; 191 sont reparties de Bâle sans en donner avis; 79 sont restées à leurs frais dans les hôtels de

Bâle; enfin ont été logées dans les maisons particulières et à la caserne de Klingenthal, 255.

Du 3 au 7 octobre, il est arrivé 297 de ces fugitifs, et du 9 au 13, 155; en tout il a passé par Bâle, de diverses façons, 1778 Strasbourgeois dont 338 se trouvaient encore à Bâle le 15 octobre.

Des billets gratuits sur chemins de fer suisses ont été délivrés de la manière suivantes : pour Neuchâtel 12, Zurich 120, Romanshorn 4, Chaux-de-Fonds 1, Verrières 33, Genève 137, Yverdon 2, Lucerne 11, Olten 4, Berne 25, Lausanne 25, Saint-Gall 8, Wildegg 18, Liestal 1, Winterthur 8, Fribourg 2, Baden 7, Zoug 3, Aarau 24, Schaffhouse 1, Amriswyl 2, Altstætten 1 et Bienne 7. Des logements avaient été mis à la disposition du comité exécutif par les localités suivantes : Berne, Bienne, Porrentruy, Moutiers, Sonceboz, Zurich, Aarau, Zofingue, Lengnau, Lucerne, Sursee, Willisau, Soleure, Glaris, Schaffhouse, Turgovie, Saint-Gall, Appenzell Rh. Int., Grisons, Zoug, Schwytz, Einsiedeln, Uri, Neuchâtel, Fribourg, Morat, Vaud, Genève, Valais, Lugano, Bâle-Ville et Bâle-Campagne. S'étaient annoncés simplement pour les subsides en argent Appenzell Rh. Int. Obwald, Locarno, Zimmerwald, Saint-Imier, Glaris et Schwytz (canton).

Le comité a reçu de France les dons suivants : de Mulhouse 4500 fr., de Marseille 4000, de Besançon 5000, et de Nîmes (annoncés) 7000 fr.

Le rapport mentionne, avec les éloges qu'elle mérite, la libéralité des compagnies de chemin de fer suisses qui ont accordé le passage gratuit sur leurs lignes à toutes les personnes munies de la recommandation du comité ; le chemin de fer badois opérait bien en principe gratuitement le transport jusqu'à Bâle des Strasbourgeois *sans ressources;* mais ceux qui avaient réussi à sauver du naufrage de bons habits étaient envisagés comme *ayant des ressources,* lors même que c'était tout l'avoir qui leur restait. Le comité a donc dû acquitter sur cette ligne le transport pour beaucoup de personnes qui ne pouvaient en réalité payer leurs billets, et beaucoup d'autres y ont épuisé leurs derniers sous. On n'a pas pu obtenir de l'administration badoise le transport gratuit des effets et subsistances dirigés de Bâle sur Strasbourg; mais de nouvelles démarches sont faites en ce moment dans ce but.

Les proportions de la calamité dont Strasbourg a été frappé sont si colossales que cette population ne peut être abandonnée à elle-même. Le comité compte donc sur une continuation de son œuvre ; il s'est formé dans Strasbourg même un comité de secours composé d'hommes capables et honorables, au nombre de vingt-trois, et à la tête duquel se trouve le maire de la ville, M. Küss ; il vient de publier un appel pressant à la bienfaisance de tous pour remédier à des pertes qui se chiffrent par centaines de millions, et soulager des misères infinies, puisque plus de 6000 personnes de toutes les classes sont aujourd'hui sans le moindre abri.

Le plus nécessaire est l'argent, ensuite le verre, les vêtements, la literie, les meubles.

Le comité exécutif suisse a, dès le premier abord, fait parvenir à Strasbourg des subsistances pour un chiffre de 10 000 fr. ; en outre, il a mis à la disposition du comité formé à Strasbourg une somme de 12 000 fr.

Le rapport conclut que la Suisse ne peut encore retirer à ses amis abattus son bras secourable, et invite tous les confédérés à contribuer à l'ouvrage si bien commencé.

Cet appel, nous n'en doutons pas (et pour n'en pas douter, le passé nous est un garant de l'avenir), sera partout entendu en Suisse, et nous saurons achever la tâche que nous avons si bien entreprise.

(Journal de Genève.)

PIÈCES A L'APPUI

ACTES OFFICIELS

ET

DOCUMENTS

D'ORIGINE FRANÇAISE

PIÈCES A L'APPUI

ACTES OFFICIELS

ET

DOCUMENTS

QUI N'ONT PAS TROUVÉ PLACE DANS LE JOURNAL DU SIÉGE

N° 1

ÉCLAIRAGE MUNICIPAL. — MESURES EXTRAORDINAIRES

AVIS

L'administration a prescrit au directeur de l'usine de faire évacuer, en cas de nécessité, tout le gaz contenu dans les gazomètres.

En prévision de cette cessation de l'éclairage municipal, les habitants sont invités à se munir dès à présent d'appareils d'éclairage et à les accrocher aux façades de leurs maisons aussitôt que les gazomètres cesseront de fonctionner.

Strasbourg, le 12 août 1870.

Le maire, HUMANN.

N° 2

SIXIÈME DIVISION MILITAIRE

Des bruits qui ont pris une certaine consistance semblent indiquer que quelques personnes préparent une manifestation hostile pour le 15 août.

Il n'y a que deux positions possibles dans les graves circonstances où nous sommes : Ami de la France ou son ennemi ; tout le reste est effacé.

Le général commandant supérieur croit de son devoir de prévenir plutôt que de sévir. En conséquence, il fait savoir que toute personne qui tenterait de troubler l'ordre serait arrêtée et traduite devant un conseil de guerre qui rendrait son jugement dans les quarante-huit heures.

Cet avis et le patriotisme de l'immense majorité de la population strasbourgeoise suffiront sans doute pour faire abandonner des projets coupables autant qu'insensés.

Fait au quartier général de Strasbourg, le 13 août 1870.

Le général de division, commandant supérieur,
UHRICH.

Le préfet du Bas-Rhin,
Baron PRON.

N° 3

SIXIÈME DIVISION MILITAIRE

Le 15 août, après le *Te Deum*, les autorités religieuses sont invitées à faire des prières publiques pour le soulagement de nos braves soldats blessés et pour le repos de l'âme de ceux qui ont glorieusement succombé devant l'ennemi.

Fait au quartier général de Strasbourg, le 13 août 1870.

Le général de division, commandant supérieur,
UHRICH.

N° 4

MAIRIE DE LA VILLE DE STRASBOURG

AVIS

Les habitants sont informés que demain matin les tambours de la garde nationale battront le rappel pour la réunion de chaque bataillon sur son lieu de rassemblement respectif.

Cette réunion a pour but de reconnaître les officiers, sous-officiers et caporaux.

Strasbourg, le 13 août 1870.

N° 5

PROROGATION DES POUVOIRS DU CONSEIL MUNICIPAL

ARRÊTÉ

Au nom de l'empereur,
Nous, préfet du Bas-Rhin,

ACTES OFFICIELS ET DOCUMENTS. 311

Vu les lois des 5 mai 1855 et 22 juillet 1870;
Vu l'état de siége;
Considérant que les circonstances de la guerre n'ont permis ni aux citoyens de procéder aux élections municipales de la ville de Strasbourg, ni au gouvernement de réorganiser l'administration,
Arrêtons :
Art. 1er. Les pouvoirs du corps municipal de la ville de Strasbourg sont prorogés jusqu'à nouvel ordre.
Art. 2. M. le maire est chargé de l'exécution du présent arrêté.

Fait à Strasbourg, le 15 août 1870.

Le préfet, baron Pron.

Vu et approuvé :

Le général de division, commandant supérieur,
Uhrich.

N° 6

DÉFENSE DE MONTER SUR LES CLOCHERS ET ÉDIFICES PUBLICS

AVIS

Il est expressément interdit, sous aucun prétexte, de monter ou stationner sur les tours des églises ou sur les plates-formes des édifices publics de la ville, à moins d'une permission personnelle délivrée par le général commandant supérieur ou par le préfet.
Tout individu surpris en contravention au présent ordre sera incarcéré.

Strasbourg, le 16 août 1870.

Le préfet, baron Pron.

N° 7

DEMANDE DE FORMATION D'UNE COMPAGNIE DE FRANCS-TIREURS STRASBOURGEOIS, REMISE LE 15 AOUT AU PRÉFET DU BAS-RHIN.

A M. le préfet du Bas-Rhin.

« Monsieur le préfet,

» Les habitants de Strasbourg qui sont habitués au tir du fusil et de la carabine demandent à se constituer en une compagnie de tireurs volontaires et à concourir à la défense de la place.
» Ne pourront entrer dans cette compagnie que les personnes qui font ou ont fait partie d'une société de tir à la carabine, ou qui peuvent justifier de leurs habitudes de chasse.

» Cette compagnie sera donc exclusivement formée de tireurs expérimentés,
» habitués tous à ne tirer qu'avec précision. Leur spécialité comme *tir ajusté*
» mettra les francs-tireurs de Strasbourg à même de rendre des services à la
» défense.

» Ces francs-tireurs seront placés sous la direction de l'autorité militaire. On
» armera cette compagnie de chassepots avec sabre baïonnette. Un signe de ral-
» liement sera donné à chaque tireur. Point de solde, point de corvées. Les enga-
» gements seront contractés pour la durée de la guerre.

» Les chasseurs et tireurs à la carabine de Strasbourg espèrent qu'on prendra
» en considération leur demande de formation en une compagnie de tireurs.

» Ils croient que leur projet répond aux intentions du dernier règlement du
» ministre de la guerre concernant la création de corps de francs-tireurs chargés
» spécialement de concourir à la défense de leurs foyers, ainsi qu'à la circulaire
» du 5 août de M. le préfet aux maires du département.

» Veuillez agréer, monsieur le préfet, l'expression de mes sentiments les plus
» distingués.

» RENÉ SERRAND.

» Strasbourg, ce 14 août 1870. »

N° 8

NOTE PUBLIÉE PAR LE COURRIER DU BAS-RHIN LE 17 AOUT 1870.

A M. le rédacteur en chef du Courrier du Bas-Rhin.

« MONSIEUR LE RÉDACTEUR,

» Déjà un bon nombre de nos concitoyens chasseurs et tireurs de carabine se
» sont fait inscrire aujourd'hui à la mairie sur le registre de la compagnie des
» francs-tireurs.

» Demain jeudi à quatre heures du soir, le registre d'inscription sera fermé, et
» il y aura de suite à la mairie une réunion des tireurs inscrits pendant ces deux
» jours.

» Voici en quelques mots les bases sur lesquelles sera établi ce corps :

» *Ne pourront entrer dans cette compagnie que les personnes qui font ou ont
» fait partie d'une société de tir à la carabine ou qui peuvent justifier de leurs
» habitudes de chasse.*

» Cette compagnie, placée sous la direction de l'autorité militaire, ne sera
» donc composée que de tireurs expérimentés, habitués au tir de précision.

» Maintenant, monsieur, laissez-moi vous remercier pour la publicité que vous
» avez accordée à ce projet; grâce à votre aide, Strasbourg aura demain un corps
» de volontaires francs-tireurs.

» Les francs-tireurs de Strasbourg ont de beaux exemples à imiter, ils n'ont
» pas oublié la noble conduite de leurs pères, qui rendirent célèbre le corps des
» chasseurs-tirailleurs de Strasbourg, comme eux ils vont défendre leur patrie,
» leur ville; les francs-tireurs de 1870 vont prouver qu'ils sont les dignes fils des
» chasseurs-tirailleurs de 1815.

» Nous prévenons les tireurs que demain jeudi à quatre heures le registre sera fermé.

» Veuillez agréer, monsieur, l'expression de mes sentiments les plus distingués.

» RENÉ SERRAND.

» Strasbourg, ce 17 août 1870. »

N° 9

ORGANISATION DES POMPIERS AUXILIAIRES ET DES VEILLEURS-SAUVETEURS.

Note reproduite par le *Courrier du Bas-Rhin* du 17 août

A M. *le rédacteur en chef du* Courrier du Bas-Rhin.

« MONSIEUR LE RÉDACTEUR,

» Les habitants du faubourg de Pierre viennent de prendre l'initiative d'une mesure importante, en organisant dans leur quartier, pendant l'état de siége, un service de surveillance et de premiers secours en cas d'incendie.

» A cet effet, 140 citoyens, répartis en sections de 15 hommes, ont établi un poste de volontaires dans la maison de l'un d'eux, M. Lipp, où sont déposées plusieurs pompes et une voiture chargée de tonneaux remplis d'eau. Plusieurs des associés se sont engagés à tenir également prêtes à être attelées des voitures chargées de tonneaux d'eau, et ceux qui possèdent des pompes à incendie, que le relevé a fait connaître au nombre de 14, les ont mises à la disposition du poste.

» Chaque nuit un piquet de 15 hommes non armés se réunit, et surveille par de fréquentes patrouilles tout ce qui pourrait donner lieu à un sinistre. En cas d'incendie, il se transporte immédiatement sur les lieux avec une ou plusieurs pompes, donne l'éveil, et est remplacé au poste par un nouveau piquet.

» A l'arrivée des pompiers de la ville, l'association s'efface pour ne plus agir que sous la direction du chef de ce corps.

» Voici la circulaire que le comité organisateur a fait distribuer :

« Strasbourg, le 15 août 1870.

» MONSIEUR,

» Les habitants du faubourg de Pierre se sont organisés en corps de volon-
» taires pour le service des incendies du quartier pendant l'état de siége. Un
» poste de quinze hommes est établi chaque nuit, de 8 heures du soir à 5 heures
» du matin, chez M. Lipp, et un piquet de 15 hommes se tient constamment
» prêt à remplacer le poste en cas de danger. Des patrouilles circulent pendant
» toute la nuit entre les remparts et la rue du Fil, d'une part, et le chemin de
» fer et la caserne de la Finckmatt, d'autre part.

» Ce service entraîne à certains frais que nous nous proposons de couvrir
» par une souscription. A cet effet, un des organisateurs se présentera chez vous
» pour recueillir votre offrande.

» L'excédant des recettes, s'il y a lieu, sera consacré, soit à soulager des
» familles malheureuses, soit à se procurer quelque matériel de pompes.
» Agréez, monsieur, l'expression de notre considération très-distinguée.

» *Le Comité organisateur.* »

« Dans l'association du faubourg de Pierre, les initiateurs de cette organisation n'ont pas perdu leur temps ; ils se sont souvenus de la devise : *Aide-toi, le ciel t'aidera ;* et imitant l'exemple de leurs pères, ils ont commencé par agir, par organiser.

» On nous apprend que l'exemple donné par les habitants du faubourg de Pierre a déjà trouvé des imitateurs et que des services analogues sont en voie d'organisation dans le faubourg de Saverne et la rue d'Austerlitz.

» Agréez, etc.

» UN HABITANT DU FAUBOURG DE PIERRE. »

N° 10

MAIRIE DE LA VILLE DE STRASBOURG

ARRÊTÉ

Nous maire de la ville de Strasbourg,

Vu l'état de siége,

Considérant que le cimetière de Sainte-Hélène est occupé pour la défense de la ville ; que le cimetière de Saint-Gall vient d'être envahi par l'ennemi, et que le cimetière Saint-Urbain, dont le sous-sol est rempli par les eaux d'inondation et qui n'offre pas beaucoup de terrains disponibles pour de nouvelles tombes, est également exposé à être occupé par l'ennemi ;

Que dans ces circonstances il y a lieu de recourir à une mesure exceptionnelle et de faire provisoirement les inhumations à l'intérieur de la ville ;

Avons arrêté ce qui suit :

Art. 1er. Les inhumations se feront provisoirement au Jardin botanique.

Toutes les précautions seront prises à l'effet de prévenir les exhalaisons insalubres.

Après la cessation de l'état de siége, les corps pourront être exhumés et transportés aux anciens cimetières.

Art. 2. Le présent arrêté sera soumis à l'approbation de M. le préfet et de M. le général de division commandant l'état de siége.

Fait à Strasbourg, à l'hôtel de ville, le 20 août 1870.

Le maire, HUMANN.

Vu et approuvé :

Le général de division, commandant supérieur,
UHRICH.

Le préfet du Bas-Rhin,
Baron PRON.

ACTES OFFICIELS ET DOCUMENTS.

N° 11

MAIRIE DE LA VILLE DE STRASBOURG

ARRÊTÉ

Nous maire de la ville de Strasbourg,
Vu l'état de siége,
Vu la dépêche par laquelle M. l'intendant militaire informe l'autorité que des courtiers vont au-devant des cultivateurs qui amènent du bétail en ville, les engageant à leur vendre à des prix très-modérés et le revendent ensuite à des prix exagérés;
Considérant que ces procédés constituent de véritables manœuvres qui, dans les circonstances actuelles, auraient pour résultat de faire accaparer par quelques intermédiaires le monopole du commerce du bétail, et qu'il appartient à l'administration de les faire cesser;
Arrêtons :

I. Tout le bétail amené dans l'intérieur de la ville, pendant la durée du blocus, sera conduit directement sur le marché public établi aux abords de l'abattoir. Ce marché aura lieu provisoirement tous les jours, de huit heures du matin à six heures du soir.
Défense expresse est faite à qui que ce soit d'aller au-devant des cultivateurs qui amènent du bétail en ville, dans le but de les engager à traiter pour la vente de leurs animaux, à ne pas se rendre au marché public ou à ne vendre qu'à un certain prix.
II. Le présent arrêté sera soumis à l'approbation de M. le général de division commandant supérieur.
M. le commissaire central est chargé d'en assurer l'exécution.

Strasbourg, le 20 août 1870. *Le maire*, HUMANN.

Vu et approuvé :

Le général de division, commandant supérieur,
UHRICH.

N° 12

MAIRIE DE LA VILLE DE STRASBOURG

ARRÊTÉ

Nous maire de la ville de Strasbourg,
Vu les lois qui établissent le pouvoir réglementaire de l'autorité municipale;
Vu l'état de siége,
Arrêtons :

I. Les lieux publics seront fermés à dix heures du soir.

Les contrevenants seront poursuivis conformément aux lois et règlements en vigueur.

II. Le présent arrêté sera soumis à l'approbation de M. le général de division, commandant supérieur.

M. le commissaire central est chargé d'en assurer l'exécution.

Strasbourg, le 20 août 1870.   *Le maire,* HUMANN.

Vu et approuvé :

Le général de division, commandant supérieur,
UHRICH.

N° 13

SOCIÉTÉ DE SECOURS AUX BLESSÉS MILITAIRES

COMITÉ AUXILIAIRE DE STRASBOURG

La section médicale de la Société de secours aux blessés croit de son devoir d'attirer l'attention du public sur le danger du séjour prolongé dans les caves, danger résultant du défaut d'aération, de l'humidité et de l'encombrement. Les caves ne doivent servir de refuge que momentanément et en cas de bombardement.

Au nom de la section médicale.

Le secrétaire, Dr F. MONOYER.

Le comité central a, en outre, l'honneur d'informer le public que, vu les difficultés toujours croissantes qui s'opposent à ses relations avec l'extérieur, il est contraint de ne plus accepter d'autre correspondance que celle des blessés.

Strasbourg, le 23 août 1870.

N° 14

VILLE DE STRASBOURG

POMPIERS AUXILIAIRES ET VEILLEURS-SAUVETEURS

Les habitants de la rue des Arcades jusqu'à la rue de l'Outre, du Vieux-Marché-aux-Grains, des rues de la Lanterne, de la Demi-Lune, des Fribourgeois, Sainte-Barbe, des Chandelles, du Vieux-Seigle, du Saumon, des Pelletiers, des Sept-Hommes, des Incendiaires et de la place Kléber jusqu'à la ruelle du Pilot, se sont entendus pour former un corps de pompiers auxiliaires, à l'effet de porter les premiers secours à un incendie qui pourrait éclater dans leur circonscription.

Un corps de dix-sept hommes fera un service de ronde de 9 heures du soir à 5 heures du matin.

Le dépôt de pompes et le corps de garde sera établi maison *Piton*. Les compagnies d'assurances n'étant plus responsables en de pareilles circonstances, ces mesures sont d'une véritable urgence; aussi le comité compte sur le concours de tous les habitants valides de ce quartier; une réunion générale est convoquée maison *Piton*, pour ce soir mardi, à 8 heures précises.

Strasbourg, ce 23 août 1870.

Le Comité d'organisation.

N° 15

— Les habitants du quartier du quai des Pêcheurs viennent de se constituer en corps de volontaires pour le service des incendies pendant l'état de siége.

L'organisation de la Société est semblable à celle des sociétés qui existent déjà dans différents quartiers de la ville.

Fondée hier matin, la Société a fonctionné dès la nuit dernière.

Le comité invite ceux des citoyens du quartier qui n'auraient pas encore adhéré à se faire inscrire au plus tôt chez M. Frick, à la *Tête-Noire*, 9, quai des Pêcheurs.

Circonscription de la Société : quai des Pêcheurs, ruelle de la Carpe, rue Traversière, rue des Pêcheurs, rue du quartier Saint-Nicolas, impasse du Loup, rue Saint-Guillaume.

Un corps de 20 hommes fera un service de ronde, de 9 heures du soir à 5 heures du matin.

Le poste sera établi à la *Tête-Noire*.

Le Comité d'organisation.

N° 16

— Les habitants des quartiers qui s'étendent de la rue de l'Esprit à la rue des Serruriers d'un côté, et la rue des Tonneliers de l'autre, jusqu'au pont du Corbeau, ont formé une Société de secours volontaires, constituée sur les bases de ses devancières. Fondée hier matin, la Société a fonctionné dans la nuit dernière. Les personnes de ce quartier qui n'ont pas encore signé sont invitées à le faire, au local de M. Oppermann, agent d'assurance, rue de la Douane. La réunion générale de tous les signataires est convoquée pour demain jeudi soir, à 8 heures, à la *Hache*, siége de la Société.

Le Comité d'organisation.

N° 17

— Les habitants du quartier compris entre la rue des Juifs, la rue des Pucelles, la place Saint-Étienne, la rue des Veaux, la place du Sable, la rue du Bain-aux-

Roses, la rue des Écrivains, et la rue des Frères, se sont organisés en corps libre, comme corps auxiliaire des pompiers, dans le but d'assurer dans ce quartier, pendant l'état de siége, une surveillance active pour prémunir la propagation des incendies. Un poste de 12 hommes, immédiatement remplacé par un nombre égal de veilleurs, lorsque les premiers sont appelés sur les lieux du danger, est établi à la halle couverte du marché Gayot; le service se fera de 9 heures du soir à 5 heures du matin.

Le Comité d'organisation.

N° 18

NOTE PUBLIÉE PAR LE COURRIER DU BAS-RHIN, LE 27 AOUT 1870.

M. le directeur-économe de l'hôpital civil de Strasbourg nous a adressé la lettre suivante ; nous nous associons de tout cœur aux sentiments de gratitude qui y sont exprimés :

« Strasbourg, le 25 août 1870.

» Monsieur le rédacteur,

» Je remplis un devoir impérieux en vous priant d'être l'interprète des sentiments de reconnaissance de l'administration des hospices aux pompiers commandés par M. le lieutenant Schott, aux militaires de la garnison, aux élèves en médecine civils et militaires qui ont contribué avec un zèle et un dévouement à toute épreuve à soutenir les efforts des agents de l'établissement pendant les deux malheureux incendies qui ont dévasté l'hôpital pendant la nuit du 25 au 26 août. Ce concours bienveillant et dévoué a sauvé notre population de malades et de vieillards d'une catastrophe qui aurait pu prendre des proportions incalculables.

» Des faits de cette nature ne trouvent leur récompense que dans la conscience et l'estime d'une population cruellement éprouvée.

» Veuillez agréer, monsieur le rédacteur, etc.

» Le directeur-économe de l'hôpital,
» Kieffer. »

N° 19

CAISSE D'ÉPARGNE DE STRASBOURG.

AVIS.

L'administration de la Caisse d'épargne de Strasbourg ayant dû prendre des mesures conservatoires pour ses registres, et ne voulant pas exposer au feu de l'ennemi les personnes qui ont dénoncé des fonds le 23 de ce mois, prévient le public que les opérations de la Caisse sont remises à huitaine et que le remboursement des sommes dénoncées aura lieu le lundi 5 septembre.

Strasbourg, le 27 août 1870.

N° 20

MAIRIE DE LA VILLE DE STRASBOURG.

AVIS

Le maire rappelle à ses concitoyens les dispositions de l'arrêté pris au sujet de l'éclairage des rues par chaque propriétaire de maison.

Les habitants auront donc, dès la tombée de la nuit, à y pourvoir au moyen de lanternes accrochées aux façades des maisons.

Strasbourg, le 29 août 1870.

Le maire, Humann.

N° 21

COMMISSION MUNICIPALE.

PRÉFECTURE DU BAS-RHIN.

ARRÊTÉ

Nous préfet du Bas-Rhin,

Vu l'état de siége,

Vu notre arrêté du 16 août, par lequel les pouvoirs du corps municipal de la ville de Strasbourg ont été prorogés ;

Considérant qu'un certain nombre de conseillers municipaux sont absents ou empêchés ; que dès lors il importe, eu égard à la gravité des circonstances, de réorganiser la représentation de la cité,

Arrêtons :

Art. 1er. Le conseil municipal est dissous.

Art. 2. Il est institué, pendant la durée du siége, une commission municipale, composée de 47 membres, en vue de gérer et de défendre les intérêts de la ville.

Art. 3. Sont nommés membres de la commission,

MM. Bœrsch, Charles, docteur en médecine, ancien conseiller municipal.
   Burger, Jean, brasseur (Ville-de-Paris).
   Cailliot, Amédée, professeur à la Faculté de médecine, ancien conseiller municipal.
   Cailliot, René, propriétaire, ancien conseiller municipal.
   Clog, propriétaire, idem.
   Destrais, professeur à la Faculté de droit, idem.
   Flach, notaire, idem.
   Gérard, président honoraire du tribunal civil, idem.
   Gœrner, entrepreneur.
   Grün, Charles, négociant.

MM. Hatt, brasseur, ancien conseiller municipal.
Hatt, Guillaume, propriétaire, ancien commandant de la garde nationale.
Henri fils, pâtissier.
Hirtz, professeur de la Faculté de médecine, ancien conseiller municipal.
Hœrter, marchand de bois, ancien conseiller municipal.
Huck, marchand de bois, ancien conseiller municipal.
Humann, Théodore, propriétaire, ancien conseiller municipal.
Imlin, propriétaire, ancien conseiller municipal.
Kablé, directeur d'assurance.
Kampmann, fabricant, ancien conseiller municipal.
Klein, pharmacien.
Klose, Edmond, banquier.
Kolb, constructeur-mécanicien.
Kratz, ancien notaire, ancien conseiller municipal.
Küss, professeur à la Faculté de médecine.
Lauth, Ernest, banquier.
Lauth, Jean-Jacques, ancien brasseur, ancien conseiller municipal.
Lauer fils, entrepreneur.
Lemaistre-Chabert, propriétaire, ancien conseiller municipal.
Leuret, ancien médecin principal des armées.
Lichtenfelder fils, serrurier.
Lipp, brasseur.
Mallarmé, avocat, ancien conseiller municipal.
Momy, notaire, ancien conseiller municipal.
Oberlin, professeur à l'Ecole de pharmacie, ancien conseiller municipal.
Petiti, entrepreneur, ancien conseiller municipal.
Ruhlmann, syndic des jardiniers cultivateurs.
Saglio, Alphonse, propriétaire.
Schott, brasseur, à la Chaîne.
Schmitt, boulanger, quai des Bateliers.
Schützenberger, Charles, brasseur.
Sengenwald, Jules, négociant, ancien conseiller municipal.
Silbermann, imprimeur, ancien conseiller municipal.
Stæhling, négociant, ancien conseiller municipal.
Stoltz, professeur à la Faculté de médecine, ancien conseiller municipal.
Stromeyer, négociant, ancien conseiller municipal.
Wenger, entrepreneur, ancien conseiller municipal.

Art. 4. M. le maire et MM. les adjoints sont maintenus dans leurs fonctions.
Art. 5. M. le maire est chargé de l'exécution du présent arrêté.

Fait à Strasbourg, le 29 août 1870.

Le préfet du Bas-Rhin,
A. Pron.

Vu et approuvé par nous :

Le général de division, commandant supérieur,
Uhrich.

N° 22

Dans sa séance du 21 août, la commission municipale s'adjoignit les membres dont les noms suivent :

MM. Weyer fils, architecte.
Eissen fils, négociant.
Schnéegans (Aug.), rédacteur du *Courrier du Bas-Rhin*.
Fullhart, ancien boulanger.
André (Oscar), négociant.
Kreitmann, fabricant de papiers.
Wolff, avocat.
Lips, négociant.
Belley (n'accepta pas).
Bergmann (Charles).

Dans sa séance du 17 la commission municipale s'adjoignit quatre nouveaux membres désignés par le conseil des prud'hommes.

MM. Gustave Poynet de Puilhery de Saint-Sauveur, ouvrier.
Théodore Schweighoeuser, ouvrier.
Charles Lehr, ouvrier.
Weber, ouvrier.

N° 23

MAIRIE DE LA VILLE DE STRASBOURG

AVIS

Nous maire de Strasbourg,

Vu notre arrêté en date du 20 août, prescrivant la fermeture des lieux publics à dix heures du soir ;

Sur l'invitation à nous adressée par M. le général commandant supérieur et par M. le préfet.

Arrêtons :

Art. 1er. A partir de ce jour, tous les lieux publics quelconques de la ville seront fermés à huit heures précises.

Art. 2. Il est interdit aux débitants de boissons de recevoir ou de garder des individus en état d'ivresse.

Art. 3. Toute contravention aux prescriptions ci-dessus sera punie de la fermeture immédiate de l'établissement et d'une forte amende.

Art. 4. M. le commissaire central est chargé de l'exécution du présent arrêté.

Fait à l'hôtel de ville, le 30 août 1870.

Le maire, Humann.

N° 24

SIXIÈME DIVISION MILITAIRE

ARRÊTÉ

Nous général de division, commandant supérieur,
Vu l'état de siége ;
Sur le rapport qui nous a été fait qu'une réunion de 300 personnes aurait été tenue hier matin, place Gutenberg, et que des motions illégales y auraient été formulées,

Arrêtons :

Art. 1er. Tous attroupements ou réunions publiques quelconques sont interdits.
Art. 2. Les contrevenants seront déférés au conseil de guerre.

Fait au quartier général, le 31 août 1870.

UHRICH.

N° 25

PRÉFECTURE DU BAS-RHIN

Nous préfet du Bas-Rhin,
Vu l'état de siége ;
Attendu que les bâtiments et collections de l'Académie sont propriétés municipales, que les locaux sont dépourvus de surveillance et de garde,

Arrêtons :

Art. 1er. Conformément à l'ordre donné par M. le maire de Strasbourg, les deux conservateurs du musée sont chargés de la garde de l'Académie. Toute autre personne qui voudra s'immiscer dans le service sera expulsée.
Art. 2. Les individus qui se sont introduits dans les locaux et caves de l'Académie sont tenus de déguerpir immédiatement.
Art. 3. Les gendarmes casernés dans le local prêteront au besoin main forte aux conservateurs.
M. le maire de Strasbourg est chargé de l'exécution du présent arrêté.

Fait à Strasbourg, le 31 août 1870.

Le préfet, baron PRON.

Approuvé :

Le général de division, commandant supérieur,

UHRICH.

N° 26

SIXIÈME DIVISION MILITAIRE

ARRÊTÉ

Nous général de division, commandant supérieur,
Vu l'état de siége;
Considérant que des malfaiteurs profitent des incendies allumés par l'ennemi et de l'infortune des habitants pour voler et piller les propriétés particulières,

Arrêtons :

Tout individu surpris en flagrant délit de vol ou de pillage sera immédiatement jugé selon les lois militaires.

Fait au quartier général de Strasbourg, le 1er septembre 1870.

UHRICH.

N° 27

MAIRIE DE LA VILLE DE STRASBOURG

AVIS

Le maire de la ville de Strasbourg recommande à ses administrés de ne pas fermer les portes de leurs maisons pendant le jour.

Les incendies allumés par les projectiles de l'ennemi sont très-fréquents; l'intérêt général exige dès lors que l'accès des maisons ne soit pas entravé et que les secours puissent être apportés sans le moindre retard.

Fait à Strasbourg, à l'hôtel de ville, le 1er septembre 1870.

Le maire, HUMANN.

N° 28

AVIS

La porte d'Austerlitz ne s'ouvrira plus que pour un service militaire.
La porte de Saverne est également condamnée.
Le passage par la porte de Pierre sera interdit aux piétons, aux chevaux et aux voitures pendant les journées du 1er et du 2 septembre, pour cause de réparations aux ponts-levis.

Strasbourg, le 1er septembre 1870.

Le maire, HUMANN.

N° 29

SIXIÈME DIVISION MILITAIRE

Suspension de la perception des droits d'octroi sur les liquides.

ARRÊTÉ

Nous général de division, commandant supérieur,
Vu l'état de siége ;
Vu la cherté des denrées de première nécessité dans la ville de Strasbourg ;
Attendu que l'autorité municipale, dans l'intérêt des classes pauvres et de l'alimentation publique, déclare renoncer aux droits d'octroi dont elle est bénéficiaire sur les vins et les spiritueux ;
Après nous être concerté avec M. le préfet du Bas-Rhin,

Arrêtons :

Art. 1er. Les droits que le Trésor perçoit sur les liquides, vins et spiritueux dans l'enceinte fortifiée de Strasbourg cesseront d'être perçus jusqu'à la levée du siége.

Art. 2. M. le directeur des contributions indirectes est chargé de l'exécution du présent arrêté.

Fait au quartier général à Strasbourg, le 7 septembre 1870.

UHRICH.

N° 30

DÉPÊCHE TÉLÉGRAPHIQUE

» Paris, le 5 septembre 1870, 9 h. 30 m. du soir.
» Expédié : Schelestadt, 6 h. 3 m. du matin.

Intérieur à préfet du Bas-Rhin (Strasbourg)

« MONSIEUR,

» Vous êtes invité à résigner vos fonctions entre les mains de M. Edmond
» Valentin.

» Pour copie conforme, le chef de service,

» *Signé :* WECK. »

N° 31

SIXIÈME DIVISION MILITAIRE

M. l'intendant militaire prévient les militaires en retraite qui touchent des pensions de l'État, qu'ils sont autorisés à percevoir mensuellement leur retraite. Ils présenteront, comme par le passé, le certificat exigé par la loi. Cette perception aura lieu à partir du 1ᵉʳ septembre prochain.

Par ordre de M. le général commandant la sixième division militaire.

L'officier d'administration principal,

Signé : Rinchevall.

N° 32

SOCIÉTÉ DE SECOURS AUX BLESSÉS

PROCÈS-VERBAL DE LA SÉANCE DU 28 AOUT 1870

La rue de la Marseillaise a été détruite dans la dernière nuit par les incendies.
La toiture de la cathédrale a aussi été détruite.
A l'heure où le Comité doit tenir séance, les bombes pleuvent.
Il n'est donc pas étonnant que les membres du Comité plus éloignés de son siège que le signataire du procès-verbal, seul membre présent, n'assistent pas à la séance.
La séance est levée à cinq heures.

Le membre du comité,

Kablé.

N° 33

SIXIÈME DIVISION MILITAIRE

A M. le rédacteur en chef du Courrier du Bas-Rhin.

« Strasbourg, 7 septembre 1870.

» Monsieur le rédacteur en chef,

» J'ai l'honneur de vous prier de vouloir bien porter à la connaissance du public, par la voie de votre journal, que la direction des ambulances militaires acceptera avec reconnaissance les livres (ouvrages divers, romans, voyages, etc.) qui pourront être mis à la disposition des blessés. Ces dons seront reçus au Château impérial et de là répartis dans les ambulances.

» Agréez, monsieur le rédacteur, l'assurance de ma considération très-distinguée.

» *Le général de division, commandant supérieur,*
» UHRICH. »

N° 34

VILLE DE STRASBOURG

AVIS

La commission des abris pour les incendiés fait appel à la charité publique.

Elle prie toutes les personnes qui pourraient loger une famille incendiée à en faire la déclaration chez MM. Flach, notaire, place Kléber, 5; Ernest Lauth, négociant, quai Saint-Thomas, 5; Charles Schützenberger, brasseur, rue des Balayeurs, 2, et Lichtenfelder fils, serrurier, faubourg de Pierre, 4.

Strasbourg, le 7 septembre 1870.

N° 35

NOTICE SUR LES ANCIENNES ALLIANCES DES CITÉS SUISSES ET DE LA VILLE LIBRE DE STRASBOURG

Une étroite chaîne d'amitié unissait les républiques de Suisse et la cité de Strasbourg. A l'époque où Strasbourg était ville libre et république indépendante, elle entretenait les rapports les plus intimes avec les cantons helvétiques. Le même esprit animait au demeurant les deux populations, et, bien mieux encore qu'avec les habitants du Palatinat et des bords du Rhin, les Strasbourgeois se sentaient apparentés alors avec les républicains de Bâle, de Zurich, de Berne. La similitude des institutions politiques créait une similitude de pensées et de mœurs bien plus encore que la communauté de langue et de religion. Il arriva ainsi qu'à travers de longs siècles Strasbourg et les cités suisses se regardèrent comme des amies, bien plus, comme les enfants d'une même famille; l'une se trouvait-elle en danger, les autres en souffraient; la Suisse venait en aide à Strasbourg; Strasbourg venait en aide à la Suisse.

Bâle fut presque entièrement détruit un jour par un tremblement de terre; les familles ruinées trouvèrent asile dans la république rhénane, et celle-ci aida les Bâlois de son argent et de ses bras à reconstruire leur ville. Zurich voulut donner une autre fois à la ville libre impériale une preuve de l'efficacité de son alliance : une marmite de riz bouillant fut chargée sur un bateau, qui, monté par les principaux citoyens de la ville suisse, descendit le Rhin et entra à Strasbourg :
« Et de même que nous pouvons aujourd'hui vous porter du riz chaud encore,

dirent les délégués suisses, de même au jour du danger comptez sur notre secours rapide (1). »

N° 36

MAIRIE DE LA VILLE DE STRASBOURG

Nous maire de la ville de Strasbourg,
Vu l'état de siége;
Vu la cherté des denrées de première nécessité;
Vu l'arrêté de M. le général commandant supérieur qui suspend la perception des droits du Trésor sur les liquides, vins et spiritueux dans l'enceinte fortifiée de Strasbourg, à dater de ce jour jusqu'à la levée du siége;
Vu la délibération de la commission municipale en date du 8 septembre courant;

Arrêtons :

I. Les droits d'octroi établis par la ville sur les liquides, vins et spiritueux, ainsi que sur le bétail et sur la viande, cesseront d'être perçus jusqu'à la levée du siége.
II. M. le préposé en chef de l'octroi est chargé de l'exécution du présent arrêté, qui sera immédiatement soumis à l'approbation de M. le préfet du Bas-Rhin.

Strasbourg, le 9 septembre 1870.

Le maire, HUMANN.

Vu et approuvé :

Le préfet du Bas-Rhin,
Baron PRON.

N° 37

CONSEIL DE PRUD'HOMMES DE LA VILLE DE STRASBOURG

Le conseil de prud'hommes de la ville de Strasbourg, dans le but de venir efficacement en aide aux ouvriers sans travail, invite MM. les patrons et chefs d'industrie de fournir la liste des ouvriers qu'ils avaient occupés, et qui, par suite des événements, sont privés de travail, et de faire parvenir cette liste au bureau établi dans le local de la Bourse, rue des Serruriers, tous les jours, de 9 heures à midi et de 2 à 4 heures, à partir du 10 septembre courant.

Les artisans et ouvriers sans ouvrage sont invités à se faire inscrire au même bureau, aux heures ci-dessus indiquées.

Strasbourg, le 9 septembre.

Le président du conseil des prud'hommes,
F. ANDRÉ.

---

(1) A. Schnéegans, *loc. cit.*, p. 187.

N° 38

MAIRIE DE LA VILLE DE STRASBOURG

Saufs-conduits délivrés sous la caution de MM. les hauts délégués suisses.

AVIS.

Le maire a l'honneur d'informer les habitants qui se sont fait inscrire *pendant la journée du lundi 12 septembre* pour obtenir des saufs-conduits, que ces titres viennent de lui être transmis par MM. les hauts délégués suisses.

Ils devront être retirés par les ayant droit *en personne*, demain jeudi, à 8 heures du matin, à l'hôtel du Commerce, où un bureau spécial de distribution sera établi à cet effet.

Un nouvel avis fera connaître le jour où les saufs-conduits demandés mardi 13 septembre, et les jours suivants, pourront être délivrés.

Strasbourg, le 14 septembre 1870.

Le maire, HUMANN.

N° 39

SIXIÈME DIVISION MILITAIRE.

Nous général commandant supérieur de la 6° division militaire,

Vu les lois sur l'organisation municipale;

Vu les propositions de la commission municipale de Strasbourg; après nous être concerté avec M. le préfet intérimaire,

Arrêtons :

Art. 1er. Sont acceptées les démissions de M. le maire et de ses adjoints;

Art. 2. Sont chargés provisoirement de l'administration municipale de Strasbourg :

MM. Küss, professeur à la Faculté de médecine, président de la commission d'administration; Leuret, ancien adjoint; Weyer, architecte; Flach, notaire; Zopff, ancien adjoint.

Art. 3. M. le président de la commission d'administration est chargé de l'exécution du présent arrêté.

Fait au quartier général à Strasbourg, le 14 septembre 1870.

UHRICH.

N° 40

MAIRIE DE LA VILLE DE STRASBOURG

Saufs-conduits délivrés sous la caution de MM. les hauts délégués suisses.

La deuxième série des saufs-conduits délivrés sous les auspices des hauts délégués suisses vient d'être transmise à l'administration municipale.

Ces saufs-conduits seront portés au domicile des ayant droit dans le courant de l'après-midi.

Dans la soirée et au plus tard samedi matin à 5 heures, on affichera à la porte principale de l'hôtel du Commerce, du côté de la place Gutenberg, et à la porte du local de la Bourse, le nom des ayant droit dont le domicile n'aura pas été trouvé; ces derniers pourront retirer leurs saufs-conduits au bureau établi à cet effet à l'hôtel du Commerce, et qui restera ouvert jusqu'à 10 heures du soir et le lendemain samedi à partir de 6 heures du matin.

Observation essentielle. Les personnes qui n'auraient pas reçu leurs saufs-conduits à domicile, ou dont les noms n'auraient pas été affichés comme il est dit ci-dessus, n'ont pas été comprises dans la deuxième série; elles devront attendre un nouveau départ.

Strasbourg, le 16 septembre 1870.

Le président de la commission municipale,
KÜSS.

N° 41

MAIRIE DE LA VILLE DE STRASBOURG

Saufs-conduits.

AVIS

Les personnes qui sont munies de saufs-conduits délivrés par M. le général prussien, *sans l'intervention* de l'administration municipale et de MM. les hauts délégués suisses, sont informées qu'elles pourront sortir de la ville demain dimanche, sous les auspices d'un parlementaire. Elles devront se trouver sur la place d'Austerlitz, au plus tard à *huit heures du matin.*

Strasbourg, le 17 septembre 1870.

Le président de la commission municipale,
KÜSS.

N° 42

MAIRIE DE LA VILLE DE STRASBOURG

Émigration pour la Suisse.

AVIS

La commission établie à l'hôtel de ville est chargée de recevoir les inscriptions des personnes qui désirent obtenir des saufs-conduits; elle n'a pas le droit de faire un choix et de refuser des inscriptions que dans les limites indiquées par MM. les hauts délégués suisses; elle transmet la liste intégrale des inscrits avec les saufs-conduits portant leurs noms au quartier général ennemi. Le général en chef prussien *s'est réservé le droit absolu de choisir les personnes qui forment chaque convoi;* c'est ainsi que sur les 1400 inscriptions du lundi 13, le général ennemi n'a renvoyé de saufs-conduits que pour 600 personnes.

Le départ du 17 était composé de 568 personnes inscrites également le 13, sauf quelques adjonctions de personnes dont les saufs-conduits ont été retournés à la mairie le 14.

On a pu juger par la composition de ces deux premiers convois qu'une préférence marquée a été donnée aux incendiés, aux enfants, aux femmes et aux vieillards.

Strasbourg, le 17 septembre 1870.

La Commission d'émigration.

N° 43

VILLE DE STRASBOURG

Conseil des prud'hommes

AVIS

Les patrons, chefs d'industrie et toutes les autres personnes qui auraient besoin d'ouvriers *sont priés de s'adresser à M. Mendel, secrétaire du conseil des prud'hommes, rue de la Chaîne, 6, tous les jours, de 9 h. à midi.*

Les ouvriers peuvent continuer à se faire inscrire audit secrétariat, aux heures ci-dessus indiquées.

Strasbourg, 17 septembre 1870.

N° 44

SIXIÈME DIVISION MILITAIRE

Par arrêté de M. le général Uhrich, commandant la sixième division militaire, et en vertu des pouvoirs exceptionnels dont il est revêtu, M. Beunat, commissaire de police cantonal à Strasbourg, remplira provisoirement les fonctions de commissaire central en remplacement de M. Aymard.

Strasbourg, 17 septembre 1870.

N° 45

Droits de douane.

M. le général de division a répondu par la lettre suivante à celle qui lui a été adressée relativement à l'exemption des droits de douane pour un lot de sucres et de cafés entreposés à la gare.

« Strasbourg, le 20 septembre 1870.

» Monsieur le maire,

» En réponse à votre lettre en date du 19 septembre, relative à l'exemption des droits de douane pour les sucres et les cafés actuellement entreposés à la gare, j'ai l'honneur de vous déclarer tout d'abord que je suis prêt à prononcer l'exemption desdits droits en signant l'arrêté que vous m'avez transmis, mais je tiens à vous présenter avant quelques observations sur le mode de vente de ces denrées.

» Plusieurs cas se présentent :

» 1° Des épiciers peuvent acheter ces cafés et ces sucres aux prix réduits que vous fixez et les revendre au cours actuel; donc, dans ce cas, bénéfice pour le commerçant, mais aucun résultat pour la classe nécessiteuse qu'il s'agit d'avantager;

» 2° Des épiciers qui ont épuisé leurs approvisionnements peuvent acheter ces denrées, faire concurrence de la vente, ou forcer les concurrents à baisser leurs prix.

» Ces abus entraîneraient à leur suite de nombreuses réclamations.

» Je vous livre ces réflexions; elles pourront faire modifier d'une certaine façon le projet d'arrêté que vous m'avez envoyé.

» Dans tous les cas, modifié ou non, je suis prêt à le signer.

» Recevez, monsieur le maire, l'assurance de ma considération la plus distinguée.

» *Le général de division, commandant supérieur,*

» Uhrich. »

Après un échange d'explications, il est convenu que M. Zopff entrera en négociations avec les acheteurs, de manière à éviter les inconvénients prévus par la lettre du général.

N° 46

BREVET DE CITOYEN DE STRASBOURG

DÉLIVRÉ AU GÉNÉRAL UHRICH

La commission municipale de la ville de Strasbourg, voulant rendre un éclatant hommage au général de division

JEAN-JACQUES-ALEXIS UHRICH,

commandant la 6ᵉ division militaire et commandant supérieur de cette place, grand officier de la Légion d'honneur, *pour sa glorieuse et héroïque défense de Strasbourg*, voulant également reconnaître la sollicitude et la bienveillance qu'il a témoignées aux habitants de la ville et à ses représentants pendant la calamiteuse période d'un siége à jamais mémorable, déclare que le

GÉNÉRAL UHRICH

a bien mérité de la ville de Strasbourg, et lui confère le titre de citoyen de cette ville.

Fait à Strasbourg, le 18 septembre.

Le secrétaire de la commission municipale,
Signé : M. HUCK.

Le président de la commission municipale,
Signé : KÜSS.

N° 47

LETTRE ÉCRITE LE 20 SEPTEMBRE, PAR LE GOUVERNEUR DE STRASBOURG AU MAIRE, M. KÜSS

« MONSIEUR LE MAIRE,

» En présence des nouveaux malheurs qui frappent la ville de Strasbourg, et dans le but d'alléger ses souffrances, j'ai l'honneur de mettre à la disposition de l'autorité municipale :

» 1° 1500 rations de pain, pendant quinze jours, à dater de demain;
» 2° 1000 couvertures;
» 3° 1000 paires de souliers.

» Si vous acceptez mon offre, veuillez envoyer l'un de MM. les adjoints chez l'intendant militaire de la Valette, qui est chargé d'indiquer le mode de perception.
» Recevez, etc.

» *Général* UHRICH. »

… ACTES OFFICIELS ET DOCUMENTS. 333

N° 48

RÉPONSE DU MAIRE DE STRASBOURG AU GÉNÉRAL UHRICH

« Strasbourg, le 20 septembre 1870.

« Monsieur le général,

» Je viens de communiquer à la commission municipale la dépêche en date d'aujourd'hui par laquelle vous mettez à ma disposition 1500 rations de pain par jour, pendant quinze jours, 1000 couvertures et 1000 paires de souliers.

» La commission me charge de vous transmettre l'expression de sa reconnaissance pour ce don généreux.

» Veuillez agréer, monsieur le général, l'hommage de nos respects.

» *Le président de la commission municipale,*
» KUSS. »

N° 49

PRÉFECTURE DU BAS-RHIN

Le préfet du Bas-Rhin porte à la connaissance du public que tous les secours, de quelque nature qu'ils soient, qui seront alloués sur les divers crédits mis à sa disposition, seront insérés dans les journaux de la localité avec les noms, prénoms et qualités des parties prenantes.

(*Communiqué.*)

N° 50

PRÉFECTURE DU BAS-RHIN

Par arrêté du 21 septembre courant, M. le préfet du Bas-Rhin, en vertu des pouvoirs extraordinaires qui lui sont conférés pendant la durée de l'état de siège, a mis à la disposition de M. le commissaire du gouvernement près la Monnaie de Strasbourg, une somme de 470 fr. 82 c., montant des appointements des fonctionnaires et agents de la Monnaie pour le mois de septembre 1870.

Cette décision remplace l'ordonnance de délégation que, par suite de l'investissement de la place de Strasbourg, M. le ministre des finances n'a pas pu faire parvenir au commissaire des monnaies.

— Par un autre arrêté du même jour, M. le préfet a autorisé le trésorier général à payer, sur mandats du commissaire des Monnaies, une somme de 500 fr. pour la garde des bâtiments de la Monnaie pendant la durée de l'état de siège.

— M. Valentin, préfet du Bas-Rhin, a autorisé, comme son prédécesseur, en raison des circonstances extraordinaires et de la cherté des vivres, le payement du traitement des fonctionnaires publics par quinzaine.

N° 51

MAIRIE DE LA VILLE DE STRASBOURG

AVIS

Les séances de la commission municipale ont un double caractère ; elles sont remplies en partie seulement par des discussions et des votes qui peuvent sans inconvénient être livrés à la publicité.

Les procès-verbaux qui en sont dressés sont inscrits dans les journaux. On comprend toutefois qu'il existe des délibérations qui ne sont pas de nature à recevoir la même publicité.

Les détails qu'elles renferment pourraient répandre dans le public des inquiétudes ou donner lieu à des interprétations erronées, fournir même à l'ennemi des renseignements sur notre situation. Cette partie des travaux de la commission a toujours été considérée comme confidentielle.

L'administration municipale croit devoir fournir ces explications en réponse aux critiques qui ont été dirigées contre les derniers procès-verbaux dont la concision a fait supposer que la commission ne tenait que des séances peu occupées.

Pendant les derniers jours, la commission a au contraire été pour ainsi dire en permanence.

Strasbourg, le 23 septembre 1870.

Le maire, signé : Küss.

N° 52

CONSULAT DES ÉTATS-UNIS D'AMÉRIQUE

AVIS

Les citoyens des États-Unis d'Amérique, actuellement à Strasbourg, les sujets de la confédération de l'Allemagne du Nord et les étrangers n'ayant pas de consul en cette ville, sont invités à se présenter dans le plus bref délai chez le consul des États-Unis, 9, rue de la Gare.

Strasbourg, le 24 septembre 1870.

C. M. Félix Petard, U. S. *consul.*

Vu et approuvé :

Le général de division, commandant la 6e division militaire,
Uhrich.

ACTES OFFICIELS ET DOCUMENTS.

N° 53

LETTRE DU MAIRE M. KUSS, ÉCRITE LE 23 SEPTEMBRE, AU GÉNÉRAL UHRICH

« Monsieur le général,

» Je viens de communiquer à la commission municipale la dépêche en date d'aujourd'hui par laquelle vous avez bien voulu me donner l'assurance que M. Maurice Engelhardt ne sera pas placé à la tête de l'administration municipale.

» La commission municipale a accueilli cette promesse avec une vive satisfaction, et elle me charge de vous exprimer sa gratitude pour l'empressement que vous avez mis à déférer à ses désirs.

» Permettez-moi d'y joindre l'expression de ma sincère reconnaissance pour la bienveillante appréciation dont vous avez honoré mes efforts.

» La commission municipale a, par le même vote, demandé que votre dépêche fût insérée dans les journaux et affiches. La nomination de M. Engelhardt, ont dit plusieurs membres, a été affichée, il importe que la population connaisse ses administrateurs, pour qu'à cet égard il ne puisse y avoir d'incertitude. J'ose espérer que vous ne verrez aucun inconvénient à cette publication.

Veuillez agréer, monsieur le général, l'hommage de mon respect.

» *Le président de la commission municipale,*

» Kuss. »

N° 54

RÉPONSE DU GOUVERNEUR DE STRASBOURG AU MAIRE, M. KUSS
(23 septembre 1870)

« Monsieur le maire,

» En réponse à votre lettre, j'ai l'honneur de vous faire connaître que non-seulement je ne vois aucun inconvénient à donner la plus grande publicité possible à la lettre que je vous ai adressée relativement à votre maintien à la tête de la municipalité, mais au contraire je reconnais toute l'utilité de cette mesure.

» C'est avec une vive satisfaction que j'ai vu la municipalité se rallier autour de votre nom. Veuillez croire combien je suis heureux de cette unanimité qui vous donnera plus de force pour mener à bien la tâche qui vous incombe.

» Recevez, je vous prie, monsieur le maire, l'assurance de ma reconnaissance la plus distinguée.

» *Le général de division, commandant supérieur,*

» Uhrich. »

STRASBOURG.

N° 55

PRÉFECTURE DU BAS-RHIN

Par décision de M. le préfet du Bas-Rhin, en date du 24 septembre 1870, des secours sont accordés sur les fonds mis à sa disposition par le ministère de l'intérieur, savoir : A madame Gautier, veuve d'un ancien militaire, mère de 5 fils sous les drapeaux, 100 fr. A madame Sengel, femme d'un maréchal des logis chef de la garde mobile, 50 fr. A madame Kuntz, femme d'un garde mobile, 25 fr. A madame Poitrineau, femme d'un maréchal des logis de la garde mobile, 25 fr.

N° 56

MAIRIE DE LA VILLE DE STRASBOURG

Saufs-conduits.

Les personnes qui ont obtenu des saufs-conduits prussiens dont elles n'ont pas encore eu l'occasion de faire usage sont priées de venir en faire la déclaration à la mairie (hôtel du Commerce), au plus tard avant mardi 25 septembre courant, à six heures du soir. Cet appel est fait dans le but d'essayer la formation d'un nouveau convoi de départ.

Strasbourg, le 24 septembre 1870.

Pour le président de la commission municipale :

L'administrateur délégué,
ZOPFF.

N° 57

LETTRE DU SYNDIC DES JARDINIERS AU COURRIER DU BAS-RHIN

« MONSIEUR LE RÉDACTEUR,

» La corporation des jardiniers-cultivateurs de Strasbourg, une des plus importantes et des plus anciennes de la cité, a été cruellement éprouvée par le bombardement.

» Plus de 100 familles, très-aisées avant le blocus, ont perdu, outre plusieurs centaines de corps de bâtiments, tels que maisons d'habitation, granges, écuries, etc., leurs récoltes, les fourrages, un grand nombre de chevaux et de bestiaux, leur mobilier et jusqu'à la literie (linge et objets d'habillements).

» Des hommes, des femmes et des enfants ont été tués ou blessés, et cette corporation, dont je suis le représentant légal, jadis si florissante, est aujourd'hui réduite à la plus profonde détresse. De toutes ces belles fermes dont nous avions le droit d'être fiers, il reste à peine une dizaine des moins importantes elles-mêmes rendues inhabitables et constamment labourées par les projectiles, et leurs habitants trouvent aujourd'hui pour seul refuge les caves des brasseurs,

» Agréez, monsieur le rédacteur, l'assurance de ma parfaite considération.

» Strasbourg, 25 septembre 1870.

» RUHLMANN. »

N° 58

MAIRIE DE LA VILLE DE STRASBOURG

AVIS

En exécution de la mesure prise par M. le préfet du Bas-Rhin, en date du 26 septembre dernier, l'administration municipale prévient le public qu'un bureau spécial d'assistance vient d'être établi à l'hôtel du Commerce (salle du Tribunal).

Les artisans et petits industriels patentés, les personnes étrangères à la localité, surprises par le blocus, ou toute autre personne non encore secourue et privée momentanément de ressources, sont priés de se faire inscrire et pourront recevoir dans les limites du crédit alloué des moyens de subsistance à titre gratuit ou bien à titre d'avances remboursables dans des temps meilleurs.

L'allocation de ces secours sera faite avec le concours bienveillant du Conseil des prud'hommes de la ville de Strasbourg.

Pour le président de la Commission municipale,

L'adjoint délégué, A. ZOPFF.

N° 59

DIRECTOIRE DE L'ÉGLISE DE LA CONFESSION D'AUGSBOUR

AVIS

MM. les pasteurs de l'Église de la Confession d'Augsbourg résidant à Strasbourg sont invités à faire retirer leurs mandats de traitement des bureaux du Directoire, où ils ont été envoyés pour leur être remis.

Strasbourg, le 27 septembre 1870.

N° 60

COMITÉ DE SECOURS STRASBOURGEOIS

Le Comité formé à Strasbourg pour les secours à donner aux nombreux habitants victimes du bombardement de la cité s'adresse à la bienfaisance de tous les nobles cœurs.

Le mal est immense : plus de 6000 personnes de toutes les conditions n'ont plus un toit pour s'abriter ; les plus malheureux campent sur les berges des canaux et dans les ruines des habitations incendiées ; les pertes se chiffrent par millions ; plus de travail pour l'ouvrier et pour le petit employé, et cela aux approches de la saison rigoureuse.

Nous faisons un appel à la bienfaisance et à la fraternité de tous les peuples, et nous espérons qu'il sera entendu.

Les secours que nous sollicitons pourront être adressés au Comité de secours strasbourgeois, constitué sous le patronage de l'administration communale, et dont le siège est à Strasbourg, rue de la Douane, 2.

Le 3 octobre 1870.

Le maire de Strasbourg, président d'honneur du comité,

KUSS.

N° 61

Mulhouse.

L'appel du Comité de secours organisé à Strasbourg en faveur des victimes du bombardement a trouvé de l'écho dans notre ville. Des listes de souscription viennent d'être déposées au Cercle social, au Casino et à la Bourse, ainsi que chez M. Schlumberger, Ehinger et dans les bureaux de l'*Industriel*.

Nous apprenons qu'elles commencent déjà à se couvrir de signatures. M. Ed. Trapp vient de verser la somme de 500 francs, et M. Albert Hubner, un de nos compatriotes domicilié à Moscou, a également envoyé la même somme.

Nous connaissons trop la générosité de nos concitoyens pour ne pas avoir la persuasion que ces exemples seront suivis. Strasbourg est la capitale de l'Alsace ; c'est à nous surtout Alsaciens de fermer ses blessures. L'hiver est proche et la misère sera grande à Strasbourg plus qu'ailleurs. Il serait souverainement injuste que cette héroïque cité, qui a si bien mérité de la patrie, demeurât sans ressources. Les infortunes sont immenses, mais la charité publique saura les soulager.

(*Industriel alsacien.*)

N° 62

RESTAURANT POPULAIRE

Pendant le bombardement il a été créé divers établissements de distribution gratuite d'aliments. La situation n'étant plus la même, le travail ayant en partie repris son cours, les locaux devant être restitués à leur destination, un seul de ces établissements, celui de la Halle-Couverte, continuera de fonctionner.

Mais à partir de lundi 30 octobre, les distributions ne seront plus gratuites que pour celles des victimes du siège qui n'ont pas encore recouvré leurs ressources primitives et qui ont encore besoin de ce genre d'assistance.

Le Comité vient de faire un appel à MM. les inspecteurs des pauvres pour les prier de lui désigner les personnes ou familles qui, après un examen attentif, seront reconnues dans cette dernière situation, notamment les femmes chargées d'enfants, dont les maris auraient été tués pendant le siége ou seraient retenus prisonniers de guerre, et puis les familles qui n'ont d'autre moyen de vivre qu'une industrie actuellement improductive par l'effet des circonstances. Quant aux ménages pauvres dont la situation était déjà la même avant le siége, ceux-là rentrent dans le domaine de la bienfaisance publique, et doivent s'adresser à leurs Comités respectifs. Les personnes charitables pourront envoyer des dons en nature, ou se procurer des cartes valables pour un repas au prix de 15 c. sans vin et à 20 c. avec vin, chez : MM. A. Altorffer, marchand de cuir, rue des Arcades, 34; Bodet, débitant de tabac, Grand'rue, 73; Engel, marchand de drap, rue du Vieux-Marché-aux-Poissons, 52; Ensfelder, épicier, faubourg National, 28; Memminger, pharmacien, rue des Frères, 27; Molk, pharmacien, rue du Vieux-Marché-aux-Vins, 47; Villard, négociant, rue de la Petite-Boucherie, 9.

Les distributions auront lieu : le matin, de 8 à 9 heures, et de 11 à 1 heure; le soir, de 4 1/2 à 7 heures.

N° 63

COMITÉ DE SECOURS STRASBOURGEOIS

Logements à offrir aux victimes du bombardement.

Le Comité de secours va être en mesure de pourvoir au logement des familles qui ne sont encore que provisoirement abritées. Afin de pouvoir suffire à tous les besoins, il est indispensable de connaître le nombre des logements à créer.

Le Comité invite donc toutes les personnes qui ne sont encore que provisoirement abritées de se faire inscrire au bureau, rue de la Douane, 2, avant la fin du mois.

Le Comité.

N° 64

Strasbourg, le 25 octobre 1870.

Monsieur le rédacteur en chef du Courrier du Bas-Rhin,

Je vous serais fort obligé si vous vouliez bien ajouter à la liste des dons faits aux victimes du bombardement de Strasbourg, que vous publiez dans votre journal, le don de 100 fr. que le Comité de secours aux blessés de Lyon a eu la gracieuseté de me faire parvenir, par l'intermédiaire du Comité de Strasbourg pour nos pompiers blessés.

Recevez, monsieur, l'expression de mes sentiments distingués.

F. Gœrner,
Chef du bataillon des sapeurs-pompiers.

N° 65

Avis aux personnes sans abri.

Les personnes qui par la suite du bombardement se trouvent momentanément sans asile pourront se faire inscrire au siége du Comité de secours, rue de la Douane, 2.

Le Comité.

Avis aux propriétaires d'immeubles.

Les propriétaires de logements vacants ou de grands locaux pouvant être transformés en habitations temporaires, qui seraient disposés à les louer, sont invités à s'adresser au Comité de secours strasbourgeois, rue de la Douane, 2.

N° 66

LETTRE DU MAIRE DE STRASBOURG M. KÜSS AU GÉNÉRAL UHRICH.

MAIRIE DE STRASBOURG

« Strasbourg, le 11 octobre 1870.

» MON CHER GÉNÉRAL,

» Nous avons traversé ensemble des temps bien difficiles. Depuis, nous autres que vous avez institués pour gérer et défendre les intérêts de cette malheureuse ville nous nous prenons parfois à regretter les jours du bombardement. C'est tout dire.

» Croyez à notre sincère attachement.

» KÜSS, *maire.* »

PIÈCES A L'APPUI

ACTES OFFICIELS
ET
DOCUMENTS
D'ORIGINE ALLEMANDE

PIÈCES A L'APPUI

ACTES OFFICIELS
ET
DOCUMENTS

QUI N'ONT PAS TROUVÉ PLACE DANS LE JOURNAL DU SIÉGE

N° 67

PROCLAMATION DU GOUVERNEUR GÉNÉRAL

Habitants de l'Alsace !

Les événements de la guerre ayant amené l'occupation d'une partie du territoire français par les forces des puissances alliées allemandes, ces territoires se trouvent par ce fait même soustraits à la souveraineté impériale, en lieu et place de laquelle est établie l'autorité des puissances allemandes. C'est en leur nom que je suis appelé à exercer le pouvoir dans les départements du Haut et du Bas-Rhin, ainsi que dans le nouveau département de la Moselle, comprenant les arrondissements de Metz, Thionville, Sarreguemines, Château-Salins et Sarrebourg, en qualité de gouverneur général de l'Alsace.

Le maintien des lois existantes, le rétablissement d'un ordre de choses régulier, la remise en activité de toutes les branches de l'administration, voilà où tendront les efforts de mon gouvernement dans la limite des nécessités imposées par les opérations militaires. La religion des habitants, les institutions et les usages du pays, la vie et la propriété des habitants jouiront d'une entière protection; rien enfin ne sera négligé de ce qui pourra contribuer à rendre plus supportables à la population les charges aussi douloureuses qu'inévitables de la guerre.

Mais il ne sera possible d'arriver à ce but qu'à la condition de voir les habitants à leur tour seconder dans leur propre intérêt les efforts de la nouvelle administration, en venant au-devant d'elle avec confiance et en se soumettant spontanément à toutes les mesures qu'elle sera en lieu de décréter, et pour lesquelles elle devra péremptoirement réclamer la plus stricte obéissance.

Rien ne saurait mieux répondre à l'auguste volonté des puissances alliées que le rétablissement le plus prompt et le plus complet d'un ordre de choses normal, permettant à chacun de se livrer à ses occupations paisibles et de travailler ainsi, avec l'aide de la divine providence, au retour du bien-être de la population, entière. Je suis décidé à poursuivre cette grande tâche avec tous les ménagements mais en même temps avec toute la fermeté que m'imposent ma haute mission et la nature extraordinaire des circonstances.

Haguenau, le 30 août 1870.

Le gouverneur général de l'Alsace,

Comte DE BISMARK-BOHLEN, *lieutenant général.*

N° 68

PROCLAMATION DU COMTE DE LUXBURG

PRÉFET DU BAS-RHIN.

Le soussigné porte à la connaissance des habitants qu'il vient d'être nommé préfet du Bas-Rhin. Il leur promet une protection assidue de leurs intérêts, mais il compte aussi sur leur dévouement pour lui faciliter l'exercice de ses fonctions.

Les citoyens ne pourront mieux sauvegarder la sécurité de leurs personnes et de leurs propriétés qu'en prêtant un concours loyal et sincère à l'autorité civile.

Le chef-lieu de la préfecture est établi provisoirement à Haguenau.

Le préfet donnera des audiences chaque jour, de 10 à 1 heure, excepté les jours de fête.

Haguenau, le 31 août 1870.

Le préfet du Bas-Rhin,

Comte DE LUXBURG.

N° 69

RÈGLEMENT CONCERNANT LA COMPÉTENCE DES CONSEILS DE GUERRE.

Le gouverneur général de l'Alsace, en vertu de l'autorité que lui a déléguée Sa Majesté le roi Guillaume, en sa qualité de généralissime des armées allemandes, a pris les mesures suivantes pour le maintien de la sûreté intérieure et extérieure dans les départements du gouvernement général :

Art. 1er. Est punie de mort toute personne qui de propos délibéré aura occasionné un incendie, une inondation, ou tenté de vive force, avec des armes ou des instruments dangereux, une attaque contre le gouvernement général ou des délégués des autorités civiles ou militaires, ou leur aura opposé de la résistance. Est passible de la même peine toute personne convaincue de révolte, de pillage, de vol, ou qui aura délivré des prisonniers et cherché à détourner les soldats de leur devoir.

En cas de circonstances atténuantes, la peine de mort sera commuée en celle de vingt années de détention.

Art. 2. Les excitations aux crimes prévus dans l'art. 1er, même si elles restent sans effet, sont punies de dix ans de détention; si, au contraire, ces excitations sont suivies d'un effet quelconque, la peine portée à l'art. 1er est applicable.

Art. 3. Est punie d'un emprisonnement d'un an au plus et d'une amende de 500 thalers (1875 fr.) au maximum, toute personne qui affirmerait ou propagerait des faits, des nouvelles, des bruits faux ou dénaturés.

Si de cette affirmation ou propagation il résultait un désavantage pour les troupes des puissances alliées ou pour les autorités et les fonctionnaires institués par elles, le coupable sera puni de dix ans de détention, sauf le cas où l'art. 9 de ce règlement est applicable.

Art. 4. Est punie d'un emprisonnement de 5 ans au plus et d'une amende qui peut s'élever jusqu'à 1000 thalers (3750 fr.) toute personne qui s'arroge l'exercice d'un emploi public ou se permet des actes qu'on ne peut faire qu'en vertu d'un emploi public.

Art. 5. Est punie d'un emprisonnement de 2 ans au plus et d'une amende de 1000 thalers (3750 fr.) au maximum toute personne qui de propos délibéré détruirait ou mettrait de côté des documents, des registres, des actes ou d'autres objets qui se trouvent déposés en un lieu public destiné à leur conservation, ou qu'un employé doit garder ou gérer en vertu de son emploi ou des instructions qui lui ont été données.

Art. 6. Est punie d'une amende de 100 thalers (375 fr.) au maximum ou d'un emprisonnement de six mois au plus quiconque arrache, endommage, souille ou défigure les arrêtés, les ordres, les patentes ou les avis des autorités publiques ou des fonctionnaires, placardés aux murs pour être portés à la connaissance du public.

Art. 7. Est passible d'un emprisonnement d'un an au plus ou d'une amende de 500 thalers (1875 fr.) au maximum toute personne contrevenant aux arrêtés pris dans l'intérêt de la sûreté publique par un commandant militaire ou toute autre autorité compétente, à moins que l'arrêté lui-même ne porte une peine plus forte.

Art. 8. Tous les crimes et délits prévus dans les articles 1 à 7 seront renvoyés devant le conseil de guerre.

Art. 9. Sont déférés, en outre, aux conseils de guerre tous les autres crimes et délits contre la sûreté intérieure et extérieure d'un des États allemands alliés ou contre le pouvoir institué par eux dans les parties du territoire français occupées par l'armée allemande; plus les crimes et délits de la résistance par voie de fait contre les autorités militaires et civiles ou leurs délégués, les meurtres, le faux-monnayage, la concussion, et tous les crimes et délits commis par les employés militaires et civils dans l'exercice de leurs fonctions, à moins qu'ils n'encourent qu'une peine disciplinaire.

Art. 10. A côté de ces conseils de guerre, la loi martiale déjà proclamée restera en vigueur pour tous ceux qui sciemment préparent des dangers ou des obstacles aux troupes allemandes, ou qui donnent sciemment assistance à l'armée et au gouvernement de la France.

En conséquence, sont passibles de la peine de mort, et nous le recommandons de nouveau fortement par le présent article, tous ceux qui ne font pas partie des troupes françaises et qui

a) Servent d'espions à l'armée française ou au gouvernement français, ou reçoivent, logent des espions français ou leur donnent assistance,

b) Servent volontairement de guides aux troupes françaises ou induisent en erreur les troupes de l'armée allemande,

c) Tuent, blessent ou volent des personnes qui font partie des troupes de l'armée allemande ou de la suite de cette armée,

d) Détruisent les ponts et les canaux, entravent les communications par chemin de fer ou par télégraphe, rendent impraticables les chemins, mettent le feu aux munitions, approvisionnements ou autres objets de guerre, ou aux logements des troupes,

e) Prennent les armes contre les troupes allemandes.

Art. 11. L'organisation des conseils de guerre, dont il est question dans les art. 8 et 9, et la procédure devant ces conseils seront réglées par un règlement spécial, tandis que la procédure sommaire des cours martiales dans les cas prévus par l'art. 10, l'ordonnance de S. M. le roi de Prusse du 21 juillet, concernant la procédure martiale vis-à-vis des étrangers, est toujours de règle.

Art. 12. Sont abrogées toutes les dispositions contenues dans les lois du pays qui seraient contraires à ce règlement, et celui-ci entrera en vigueur dans chaque canton passé le jour où il aura été affiché au chef-lieu du canton et enregistré.

Haguenau, le 12 septembre 1870.

Le gouverneur général de l'Alsace,
DE BISMARCK-BOHLEN, *lieutenant général.*

N° 70

COMMUNE DE STRASBOURG

L'administration municipale porte à la connaissance du public les ordres qui lui ont été transmis par M. le général de Mertens, commandant supérieur de la place :

1. L'état de guerre et de siége continue à subsister, et toute espèce de délits et de crimes, principalement les infractions aux ordres de M. le général commandant supérieur de la place, quelle que soit la qualité des contrevenants, sont justiciables des conseils de guerre et punis en conformité de la loi martiale.

2. Les habitants de la ville sont tenus de livrer au quartier général toutes les armes ou munitions qui sont en leur possession, sans en rien excepter. La dénomination d'armes comprend les armes de tir, sabres, épées, poignards, cannes à épée. Les propriétaires de maisons sont responsables de l'exécution du présent ordre ; dans les bâtiments dont les propriétaires sont absents, l'administration

municipale est chargée de faire des visites domiciliaires minutieuses et de requérir, le cas échéant, l'assistance de l'autorité militaire.

3. Sont interdits jusqu'à nouvel ordre, tous journaux, gazettes, proclamations et, en général, tous imprimés, à l'exception des dispositions qui auront été autorisées par le général commandant supérieur de la place.

4. Les habitants sont informés que, dans le cas où les troupes allemandes seraient, d'un bâtiment quelconque ou d'un lieu quel qu'il soit, l'objet d'une agression armée, les troupes sont autorisées à entrer dans le bâtiment et à passer par le fil de l'épée tous les hommes adultes.

5. Par contre, les troupes respecteront la propriété privée, et les réquisitions n'auront lieu qu'avec l'autorisation de M. le général commandant supérieur de la place.

6. Tous les lieux publics devront être fermés à 9 heures du soir. Toutes les personnes qui seront rencontrées dans les rues après 9 heures du soir seront arrêtées par les hommes de garde ou les patrouilles et conduites au siége du commandement. Il n'y a d'exception que pour les officiers des troupes allemandes. Des exceptions à cette mesure ne peuvent être accordées qu'en faveur des médecins civils qui ont à visiter d'urgence des malades, et même dans ce cas seulement à la demande des autorités municipales et au vu d'une autorisation écrite qui sera délivrée par M. le général commandant supérieur de la place.

7. Les autorités municipales ont à soigner un éclairage suffisant de toutes les rues et places pendant l'obscurité. Dans le cas où un éclairage convenable ne pourrait être fourni immédiatement, chaque habitant qui circulera dans les rues et sur les places, depuis la tombée de la nuit jusqu'à 9 heures, est tenu d'être porteur d'une lanterne.

8. Les consignes des portes de la ville ont reçu l'ordre de ne laisser entrer ni sortir aucun habitant, à partir d'aujourd'hui à midi jusqu'à demain matin à 10 heures, à moins d'une autorisation spéciale et écrite de M. le général commandant supérieur de la place.

A partir de demain matin à 10 heures, les femmes et les enfants de la population civile sont seuls admis à passer librement.

9. Provisoirement, les magasins pourvoiront à l'entretien des troupes allemandes; les autorités municipales auront, dans le plus bref délai possible, à prendre des mesures à l'effet de préparer des logements, sans nourriture, pour 8000 hommes dans les maisons particulières, dans les dépôts à incendie et dans les casernes encore habitables.

Signé : MERTENS.

Strasbourg, le 28 septembre 1870

N° 71

COMMUNE DE STRASBOURG

RÉQUISITION.

Par ordre de M. le colonel du génie, la ville est mise en réquisition pour fournir demain samedi, à six heures du matin, 750 travailleurs civils. MM. les entrepreneurs et chefs ouvriers en bâtiments sont tenus d'envoyer leurs ouvriers à l'heure indiquée sur la place Broglie, près du théâtre, pour les mettre à la disposition de l'autorité militaire. Les ouvriers qui refuseraient de se rendre à ce travail ou les personnes qui emploieraient des ouvriers à des travaux de déblayement ou autres de cette nature pour leur propre compte, s'exposeraient à toutes les conséquences de la contravention.

Les maçons, charpentiers, menuisiers, serruriers, recevront 2 fr. 50 c. par jour; les manœuvres, 2 fr.

Strasbourg, le 30 septembre 1870.

Pour le maire,

L'adjoint délégué, A. ZOPFF.

N° 72

COMMUNE DE STRASBOURG

AVIS

Par ordre de M. le lieutenant-colonel Kraus, 2° commandant de place, il est interdit sous les peines les plus sévères de faire sortir de la ville des chevaux provenant de l'armée française.

Strasbourg, le 1er octobre 1870.

Pour le maire,

L'adjoint délégué, A. ZOPFF.

N° 73

CONVOI D'ÉMIGRATION POUR LA SUISSE

AVIS

Les personnes qui, par suite des malheurs éprouvés dans ces derniers temps, ou qui, dans le but d'améliorer l'état de leur santé, voudraient, sous la protection de MM. les hauts délégués de la Suisse, jouir de quelques semaines de repos dans ce beau et généreux pays, sont priées de se faire inscrire à l'hôtel du Commerce, bureau du Conseil des prud'hommes, à partir de ce jour, jusqu'au mardi 4 octobre, dernière limite d'inscription.

Pour la commission municipale,

L'adjoint délégué,

A. ZOPFF.

Approuvé :

État-major de Strasbourg,

A. B. WOLFF,

premier lieutenant adjudant.

N° 74

COMMUNE DE STRASBOURG

Avis à MM. les officiers français séjournant en ville.

MM. les officiers français, laissés libres sur parole, qui séjourneront encore dans cette ville, sont invités à ne plus paraître en public avec leurs armes. Ceux qui ne tiendraient pas compte de cette invitation s'exposeraient à être mis en arrestation.

Il est aussi porté à leur connaissance qu'ils ne pourront pas prolonger leur séjour à Strasbourg au delà du 6 du courant. Si d'ici là ils jugent convenable de sortir en uniforme, ils sont priés de saluer militairement les officiers allemands qu'ils rencontreront.

Après le 6 octobre, il leur sera loisible de se rendre au lieu de résidence de leur choix, mais il ne sera plus permis de rester à Strasbourg même. En n'observant pas cette recommandation, ils s'exposent au désagrément d'être arrêtés et conduits hors de la ville.

Strasbourg, le 1er octobre 1870.

Par ordre du commandant de la place,

De Wangenheim,

lieutenant-colonel et chef d'état-major.

N° 75

AVIS PUBLIÉ PAR ORDRE DE M. LE GÉNÉRAL COMMANDANT EN CHEF

Délibéré à Strasbourg, le 1er octobre 1870, concernant l'organisation du mode d'entretien des officiers, employés et hommes qui font partie de la garnison ; a été arrêté ce qui suit :

A. *Officiers et employés.*

1. Les officiers et employés seront logés et nourris par les habitants.
2. Ils ont droit à :
    a) Le matin, un déjeuner composé de café ou de thé avec petit pain ;
    b) Un second déjeuner composé de bouillon et d'un plat de viande avec légumes ;
    c) Un dîner composé de soupe ; deux plats de viande avec légumes ou salade, dessert et café ;
    d) Pour la journée, deux litres de bon vin de table et cinq bons cigares.
3. Selon le désir des officiers ou employés logés, le dîner pourra être porté à midi, et, dans ce cas, on leur servira un souper conformément à l'art. 2 *b*, lequel remplacera le second déjeuner.

4. Si le propriétaire ne veut pas donner la nourriture en nature, il est libre de la leur faire donner, à ses frais, dans un des bons hôtels ou restaurants de la ville, autant que possible dans les environs de sa maison.

5. Pour les jours écoulés depuis l'entrée des troupes à Strasbourg jusqu'au 1er octobre inclusivement, il sera fait un arrangement en argent pour l'entretien des officiers et employés, dont il sera présenté un règlement de compte spécial à la mairie.

B. *Sous-officiers et soldats.*

6. Les soldats qui seront logés en ville et qui ne seront pas logés dans les casernes ou dans les postes ont le droit de demander ce qui suit :
   a) Un déjeuner composé de café ;
   b) Un dîner composé de soupe, une livre de viande avec légumes (riz, gruau, haricots, pois, pommes de terre, etc.) ;
   c) Souper composé d'un plat chaud ;
   d) Pour toute la journée : une livre et demie (750 grammes) de pain, un demi-litre de vin, ou un litre de bière, ou un décilitre d'eau-de-vie, plus cinq cigares ou une quantité de tabac correspondante.

7. L'entretien des troupes logées dans les casernes ou dans les postes aura lieu par des impositions spéciales qui seront mises à la charge de la ville.

8. Les mesures d'entretien stipulées par les précédents articles entrent en vigueur à partir du 2 octobre courant.

9. M. le maire est invité, après en avoir pris connaissance, à les publier immédiatement.

Strasbourg, le 1er octobre 1870.

De par le commandant supérieur,
Le chef d'état-major,
DE LESCZYNSKI, *lieutenant-colonel.*

N° 76

INVITATION A LIVRER LES PROJECTILES

Les habitants de Strasbourg sont invités par la présente à continuer à avertir la mairie s'ils ont dans leurs maisons des projectiles, afin que, pour éviter des malheurs, des soldats expérimentés viennent les retirer et les décharger.

Strasbourg, le 3 octobre 1870.

Le maire, KÜSS.

Approuvé avec l'observation que les habitants qui cacheraient des projectiles, de quelque nature qu'ils soient, ou des effets militaires français ou allemands, seraient punis selon la sévérité des lois militaires.

Strasbourg, le 3 octobre 1870.

Le commandant,
Signé : DE MERTENS.

N° 77
PROCLAMATION

Habitants de Strasbourg,

Nommé gouverneur général de l'Alsace par la grâce de Sa Majesté le roi de Prusse, en sa qualité de généralissime des armées allemandes, je prends aujourd'hui possession de mon poste dans l'ancienne capitale de ce pays, réunie de nouveau à la patrie allemande et soustraite à la domination française, après qu'elle a dû se soumettre aux armes victorieuses de l'Allemagne.

En vertu de l'autorité qui m'a été conférée, je donne aux habitants l'assurance que, dans les limites des conditions de la guerre, on fera tout ce qui est possible pour rétablir un ordre de choses régulier et légal et faire oublier les maux de la guerre.

Ce but élevé sera le plus vite atteint si la bourgeoisie se montre confiante envers le nouveau gouvernement, si chacun vaque tranquillement à ses occupations journalières, mais surtout si chacun se garde d'entretenir des relations coupables avec l'ancien gouvernement ou de lui prêter secours, et ne refuse pas aux mesures du gouvernement général l'obéissance que celui-ci exige sans ménagement.

Conformément à la volonté auguste de Sa Majesté le roi, des mesures seront prises pour aider la ville à réparer les dommages causés par un rude siége. Notre grande patrie allemande y contribuera avec joie, et de toutes parts, comme offrande pour la réunion, des dons considérables sont déjà arrivés ou annoncés.

Il dépend donc de la population de faciliter la transition à un nouvel état de choses inéluctable et amené par les desseins de la Providence, car de ce jour Strasbourg est et restera ville allemande.

Strasbourg, le 8 octobre 1870.

Le gouverneur général de l'Alsace,

Comte Bismarck-Bohlen,
lieutenant général.

N° 78

MAIRIE DE LA VILLE DE STRASBOURG

Le maire informe les habitants qu'en vertu d'une décision de Son Exc. le général d'Ollech, gouverneur de la place, toutes les lettres, pétitions, réclamations, etc., adressées au gouvernement royal devront, à l'avenir, être rédigées en langue allemande, sinon elles seront écartées d'office.

Cette mesure a pour but de prévenir les conséquences fâcheuses que la traduction du français en allemand de documents souvent écrits illisiblement occasionne nécessairement.

Strasbourg, le 10 octobre 1870.

STRASBOURG.

N° 79

AVIS

La nuit dernière, un ouvrier serrurier nommé Alexis Roild a été tué d'un coup de feu par un soldat de première classe du 67ᵉ régiment, qui était chargé de maintenir l'ordre dans les rues, parce que ledit Roild s'était porté à des voies de fait envers ce militaire. Une information est commencée sur cet accident. Mais j'engage les habitants de la ville à s'abstenir de toute violence envers les militaires prussiens, car tout fait de ce genre les exposerait à des dangers dont ils ne pourraient s'attribuer qu'à eux-mêmes les suites funestes.

Strasbourg, le 11 octobre 1870.

Le gouverneur royal de la place,
D'OLLECH, *lieutenant général.*

N° 80

AVIS

Un coup de feu est parti hier soir de la maison n° 26, au faubourg de Saverne. La population masculine de cette maison a été arrêtée et passera devant un conseil de guerre. Les femmes ont été expulsées de la maison, et M. le maire est chargé de leur trouver un asile. La maison, complétement vidée ainsi, est provisoirement abandonnée aux troupes en guise de caserne.

Ce deuxième attentat me détermine à faire pratiquer des perquisitions par la police et par l'autorité militaire dans toutes les maisons de la ville. Les habitants chez lesquels, à partir de ce moment, on trouvera encore des armes, sont punissables et justiciables d'un conseil de guerre.

Strasbourg, le 12 octobre 1870.

Le gouverneur de la place,
D'OLLECH.

N° 81

AVIS

Par ordre du commandant en chef de la 3ᵉ armée, les habitants sont prévenus qu'à dater de ce jour chaque convoi partant pour l'intérieur du pays emmènera sur la locomotive deux personnes notables de la ville. Cette mesure a été nécessitée par les fréquents dégâts commis sur les lignes du chemin de fer et sera portée à la connaissance de tout le monde, afin que chacun sache que si un convoi déraille, ses propres compatriotes seront les premières victimes de l'accident.

» Wissembourg, 22 octobre 1870.

» *Le commandant militaire bavarois de la ville,*
SCHEIDLIN, *major.*

N° 82

Bade, 18 octobre.

On prépare un appel aux universités, aux académies, aux sociétés savantes, aux éditeurs, aux auteurs de l'Allemagne, et en général à toute personne qui s'intéresse à la littérature allemande, pour les engager à contribuer par leurs dons à la reconstitution de la bibliothèque de Strasbourg. Les présidents de toutes les bibliothèques de l'Allemagne du Sud se sont déclarés prêts à signer cet appel, et nous ne doutons pas que leurs collègues de l'Allemagne du Nord ne répondent favorablement à la circulaire qui leur sera adressée. D'après cette circulaire, les signataires de l'appel recevront les dons et les garderont jusqu'après la conclusion de la paix. De temps en temps on publiera une liste des dons reçus, et toutes ces listes seront adressées au bibliothécaire de la cour à Donaueschingen, M. le docteur Burack, qui a pris l'initiative de cette entreprise méritoire.

Le conseil municipal de la ville de Mayence a voté, le 19 octobre, une somme de 3000 fl. en faveur de Strasbourg.

La bourgeoisie de Brême a également accordé la somme de 4000 thalers proposée par le Sénat de cette ville pour Strasbourg, en y ajoutant toutefois la clause qu'une partie de cette somme serait remise à d'autres communes qui sont aussi en détresse.

(*Strassburger Zeitung.*)

N° 83

COMMUNE DE STRASBOURG

TRAVAUX DE CONSTRUCTION. — RÉQUISITION

Tous les manœuvres, charpentiers, maçons, bateliers et autres ouvriers valides du bâtiment sont requis de se présenter dans un délai de deux jours et jusqu'au 7 de ce mois au plus tard, à 6 heures du soir, à la mairie, dans les bureaux de M. l'architecte de la ville Conrath.

Jusqu'à nouvel ordre, il est défendu à tout le monde d'employer des ouvriers tailleurs de pierres, maçons, charpentiers, manœuvres.

Tous ces ouvriers sont requis par la ville et par les administrations militaires.

La journée de 10 heures sera payée provisoirement comme suit :

Tailleurs de pierres...	4f	»
Maçons, charpentiers et bateliers de		
1re classe............................	3	50
id. id. 2e classe............................	3	»
Manœuvres et terrassiers, 1 fr. 80 c. à........................	2	50

Les propriétaires, les entrepreneurs et les ouvriers seront punis pour chaque contravention.

Le maire, Küss.

Approuvé, en ajoutant que j'expulserai de la ville tous les ouvriers valides qui ne se seront pas présentés à l'endroit indiqué le 7 de ce mois vers 6 heures du soir.

En dehors des portes de la ville, tous ces gens qui fuient le travail seront arrêtés par les postes militaires, les gendarmes et les agents de police, et seront punis comme vagabonds.

Strasbourg, le 5 octobre 1870.

Le commandant,
Général DE MERTENS.

N° 84

Il serait à désirer que les autorités municipales en Suisse et en Allemagne fissent des appels aux ouvriers charpentiers, maçons, menuisiers, serruriers, vitriers, qui trouveraient de l'ouvrage à Strasbourg pour toute la durée de l'hiver; on devrait même, si faire se peut, provoquer leur affluence, en leur payant, moyennant des collectes, le voyage; ce serait un véritable bienfait pour cette ville qui a été tant éprouvée.

(*Basler Nachrichten.*)

AVIS

Son Excellence M. le gouverneur général de l'Alsace m'a chargé de faire le relevé des dommages que le siége de Strasbourg a causés à cette ville et de les constater officiellement.

Quoique ce soit affaire de la commune et de ses habitants de réparer les dégâts occasionnés dans les différents quartiers de la ville par le bombardement, l'administration allemande considère comme une de ses obligations les plus importantes à y contribuer autant que possible.

Dans l'intérêt des incendiés, il faut que les pertes subies tant en meubles qu'en immeubles soient constatées vite et d'une manière uniforme; à cet effet, chaque intéressé doit se procurer à la mairie un formulaire qu'il remplira et signera de sa main. Ce formulaire doit être renvoyé à la mairie au plus tard le 17 octobre, 6 heures du soir. Ce délai passé, nulle réclamation ne sera plus admise.

Des sous-commissions, dont je me réserve de faire connaître plus tard les membres, procéderont dans les différents quartiers à une évaluation impartiale des dommages, et soumettront ensuite leurs rapports à la commission générale instituée pour tout le périmètre de la forteresse.

J'engage en conséquence toutes les personnes qui ont souffert du bombardement faire connaître sans délai et consciencieusement le montant de leurs pertes.

Haguenau, le 7 septembre 1870.

Le préfet du Bas-Rhin,
Comte DE LUXBOURG.

ACTES OFFICIELS ET DOCUMENTS.   355

N° 85
Kehl, 9 octobre.

Samedi soir, les drapeaux arborés sur les édifices publics annonçaient le passage de S. A. R. la grande-duchesse de Bade, qui se rendait à Strasbourg, où elle a visité les hôpitaux et les ambulances. Malheureusement il ne nous fut pas permis de présenter nos hommages à l'auguste princesse, qui ne s'arrêta que quelques instants à Kehl, lors de son retour, et continua de suite sa route pour Carlsruhe.

(*Kehler Grenzbote.*) (1)

N° 86

APPEL

La magnifique cathédrale de Strasbourg a été fortement endommagée par suite des opérations de siége. Le toit a été consumé par les flammes; les murs, les vitraux et l'aménagement intérieur de l'église ont beaucoup souffert. Il est urgent de construire un nouveau toit avant l'hiver et de réparer au moins provisoirement les autres dégâts.

En vue de ces travaux de réparation, comme aussi de l'achèvement de cet édifice, les soussignés ont formé un Comité de construction du dôme.

Nous nous proposons de réunir les moyens nécessaires pour l'exécution de ce grand travail et de surveiller les travaux de réparation au point de vue historique et archéologique. Le patrimoine de la cathédrale est insuffisant pour couvrir tous les frais, et la ville, de son côté, a été frappée trop durement dans ces derniers temps pour se charger des travaux de réparation.

Nous nous adressons par conséquent au monde civilisé tout entier, en le priant de nous venir en aide pour atteindre ce but élevé.

(1) Dans l'ouvrage intéressant qu'il a publié sur Strasbourg, M. A. Schnéegans parle de cette visite. Nous reproduisons le passage suivant :

« Quand, après la capitulation, la grande-duchesse de Bade crut devoir visiter les ambulances de Strasbourg, on l'engagea à se rendre au couvent des petites sœurs, où gisaient 46 enfants « mutilés et estropiés par ceux qui affectaient de nous appeler leur ville sœur » et nous conviaient, avec une insolente et cruelle ironie, à nous jeter dans les bras du peuple allemand.

» Non! le peuple allemand ne verra point l'Alsace se précipiter dans ses bras. Ses armées pourront occuper notre territoire; elles ne feront pas de nous des Allemands. Entre l'Allemagne et l'Alsace, l'artillerie de M. de Werder a fait couler un fleuve de sang.

» Sur les armes de Strasbourg court, de gauche à droite, une bande de gueules sur fond d'argent. La légende populaire raconte que cette bande rouge figure la route sanglante que tracèrent jadis, à travers nos paisibles campagnes, les hordes des barbares. Nos armoiries resteront à l'avenir ce qu'elles furent dans le passé, « des armoiries parlantes », rappelant aux générations à naître le martyre d'Argentoratum la romaine, et le martyre de Strasbourg la française. »

Tous les amis de cette cathédrale vénérable, tous ceux qui aiment à orner les temples érigés à la louange et à l'honneur de Dieu, tous ceux qui ont à cœur la restauration et l'achèvement d'un des plus magnifiques monuments de l'art gothique, nous viendront en aide et contribueront par leurs dons à nous faciliter l'exécution de notre œuvre.

La plus petite offrande sera la bienvenue, mais, qu'on ne l'oublie pas, il faut que les dons nous arrivent abondamment et en grand nombre, si l'entreprise doit être menée à bonne fin.

A cet effet, nous recommandons vivement la création de comités spéciaux dans chaque ville, chaque arrondissement, chaque province, qui se chargeraient de recueillir des souscriptions régulières. Chacun des soussignés est prêt à recevoir les dons et à les verser dans la caisse de l'œuvre Notre-Dame.

Que Dieu bénisse notre œuvre!

Strasbourg, le 29 octobre 1870.

Comte DE BISMARCK-BOHLEN,
gouverneur général de l'Alsace,

N° 87

VILLE DE STRASBOURG

Produit des permis d'entrée à la citadelle.

Versement fait par S. Exc. le général gouverneur de la place de Strasbourg pour la journée du 28 octobre................................	475f50c
Relevé antérieur...............................	45 859 80
Total à ce jour................................	46 335f30

Strasbourg, le 20 octobre 1870.

Suivant la décision de M. le général, ce produit est destiné au soulagement des victimes du bombardement de la ville.

Strasbourg, le 9 octobre 1870.

FIN

TABLE DES MATIÈRES

AVERTISSEMENT... III
PRÉFACE... V

JOURNAL DU SIÉGE ET DU BOMBARDEMENT DE STRASBOURG

PREMIÈRE PARTIE

DU 4 AU 23 AOUT 1870

Investissement. — État de la forteresse. — Tout manque. — L'assiégé et l'assiégeant. — Patriotisme et initiative de la population. — Sorties. — Mise en état de défense sous le feu de l'ennemi. — Correspondances. — Le lieutenant général de Werder refuse la sortie des femmes et des enfants. — Premiers bombardements systématiques de la ville.

Le soir et le lendemain de Frœschwiller... État de siége......................

8 AOUT 1870. — Première sommation. — Dépêche du préfet du Bas-Rhin à l'impératrice régente. — Jugement du capitaine de vaisseau du Petit-Thouars sur l'état de défense.. 5

9 AOUT. — La forteresse au moment du siége d'après un officier allemand....... 8

10 AOUT. — Le général Uhrich. — Sa première proclamation. — Dépêche du ministre de la guerre retardant la mise en défense. — La garnison. — Un seul régiment complet. — Peu d'artillerie. — Point de génie. — Création. — Organisation. — Appréciation d'un capitaine du corps royal du génie autrichien.. 11

11 AOUT. — Investissement. — Dépêche de l'impératrice régente............... 19

12 AOUT. — Les Allemands en Alsace. — Exactions. — Avis du général badois de Beyer. — L'armée assiégeante.................................. 20

13 AOUT. — Ce que l'on pensait à Strasbourg. — Premiers engagements. — Abatis des couverts. — Reconnaissances. — Canonnade. — Le premier obus tombe dans la ville. — Le général Barral............... 24

14 AOUT. — Lettre demandant l'organisation de compagnies de tireurs strasbourgeois. — Sortie de la Robertsau. — Arrêté de la division.......... 26

15 AOUT. — Avis aux habitants. — Fâcheuse impression. — Le lieutenant général de Werder. — Le bombardement du 15 août...................... 29

TABLE DES MATIÈRES.

16 AOUT. — Sortie d'Illkirch. — Panique des réfugiés de Frœschwiller. — Arrêté municipal faisant un appel aux tireurs de la ville.................. 32

17 AOUT. — Arrêté municipal en vue du bombardement. — Création des pompiers auxiliaires, des veilleurs sauveteurs. — Affaire du Bon-Pasteur...... 35

18 AOUT. — Sortie de Schiltigheim. — Le cimetière Sainte-Hélène pris et rasé. — La douane. — Bombardement. — Désastres. — Victimes. — Chronique du *Courrier du Bas-Rhin*. — Correspondance de la *Landes Zeitung*.. 37

19 AOUT. — Kehl bombarde Strasbourg. — La citadelle brûle Kehl. — Surprise repoussée. — Ordre du jour du général Uhrich. — La garde nationale mobile. — Singulière lettre du lieutenant général de Werder relative à Kehl. — Réponse du général Uhrich............... 43

20 AOUT. — Sommation du lieutenant général de Werder. — Parlementaire français blessé. — Lettres échangées à ce sujet. — Les journaux allemands jugeant le bombardement de Strasbourg et celui de Kehl.... 42

21 AOUT. — Le lieutenant général de Werder refuse la sortie des femmes et des enfants. — Ordre d'évacuation et démolition. — Tolérances coupables. — Mise en état de défense. — Services des ouvriers civils. — Les correspondances allemandes..................................... 56

22 AOUT. — Société de secours aux blessés. — Chronique du *Courrier du Bas-Rhin*. — Initiative de la population. — Un curieux article de la *Carlsruher Zeitung*.. 50

DEUXIÈME PARTIE

DU 23 AOUT AU 10 SEPTEMBRE 1870

Grand bombardement systématique de la ville. — Destruction de tous les monuments. — Nombreuses victimes. — Travaux de siége. — Séances de la commission municipale. — Le 87ᵉ régiment de ligne. — Sortie de nuit. — Ruines. — Désastres. — Les pontonniers. — Les élèves de l'école de santé militaire. — Les ouvriers civils. — La garde nationale sédentaire.

23 AOUT. — Sommation du lieutenant général de Werder. — Réponse du gouverneur. — Proclamation du général Uhrich aux habitants. — Le bombardement systématique raconté par un officier allemand............ 57

24 AOUT. — Les douaniers aux avancés. — La citadelle, les fusées percutantes. — Arsenal, bibliothèque, temple neuf, musée anéantis. — Désastres. — Le 4ᵉ bataillon de la garde mobile. — Le bombardement jugé par le colonel Rustow et par le capitaine Julius von Wickede........... 60

25 AOUT. — Sommation du lieutenant général de Werder. — Réponse du gouverneur. — Incendies. — Victimes. — Exaspération de la population. — Députation. — Réponse du gouverneur. — Les calculs du lieutenant général de Werder tombent devant l'attitude de la population. — Démarches de monseigneur Raess. — Refus catégorique du général assiégeant. — Nuit du 25 racontée par l'*Impartial du Rhin*. — Le feu à la cathédrale. — Strasbourg, du camp allemand, par un officier prussien.. 64

TABLE DES MATIÈRES.

26 AOUT. — Sommation du lieutenant général de Werder. — Réponse du gouverneur. — La cathédrale cible. — Les fausses nouvelles. — Folie de la ville entière. — Dépêche du général Uhrich au ministre de la guerre. — Les journaux allemands................................ 70

27 AOUT. — Proclamation du gouverneur aux habitants. — Destruction des monuments et des maisons. — Arrêté de la division indiquant des postes de secours et annonçant des abris. — Le siége en règle...... 74

28 AOUT. — Arrêté de la place pour les gens sans asile. — Tentative de l'ennemi. — Embuscades du 87º. — Pénurie d'artilleurs. — Les volontaires. — Correspondance de la *Badische Landes Zeitung*................ 77

29 AOUT. — Commission municipale. — Avis de la mairie aux habitants ruinés et incendiés. — La 1re parallèle................................ 78

30 AOUT. — La citadelle. — Canonnade au front d'attaque. — 1re séance de la commission municipale. — Un aveu de la *Carlsruher Zeitung*....... 80

31 AOUT. — Engagements. — Le génie allemand. — Dépêche du général Uhrich au ministre.. 81

1er SEPTEMBRE. — Singulière dépêche du ministre de la guerre. — Le plan Palikao. — Restaurants populaires. — Mort du colonel Fievet. — Sommation du lieutenant général de Werder..................... 82

2 SEPTEMBRE. — Sortie de nuit sur Kronenbourg. — Belle conduite du 87º. — Diversions. — Panique des pionniers allemands. — Tracé défectueux. — Séance de la commission municipale. — Avis de la mairie aux personnes ruinées et sans abris. — Dépêche du gouverneur au ministre de la guerre. — Lettre au lieutenant général de Werder........... 84

3 SEPTEMBRE. — Morts et ruines. — Hourras. — Le lieutenant général communique au gouverneur la capitulation de Sedan. — Attaque repoussée... 88

4 SEPTEMBRE. — Canonnade. — 2º parallèle. — Les tirailleurs de la garde nationale enlèvent une dépêche prussienne...................... 90

5 SEPTEMBRE. — Désastres. — Le 4º bataillon de la garde nationale mobile aux avancés. — Sommation du général de Werder................ 91

6 SEPTEMBRE. — Réponse du gouverneur. — Les chasseurs volontaires surprennent l'ennemi au Wacken. — Incendies, destructions et victimes. — Séance de la commission municipale. — Correspondance de Mundolsheim.. 93

7 SEPTEMBRE. — Chronique de l'*Impartial du Rhin*. — Affreux malheurs. — La population. — Engagement de la montagne Verte. — Lettre du capitaine des chasseurs volontaires. — Note du gouverneur. — La commission municipale et le préfet. — Les sapeurs-pompiers........ 96

8 SEPTEMBRE. — Incendies. — Victimes. — Le 16º régiment d'artillerie pontonniers. — Arrêté du général Uhrich. — Les élèves de l'école de santé militaire. — Note félicitant les ouvriers civils............... 100

9 SEPTEMBRE. — Chronique du *Courrier* et de l'*Impartial*. — Les 2 compagnies franches (*chasseurs* et *tirailleurs volontaires*) aux avancés, leurs reconnaissances et leurs combats de chaque jour. — La batterie d'artillerie de la garde nationale sédentaire au front d'attaque et au bastion 4. — Le Correspondant militaire de la *Badische Landes Zeitung*. 103

TROISIÈME PARTIE

DU 10 AU 20 SEPTEMBRE 1870

Les fausses nouvelles. — La délégation suisse. — Menaces du lieutenant général de Werder contre les compagnies franches de la garde nationale. — Constance de la population. — La république proclamée. — Changement dans l'administration civile. — Le maire Küss. — Nouveaux désastres. — Les sapeurs-pompiers. — Les marins de la flottille du Rhin. — La citadelle. — Batteries de brèche. — Abandon des lunettes 53 et 44.

10 SEPTEMBRE. — Les approches. — Incendies. — Mystifications. — Blâme infligé par la commission municipale au commissaire central. — Dépêche du président de la confédération suisse au maire de Strasbourg. — Lettre des 3 envoyés suisses au gouverneur. — Sa réponse. — Avis........ 107

11 SEPTEMBRE. — Entrée de la députation suisse. — Discours du maire. — Mission des envoyés de Zurich, Berne et Bâle racontée par eux-mêmes. — Avis de la mairie. — Séance de la commission municipale. — Le colonel von Büren nous apprend Sedan. — La 3e parallèle. — Batterie de brèche contre 53. — Étrange lettre du lieutenant général de Werder. — Sommation. — Menace de mort contre les compagnies franches. — Réponse du gouverneur. — Jugement porté par le général Uhrich sur ces compagnies 117

12 SEPTEMBRE. — Séance de la commission municipale. — Communication du préfet. — Députation auprès du gouverneur. — Sa réponse. — Bulletin politique du *Courrier du Bas-Rhin*. — Batterie de brèche (n° 42) contre le bastion 11. — Batterie de brèche (n° 58) contre le bastion 12. — Lettre du général de Werder. — Échanges de prisonniers............................. 132

13 SEPTEMBRE. — Proclamation de la république. — Séance de la commission municipale. — Lettre des délégués suisses. — Réponse du maire au conseil fédéral. — Lettre du gouverneur. — Suite du récit des 3 délégués suisses 137

14 SEPTEMBRE. — Pertes de la garnison. — Désastres. — Séance de la commission municipale. — 2 lettres du lieutenant général de Werder. — Démission du maire M. Humann. — Vote de la commission municipale. — M. Küss est élu maire............................. 146

15 SEPTEMBRE. — Lettre du gouverneur. — La journée du 15 racontée par l'*Impartial du Rhin* et le *Courrier du Bas-Rhin*. — Séance de la commission municipale. — M. Bœrsch préfet intérimaire. — Communication faite par le gouverneur aux officiers des compagnies franches (de chasseurs et tirailleurs), passage tiré de l'ouvrage du général Uhrich... 151

16 SEPTEMBRE. — Violente canonnade. — Séance de la commission municipale. — Alimentation. — Restaurants populaires. — Évacuation et destruction de l'ouvrage 53............................. 156

TABLE DES MATIÈRES.

17 SEPTEMBRE. — Désastres. — La lunette 44. — Le lieutenant d'Arboussier. — Séance de la commission municipale. — Nomination de quatre membres choisis dans la classe ouvrière. — Le corps des sapeurs-pompiers a bien mérité de Strasbourg. — Lettre du lieutenant général de Werder annonçant une recrudescence dans le bombardement............... 160

18 SEPTEMBRE. — Incendies. — La citadelle détruite. — La lunette 53 battue en brèche. — Les 43 marins de la flottille du Rhin à l'ouvrage 56. — Le Contades. — Séance secrète de la commission municipale. — Lettre du gouverneur. — Reconnaissance dans l'île des Épis. — Correspondance du quartier général de l'armée allemande de siége........... 163

19 SEPTEMBRE. — Lettre du gouverneur au maire de Strasbourg. — État moral de la population. — Évacuation de la lunette 44. — Séance de la commission municipale. — Lettre de l'évêque de Strasbourg. — Lettre du général Uhrich. — Lettre du directeur de l'école de santé militaire.. 167

QUATRIÈME PARTIE

DU 20 AU 28 SEPTEMBRE 1870

Le préfet Valentin. — Le général Uhrich citoyen de Strasbourg. — Énergie et souffrances de la population. — La situation empire. — Lettre du grand-duc de Bade. — Pertes subies par la garnison et la population. — État des fortifications. — État de la ville. — Deux brèches au corps de rempart. — Capitulation. — Honneurs de la guerre.

20 SEPTEMBRE. — Comment le préfet Valentin gagna son poste. — Proclamation du préfet de la république. — Séance de la commission municipale. — Brevet de citoyen strasbourgeois décerné au général Uhrich. — Souffrances de la population. — Incendies. — Les Allemands occupent l'ouvrage 53. — Lettre du gouverneur......................... 171

21 SEPTEMBRE. — La journée racontée par le *Courrier du Bas-Rhin.* — Fusillade et canonnade. — Pertes des artilleurs de la garde nationale sédentaire. — Arrêté de la division. — Occupation de l'ouvrage 52. — Pertes éprouvées par les Allemands. — Signaux. — Dépêches et correspondances allemandes 176

22 SEPTEMBRE. — La situation empire. — Chronique de *l'Impartial du Rhin.* — Fausses attaques. — Séance de la commission municipale — Délibération contre la nomination de M. Engelhardt. — Réponse du général. 180

23 SEPTEMBRE. — Souffrances de la population. — Son énergie. — Combats. — Le bastion d'Huart. — Séance de la commission municipale. — Abris.. 183

24 SEPTEMBRE. — Lettre du grand-duc de Bade au gouverneur. — Sa réponse. — Le commandant Ducrot. — Séance de la commission municipale. 186

25 SEPTEMBRE. — Le bastion 11 est battu en brèche. — Pertes de l'assiégeant. — Incendies. — Ruines. — Morts.............................. 188

26 SEPTEMBRE. — Coups de main des compagnies franches de la garde nationale. — Dévastation de la ville. — Victimes civiles et militaires. — La situation exposée par les 3 journaux de Strasbourg. — Extrait du journal d'un officier de marine. — La lunette 56 et le Contades........ 190

362 TABLE DES MATIÈRES.

27 SEPTEMBRE. — Le danger augmente encore. — Morts et blessés. — État de la ville et des ouvrages de défense. — Les bastions 11 et 12. — Opinion d'un officier prussien. — Rapport du directeur des fortifications et du chef du génie au gouverneur. — Brèches. — Le conseil de défense consulté. — Lettre du colonel Blot. — Capitulation........... 193

28 SEPTEMBRE. — Protocole de la capitulation. — Proclamation du général Uhrich aux habitants. — Proclamation du maire M. Küss. — Les honneurs de la guerre, les drapeaux brûlés. — Le deuil commence.......... 203

APPENDICE I

STRASBOURG APRÈS LE SIÉGE

Rapport officiel du général Uhrich au ministre de la guerre sur la capitulation de Strasbourg.. 209

État de Strasbourg au moment de la capitulation, par le colonel Rustow......... 212

Les fortifications et la ville de Strasbourg, le 28 septembre, par le capitaine du génie autrichien Brunner.. 212

Aspect de Strasbourg, article de la *Gazette de Carlsruhe*...................... 214

Strasbourg le lendemain de la capitulation, par la *Gazette de Bade*............. 214

Les projectiles lancés sur Strasbourg (août et septembre 1870), article publié par le *Moniteur prussien*... 216

Un article du *Mercure de Souabe*... 216

Correspondance de la *Gazette de Carlsruhe*.................................. 217

Avis motivé du conseil d'enquête présidé par le maréchal Baraguey d'Hilliers, sur la capitulation de Strasbourg.. 218

Examen de cet avis motivé... 221

TABLE DES MATIÈRES. 363

APPENDICE II

LES PROTESTATIONS

CONTRE L'AVIS MOTIVÉ DU CONSEIL D'ENQUÊTE SUR LA CAPITULATION DE STRASBOURG

Décret du gouvernement de la défense nationale 231
Lettre du vice-amiral Fourichon, ministre de la guerre par intérim 231
Protestation votée et signée, à l'unanimité, par le conseil municipal de la ville de Strasbourg 232
Protestation de M. A. Schnéegans, ancien député du Bas-Rhin, ancien adjoint du maire Küss pendant le siège 234
Protestation des anciens officiers, sous-officiers et soldats de la garde mobile, de la garde nationale sédentaire, de la batterie d'artillerie de cette garde nationale, des compagnies franches, et du corps des pompiers de Strasbourg 238
Protestation du colonel de la garde nationale sédentaire de Strasbourg 241
Nouvelle protestation d'un groupe d'anciens officiers de la garde nationale sédentaire de Strasbourg 243
Protestation de la population de Strasbourg 243
Protestation de M. Flament, capitaine du génie 246
Seconde protestation du colonel de la garde nationale sédentaire de Strasbourg... 248
Rapport adressé au ministre de la guerre, M. de Cissey, par le colonel de la garde nationale sédentaire, sur la part prise par cette garde nationale à la défense de la place pendant le siège de 1870, avec lettre d'envoi 249
Note jointe à l'historique du 20ᵉ d'artillerie par le colonel Petitpied, commandant le 2ᵉ arrondissement de défense pendant le siège de Strasbourg 253
Deux lettres du colonel Maritz, chef du génie pendant le siège de Strasbourg 254
Le siège de Strasbourg, extrait du journal du capitaine de vaisseau du Petit-Thouars. 255
Réponse du général Uhrich au conseil d'enquête 264

APPRÉCIATION

DE L'AVIS MOTIVÉ DU CONSEIL D'ENQUÊTE PAR :

Le journal *Les Débats* 270
— *Le Bien public* 271

TABLE DES MATIÈRES.

— La République française 271
— L'Opinion nationale 272
— La Presse 272
— La Gazette d'Augsbourg 273
— Le Siècle 273
— Le XIX siècle 274
— Les Affiches de Strasbourg 274

L'avis motivé jugé par M. J. J. Weiss 277

Strasbourg pendant la guerre de 1870, par le lieutenant-colonel du génie Prevost. 278

Une lettre du général Uhrich 279

Lettre du général Uhrich au journal *la France* 280

Lettre du maire de Strasbourg, M. Küss, au général Uhrich 283

Lettre de la ville de Nancy au maire de Strasbourg 283

Discours prononcé le 21 septembre 1870, par M. Louis Ratisbonne.. 284

Lettre du ministre de l'instruction publique, M. J. Brame........ 286

ANNEXES

Emploi du tir indirect du canon de 15 c. court, pour le tir en brèche au siège de Strasbourg, 1870, par le lieutenant général von Decker, inspecteur de la 1re inspection d'artillerie prussienne (traduit du *Militair Wochenblatt* de Berlin).. 289

Les ballons pendant le siège de Strasbourg (traduit du journal militaire saxon *Der Camerad*) 293

Étude sur le siège de Strasbourg en 1870, publiée par le *Journal de Genève*...... 295

La Suisse et Strasbourg. — Le comité de secours de la Suisse.................. 301

Actes officiels, documents et pièces à l'appui d'origine française............ 309

Actes officiels, documents et pièces à l'appui d'origine allemande............ 343

FIN DE LA TABLE DES MATIÈRES

PARIS. — IMPRIMERIE DE E. MARTINET, RUE MIGNON, 2.

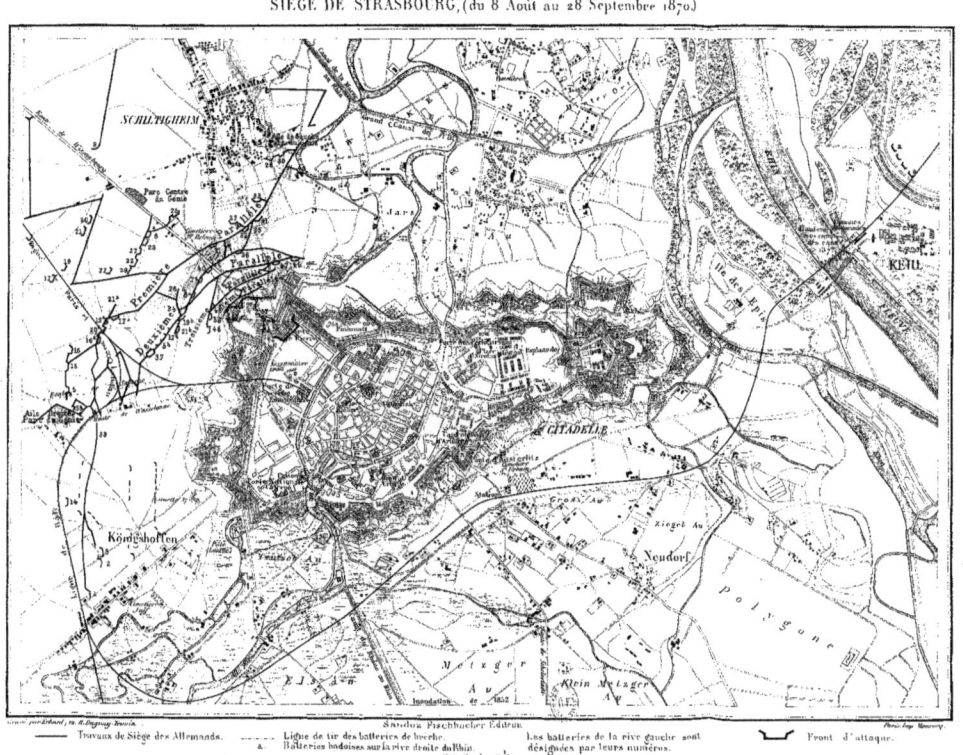

SIÈGE DE STRASBOURG, (du 8 Août au 28 Septembre 1870.)

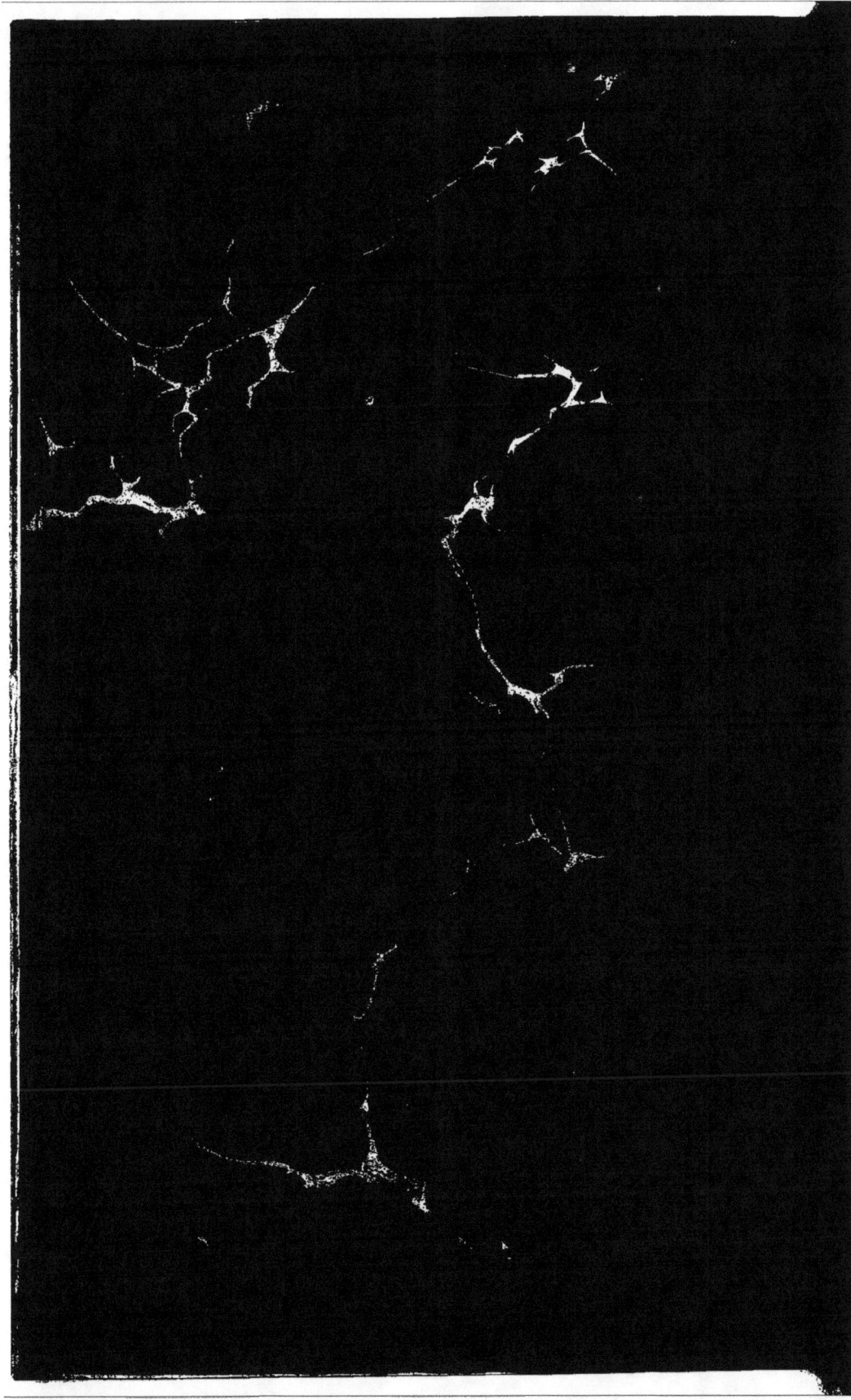

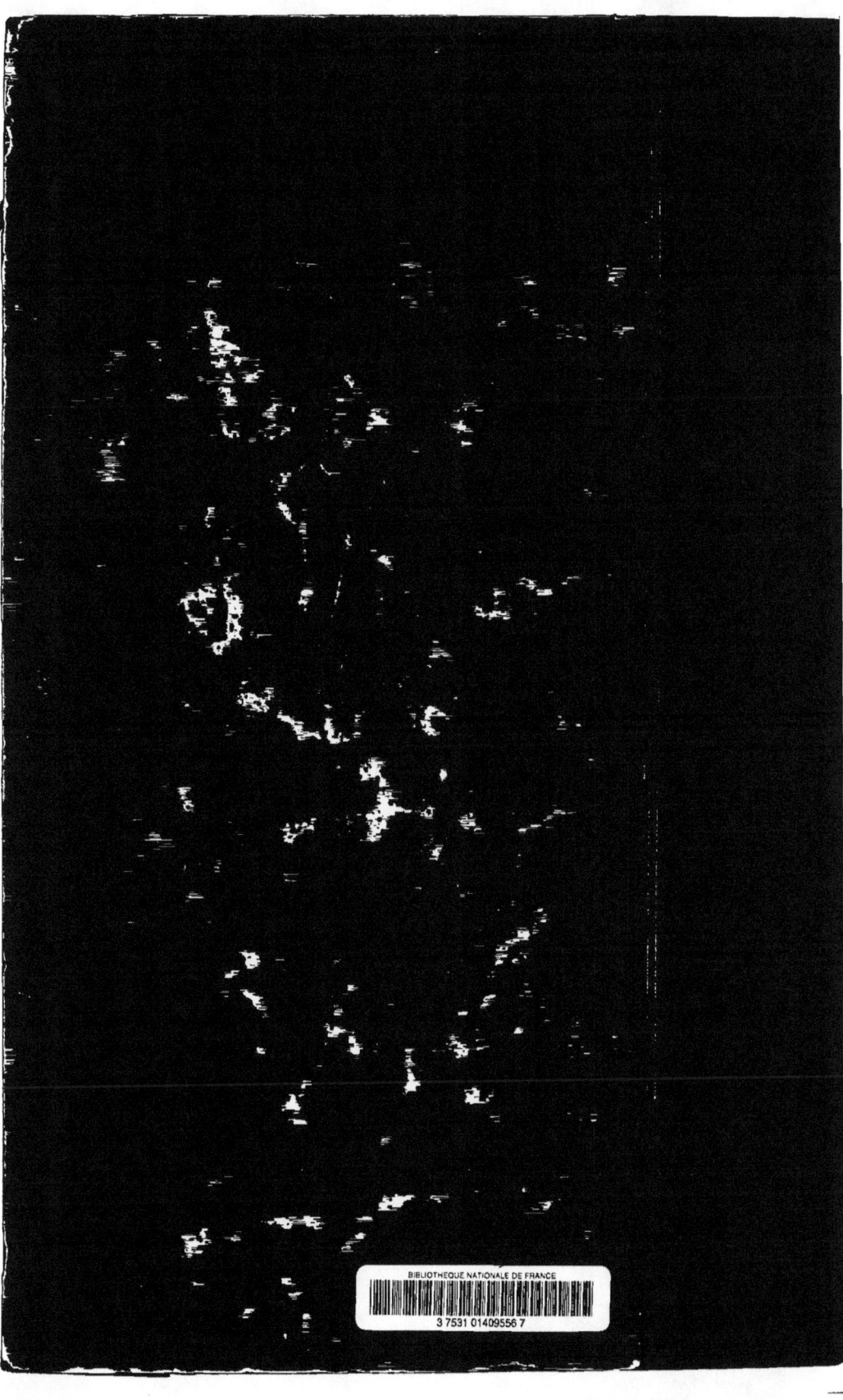

www.ingramcontent.com/pod-product-compliance
Lightning Source LLC
Chambersburg PA
CBHW050424170426
43201CB00008B/527